デジタル学術空間の作り方

仏教学から提起する次世代人文学のモデル

下田正弘
永﨑研宣

Masahiro SHIMODA
Kiyonori NAGASAKI

編

文学通信

SAT大正新脩大藏經テキストデータベース

智慧の宝庫、『大正新脩大藏經』の
第1巻から第85巻までの全テキストをデータベース化

新着情報

- 2019/10/4、第八回丸善雄松堂ゲスナー賞「デジタルによる知の組織化」部門でSAT大正新脩大藏經テキストデータベース が金賞を受賞しました。
- 2019/9/8、法定停電のためアクセスできなくなりますのでご注意ください。
- 2019/3/19、IIIFに対応したデジタル学術組版印刷機能のための新機能を追加しました。詳細はこち

- SAT大正新脩大藏經テキストデータベース2018版 (SAT 2018)
  (科学研究費補助金助成事業:仏教学新知識基盤の構築—次世代人文学の先進的モデルの提示（基盤研究（S））(JP15H05725))[科研プロジェクト上サイト]

  - SAT大正新脩大藏經テキストデータベース2015版 (SAT 2015)
    (科学研究費補助金助成事業:仏教学新知識基盤の構築—次世代人文学の先進的モデルの提示（基盤研究（S））(JP15H05725))

  - SAT大正新脩大藏經テキストデータベース2012版 (SAT 2012)

  - SAT大正新脩大藏經テキストデータベース2007版 (SAT 2007)

- 大正新脩大藏經図像部データベース:SAT大正蔵図像DB

- 関連サイト：

  - 万暦版大蔵経（嘉興蔵）画像データベース
  - Indo-Tibetan Lexical Resource

大藏経テキストデータベース委員会は、『大正新脩大藏経』出版元の大蔵出版株式会社からの全面的な信任を得て、本データの作成と公開を行っています。

SAT大正新脩大藏經テキストデータベース2012版(SAT 2012)について

SAT大藏經テキストデータベース2012版(SAT 2012)は、デジタル媒体の時代にあわせた大正新脩大藏經の利便性の向上をめざし、学術情報の集積と閲覧の方法について、当研究会による現時点までの研究の成果を可能なかぎり反映させたものとなっています。その主要な柱は、(1)典拠についての信頼性の確保、(2)研究者による持続可能なコラボレーションシステムの構築、(3)個々の独立性を尊重した研究プロジェクト間の連携の実現、そして、(4)これら諸機能を統合的に利用しうるインターフェイスの提供、の4つです。以下に説明しますように、いずれも現在、世界で進められている人文情報学(Digital Humanities)の最先端の研究事例の一つとして諸学会で発表して評価を得たものであり、学術的に高い信頼性に裏づけられています。これらの事業は、(5)に示すとおり、国内外の諸学術団体、公益法人等と共同しつつ、国内外の研究者、大学院生の力を結集して進められています。

(1) 典拠についての信頼性の確保

仏教学において、『大正新脩大藏経』は出版以来、研究の国際標準典拠として国内外で広く用いられてきています。それは近代人文学にふさわしい形態を有し、研究成果の共有にとって必須の前提となる「位置情報」を提供しつづけることによって、研究の場全体を支える役割を果たしてきました。媒体が書物からデジタルへと転換するとき、研究の継続性維持のため、この位置情報を確保することは重要な

目次

prologue ·· 007

情報通信革命と人文学の課題（下田正弘）

1. 人文学にいまなにが起きているか／2. デジタルの学知の特性／3. 具体的課題と解決の方向性

第1部　デジタル学術空間の作り方

chapter.01 ·· 017

デジタル学術空間の作り方
—— SAT 大蔵経テキストデータベース研究会が実現してきたもの（下田正弘・永崎研宣）

1. はじめに—「SAT 大蔵経テキストデータベース研究会」前史—　017

2. SAT 研究会の方向転換と国際連携　020

3. 新学術領域「人文情報学 Digital Humanities」の構築と SAT の進路　022

4. 完成までの取り組み　025
   4-1. 校正作業のための Web コラボレーションシステム／4-2. 外字データベースの構築と運用

5. 研究基盤の提供と連携に向けて　032
   5-1. Web データベース初版の開発／5-2. 2012/2015 年版／5-3. 図像編のデータベース化／5-4. 万暦版大蔵経（嘉興蔵）デジタル版の構築／5-5. IIIF Manifest for Buddhist Studies（IIIF-BS）／5-6. SAT-DB 2018 年版／5-7. リンクによる協働語彙集 ITLR の構築

6. 国際標準へのかかわり　088
   6-1. Unicode への登録／6-2. Text Encoding Initiative の導入に向けた取り組み／6-3. IIIF へのかかわり

7. 内容の分析　101

8. SAT-DB への反響　104

9. SAT の現在—デジタル環境における仏教学　107
   9-1. 成果への評価／9-2. オープンアクセス／9-3. 研究資料・データのオープン化／9-4. 成果公開の持続可能性／9-5. 次世代人文学のための研究基盤とは／9-6. SAT-DB と人文学のためのデジタル研究基盤のこれから

第2部　仏教学とデジタル環境から見える課題

はじめに（下田正弘・永﨑研宣）……………………………………143

I　デジタルコンテンツを作る・使う

chapter.02 ………………………………………………151

仏教論理学研究の現在と人文情報学（小野 基）
1. はじめに／2. テクストの電子化など／3. KWIC索引―今後も作る価値はあるか―／4. 電子テクストの適正化／5. 新出梵文写本の登場／6. 梵文再建とフラグメント蒐集／7. 今後の課題と展望

chapter.03 ………………………………………………169

文字検索のさらなる地平に向けて
──文字列の散在的一致を網羅するために（船山 徹）
1. 序説／2. 文字検索の価値／3. 文字検索の二種／4. 現時点での対策／5.「散在的一致」―文字検索が現在不可能な事例／6. 提案したい結論

chapter.04 ………………………………………………183

仏典の切れはしを読む方法
──「根本説一切有部律薬事」新出サンスクリット写本の研究とデジタルデータ（八尾 史）
1. はじめに／2. あらたに発見された根本説一切有部律サンスクリット写本の研究／3. おわりに

chapter.05 ………………………………………………199

諸版対照テキストと註釈対象語句索引の作成をどうすすめるか
── Samantapāsādikā の研究基盤を整備する（青野道彦）
1. はじめに／2. 諸版本対照テキストの作成／3. 註釈対象語句索引の作成／4. 将来の構想―伝統内在的なテキストの再現

chapter.06 ………………………………………………211

一切経音義全文データベースの構築と研究（李乃琦）
1. はじめに／2. 先行研究／3.『一切経音義』日本古写本／4.「一切経音義全文データ

ベース」の構築／5.「一切経音義全文データベース」の活用／6. 今後の課題

chapter.07 ·· 225

チベット語大蔵経データベースの利用および本邦に伝存する漢語大蔵経とその調査の重要性と可能性（宮崎展昌）

1. はじめに―チベット語大蔵経および漢語大蔵経の来歴の概略／2. チベット語大蔵経の「仏説部」（カンギュル）のデータベースとそれらによって参照可能な諸本資料／3. 日本に伝存する写本および版本大蔵経―それらを実際に調査することの重要性と可能性／4. まとめにかえて

chapter.08 ·· 253

引用出典検索・読解とデジタル化
――曹洞宗学におけるデジタルアーカイブの活用（石井清純）

1. はじめに／2. 道元研究とテキストデータベース／3. 曹洞宗典および関連史料と画像データベース／4. 禅学研究の学際的・国際的展開―仮字『正法眼蔵』を中心に―

Ⅱ 研究基盤を作る

chapter.09 ·· 263

中世の手書き写本の OCR 翻刻テスト報告
（蓑輪顕量／研究協力者：ジッリオ・エマヌエーレ・ダヴィデ、余新星、田中翔悟）

1. はじめに／2. 最初の試行／3. 第二の試行／4. 第三の試行／5. 人間による文字の読解との比較を通じて／6. おわりに

chapter.10 ·· 275

慧琳撰『一切経音義』の符号化をめぐって（王一凡）

1. はじめに／2. 資料としての慧琳撰『一切経音義』／3. デジタルテキストにおける文字／4. 紙本からみた符号化／5. 技術からみた符号化／6. まとめ

chapter.11 ·· 297

電子テキストの有効利用に関する雑感
――文献資料のモデル構築の可能性（宮崎 泉）

1. はじめに／2. 研究対象としてのテキスト／3. テキストと漢字／4. テキストと書誌情報／5. おわりに

chapter.12 ⋯⋯⋯⋯⋯⋯⋯⋯⋯⋯⋯⋯⋯ 311

サンスクリット文献電子データについての雑想（苫米地等流）

1. はじめに／2. 電子テキストデータベースかリポジトリか／3. 還元梵文によるデータのコンタミネーション／4. 最後に、テキストの構造化について

chapter.13 ⋯⋯⋯⋯⋯⋯⋯⋯⋯⋯⋯⋯⋯ 317

蘇州西園寺蔵『大正新脩大蔵経既刊分一覧』（昭和五年四月現在）に見られる刊行予定書目　付"大正蔵刊行予定書目"と現行『大正蔵』の比較（落合俊典）

1. 蘇州西園寺と「蔵経楼」／2.『大正新脩大蔵経既刊分一覧』（昭和五年四月現在）に見られる刊行予定書目／3. 大正蔵の全体像を知ろうとした人物／"大正蔵刊行予定書目"と現行『大正蔵』の比較

chapter.14 ⋯⋯⋯⋯⋯⋯⋯⋯⋯⋯⋯⋯⋯ 363

研究者による情報発信としての「学術ウェブサイト」の評価の行方（髙橋晃一）

1. 研究者による情報発信はもっと積極的にされてよい／2. 2001 年の研究者自身による「オープンアクセス」／3. 個人運営のデータベース Digital Dictionary of Buddhism ／4. XML、TEI ／5. 電子データをどう提供するか

columm ⋯⋯⋯⋯⋯⋯⋯⋯⋯⋯⋯⋯⋯ 371

デジタル学術空間の未来に向けて
──縦割りではなく協働的な体制へ（大向一輝）

1. はじめに／2. デジタル情報の固定化／3. オープンサイエンスと研究データ／4. 人文学におけるデジタル学術空間

epilogue ⋯⋯⋯⋯⋯⋯⋯⋯⋯⋯⋯⋯⋯ 377

人文学の将来（下田正弘）

1. ある仏教思想研究者の批判から／2. 人文学の使命

執筆者一覧　381

情報通信革命と人文学の課題

1. 人文学にいまなにが起きているか

　人文社会系の諸学は、文字資料、画像資料、調査・実験資料のいかんを問わ
ず、これまで長期にわたって伝統的表現形式によって記された史資料を直接に
研究対象とし、内容を分析、解釈し、さらにそこで得られた成果を同様の表現
形式に託して保存、継承してきた。しかるに1990年代以降、極めて高性能な
コンピューターの普及と精緻に張りめぐらされた情報ネットワークの浸透とと
もに、多くの研究素材がデジタル機器を通して二進法によるデータに転記され、
コンピューター上で再構成されたデジタル代替物として研究者に提供されるよ
うになった。その結果、膨大な量の情報が従来とは桁違いの速さと精度によっ
て処理され、そこで得られた成果は、紙媒体の制約を超えた多様な表現にもた
らされ、かつて望みえなかった研究の可能性が開かれつつある。

　ここで起きていることを、人文学の立場からいささか原理的にまとめ直すな
ら、身体が統合的に受容してきた情報を、コンピューターを用いて、五感の各
機能に対応する膨大なデジタルデータに解体し、それらを再構成することに
よって、再び五感に対する対象物として現前化させるプロセスである。常識的
な立場に立てば、これまでは、ひとが現実を読み解釈するという両者の関係が
歴然とし、いわばシニフィアンとしての現実とシニフィエとしての身体とが判
然と分かたれていた。けれどもいまや「ひとが現実を読む」という、主体と対
象という二極によって構成される場において起きていたできごとが、一体化し
てその場から切り離されて外化され、新たな現実になっている。

　ここで注目しておきたいのは、本来身体は諸機能であるとともに、それら機

prologue　情報通信革命と人文学の課題　　7

能を通して起きるできごとを経験として統合する〈場〉でもあるのだが、ここでは機能のみが分離、抽出され、外界の対象に転換されている点である。外界を受容し、解釈してきた身体という場を、デジタル技術による機能として代替し、身体から分離し、身体に対峙させる。これによって、ひとの身体が解釈してきたはずの現実が、すでに解釈された二次的な現実に変じられている。それは純粋なシニフィアンではなく、身体機能が浸透した、その意味でシニフィエに浸されたシニフィアンである。

かつて Virtual Reality と名ざされ、いま Augment Reality と改名されつつある、コンピューター技術を通して出現しつつあるこうした現実は、その質において、すでに二世紀以上前にヘーゲルが『精神現象学』において示した意識と対象との関係や、半世紀ほど前から、ポストモダニズムにおいて顕在的に論じられた「テクストの外はない」というテーマに重なっている。かつて、テクストは解釈の対象であり、身体は解釈の主体であると、素朴に捉えられた時代があった。けれども、実は、テクストは解釈の対象であるとともに、解釈の結果でもあり、テクストには自他の身体がすでに浸透している。同様に、身体はテクストを解釈するのみならず、テクストから変容を受けるのであり、その意味でテクストによって解釈される対象となる。テクストの外部は存在しないという認識世界においては、テクストと身体との相互浸透性とその内実の分析こそが課題である。

このテーマに深く関係する「言語論的転回」が、歴史学を中心とする人文学に与えた影響は多大であり、いまだに人文学はその問題提起に十分に応えきれていない。けれども、情報通信革命による影響は、空前の規模と量とにおいて起きつつあるだけに、この比ではないだろう。その変化は、確かに直接に質に向かうものではないにしても、現実のすみずみに浸透してゆくゆえ、やがて質に影響をあたえざるを得ないものとなるだろう。

分析、解釈、表現という、研究を構成する行為以前を規定する新たなプロセスの出現によって、これまで所与の事実として問いを免れていた個々の研究素材は、特定の時代と社会の知的、技術的制約のもとに形式化された構成物として認識し直される必要が生まれている。長期にわたって、テクストを身体に対峙させるという形態に依存してきた研究方法は、いまや再考を迫られている。

このデジタル＝オンライン化のプロセスの出現は、事物やテクストに対し研究者が関与する方法を変えるにとどまらない。それは生み出された研究成果の公開、交換、利用の方法と過程を変容させ、さらに、印刷、出版、広報など、研究を取り巻く周囲の環境を広く改編してゆき、人文社会系諸学を支える基盤機構に変革をもたらしている。

社会の中でのひとと知識の対面の方法、あるいはむしろ、ひとと社会そのものの対面の方法を変革する、このデジタル空間においては、物理的時間空間の制約からの自由度がはるかに高くなり、Massive Open Online Course（MOOC）の導入にみられるように、大学の制度的機能と存在価値のありようにも看過しえない変化を起こしている。

現実の種々の機能の代替を企図し続けるこの学術空間は、いまや現実に置き換わろうとするところまで拡張されている。これに伴い社会や公共性をめぐる概念に変化が起こりはじめ、連動して人間の責任応答の様相も変わりつつある。情報化社会が直面するこれらの課題は、情報学の外部にあり、情報学には制御しえない問題である。この重要な課題を引き受け、解決に向けての提言をなすことが、長期にわたって人間と社会の問題に向き合い続けてきた人文社会系の諸学に期待されている。

▍2. デジタルの学知の特性

近年、欧米では諸学会は、デジタル化に対応する声明文を積極的に発表しはじめた（以下、詳細には下田正弘「デジタル化時代の人文学と中国研究——学術インフラの整備と国際学術ネットワークへの貢献について」『中国——社会と文化』34, 2019, pp. 5-19 参照）。その一例としてここではアメリカ宗教学会が発した声明文（Theodore Vial, Timothy Beal, Christopher Cantwell, Kristian Petersen, Jeri E. Wieringa, "AAR Guidelines for Evaluating Digital Scholarship," September 2018）を引用しておく。そこにはデジタルの学知の特性が簡潔にまとめられている。

印刷——それは、単一の著者に帰し、テクストにもとづき、出版と同

時に完結してしまいがちである——とは対照的に、デジタルの学知 digital scholarship は、その長所を評価するさい考慮すべきいくつかの特別な性質をもつ。まず、デジタルの学知は、複数の機関の幾人かの研究者が関与するという点においてのみならず、コンピューター・プログラマー、ライブラリアン、あるいは学生さえもふくむさまざまな専門職を動員するという点においても協業的である。さらに、デジタルの学知は、多形態となり、さまざまなメディアの多種多様な形態や多種多様なプラットフォームでさえも同時に利用する傾向がある。研究によっては、分析のテクスト的あるいはナラティブ的形態は背後に退き、参照に向けた並置や直線的に流れる形態とは別の非直線的立論の形態によって寄与する視覚的あるいは聴覚的知識表現に席を譲る。最後に、デジタルの学知は、しばしば未完結である。多くのばあい、デジタルプロジェクトを立ち上げることは、研究の終わりではなく始まりであり、デジタルの学知は、たびかさなる管理保全とアップデートを必要とする。

さらに、代表的なデジタルプロジェクトは、他の研究者たちが先行研究のうえに構築し、融合させ、付加することができるよう、研究の成果、内容、データを、学者の開かれた共用に供することが普通である。たしかに著作権がある種の研究を促進するのに重要な役割を果たすことをも認めるものの、全体としては、研究へのオープンアクセスこそが重要な価値であると私たちは考えている。

これまで人文学の成果は、書物という形態の内部に結実してきた。それは、単独の著者による一方向に線的に流れる言説によって構成されている。研究の完成度はこのナラティブの完成度に比例する。さらにその言説は、学界における従来の議論に終止符を打ち、その書物の空間を完結させ、閉じてしまうことが期待されている。書物の場合、いったん出版されれば大がかりな改訂版を出すのは容易でない。研究の基盤となるテクストについて、これまで、一方で「ゆいいつ真正なテクスト」としての「決定版」を求めつつ、実際には出版されたものを de facto standard として受容してきた。いずれにも出版されたものの価値を長期にわたって固定的に認めようとする暗黙の要請が働いている。

これに対し、「デジタルの学知」が創出しつつある空間は、かなり異なっている。ウェブ上に展開される知識の基盤が、単独の著者によって作成されていることを期待する研究者はあまりないだろう。複数の研究者によって提供される方が資料への信頼度は高いと見なされる。さらにデジタル空間においては、異なる情報を同時に並置しうるゆえ、直線的な形式に沿って知識を構成する必要がない。テクストの改訂についても、ウェブ上での共同作業として進めれば、原理的には常時いつでも可能である。総じてこのデジタル空間におけるテクストは、固定され完成された存在から、生成過程にある流動的存在に変化する。ここにおいて「ゆいいつ真正なテクスト」という概念は、従来のありようではなりたちにくくなる。

　事態はさらに遠くに進む。知が直線的な言説としてのテクストという形態から解放され、視覚や聴覚に同時に訴える方法をもって構成されるとき、そこにはいわゆる共感覚的 synesthetic 場における重層的、多面体的な知識の様態が生まれる。それは、コンピューター・サイエンティスト、ライブラリアン、人文学の専門家など、複数のものたちによって共同でつくりあげられる知のかつてない新たな形態である。このことは、そもそもあらゆる知が、さまざまな要素が何らかの文法のもとに編成されて生み出される、概念のネットワークであることに、改めて思い至らせてくれる契機でもある。

3. 具体的課題と解決の方向性

　こうした新たな事態を迎え、いま人文学に与えられた具体的課題とその解決の方向性について、それぞれの分野が置かれている状況の相違に基づいてみれば、以下の六点を考慮しておく必要があるだろう。

　第一に、固有の一次資料を有する研究――代表的には日本史や日本文学など――では、当該資料を学術的に高度な質で持続的使用に耐えうるデジタルデータに転換する必要がある。そのためには、人文学全領域のテクスト研究の標準規格である TEI（Text Encoding Initiative）、国際的画像共有規格である IIIF（International Image Interoperability Framework）、文字における国際規格である Unicode など、デジタル情報に関する国際標準技術の発展に主体的に貢献

し、標準化に積極的にかかわることによって、研究資料と成果の永続的利用を可能にする道を開きうる。それはあらゆる解釈行為を発生させる知識基盤となり、生み出された成果は再びその基盤に還流するゆえ、将来にわたって当該分野を裨益し続ける貴重な学術資産となる。

　第二に、一次資料を外部に依拠している研究——例えば西洋を中心とする研究分野——においては、すでに公開されているデータベースの利用を通してその特性を分析し、研究成果と評価を提供者にフィードバックすることによって、当該データベースの質の向上に重要な貢献をなすことができる。ウェブ＝デジタル媒体においては、提供者と利用者との境界が解消され、よき利用者であることが提供者としての役割を果たすようになる。これは事物を直接に研究対象としていた時代にはほとんど望みえなかった研究への貢献方法であり、日本独自のデータベースを有することのない多くの分野が進むべき、重要な方向となる。ここでも上述の国際規格に則ることは欠かせない対応となる。

　第三に、形成されつつある新たな学術空間は、研究の結果のみならず、結果に至るプロセスによってその内実が構成されるため、プロセスの公開を学術的成果として評価しうる体制を整える必要がある。広く利用される知識基盤を共同で構築した成果や、それをウェブ上で公開した場合の成果を評価する体制を準備することは、個人による研究結果の紙媒体における提示のみを評価の対象としてきたこれまでの諸科学が直面する問題を解決するモデルともなる。

　第四に、いま形成されつつあるこの学術空間は、諸学全体の知識ができるかぎり欠け目なく機能的に結ばれるネットワークとなることによってその価値が高められ、さらにその価値の向上を通して、同一空間のうちにある個々の専門分野の価値が高められてゆくという、相乗効果が期待される場である。この空間の質の向上は、人文学の個々の専門分野において果たしうるものではない。実際、欧米においては図書館における資料の専門家であるサブジェクトライブラリアンと、その研究者ネットワーク内部に養成される IT 専門家との連携によって実現されている。この現状を踏まえ、人文社会系諸学は、専門知を深化させるのみならず、ほかの諸学知との関係を把握しつつ学術空間全体の質の向上に努め、これまで図書館が果たしてきた将来に向けての成長を側面支援することが重要になる。

第五に、情報通信革命は、旧来の社会的インフラの一部を無効化し、新たな
インフラを要求しつつある。これまで人文社会系の諸学が社会に受容される上
で絶大な力を発揮した印刷文化とそれを支える高度な機能を持つ出版社の役割
は、知の流通システムの変容とともに急速に限定されつつある。だがそれは、
書物の役割の終わりを意味するものではない。反対に、その固有の使命がより
鮮明なかたちで示されるようになるだろう。これまで研究成果の発信と保存を
出版社と図書館に委ねてきた研究者にとって、今後サーバやクラウド上にそれ
らをいかに永続的に保存し利用する体制を、図書館や出版社と連携を取りつつ
実現するかは、学問の将来を決める重要な問題となっている。人文系諸学を支
える社会的インフラへの対応というこの問題に備えを開始することは、日本の
人文学の将来を支える重要な仕事になるだろう。

　第六に、最後に、以上の諸問題に対する備えがなされたとき、人文系諸学は、
現代の情報化社会が直面するさまざまな問題に対し、単に理念的、観念的な立
場からではなく、情報空間の現実化という重要な経験を踏まえた上で実効性の
ある提言ができるようになるだろう。これは人文学が情報学に対して為し得る
貴重な貢献となるはずである。

　こうした対応は、人文学がこれまでの研究や教育のありようをさらに深化さ
せるためになされるものであって、ただ捨て去るためになされるのではない。
デジタルの学知にかかわる課題解決は、これまで進められた人文学の研究の在
り方と、整合的なかたちで解決されなければならない。前節で引用したアメリ
カ宗教学会の声明文は、以下の重要な一節を続けている。

　このガイドラインを設けることによって、私たちはデジタルの学知が異
なった基準をもたされるべきだと考えているのではない。媒体のいかんに
かかわらず、「アメリカ宗教学会の使命」に概要として示されているよう
に、学知たるものは、「鍛えられた省察」disciplined reflection と「批判的
な検証」critical examination に従事すべきである。ここには一次資料やデー
タに対して厳格に分析し説明すること、評価の定まった学術的人文学諸業
績に対して持続的にかかわりつづけること、研究の議論、方法論的な選択、

独自の貢献について明瞭に表現することなどがふくまれている。つまり質の高いデジタルの学知は、質の高い学知なのである。以下に推奨するものは、デジタルの学知を、より広範な研究の価値の対話のなかに位置づけるためである。それらは対話への招待であり、不変の要求項目などではない。

　本書は、科研費基盤研究（S）「仏教学新知識基盤の構築——次世代人文学の先進的モデルの提示（研究代表者：下田正弘　課題番号：15H05725）」（2015—2018 年）の成果をまとめたものである。このプロジェクトでは、デジタル学術空間をつくりあげる方法について、仏教学のかかえた課題をさまざまな角度から追究しながら、次世代人文学のモデルを提示しようと試みた。人文学の展開には、新たに生まれつつあるデジタルの学知との対話が、いまや不可欠なものとなっている。本書におさめられた諸論は、いずれも仏教学のさまざまな専門から、それぞれの文献を対象として課題を提起するとともに、その解決の方向を示唆している。すでに公開されている本プロジェクトの基幹データベース SAT2018[*1] に加え、本書が新たな時代の人文学の先駆けとして関係諸学に資するところがあれば、本研究プロジェクトの所期の目的は達成されたものと思う。

注
1　http://21dzk.l.u-tokyo.ac.jp/SAT2018/master30.php

第1部

デジタル学術空間の作り方

SAT大蔵経DB　目次　人名　検索オプション▼　　　　　　検索　　図像検索

編集　辞典等▼　論文情報▼　参考資料▼　Language▼

| はじめに | 検索結果 | 版面画像 | 日本語訳 | 英語訳 | IIIF Linking |

このサイトについて

このサイトは、SAT大蔵経テキストデータベース研究会が提供するデジタル研究環境の2018年版です。

SAT大蔵経テキストデータベース研究会は、2008年4月より、大正新脩大蔵経テキスト部分85巻の全文検索サービスを提供するとともに、各地のWebサービスとの連携機能を提供することにより、利便性を高めるとともに、Webにおける人文学研究環境の可能性を追求してきました。

2018年版となるSAT2018では、近年広まりつつある機械学習の技術と、IIIFによる高精細画像との連携、高校生でもわかる現代日本語訳の公開及び本文との連携、といった新たなサービスに取り組んでみました。また、本文の漢字をUnicode10.0に対応させるとともに、すでに公開していたSAT大正蔵図像DBの機能の大部分も統合いたしました。ただし、今回は、コラボレーションを含む仕組みの提供という側面もあり、今後は、この輪組に沿ってデータを増やし、より利便性を高めていくことになります。

当研究会が提供するWebサービスは、さまざまな関係者が提供するサービスや支援に依拠しています。SAT2018で新たに盛り込んだサービスでは、機械学習及びIIIF対応に関しては一般財団法人人文情報学研究所、現代日本語訳の作成に関しては公益財団法人全日本仏教会の支援と全国の仏教研究者の方々のご協力をいただいております。

SAT2018が、仏教研究者のみなさまだけでなく、仏典に関心を持つ様々な方々のお役に立つことを願っております。さらに、ここで提示されている文化資料への技術の適用の仕方が、人文学研究における一つのモデルになることがあれば、なお幸いです。

このサイトの使い方

| 履歴 | テクスト分析 |

最近のあなたの閲覧・検索履歴

この閲覧・検索履歴は、Local Storageというブラウザの機能を利用して、利用者の皆様のWebブラウザに記録しております（サーバ側には残っておりません）。なお、GoogleやFirefox等でLocal StorageやCookie等を含む設定ファイルを複数ブラウザ間で共有している場合、どのブラウザからでもこの履歴が見えるかもしれません。

履歴の更新　　未チェック履歴の削除

SAT 大正新脩大蔵経テキストデータベース 2018 版 (SAT 2018)
http://21dzk.l.u-tokyo.ac.jp/SAT2018/master30.php

chapter.01

デジタル学術空間の作り方

── SAT 大蔵経テキストデータベース研究会が実現してきたもの

下田正弘・永﨑研宣

▍ 1. はじめに──「SAT 大蔵経テキストデータベース研究会」前史──

SAT[*1] 大蔵経テキストデータベース（以下、SAT-DB とも）は、現在、世界の 40 を超える国と地域から年間 1200 万件を超えるアクセスを記録する、日本の人文学分野においてはほかに類例のない専門分野のデジタル知識基盤となっている[*2]。この第 1 部は、SAT 大蔵経テキストデータベースが 2008 年にウェブ公開されて以降、どのようなプロセスを経ながら現在に至り着いたかについて、できるだけ詳細にその過程を叙述し、今後、人文学のさまざまな専門分野がデジタル学術空間を構築する際に参照されるべき道筋を示すことを目的とする。

それに先立って、はじめに、SAT 大蔵経テキストデータベース研究会（以下、SAT 研究会、研究会、SAT とも）がいかなる学術的エートスの中で設立されるに至ったか、その概略を示しておかねばならない。というのも、一つのデータベースが構築されて発展してゆくためには、それを持続的に利用し、さらに育ててゆくコミュニティが存在していなければならず、構築されるデータベースの内実は、コミュニティに内在する要求と合致していなければならないからである。データベース構築のためには、データベースが構築される以前の学界の状況をいかに分析し、把握しているかが重要な課題となる。

1980 年代前半、日本の仏教学界は、日本印度学仏教学会の学会誌である『印度学仏教学研究』の論文キーワードデータベースと、仏典の一大集成である「大正新脩大蔵経」（以下、大正蔵、大正大蔵経とも）のテキストデータベースの

構築について、本格的に検討をはじめた。当時、一つの学界全体において、専門分野の論文と研究資料の双方のデータベース化を課題として取りあげ、実際に事業に着手したところは、日本の人文学分野においてほかになかっただろう。

　前者、論文データベース化の事業は、1988 年、日本印度学仏教学会が事業主体となり、新たに「コンピュータ利用委員会」を設置して、学会の事業として遂行することが決定された。その後、この事業は、科学研究費の補助を継続的に受けながらこんにちまで継承され、「インド学仏教学論文データベース Indian and Buddhist Studies Treatise Database, INBUDS」として、独自のキーワード検索システムを備えたデータベースを提供している [3]。一方、この決定によって、後者、すなわち大正大蔵経のテキストデータベース化に対しては、学会としての対応が不可能となり、その重要性を認識しつつも、事業を断念せざるを得なくなった。

　80 年代末から 90 年代はじめにかけては、世界のいくつかの仏教学拠点において、さまざまな大蔵経テキストデータベース事業の動きがにわかに活発化し、どの国の、どの機関が中心となり、どの版を用いて次世代の研究基盤をつくるかというせめぎ合いが顕在化した時期である。漢語の大蔵経について、カリフォルニア大学バークレー校のルイ・ランカスター（当時、UC Berkeley 教授）は、印度学仏教学会が断念した大正大蔵経のデジタル化を企図し、80 年代後半に日本の学会関係者に働きかけた。結果としてそれは実現しえなかったため、1992 年、Electronic Buddhist Text Initiative EBTI を設立し、台湾から出版された「佛光山大蔵経」のデジタル化を開始するとともに、諸言語で保存された各種大蔵経のデジタル化に関する国際フォーラムを立ち上げた。翌、1993年、韓国の曹渓宗が支援する高麗大蔵経研究所は高麗大蔵経のデータベース化への取り組みをはじめ、1996 年に試作品を公表、1999 年に全巻を無償公開した。チベット語大蔵経については、それをさらにさかのぼる 1988 年に、米国で Asian Classics Input Project（ACPI）が設立され、経部と論部すべてのテキストの入力を開始した。パーリ語大蔵経のデジタル化についても、同 1988 年、タイ国・マヒドン大学でパーリ語三蔵全体の入力がはじめられている。日本において中谷英明（神戸学院大学教授、当時）を中心として PTS 版パーリ語大蔵経の入力が開始されたのは、それより 5 年程後の 1993 年のことになる。

仏教学において、世界各地でこうした大規模な仏典のデジタル化が企図された背景には、二千五百年をさかのぼる過去から継承されてきた仏教の知識が、パーリ語、漢語、チベット語などの言語の相違を超え、伝統の中でいくたびも編纂し直され、その結果、体系化された正典のコーパスになっていたという、知識の伝承と保存における注目すべき経緯がある。研究の基盤となる知識全体の体系的構築に対する意識が伝統的に極めて高く、一研究分野において何をどの順序でデジタル化すべきかという、あらゆる分野が直面する重要な問いが、あらかじめ解決ずみだったのである。

　19 世紀はじめ、西欧世界においていわゆる近代仏教学が開始されてのち、当の仏教伝統内部のアジア地域において、新たな知識世界に向けての大蔵経再編纂への意識が最も高かったのが、ほかならぬ日本であった。明治以降の日本の仏教学界は、研究における基礎資料を構築し共有する重要性について、研究者間で認識を共有し、大日本校訂大蔵経（1879-1884 年刊行）の編纂を皮切りとして昭和初期までの半世紀をかけ、パーリ語大蔵経の翻訳を含む幾種類もの大蔵経を編纂して出版することを通し、漢語文化圏における仏教研究のための壮大な研究基盤を世界に提供し続けた。大正蔵はその代表的な存在であり、研究分野の総力をあげて編纂刊行されたこの仏典コーパスは、以後、こんにちまで国際的な標準テキストとなっている。

　こうした歴史的背景があったにもかかわらず、日本印度学仏教学会が『印度学仏教学研究』論文データベース化事業の方向に舵を切り、大正蔵のデジタル化を断念したことは、日本の学界が果たしてきた重要な歴史的役割を放棄するような決定でもあった。急速にデジタル化が進む世界の仏教学界の情勢の中で事態を放置してしまえば、近い将来、世界の標準テキストは大正大蔵経からほかの版の大蔵経へと移行し、デジタル時代に日本から研究基盤が消失することにさえなりかねない。

　この事態に強い危機感をもった江島恵教（東京大学教授、当時）は、1994 年、SAT 大蔵経テキストデータベース研究会を設立し、一億字をゆうに超える大正大蔵経のテキスト部全 85 巻のデジタル化事業を、わずか 4 人からなる有志によって開始した[*4]。現在からは想像しえない貧困な技術環境の中、なによりプロジェクト全体で 5 億円が必要となる事業に対し予算が皆無に近い状態で出発

したこの事業は、その後、困難をきわめるものであった。ここではその内容については記述をいっさい省略する。

　事業を開始してまもない 1999 年、研究会代表・江島恵教（東京大学教授、当時）の急逝により、共同代表者を務めていた下田（当時、東京大学助教授）が単独で代表となり、以後のプロジェクト全体を担う。日本学術振興会・科研費・研究成果公開促進費（データベース）として 1998 年から 2005 年にかけて 2 億 7 千万円の助成を受け、さらに仏教学術振興財団が 2000 年に設立した「大蔵経データベース化支援募金会」による募金財 2 億 3 千万円の寄付を受けて、必要総経費 5 億円を賄い、200 人を超える作業者の仕事と財務とを監督しながら、2007 年に、85 巻の全巻のテキストデータベース化を完了した[*5]。その後、2008 年には Web で全文検索機能を付与して全データベースを公開し、それ以降、4. 以下に詳細に記すように、デジタル研究基盤の構築を目指した研究開発を進めつつ、2012 年、2015 年、2018 年に、最新の成果を取り込みながら大幅な改良を進め、現在に至っている[*6]。

2. SAT 研究会の方向転換と国際連携

　情報通信技術をめぐって社会環境が激変する前世紀末から現在に至るまで、四半世紀を超えて継続してきた SAT 研究会は、従来の人文学の預かり知らぬ世界で起こり続ける変化に対し、当初の計画を持続的に変更していかざるを得なかった。その意味で、SAT 研究会のアイデンティティは、その維持のために、絶えざる変容を繰り返すことによって成り立ってきた。

　研究基盤となるテキストの提供を柱とする SAT 研究会にとって、事業を開始して以降、最も大きかった環境の変化は、ウェブの急速な普及と関連研究および技術の格段の深化である。この事態の出現によって SAT-DB は、世界各地で構築されるさまざまな研究基盤と構造的に連携しつつ発展するという、かつてない可能性に開かれた。これによって、プロジェクトの基本方針は、SAT 研究会設立当初の、SAT 単独の組織によるデータベース完成という目標から、国際連携の推進と国際標準化への対応という、新たな方向へと転換させられていった。

技術的側面にかかわる具体的詳細については 4. 以下に詳細に述べる。ここでは、国際連携に向けた SAT 事業の方針転換について、一例を示しながら、その意義の概略を記しておこう。これは、国際協力と国際競争、さらに著作権あるいは出版権の保護とオープンアクセスの推進という、これまで学界として経験する必要のなかった両立困難な新たな課題に、いったいどう向かうかという問いへの回答の一つでもある。

　前世紀の末、SAT 研究会による大正蔵デジタル化事業の開始に少し遅れ、台湾においてもまったく同じ事業がはじまった。中華電子佛典協会（Chinese Buddhist Electronic Text Association, CBETA）[7] による CBETA 大蔵経の構築である。大正新脩大蔵経の出版元である大蔵出版の許可を得ることなく、すでに大正蔵の大部分の電子テキストの入力を完了していた CBETA は、SAT が1997 年に暫定的にインターネットにおいて大蔵経テキストデータベースの一部を暫定的に公開したことに触発され、翌年の 1998 年、代表二人が東京を訪れ、SAT に協力を要請してきた。その内容は、大蔵出版に CBETA からのテキストデータ公開を認めるよう SAT から働きかけてほしいというものだった。戦後、台湾や韓国の出版社による大正蔵の海賊版流布で大きな被害を受けていた大蔵出版は、台湾からの電子データ公開は断じて認めない姿勢をもっていた。このままの状態では、CBETA によるテキスト入力の努力と成果は水泡に帰してしまいかねなかったのである。

　SAT 研究会は、突如出現した強力なライバルである CBETA によるこの申し入れを、果たして受け入れるべきかしりぞけるべきか、慎重に議論を重ねた。その結果、理念と現実の双方の立場から判断し、CBETA の申し入れを受け入れ、大蔵出版社に公開を働きかけることにした。その理由は、第一に、なにより理念として、仏教の経典は万人のものであり、それを広く次世代に継承しようとする努力は、国境を超えて支援されるべきであるからである。これは現在、オープンアクセスが基本理念となったデジタル学術空間においては広く共有されはじめた立場であり、SAT は今から 20 年前に、その動きを先取りした決定をしていた。第二に、現実問題として、デジタル時代に流通する知識について、類似の版が存在する原典や資料の場合、特定の版に対する出版権を盾に取って公開を不許可にしてしまえば、結果として当該の版のみがデジタル学術空間の形

成から排除され、それに代わってオープンにされた別の版に研究のスタンダードが移行してゆく事態を招きかねない。研究基盤となるテキストをめぐって、紙媒体とデジタル媒体においてその標準とされるテキストが異なってしまえば、当該の学界は将来にわたって混乱した状態を続けなければならないだろう。

　暗中模索の中で下した SAT の判断は、現在の目で見れば、正鵠を射たものである。実際、現在では、大正新脩大蔵経は、SAT と CBETA の双方によって、それぞれ独自の付加価値をもって提供され、デジタル基盤において、書物の時代にもまして標準テキストとしての認識が国際学界に定着した。新たに構築されるテキストデータベースが、それ以前のテキスト伝承と編纂と研究の歴史に適切に連絡され、将来に向けて秩序だった学術空間を構成してゆけるためには、複数の国における異なった組織が、共同でオーソライズする体制を構築できるならその方がよい。

　書物からデジタル学術空間へのテキストの価値の移行は、必ずしもスムーズに行われるものではない。仏教学やインド学全体を見わたしたとき、むしろ SAT と CBETA による大正蔵の場合が例外的な成功例である。サンスクリット語、チベット語、パーリ語、いずれの文献においても、実際に利用されているデータベースは存在しているものの、国際標準となるテキストデータベースはいまだ構築されていない状況にある。国際学界全体の状況を分析し、研究者間で合意を形成しつつ標準化されたデジタル大蔵経基盤を形成することは、仏教学の継承にとって重要な課題として残されている [8]。

3.　新学術領域「人文情報学 Digital Humanities」の構築と SAT の進路

　大蔵出版（鈴木正明社長、当時）は、大正大蔵経のデジタル化とその将来について、SAT に全幅の信頼を置き、その勧めを受け入れて、台湾 CBETA に大正蔵のテキストデータの公開を認めた。事業費と人的リソースの規模において SAT をはるかにしのぐ CBETA は、これを期にデータ公開を一気に進め、漢語大蔵経データベースの国際的拠点として一躍注目を集めはじめた。翻って SAT は、インターネット公開の先陣を切りながら、予想されたこととはいえ、CBETA の後を追う厳しい戦いを迫られる結果となった。だが、この試練

は、SAT 研究会の進路を大きく転換させ、新たなかたちに生まれ変わらせる重要な契機となった。一つのプロジェクトは、国際競争にさらされることによって、ほかとの差異を明確にし、その真価を発揮することがある。

　ここで立てた新たな方針は、将来、世界のさまざまな拠点において構築されるだろうデータベースと適切に連携し、共同でデジタル学術空間を形成するための、ネットワークのハブとして SAT を機能させる、というものである。仏教学の研究基盤となるデータは、今後累積され続け今よりはるかに大きな規模になってゆくだろう。この企図は、一国の一機関で持続的に果たしうるようなものではなく、さまざまな境界を超えて共同で進める体制を作り上げる必要がある。それも、ウェブ上において共同するという、これまで経験したことのない形態においてである。膨大な情報空間の内部に、人文学の、さらに仏教学の高度な専門知からなる学術ネットワークを形成するためには、それら専門知の特性とデジタル技術の特性の両者をともに把握し、膨大な情報通信技術の中から、その知の構成にとって必要なものを取捨選択し、最適なかたちで利用可能にしてゆかねばならない。

　これまで人文学が立ち会うことのなかったこの課題を解決するためには、人文学と情報学とをつなぐ、新たな学問を必要となる。それが、Digital Humanities（DH 人文情報学）である。1970 年代のはじめより、欧州において活動を進めていたコンピュータを利用した文学と言語学に関する学会 Literary and Linguistic Computing と、北米において人文学と情報学、ことに図書館情報学が連携した Association for Computers and the Humanities の両学会に、1986 年に設立のカナダ Consortium for Computers in the Humanities/ Consortium pour ordinateurs en sciences humaines が 加 わ り、Alliance of Digital Humanities Organizations（ADHO）を立ち上げ、2006 年、第 1 回の国際学会をソルボンヌ大学において開催した。SAT-DB のウェブ公開がなされたほんの 2 年前のことである。

　上述の方向に方針転換をした SAT にとって、あらゆる人文学の領域が情報学、情報工学の知見を取り入れて新規分野を開拓する、この学問領域の存在は貴重だった。日本の人文学領域ではもとより、世界の仏教学領域においても知られることのなかった DH の活動を、SAT はあらたに取り入れることにした。

ことに DH と連携しながらも独自に 30 年以上にわたって活動を続ける Text Encoding Initiative（TEI）は、人文学のそれぞれのディシプリンの中に深く入りながらデジタルデータ構成を試行し続けてゆく試みとして注目すべき成果を生み出してきていた。SAT はこれに、今後の方向を示す有力な企画として、本格的に取り組みはじめた。

　2008 年に SAT 研究会が公開した SAT-DB は、本著の背景となった基盤研究（S）の分担者でもある Charles Muller（東洋学園大学教授、当時）が、世界の70 人を超える仏教学者からの寄稿によって構築する電子英語仏教辞典 Digital Dictionary of Buddhism と、日本印度学仏教学会の INBUDS という二つの大規模知識基盤とを、Web API の技術を通して内構造的に連携したものであり、人文学の領域においては時代の最先端を行くものとなっていた。15 年の時間をかけて完成したこのデータベースとそれが新たに目指す方向性は、Digital Humanities 学会においても高く評価された。2012 年、ハンブルク大学で開催された DH 国際学会 DH2012 において、下田がなした基調講演 Embracing a Distant View of the Digital Humanities の内容は、洋の東西を架橋するかたちで推進されてきた、200 年の歴史をもつ近代人文学としての仏教学が、デジタル時代にどのように展開されてゆくかを展望したものであり、SAT-DB の意義と方向が示されている[9]。

　これ以降、SAT は、知識基盤の国際連携を前提とした構築と、専門分野の領域を超え、人文学全体の転換を視野に入れた新たな学問領域の創成という、二つの課題をテーマとして進んでいる。日本の人文学の中ではもとより、研究のフィールドとして国際性の高い仏教学の国際的舞台に立ってみても、DH の存在はまったく見えなかった。欧米において目覚ましい活動を展開する新学術領域デジタル・ヒューマニティーズが日本には欠落している状況を認識し、日本国内の人文学の状況を DH に向けて転換するため、SAT は、下田と永﨑を中心として、同様の問題意識を有する他分野の研究者たちと集い、2012 年、ADHO に加盟する国代表の学会組織として日本デジタル・ヒューマニティーズ学会（JADH）を設立した。アジアではじめての ADHO 加盟学会として認知される JADH は、その後、世界の有力研究者が参加する年次国際学術大会を開催するとともに、国際査読システムによる英文ジャーナルを刊行し、日本の

研究を国際化するのみならず、アジア人文学の研究方法を欧米に普及させつつある。SAT 研究会の活動は、こうして新たな学術領域の創成へと展開したのである。

　つづく、4. 以下において、ここに至るまでのみちゆきを、技術的問題を中心にすえ、できるかぎり丁寧にたどっていきたい。一つの人文学知は、資料の回収や整理の方法、関連研究の調査方法、資料からの意味の抽出方法、論文の書き方、こうした手続きを一つずつ経ることによって形成されてゆく。この過程で手助けになるのは、それぞれの専門分野の「概論」や「原論」においては明示化されることのない、実際的な次元における経験の、ガイダンスとしての提示である。「prologue 情報通信革命と人文学」において述べたように、人文学におけるデジタル学術空間の形成は、人文学における研究行為が発生する以前の、基盤を新たに構築する未知の営為であり、先に歩いたものが、その足跡を具体的に示すことは、資するところが大きいだろう[10]。(以上、下田正弘)

▎4. 完成までの取り組み

　日本のインド学仏教学分野におけるデジタル技術への取り組みとしては、すでに 1988 年頃より日本印度学仏教学会によるインド学仏教学論文データベースの構築が組織的に行われており、そこで明らかになった課題は SAT 研究会においても継承されることとなった。特にデータ入力・校正の段階での困難としては、文字の同定、外字の扱い、テキストの構造の表現、作業の進捗管理、といったことがあった。このうち、いくつかの問題については、2005 年末に開発され運用開始された Web コラボレーションシステムを通じて一定の解決をみた。以下、それに関して少しみてみよう。

▎4-1. 校正作業のための Web コラボレーションシステム

　2920 まで番号が割り当てられた大正新脩大蔵経の本編テキストは、A、B などの枝番号を付与されたテキストもカウントすると 2979 件となる。プロジェクトの当初に行われていた電子メールやフロッピーディスクなどでのデータのやりとりは、作業自体の困難さだけでなく、進捗状況を把握することさえも

容易ではない状況となっていた。こうした問題を抜本的に解決すべく 2005 年末に開発されたのが、テキストデータの校正・入力を対象とした Web コラボレーションシステムである。2005 年秋、この事業に参加した永﨑はそれまでに Web での表示が困難な環境でインド系文字やアラビア文字、日本語などを文字画像として表示するシステム [*11] や、サンスクリット語仏典テキストの電子校訂システムの開発研究を行う [*12] 一方で、当時の勤務校の電子シラバス入力システムや授業評価システムを Web コラボレーションシステムとして開発運用していた [*13]。前者は、言語は異なるものの同じ仏典テキストを扱うものであり、後者は、比較的規模の大きなデータを数千人単位の利用者により Web コラボレーションシステム上で動的に操作できるようにするものであった。この 2005 年末に開発され運用開始された Web コラボレーションシステムは、そういった開発運用経験を活かす形で 2 カ月ほどかけて開発されたものであった。

当初は、永﨑がサンスクリット語仏典テキスト電子校訂システムを開発するために利用していたサーバコンピューターを利用した。これは、Xeon 2.8GHz を 2 基搭載したメモリ 4GB のハードウェアで、RedHat Linux を OS として、Apache httpd や PHP などが動作する、当時としてはごく普通の Web サーバであった。すでにデータの入力はほぼ終了し、校正を行う段階だったため、全データをサーバ上に載せた上でそれを適宜校正するための仕組みを用意することを目指した。

大正新脩大蔵経のテキストデータは、各行に番号が付されており、元資料との対比が必要になる入力校正などの際に確認しやすい形式として作成されていた。一部は、XML（Extensible Markup Language）による木構造（Tree Structure）的な記述方法（マークアップ）を試行したものもあったが、全体に適用した際の作業量の膨大さから、すでにマークアップしたものはそのまま残しつつ、全体への適用は行わないこととなった。行ごとに番号がついていたことから、データを行ごとに管理することとし、1 行 1 レコードとして、オープンソースソフトウエアの代表的なリレーショナルデータベースシステム（RDBMS）である PostgreSQL に登載した。このときに RDBMS を採用した理由は、データの入出力をなるべく正確かつ安定的に行うためである。当時、データの入出力を Web で複数箇所から行う場合にはテキストファイルを直接扱う

方法と RDBMS で行う方法がよく用いられていたが、比較的大きなデータの中のごく小さな箇所を頻繁に書き込みする場合には、テキストファイルで行おうとすると書き込みの衝突を避ける処理（ロック処理）に不安があったため、この種の処理に特に実績のある RDBMS を採用したのであった。RDBMS にはフリーのものや有料のものがあり、フリーのものにも MySQL という別の有力な選択肢もあったが、MySQL は動作は比較的速いものの、文字コードにまつわる処理に少し困難があったことと、当時はあまり複雑なデータの取り出し方ができなかったことから、その二点について優位な PostgreSQL を採用したのだった。

このときのテキストデータの文字エンコーディングは、Shift JIS ということではあったものの、各作業担当者による独自の外字コードなどが混入している場合があり、RDBMS に登載しようとしてもエラーになってしまうことがあったため、本文の文字列をいったん数値データに置き換え、その数値データをデータベースに投入した。これにより、Web ブラウザで本文を表示させる際には、データベースから該当行のレコードを取り出した後に、その数値データを文字列データに変換してから HTML ページを生成して Web ブラウザに送出するという流れが裏側で行われる形になった。作業担当者が Web ブラウザ上で修正を行った際にも、サーバに送信された文字列データは裏側で自動的に数値データに変換されてからデータベースに投入されていた。このため、この時点では、全文検索に関しては高速化の工夫には至らず、全体を検索する場合にはやや時間がかかるという状況だった。

行単位でデータが管理されているということは、エラーチェックも行単位で行うことができる。対象となっている大正新脩大蔵経は、3 段組で 1 段あたり29 行程度、一行あたり 18 文字程度、という形式を基本としている。句読点や返り点の案配によって一行あたりの文字数に変動があったり、脚注の数が多くなりすぎて本文の段に入り込み、結果として 1 段あたりの行数が変化することもあったものの、おおまかに言えばそのようになっているページが大多数を占めている。そして、以下のように、その状況をなるべく忠実に再現できる行番号の付け方が用いられていたため、この番号を用いることで行単位での入力漏れや重複をある程度自動的にチェックすることができ、そういった行を優先的

に処理して全体の構造を整えることができた。

[テキスト No.][補助 No.],[巻],[頁][段落][行]
（例：0001_,01,0001a09, 1809_,40,0511b21 など）

　また、電子メールやフロッピーディスクなどの物理媒体でデータ交換をしていた時期のデータには、行番号の形式に関する入力ミスもあり、そういったものについては、データベースへのデータ投入の際に自動的に検出・処理することとなった。

　実際の校正作業については、この時点では二つのインターフェースを用意した。一つは、Web ブラウザ上で修正してサーバにその都度送信・保存するものである。もう一つは、作業担当者がデータをダウンロードして自分のパソコン上で使い慣れたソフトウエアを使ってチェックし、校正終了後は修正済みデータを Web ページ上からサーバにアップロードすると、一行ごとにサーバ上で変更があったかどうかをチェックして、もし変更があれば、既存の行は非表示モードに移行し、代わりに新しい行が保存されて表示もできるようになる、というものであった。また、アップロード時点で、データ形式に関する簡単なエラーチェックも行うようになっていた。

　2005 年頃は、本稿執筆時点とは異なり、Web ブラウザ上で複雑な作業を行えるようにすることはそれほど容易ではなかった。ようやく Google マップが登場したところであり、また、Web 2.0 という言葉が使われはじめた頃でもあり、Web が現在の姿へと変革していく、まさにその黎明期であった。このため、秀丸<ruby>や<rt>ひでまる</rt></ruby> EmEditor、Jedit、Emacs などの手元の便利なエディタが提供してくれるようなよい使い勝手や高い機能を Web ブラウザ上で提供することはまだ困難であった。一方で、データを安定的に保存することやシステムを安定的に動作させること、それから、大規模なデータを高速に処理するといったことに関しては、サーバシステムを利用することに明白な利点があり、それゆえに、サーバ側とパソコン（クライアント）側での役割分担はおのずと決まっていく形になっていた。そのような状況においては、作業担当者に対して低機能な Web

ブラウザ上の修正用インターフェースのみを提供するわけにはいかず、むしろ、手元の使い慣れた高機能なエディタでの作業の結果をサーバ側に反映させるという仕組みを提供することが有用であった。このフェーズにおいては、ほとんどのユーザーは自分のエディタで校正し、それをアップロードするという形で作業を進めていたようである。

このようにして作業が Web サーバ上で行われ、データが作業担当者・作業日時も含めて記録されるようになれば、後は、作業日時も含めてデータを一覧できる仕組みを用意するだけで、進捗管理が容易に行えるようになる。作業者全員がこれをできるようになる必要はないので、管理者モードを設定し、管理者のみが全体の進捗管理をできる仕組みを用意した。これによって、2979 件、600 万行に及ぶテキストデータの校正作業の進捗状況は、それまでに比べると容易に管理できるようになったのである。

4-2. 外字データベースの構築と運用

比較的古い東アジアのテキストをコンピューター上で扱おうとする際に難しいのは、外字の問題である。ここでの外字とは、既存の文字コードに文字として登録されておらず通常の文字表示の方法では表示できない文字を指している。通常の方法で表示できないことには、そこにどういう文字が書かれていたかを正確に共有できないため、やむを得ず、文字番号などを付してテキスト外にその字の形などの情報を記載して共有することになる。いわば、外部に独自の文字コード表を作成することになるのである。個人でこれを行う場合には、どういう文字がこの独自文字コード表に掲載されたかを自ら整理して再利用することができるかもしれないが、複数人の場合、ほかの人が登録したのと同じ文字をほかの人が別の番号で登録してしまい、結果として同じ文字なのにまとめて扱うことができず、検索も分析もできない、ということが生じてしまいがちである。これを避けるためには、文字コード表をリアルタイムに共有した上で、誰かが新しい文字を登録したらそれをほかの人にもなるべく容易に確認できるようにしなければならない。さらに、数がある程度多くなった場合、レパートリーを記憶しておくことは難しくなるため、新規登録文字も含めて全体を検索して登録済み文字を確認できるようにする必要がある。そこで出てくるのが外

字データベース（以下、外字 DB）である。

　外字 DB の要件は、まさに上記のようなものである。作業担当者各自が「発見」した外字をその文字情報とともに簡易に登録できるようにする一方で、登録済みでないかどうかを簡便に確認できる仕組みとして、外字 DB は開発されたのだった。この頃、漢字の外字に関しては、「合成表記」と呼ばれる手法でどういう文字かを記載することが一部で行われていた。例えば、「賈」であれば「{ 一/(匸 ＋ひとあし＋コ)/ 貝 }」といった案配である。括弧や /, +, - などの記号で漢字の部品同士の関係を示す方法であり、この表記方法にて文字の形をデータベースに入力しておけば、部品を手がかりとして比較的容易に同じ文字を検索できることになる。そして、同じ文字が外字 DB に登録済みであれば、その番号を本文中に記述することになる。さらに、画数や部首なども登録することで検索の便を図っていた。なお、本文中での文字番号の記述は、&MT00001; のように HTML の実体参照の形式が採られ、外字 DB の文字情報はこの番号に対応して格納されていた。

　2005 年に構築された当初の外字 DB のデータはさまざまな課題を抱えていた [14]。上記のような形で探せるようにしたとしても、どのような部品を用いて合成表記を記述したかということが必ずしも明確でない場合もあったために検索すべき部品文字に行き当たれず、結果として同じ文字が別の合成表記で記述されてデータベースに複数登録されていたこともあった。また、そもそも、外字かどうかの判定自体もそれほど容易ではなく、作業者ごとにさまざまな漢字検索ツールを用いていたものの、結果として Shift JIS に用意されていた文字を外字としてデータベース登録してしまっていた場合もあった。また、この頃は、外字の字形がデータベースに登録されていない場合も少なくなく、同じ文字であることの判定はそれほど容易ではなかった。そのような状況であっても各作業担当者が相当な精度で外字 DB を構築しつつ本文も作成していったことは、現時点から考えと驚くべきことであったと言っていいだろう。その後、完成に至る過程ですべての文字画像の作成を行ったことで、文字の形の一覧性が向上し、重複した文字の確認もかなり容易になった。

　外字 DB において大きな問題となったことの一つは、依拠する大規模漢字フォントセットであった。当初は、不足する文字のうち、今昔文字鏡フォント

に含まれるものに関しては今昔文字鏡番号を HTML 実体参照形式で本文に記述することで、外字作成を可能な限り避けるようにしていた。2001 年には「今昔文字鏡　単漢字 10 万字版」が発売されており、多くの文字をカバーすることができていたが、この頃、フォントの利用条件として、今昔文字鏡フォントを含む PDF ファイルを作成するだけでも今昔文字鏡研究会による許諾が必要であるという見解が示されたことで、依拠すべき大規模漢字フォントセットを切り替えるべきかどうかという選択を迫られる事態に陥った。これは、大蔵経データベースを用いて研究成果を発表しようとするすべての利用者がこの制約に準じなければならなくなるという事態を避けるべきかどうかという問題であった。結果として、代替となるものとして、当時、東京大学が日本学術振興会と共同で作成していた GT 書体フォントセットへと全面的に切り替えることとなった。この切り替え作業においては、目視で字の形を比較して変換を行うという作業が必要となり、これもまた容易ならざるものがあった。一方、GT 書体フォントの利用にあたっては、独自に外字を作成する際に GT 書体フォントを改変してもよいという許可を当該プロジェクトの責任者である坂村健東京大学教授（当時）よりいただくことができたため、独自外字のフォントデザインを一から構築するという事態に陥らずに済んだのはありがたいことであった。しかしながら、GT 書体フォントを利用可能になったにせよ、フォントそのものを編集して独自の外字フォントを作成するための十分な技術を有する人に依頼することが困難であり、また、任意のフォントを自在に作成・共有できる Glyphwiki のようなものも当時は存在しなかったため、ここでは GT 書体フォントをラスタ画像化したものを画像処理ソフトで修正することで外字の文字画像を作成し、それを外字 DB にアップロードしたのであった。なお、この一連の外字にかかわる作業を主導したのは駒澤大学の石井公成氏であり、氏の多大なる貢献なくしては実現することはできなかっただろう。

　本文中に書き込まれた文字番号は、外字 DB に問い合わせると文字画像を返してくれるという仕組みにより、文字画像が作成されているものについては文字の形を本文データ上でも確認できるようになっていた。これは、永﨑が東京外国語大学アジア・アフリカ言語文化研究所にいた頃に開発した「文字焼き」というシステムを援用したものであった。「文字焼き」は、ローマンアルファ

ベットに転写されたサンスクリット語やチベット語、アラビア語、ウイグル語などを、対応する文字画像に変換する Web API のようなものであり、2000頃年に開発したものであった。その当時は Perl というプログラミング言語に、Web での処理を高速化するための FastCGI を組み合わせ、さらに画像処理プログラムである ImageMagick の Perl モジュールを使う、といった形での開発になり、それほど容易ではなかったが、それに比べて、この外字 DB を開発する頃には Web 用のアプリケーション開発はかなり容易になっており、PHP という Web 用プログラミング言語のみで作成でき、動作速度も特に問題なかった。外字 DB だけでなく、GT 書体に含まれるが Shift JIS には含まれない漢字についても、GT 書体フォントをインストールしていないパソコンでも文字を表示できるように、GT 書体の文字番号から文字画像を作成・表示する仕組みを開発・提供した。これにより、本文上で画像として文字の形を確認することは十分に可能となった。とはいえ、本文のコピー＆ペーストが困難であったり、文字列検索が難しいといった問題は解決できないままであった。それについては、Unicode への登録を待つことになる。

5. 研究基盤の提供と連携に向けて

5-1. Web データベース初版の開発

　2007 年 7 月、SAT 研究会は、目標としたテキストデータベース構築の仕事を完了し、完成記念式典を開催するとともに、CD-ROM にてビューワとともにそのテキストデータベースを配布した。このビューワは Flash で作成されローカルなパソコン上で動作するものであり、大正新脩大蔵経と同じ縦書き表示で割注なども表示するようになっているものであった。割注をはじめとするいくつかのテキスト要素については独自のマークアップが行われており、それを読み取って縦書きレイアウトとするようになっていた。これ自体としては完結した成果物ではあったものの、検索に時間がかかるといった問題が指摘されたことから、高速な検索やそのほかの利便性を高める機能の追加を目指し、Web データベース版の開発も開始された。当初より、Web 上の既存の関連データを連携する形での統合的な研究ツールを志向していたことから、その時点で利用可

能なものを有用な形で組み合わせるべく検討した結果、実装を目指した機能は、(1) 漢字の異体字同時検索を含み、句読点を検索対象に含むかどうかを選択できる高速な検索、(2) 辞書引き機能、(3) 関連論文検索、ということになった。なお、外字に関しては、この時点では、上述の外字 DB での外字表示機能をそのまま本文にも持ち込む形で画像として表示するのみであった。それでは、(1)～ (3) のそれぞれの機能と実装を、その経緯にも触れつつ少しみてみよう。

5-1-1. 検索機能の開発

5-1-1-1. 高速な検索の実現

　まず、「(1) 漢字の異体字同時検索を含み、句読点を検索対象に含むかどうかを選択できる高速な検索」のうち、高速な検索に関しては、当時普及していた家庭用のパソコンでは、600MB を超える SAT テキストデータベースの全体を検索するにはそれなりの時間がかかってしまっていた。Google 検索はすでに膨大なデータの検索結果を一瞬で提供するサービスを提供していたことから、同様に、Web を介して高速なサーバコンピューター上で高速な検索ソフトウエアを用いて検索を行い、結果も Web ブラウザ上で表示するという仕組みを提供することを計画した。当時は、システム構築の都合上、テキストデータ全体をフリーソフトウエアのリレーショナルデータベースシステム PostgreSQL に登載し、さらに高速な日本語用全文検索ライブラリである Senna とそれを PostgreSQL から利用できるようにするためのツールである Ludia を用いて全文検索を実現した。PostgreSQL は、1986 年にカリフォルニア大学バークレー校ではじまった POSTGRES プロジェクトにはじまるものであり、現在では、国際標準のデータベース問い合わせ言語である SQL をサポートするリレーショナルデータベースとして広く用いられるものの一つである。大蔵経データベースは Web 上での共同での構築運用を前提としていたことから Web データベースとしての読み書きを安定的にできることが重要であり、当時としてはその点で標準的な機能を十分に備え頑強である PostgreSQL は有力な選択肢の一つであった。その上、多言語対応にすぐれており、複雑な問い合わせにも対応可能であったことからこれを採用した。フリーソフトウエア Senna は、形態素解析によってテキストを自動的に単語ごとに区切ってから検索インデックスを作成する検索方式とテキストデータを 1～数文字ごとに区切って検索インデックス

を用意する N-gram 検索との 2 種類の検索機能を提供しているが、大蔵経データベースの場合は漢文が多くを占めており、当時は形態素解析が困難であったため、N-gram 検索の方を利用することとした。Ludia は NTT データがフリーソフトウエアとして開発・公開したものであり、当時はこれをインストールすることで非常に容易に両者を接続することができた。このようにして組み合わせたソフトウエアに対して、検索の問い合わせを投げて戻ってきたものをHTML として表示するというプログラムを PHP で作成し、結果として、約 1 億字のテキストデータベースの検索が Web ブラウザを介して 1 秒以内に行えるようになったのであった【図 1】。

5-1-1-2. 句読点を含む／含まない検索

　句読点を検索対象に含むかどうかを選択できる検索機能については、そもそも大正蔵の句読点が必ずしも信頼できるとは限らないという定評を踏まえ、より幅広い検索結果を提供するために必要なものであった。これについては、句読点を省いた検索インデックスを別途作成し、検索時にユーザーがどちらかを選択できるようにすることで対応した。

5-1-1-3. 異体字同時検索

　また、異体字同時検索に関しては、大正新脩大蔵経の場合には同じ文字であっても字形に揺れが存在するため、もとのテキストデータの字の形を残そ

図 1　SAT-DB 2008 年版での「菩薩」の検索結果画面

とするなら、異体字を同時に検索できるようにすることは必須の課題であった。字形の揺れは、高麗版大蔵経に由来する場合もあれば参照した刊本に基づく場合もあるように思われるが、いずれにしても、それを無視してしまうわけにはいかず、しかし検索漏れは可能な限り避けたい。そこで、異体字同士の対応表を用いて自動的に異体字も検索してしまうという仕組みを作成することにした。ちょうどありがたいことに、当時、CHISE という漢字同士の関係を文字オントロジーとして記述したデータを含むフリーソフトウエアが京都大学人文科学研究所の守岡知彦氏により作成公開されており、この文字オントロジーの部分を使わせていただいてこの仕組みを開発することにした。そして、異体字検索はこの全文検索の仕組みにおいて OR 検索を用いて実現された【図2】。

5-1-1-4. 検索対象テキストの区切り

　検索対象のテキストデータとしては、元データは大正新脩大蔵経の行ごとに入力されて行番号がついていたが、このままでは行やページをまたがる単語の検索ができないため、段落ごとにテキストデータをつなげて検索をかけられるようにすることを試みた。しかしながら、この段階のテキストデータには段落の情報が含まれていなかったため、一行あたりの字数が通常よりも一定程度少ない行を段落の区切りと見なすことにして自動的にテキストをブロックに分けて疑似的な段落と位置づけ、この単位でテキストをつないで検索できるように

図2　「華厳」で検索して「華嚴」も同時に検索する例

した。この手法の場合、段落の最後の文字数が多い場合には区切ることができないため、実際の段落よりも大きな段落になってしまうこともあったが、1億字超のテキストデータに対してすぐに段落区切りをすべて付加するというわけにもいかず、やむを得ずこの手法を採った。その場しのぎ的なやり方ではあったものの、どういう基準の区切りであるかの質問は時折受けたものの、全文検索サービスとしてこの件についてクレームを受けることはなく、実用上の問題はあまり表出しなかったのだろうと思われる。

5-1-2. 辞書引き機能

次に、（2）辞書引き機能に関しては、当時すでに6万件を超える東アジア仏教用語のエントリを有するDDB（Digital Dictionary of Buddhism）がチャールズ・ミュラー氏によってWeb上で提供されており、さらに、その見出し語と意味、中韓日の発音情報のデータについてはダウンロードして自由に利用することができた。そこで、SAT データベースのWeb インターフェースとして、テキストデータの一部をドラッグして選択するとそのテキストでDDB のエントリを検索するという仕組みを開発した。

これにあたって必要だったのは、テキストデータの一部をドラッグして選択するとサーバ側にその選択テキストが送信されるWeb ブラウザ側の機能と、サーバ側で検索語を受け取ったときに辞書のエントリを検索し、該当するものがあればその結果をHTML 表示できる形で返戻するサーバ側の機能であった。後者はいわゆるWeb API と呼ばれるもので、当時広まりつつあった考え方であり、このときはWeb 用スクリプティング言語PHP を用いてテキスト検索と結果の整形をするためのスクリプトを作成した。一方、前者はまだそれほど一般的ではなく、開発には予想外の手間がかかった。このときのWeb ブラウザ側のインターフェースの開発全般にはYahoo! UI というフリーのJavascript のライブラリを利用しており、大正新脩大蔵経中の仏典の分類表示なども含めてこのライブラリのフォルダツリー表示機能を用いて実現したが、このライブラリではドラッグ選択範囲のテキストのみをサーバ側に送信するという機能は提供されておらず、管見の限りでは、当時はそのようなライブラリは見つけられなかった。そこで、この部分に関してはInternet Explorer 用とそのほかのWeb ブラウザ用にそれぞれ別々のコードを作成した。

検索にあたっては、辞書項目に対して最長一致検索をかけながら文字列を分割していき、最長一致の結果でないものについても別途検索結果を表示するという形にしたため、結果として、辞書で示された英語の意味を並べただけで文意を読み取れる場合もあった【図3】。

　これについては、わかりやすく便利な機能であるということで好評を得る一方で、これのために学生が辞書を引かなくなって困る、というクレームを一部の米国大学の教員から受けることもあった（なお、現在ではそういったクレームは聞かなくなったことも付言しておきたい）。

5-1-2-1. 英単語から仏教用語を検索

　これに加えて、DDB を逆引きする機能も用意した。つまり、DDB のエントリにおける意味の項目を検索して、合致するものの見出し語を表示するという仕組みである。さらに、いずれかの見出し語をクリックするとその単語が検索窓に入力されるようにした。これによって、利用者は、検索語としての仏教用語が思い浮かばなくても、あるいは、漢字を入力できなくても、英単語を入力すれば、検索ができるようになった【図4】。

5-1-3. 関連論文検索

　仏典を読んでいる際に、関連する論文を参照する必要性を感じることは少なくないだろう。これをなるべく簡便に行えるようにするために実装したのが、(3) 関連論文検索機能である。これに関しては、日本印度学仏教学会が 1988 年頃より構築を続けている INBUDS という専門分野書誌情報データベースが提供されていたため、これも DDB と同様に、検索文字列を入力せずとも検索できるようにした。ただし、DDB の検索のように、テキス

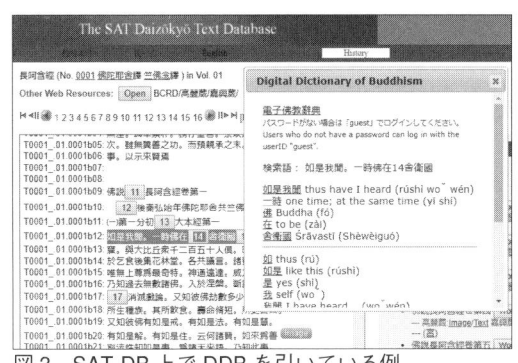

図3　SAT-DB 上で DDB を引いている例

図4　「dream」で DDB を逆引き検索して見出し語をリストした例

トデータベースの本文をドラッグしたときに検索してしまうのではなく、本文をドラッグすると検索窓に選択された文字列が入力される形にした。テキストを読みながら関連論文を簡単に探せるというのは研究用途としては便利なものである。最終的には必要な論文が常に一通りすぐにアクセスできるように一覧として提供されていることが望ましいが、この時点では検索の提供にとどまった。この INBUDS 自体も SAT 研究会がシステム開発を引き受ける形になっていたため、これもやはり、Web API のような形でキーワードを問い合わせればそれを含む論文書誌情報が返戻されるものを開発し、SAT-DB 側ではその返戻されたデータを整形して画面上にリストされるようにした。

　この機能は、その後、2009 年に大きな転機を迎える。それは、日本最大の論文書誌検索システムである CiNii のリニューアルオープンによるものであった。当時のこの種の学術系検索システムとしては画期的な使いやすさと速度を備えた新型 CiNii は、高機能な Web API をも提供し、その中には、論文 PDF 公開の有無を Web API で返戻する機能が含まれていた。そこで、この機能をまずは INBUDS の検索システムに組み込み、INBUDS で関連分野の論文を検索すると自動的に CiNii に問い合わせ、論文 PDF の有無を確認できる仕組みを開発した。さらに、SAT-DB から INBUDS への検索問い合わせの返戻にこの論文 PDF の有無の情報も組み込んでしまうことにより、結果として、「SAT-DB 上で仏典を読みながらキーワードをドラッグして論文検索ボタンを押すと、論文 PDF が Web に公開されていればそこへのリンクが表示される」という機能が提供されることになった。ここで最も画期的だったのは、SAT 研究会でも INBUDS のプロジェクトでも論文 PDF の有無についての情報探索に何らのコストをかけていないにもかかわらず、その成果物の中に論文 PDF へのリンクが大量に組み込まれ、さらにその後も論文 PDF へのリンクは CiNii 側の事業によって追記更新され続ける、という点である。この機能は、当時開催された CiNii Web API コンテストで優秀賞をいただいたこともあり、このような素晴らしいことがデータ作成を行わずともプログラムの小変更のみで低コストに実現できるのであれば他分野の類似のデータベースにもすぐに波及するかと期待したが、残念ながらすぐにはそうはならなかった。多くの場合、データベースシステムを外注してしまっているため、その種のプログラムをすぐに組み込む

ことはできなかったようであり、これに関しては内製によるフットワークの軽さが功を奏した形となった【図5】。

5-1-3-1. INBUDS について

SAT-DB 側から見ると INBUDS は Web API を通じた関係ということになるが、SAT 研究会として開発運用を引き受けていることもあり、単独の論文書誌データベースとしての側面についても若干解説しておきたい。INBUDS は、論文書誌情報を集積するだけでなく、各論文について、地域・時代・分野・文献・術語に関するキーワードを採取・登録して論文を探しやすくするという作業を連綿と続けてきていた。永﨑がこの仕事にかかわるようになったのは 2008 年からだったが、それ以降はこの作業を全体として Web コラボレーションシステムによって実施できるようにするとともに、簡易な検索システムと、上述のように SAT-DB と連携するための Web API を開発した。Web コラボレーションシステムに関しては、媒体・著者・論文のテーブルを PostgreSQL 上に作成し、それらのテーブルを紐付ける形で構築したのみであり、特に独自性があるものではなかった。

2009 年に CiNii Web API が公開された際の対応については上に述べた通りである。なお、この機能は、当初は、論文の著者とタイトルの情報を用いて自動的に論文 PDF 情報を検索する仕組みのみで対応しており、異体字でうまく検

図 5　本文中の「戯論」を選択して DDB と INBUDS を検索した例。
PDF アイコンは CiNii への自動リンク

索できない場合は異体字変換をして検索する仕組みも用意していたが、それでも一意に論文情報を検索できない場合や、CiNii からは検索できない論文 PDF の情報も無視できない程度の数が確認されるようになったため、2014 年頃から手動で論文 PDF 情報を入力する仕組みも Web コラボレーションシステムに組み込むこととなった。さらにその後、J-Stage の Web API が同様の機能を提供するようになったために CiNii 向けに用意した Web API 問い合わせ機能を適用してみたが、J-Stage の Web API は CiNii に比べると反応がかなり遅く、また、アクセス数が少し増えるとしばらくアクセスできなくなってしまうため、J-Stage 向けには、一度問い合わせをしたらその情報をデータベースにキャッシングしてしまう仕組みを新規に開発した。これにより、誰かが一度アクセスしたものは、次回からは J-Stage にアクセスせずに論文 PDF を確認できるようになり、J-Stage の Web API の返戻にかかわる問題にはあまり煩わされなくなった。しかしながら、このような仕組みの場合、J-Stage 側で何らかの変更があった際にうまく対応できない可能性がある。その点については、必要に応じてキャッシュをクリアする機能を用意することも検討しているが、なるべく人手をかけずに自動処理したいところであり、さらに検討したい。

利便性を高める機能の一環として、相場徹氏の研究成果 [15] を参考にしつつ、キーワード同士の距離を自動的に測り、距離の近いものを関連の強いキーワードとして表示する機能を開発・実装した。利用者がいずれかのキーワードをクリックすると、そのキーワードで INBUDS を検索して結果をリスト表示するようになっている【図 6】。

2016 年には、収録論文に対する検索キーワードの出現率をグラフ表示する機能を開発し公開した。キーワード 1 語で検索すると、指定した数の関連の強いキーワードを含めた各年の出現比率を算出し、グラフ表示する。そして、キーワード 2 語で検索すると、その 2 語のみに関して同様の処理を行う。キーワードの取得の仕方や論文情報の収集の仕方が必ずしも一定しているとは限らないため、統計データとしての利用には注意が必要だが、参考情報としては利用できるだろう【図 7・8（ただし白黒印刷の場合は判別できない）】。

5-1-4. 脚注の表示

大正蔵は約 75 万件の脚注を含んでいる。これらもまたデータとして入力さ

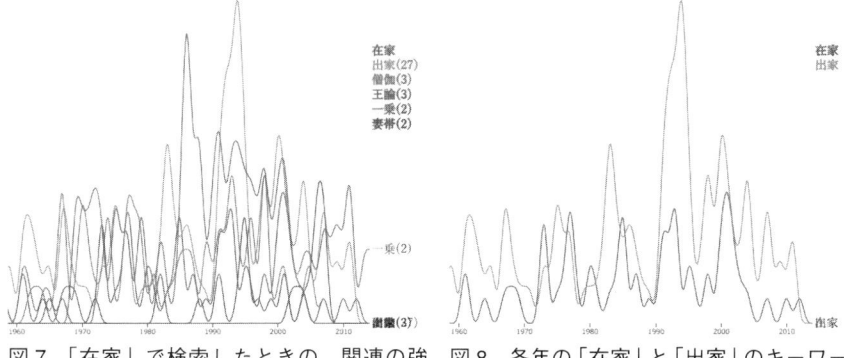

キーワード：

分類	この論文のキーワード	この論文のキーワードに関連の強いキーワード
地域	日本	日本仏教 (分類) 鎌倉時代 (時代) 現代 (時代) 中国 (地域) 平安時代 (時代) 鎌倉 (時代) 江戸時代 (時代) 日本現代 (時代)
分野	仏教学 人文学	現代 (時代) 日本 (地域) インド (地域) インド学 (分野) 中国 (地域) 宗教学 (分野) 道元禅師 (地域) チベット (地域)
人物	エドワード・サイード	インド社会 (分野) オリエンタリズム (文献) マックス・ヴェーバー (人物) 中村元 (人物)
文献	オリエンタリズム	東洋 (術語) 鈴木大拙 (人物) CuratorsoftheBuddha (文献) E・W・サイード (人物) レヴィナス (人物) 土着化 (術語) ポール・ウィリアムズ (人物) エドワード・サイード (人物)
術語	仏教学批判 行為志向 批判仏教 近代 仏教学 人文情報学	本覚思想 (術語) 剣道 (術語) 宗学 (術語) 涅槃経 (術語) 成実論師 (術語) 法然親鸞思想論 (文献) 皇国史観 (術語) 大乗仏教成立論 (術語) 仏教方法論 (分野) 文献学 (術語) 漢訳経典 (術語) マックス・ミュラー (人物) 梵語仏典研究 (術語) 南条文雄 (人物) 破邪顕正運動 (術語)

図6　ある論文に付されたキーワードと、関連の強いキーワードのリスト

在家
出家(27)
僧伽(3)
王論(3)
一乗(2)
妻帯(2)

一乗(2)

出家(37)

在家
出家

出家

図7　「在家」で検索したときの、関連の強い単語5語の各年の出現比率

図8　各年の「在家」と「出家」のキーワード出現比率

れたため、Webページでの表示の際に、脚注箇所に番号のついたボタンを配置し、それをクリックするとポップアップで脚注の内容が表示される仕組みを開発した。

　脚注の内容にはテキスト作成の際に参照した資料の情報や、同じ典籍だが異なる版や写本などにおいて文章が異なっている場合にそれを示す、いわゆる校訂情報、あるいは、パーリ語・サンスクリット語などでの記述を示したりするなど、数種類の内容が混在している。しかしながら、この時点では、電子テキストとしてできあがっている脚注をWebデータベースにおいて可能な限りう

まく活かすことを目指し、次の図のような
ものを開発するにとどめた【図9】。

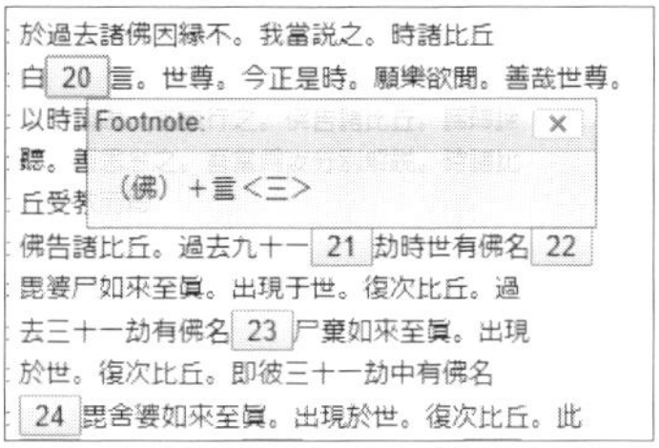

図9　SAT-DB 2008 年版で脚注を表示

5-2. 2012/2015 年版

SAT 研究会の目標は仏教学におけるデジタル研究環境の構築であり、そこに向けたさまざまな要素をその時々の技術に応じて開発・実装していくことが実際の活動である。2008 年版の公開と 2009 年の CiNii Web API 対応の後、SAT 研究会では、より高度かつ利便性の高い研究環境の提供を目指して開発を継続した。2010 年より研究会代表である下田による科研費基盤研究（A）「国際連携による仏教学術知識基盤の形成——次世代人文学のモデル構築」の助成事業がはじまったこともあり、さらに、公益財団法人全日本仏教会や公益財団法人仏教伝道協会の支援も受けることとなり、やや幅を広げた事業が展開された。その成果は、2012 年および 2015 年に実装して提供した。この二つのバージョンは全体的なインターフェースの設計に関しては jQuery UI を基盤とする共通のものであり、2015 年版は大幅な追加コンテンツと若干の機能追加があったためにバージョンに区切りをつけたのであって、ここではまとめて紹介することとしたい。

5-2-1. テキスト間の関連付け

仏典研究に限らず、テキスト研究全般において、テキスト同士の何らかの関係に基づいて複数のテキストを並行的に閲覧していくことには有用性を感じる場面が少なくないだろう。仏教研究においては、経典自体の発展史やそれに対する解釈を対象とすることが多く、引用・参照・注釈と言った形でのテキスト中の文章やフレーズレベルでの関係が非常に重要になる。その関係を適切に引き出せるようにすることは、デジタル研究基盤が為し得る極めて大きな貢献であると言える。そこで、SAT 研究会では、その関係を記述するための枠組みを設定し、それに基づく記述手法を開発して SAT-DB に組み込んだ。

この機能は、記述時の仕組みとそれを表示する仕組みとが別になっており、記述時は簡易な表示機能のみが提示されてひたすら関係情報の記述を行っていくことになる。記述された関係情報は、表示用の仕組みの側では任意に取り出

してさまざまな利用ができるようになっている。関係記述作業の担当者は、並べられた二つのテキストにおいて、それぞれ任意のフレーズをマウスドラッグで選択すると、そのフレーズの位置情報が取得される。その後、両者の関係についてのラベルを選択してサーバ送信ボタンをクリックすると、一つの関係情報がサーバ側に保存される。このデータは、最終的に TEI/XML 形式での出力を企図して設計したが、保存する時点ではほかのデータとの処理フローを一貫のものとしてコストを下げるために PostgreSQL に 1 関係 1 レコードとして保存した。フレーズの位置情報は、上述のように大正新脩大蔵経の行番号を基礎として、行内の文字位置も含めた始点と終点である。大正新脩大蔵経以外のテキストに関しては、ページ・行で自動的に割り当てた番号を用いていた。電子テキストであればどのようなものでもリンクすることが可能であったが、このときは仏教伝道協会の英訳大蔵経を十数冊と、チベット語訳大蔵経のごく一部に対して試行し、成果として 2012 年版より順次公開した。

　公開に際しては 2 種類の表示用の仕組みを別途開発し、SAT-DB に組み込んだ。一つは、開閉可能なダイアログを一つ用意した上で、利用者がテキスト本文をドラッグすると、選択された文字列で格納された関係情報のテキストを検索し、ヒットした場合には、関係情報のペアのうちのヒットしなかった方を表示し、もう 1 アクションすると両方ともに表示されるという仕組みとした。つまり、英訳大蔵経が表示される場合には、選択したフレーズの英訳の用例をリストすることができ、チベット語訳の場合にはチベット語訳の用例をリストすることができるというものであった。これは、特に、自らも英語で執筆したり発表したりしている利用者から好評であった。もう一つの表示の仕組みは、直接関係づけられている仏典に関して、本文テキストをドラッグするとそれに関連付けられたテキストが表示されるというものであった。つまり、英訳大蔵経と関連付けられているのであれば、対応する英訳文が表示されることになる。この機能は、仕組みとしてはチベット語訳大蔵経のみならずサンスクリット仏典や現代日本語訳とも対応づけできるものであり、その後の展開を企図しつつ、2012/2015 年版ではここまでとなった【図 10】。

5-2-2. 日本撰述部の再校正と画像表示

　同じ頃、日本撰述部のテキストをより良いものにするための再校正の事業

が開始された。校正作業に関しては、以前に利用したものとは別に新たに作業用システムを開発し、SAT-DB の初版に組み込む形で実現した。この時の作業フローは、大正新脩大蔵経のページ画像とテキストデータを人の目で確認し、修正箇所があれば行ごとに修正を行う、というものであった。異体字の扱いについては、以前の校正作業のときと同様、作業中に外字 DB を参照できるようにした。

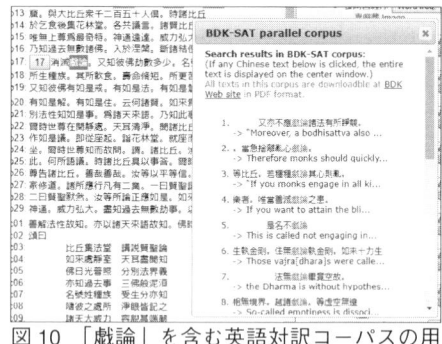

図 10 「戯論」を含む英語対訳コーパスの用例を検索してリストする例

このシステムの開発にあたって必要となったのは、600dpi でスキャンした大正新脩大蔵経のページ画像をいかにして容易に閲覧できるようにするかということであった。当時はまだページ画像の公開に際しての利用条件などの検討が十分ではなかったため、作業者だけが閲覧できるような仕組みとする必要があった。検討の結果、既存のものはどれも条件を満たせない部分があり、永﨑が自分で Javascript を用いて Web 画像ビューワを作成することにした。この Web 画像ビューワは、大きなページ画像を小さなタイルに分割し、作業者が見ようとしている箇所のタイル画像のみをサーバから送出するというものであった。画像の分割には前出の ImageMagick という画像処理プログラムを利用して事前にすべて分割して用意しておいた。そして、ユーザーが校正作業を行うために担当する仏典テキストのページを Web ブラウザで開き、任意の行に付された画像リンクをクリックすると、その行番号がサーバ側に送出される。そうすると、サーバ側では、その行を中心として閲覧に必要な画像を計算し、該当する画像を Web ブラウザ側に返戻する。画像を受け取った画像ビューワは、それを適切な位置に並べて表示する。そして、画像の任意の箇所を拡大するとズームサイズがサーバ側に送出され、その箇所の分割画像がサーバから返戻される。現代的な Web 画像ビューワに比べると動作にぎこちなさはあったものの、校正作業はこれで実施することができた。この仕組みは、SAT2012 にも組み込まれ、SAT-DB での大正新脩大蔵経ページ画像表示を実現すること

にもつながった。なお、その後、必要な機能を OpenSeadragon[*16] で実現できるようになったため、この Web 画像ビューワは OpenSeadragon に置き換えられた【図 11】。

　テキストデータの修正に関しては、公開用システムとは別に修正用のデータベースを用意し、校正作業用システムではそのデータベースを操作することになった。実際の作業としては、行ごとに修正ボタンが用意され、作業者が要修正箇所を発見した際には、その行ごとに修正を行

図 11　日本撰述部校正作業時の校正画面

う形になっていた。修正ボタンをクリックすると、修正用のダイアログが開き、修正用の入力フォームとともにその行についてのそれまでの修正履歴が一覧表示され、それまでの作業の状況が確認できる。さらに、備考欄が用意されており、そこにさまざまな修正に関する付帯情報が書き込まれた。作業管理者側からはそれらを適宜確認しつつ進捗状況を管理した。備考欄には、外字の扱いに関する注記が書かれることも多く、その後の外字符号化提案にも有益であった。200 人超の主に若手研究者の協力により、3 年数カ月の期間を経て再校正作業は終了し、公開用データベースにその成果が反映された。

5-2-3. 漢字情報に関するリンク

　2012 年頃には、Web 上での漢字に関する情報が充実しつつあった。そこで、当時広まっていたいくつかの Web 上の漢字情報にアクセスしやすい仕組みを用意した。すなわち、漢字情報表示ダイアログを開いた状態で文字をドラッグすると、その文字の Unicode でのコードポイントが表示されるとともに、関連する漢字情報サイトへのリンクがリストされるようにした。ここでは、CHISE[*17]、HNG[*18]、Unihan[*19]、HMS[*20] などがリンク先となり、それぞれにクリッ

クすると、当該文字に関する情報が表示されるようになっていた【図 12】。

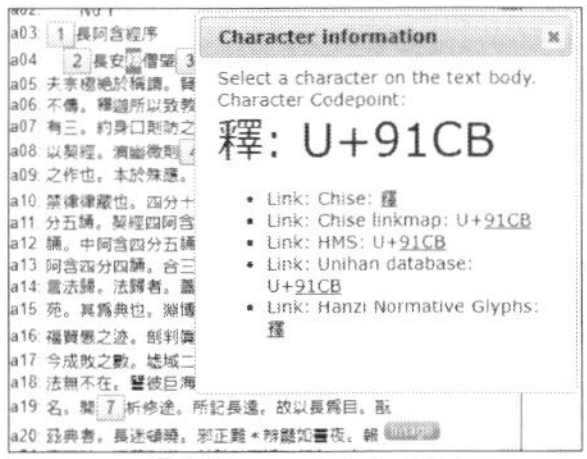

5-2-4. ほかのテキストデータベースとの連携

SAT-DB は日本に根ざすデータベースであり、日本における仏典の研究を支援することは重要なテーマである。しかしながら、自前ですべての仏典のテキストデータベースを構築することは困難

図 12 「釋」の漢字情報へのリンクの例

であり、それを実施できる団体・組織があるならば、そこと連携という形で研究支援に資するという選択が望ましい。すでに海外のプロジェクトとはさまざまな形で連携してきていたが、一方で、国内の仏教宗派においてもテキストデータベース化が徐々に進められており、SAT 研究会としてもアドバイザーなどの形で支援をしてきていた。そのような活動の一部の成果がようやく表に出たのが 2017 年のことであった。浄土宗総合研究所が浄土宗の最大叢書である『浄土宗全書』の正続編合わせて全 42 巻をテキストデータベースとして公開するとともに、SAT-DB との連携検索機能を実装した。これにより、浄土宗全書を検索した際には SAT-DB の Web API を介することで SAT-DB での検索結果一覧へのリンクが表示され、逆に、SAT-DB で検索した際には浄土宗全書データベースでの検索結果のヒット数が SAT-DB 上にリンクとともに表示されるようになった【図 13・14】。

これは利用者から好評を得ただけでなく、相互のデータベースの存在を広く知らしめることができ、さらには、研究者を含む利用者の視野を広げることにも資する可能性があり、仏典電子化の意義を大いに高めるものとなっている。SAT 研究会としては、ほかにもデータベース構築のアドバイスを行っている組織があり、近い将来にそれらが公開された暁には同様の連携機能を実装することを目指している。筆者らとしては、こういった営みを通じて、包括的で利便性が高く、研究者をはじめとする利用者全体に適切な知的刺激を提供し続けられるような研究基盤が形成されていくことを願っているところである。

5-2-5. 商用データベースとの連携

電子辞書を中心としてさまざまなデジタルコンテンツを有償で利用できるジャパンナレッジというサービスがある。大学などでは機関契約を結ぶことで

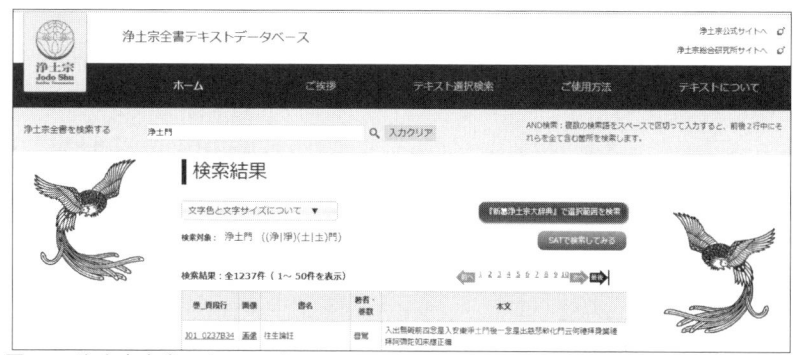

図 13　浄土宗全書テキストデータベースにおける SAT-DB 検索結果へのリンク表示

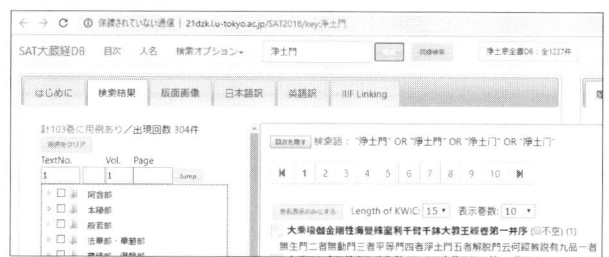

図 14　SAT-DB における浄土宗全書 DB の検索結果へのリンク表示（右上のボタン）

組織の構成員なら誰でも自由に組織内から利用でき、すでにかなり多くの大学
が契約していることから、大学関係者からは利用しやすいサービスとして認知
されていることが多いように思われる。個人で自宅から利用したいという場合
も月額もしくは年額固定のそれほど高くない金額でコンテンツを利用できるよ
うになっている。ここに仏教用語大辞典が提供されることになるという話が
あったため、ジャパンナレッジの方々との交渉の結果、先方の厚意により、辞
書の見出し語と読み仮名、それに加えて、辞書の項目の URL のリストを提供
してもらえることになった。この見出し語リストは上述の DDB の最長一致検
索と同じ仕組みで検索結果表示するようにした。従って、利用者は、契約をせ
ずとも、選択したテキスト中に含まれる仏教用語大辞典の見出し語のリストを
得ることができる。そして、機関にせよ個人にせよ、何らかの利用契約をして
いる場合にはリンクをクリックするとその辞書の項目が閲覧できるようになっ
たのである。当時、日本語で読める仏教用語辞典はなかったため（DDB は英
語訳であったため）、この機能によって日本語母語話者にとって有用性の高い

サービスを提供できるようになった。

5-2-6. CiNii 及び欧州語論文検索システムとの連携検索

SAT-DB における INBUDS 論文書誌データベース検索機能は、ほかの論文検索システムとの連携にも応用することが可能である。SAT-DB に対するユーザーのフィードバックとして、INBUDS だけでなく、CiNii のような分野横断的な論文書誌情報検索とも連携することで利用者の視野や関心を広げられるのではないかという指摘があり、それを受けて、INBUDS の代わりに CiNii を選択してそちらの検索結果を表示する機能も付加した。

さらに、同様の選択機能を用いて、ドイツのハレ大学で公開している欧州語による南アジア関連論文検索システムである SARDS3（South Asia Research Documentation Services 3）[21] の連携検索機能も付与した。この検索に際しては、漢語での検索はほとんどヒットしないため、利用者が漢語をマウスドラッグで選択すると、自動的に DDB を引いて、英語で書かれた単語の説明を検索窓に入力するようになっている。これは非常にささやかな利用者支援機能であり、必ずしもそれでよい検索結果が得られるとは限らないのが課題だが、まったくないのに比べるなら、多少の利便性の向上は期待してもよいだろう。

5-2-7. 典籍間のリンク機能 [22]

大蔵経には、漢語のもの以外に、チベット語大蔵経という大部のものが比較的長く伝承されている。内容的にみて同様のサンスクリット文献から翻訳したと思われる典籍が相当数含まれており、両者の対応典籍をリストした対照目録 [23] がすでに 1934 年には刊行されていることから、これを介することができれば SAT-DB とチベット語大蔵経をリンクすることが可能である。コロンビア大学で開発されていた BCRD（The Buddhist Canons Research Database）[24] のプロジェクトではこの対照目録のデジタル版を、近年の研究成果をも反映した改良版として所有しており、これが SAT 研究会に提供されたことから、これを SAT-DB に組み込み、BCRD を介して SAT-DB の漢語仏典から対応するチベット語仏典へのリンクを提供できることとなった。同様に、BCRD からも SAT-DB の漢語仏典への典籍単位でのリンクが提供され、相互リンクとなった。それまでであれば、対照目録を繰って目当ての典籍番号を確認してから大きな書架に本を取りに行って該当箇所を確認し、さらに必要があればコピー機のとこ

ろにそれを持っていってコピーして複製許可申請書を書くといった作業が数クリックで済んでしまうことになった。派手な機能ではないが、利用者支援という意味では一定の利便性を提供できているだろう。

　また、この頃には、国立国会図書館や英国図書館、フランス国立図書館、e国宝、HathiTrust、国文学研究資料館、早稲田大学古典籍総合データベース、立命館大学アート・リサーチセンターなど、さまざまな機関から公開されるデジタル画像に仏典のものが含まれることが増えていた。そこで、この典籍同士のリンク機能を拡張し、各機関から公開される仏典画像にリンクする機能も実装した。法華経や大般若経など、いくつかの典籍は多くのリンクを張ることができた。このときのリンクデータ作成作業はエクセルファイル上で行っており、タブ区切りテキスト形式で保存したものを SAT-DB に読み込ませるようにしていた。これもまた、上述のような、利用者の手間を減らすという点で大きな意義のあるものではあったものの、本来参照すべき箇所同士はピンポイントで示すことが可能であるにもかかわらず、機構上、典籍単位でしかリンクができないことが多く、結局、利用者はリンク先の仏典画像を最初の頁から繰っていって自分が見るべきところを探さねばならいという不便さがあった。ほかのさまざまな機関を横断して、画像中の特定のページの任意の箇所を指し示して直接リンクもできるような、何らかの新たな手立てが必要であると痛感されたところでもあった。

5-3. 図像編のデータベース化

　大正新脩大蔵経には 12 巻の図像編がある。ここには、仏教における図像とその説明資料にあたるものが含まれている。国内各地の寺院に所蔵されていた曼荼羅や仏尊の写しが多く含まれており、中には色刷りのページや別刷りのものもある。活字に翻刻された文字資料も多いが、翻刻されずに写本のままで掲載されているものもある。SAT 研究会はテキスト研究者が主であったことから、図像編に取り組むのは容易ではなかったが、国内外からの要望が多く、この仕事を主導する研究者を求めていた。日本美術史・仏教美術史の研究者の方々への相談を重ね、ようやく知己を得た東京文化財研究所（当時）津田徹英氏は、尊格や曼荼羅、三昧耶形などへのタグ付けを提案してくださった。現地で仏像

を見たときに持ち物やそのほかの属性から名前を確認することができれば、単に公開するだけでなく、新たな有用性を提供できるということだった。ちょうど代表的な Web 画像ビューワの一つである OpenSeadragon の活用に力を入れつつあった永﨑は、これを用いた協働タグ付け機能の開発に取り組んだ。

5-3-1. 図像編へのタグ付け

OpenSeadragon は、元々マイクロソフト社が開発していた Web 用の多機能高精細画像ビューワがフリーソフトウエア化されたものであり、やや複雑ではあるものの動作の安定性は高い。画像のサイズにあわせて数段階の縮小サイズの画像を用意し、大きめのものは一定サイズ（縦横 256px 程度）のタイル画像に分割した上でサーバに置いておくと、ユーザーが見たいところの見たいサイズのタイル画像をとってきて表示してくれるというものであった。さらに、プラグインを組み込むことができるようになっており、2015 年当時には、画像上の任意の場所にアノテーションをつけるプラグイン Annotorious[*25] がフリーソフトウエアとして公開されていた。そこで、これを組み合わせることで、Web ブラウザ上で画像を表示させて自在に拡大縮小させつつ、任意の箇所にタグを付するという仕組みを開発することとした。付けるタグの内容、いわゆる語彙については、津田氏が策定し、それを永﨑が Web フォーム上に実装した。これにより、作業者は、尊格の名称を除くほとんどの情報を、文字入力することなくマウスクリックによる選択操作で入力できるようになった。この当時の工夫の一つとして、印相の入力をどうするかという問題があったが、これについては、印相がどれかということを作業者に選択させるのは困難であり、時間がかかりすぎる上に精度の問題も生じる可能性があるという判断から、十指のそれぞれが開いているか閉じているか、という情報をマウスクリックで一つ一つの指ごとに選択入力するという形式とした【図 15】。

このようにしてタグ付けが行われた図像編のデジタル画像は、その後、タグによる検索機能とともに公開されることになる。このときに採用した公開の仕方が、ちょうど世界中で採用が広まりつつあった IIIF（International Image Interoperability Framework、国際的な画像の相互運用のための枠組み、トリプル・アイ・エフと発音する）[*26] であった。永﨑が IIIF の可能性について認識したのは、2015 年 2 月にパリのフランス国立図書館で開催されていた

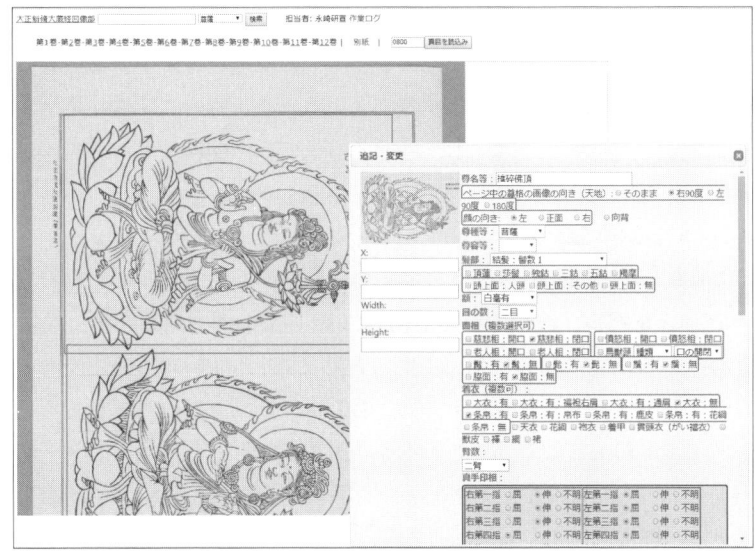

図15　図像編共同タグ付けシステムのタグ付けダイアログの例

EuropeanaTech[*27] に参加したときだった。このイベントは、欧州の図書館・美術館・文書館などが所蔵する数千万件（原稿執筆時点では 5700 万件超）の文化資料の所在情報を検索できる Europeana という横断検索サイトの開発や活用をめぐってのさまざまなテーマを議論するための国際会議であり、主に欧州で文化資料に関わるエンジニアが多く参加してフランス国立図書館のホールを埋め尽くしていた。文化資料のデジタル化と活用に関するさまざまな取り組みが発表される中、ウェールズ国立図書館をはじめとするいくつかの欧州文化機関が IIIF に対応したソリューションを発表しており、その可能性の息吹を感じたところであった。しかしながら、この時点では、まだ対応アプリケーションの整備が十分でなく、この頃に SAT が公開を行った嘉興蔵デジタル版の試験版においては、導入にかなり手間取った揚げ句、結局あまりうまくいかず、IIIFでの公開は断念した[*28]。この時は、OpenSeadragon をベースとした簡易なビューワを開発して公開するにとどまった。その経験を踏まえつつ、翌年の図像編の公開に際しては、ちょうど IIIF のアプリケーションが充実・安定してきており、とりわけ、開発が進みつつあった IIIF 対応画像ビューワ Mirador のアノテーション表示機能や画像の並列表示は、図像編の公開においても開発コスト低減をは

じめとしていくつかのメリットがあると判断された。そして、すべてのプロセスがフリーソフトウエアで実現可能となっていたことは、SAT 研究会としても、今後のデジタルアーカイブ・人文情報学といったさまざまな関連する活動においても非常に有益であると思われた。そこで、IIIF に準拠した形式での公開を行うこととした。

5-3-2. 図像編の IIIF 対応

IIIF に準拠した公開に際しては、Web での標準的な技術をうまく組み合わせたものであったため、技術面への理解については特に困難はなかった。これまで構築してきたものに加えて必要だったことは、(1) IIIF 準拠での画像配信のためのサーバソフトのインストール、(2) サーバソフトに対応させるための画像ファイルの形式変換、(3) ファイルのメタデータと各画像へのタグ情報を IIIF Presentation API に準拠した Manifest の作成、(4) 以上のものを活用した検索システムの開発、であった。

5-3-2-1. IIIF Image API への対応

IIIF では、取得したい画像の状態を URL で指定できるように IIIF Image API というものが定められている。これに準拠することで、画像中の任意の部分を切り出してきたり、幅 256 ピクセル程度のサムネイル画像を取得したり、90 度回転させた画像を表示したり、といったことができるようになっている。このことは、世界中で公開されているデジタル画像を同じ手法で切り出してきて並べたり重ねたり分析したりできるということを意味しており、世界各地で分散的に公開されている仏典画像においては、その有効性は大きく期待できるところであった【図 16】。

さらに、IIIF 対応ビューワと組み合わせることにより、大きな画像であれば小さなタイルに分割して必要な部分だけをサーバから取得することにより、非常に大きな画像の細部を、比較的容易に、パソコンやネットワークへの負荷をあまり大きくすることなく閲覧することができる。この機能自体はさまざまなソフトウエアで実現されており、永﨑自身も開発できるほど一般的な機能だが、十分に洗練された手法で、しかも世界各地の機関が同じ手法で公開してくれるなら、これもやはり仏典画像の扱いに際しては大きな期待を抱かせるものがあった。

では、これに準拠するためにどういった作業が必要になるのかと言えば、まずは、対応する画像サーバソフトの用意である。これには、フリーソフトウエアとして複数の選択肢がある。すなわち、プログラミング言語や用意された画

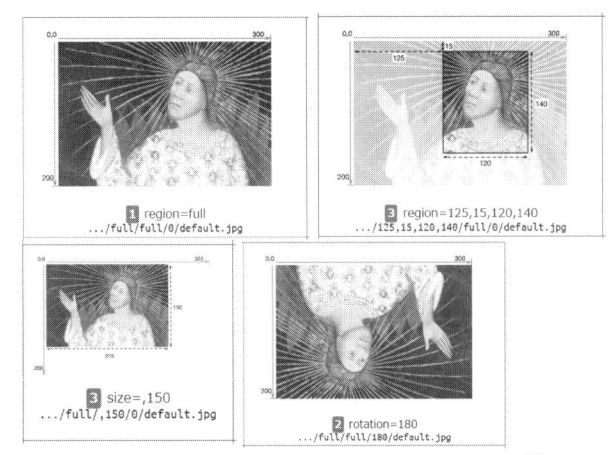

図16　IIIF Image API での URL による画像操作の例[*29]

像の種類、必要な状況などに応じて選択肢が用意されている。当時永﨑が試行したのは、プログラミング言語 C++ で書かれた IIPImage Server[*30]、プログラミング言語 Python で書かれた Loris IIIF Image Server[*31]、プログラミング言語 Java で書かれた digilib[*32] であった。

　Loris と digilib は、通常の JPEG 画像や PNG 画像をそのまま IIIF Image API 経由で配信することができる。従って、配信にあたって画像の事前処理をする必要がなく、その点において手軽な導入が可能である。Web サーバ側で若干の準備が必要だが、Loris であれば、Web サーバソフトが Python のスクリプトを動作させられるように設定する必要があり、また、digilib であれば Web サーバ経由で Java のプログラムを動かせるように、Tomcat というフリーソフトウエアをインストールして動かすことになる。Web サーバの中には、すでに Python のスクリプトが動作するように設定されているものや Tomcat が稼働しているものも少なくなく、そのような場合には既存の環境に追加するだけで済み、比較的導入しやすいということになる。しかし一方で、このように画像を前処理することなく IIIF Image API に対応させる場合、大きな画像へのアクセスが来ると、そのたびにタイル画像分割を行うことになる。Loris の場合には、一度分割すると、その分割画像をサーバのディスク上に保管して次回からはそれを読み出すことで動作を速くするという、いわゆるキャッシュ機能を持って

いるが、その場合でも、やはり最初にアクセスが来たときにはそれなりに時間がかかってしまう上に、最終的にはかなりディスク容量を多く使用してしまうことになるため、定期的にキャッシュを消去する設定をするなど、やや慎重な対応が必要になる。従って、いずれの場合も、小規模でそれほどアクセスが多くない場合にはあまり問題がないが、数十 MB 以上の大きな画像の配信が必要だったり大量アクセスが想定される場合にはほかの方法も検討する必要があるだろう。なお、Loris の場合には、後述の Pyramid Tiff などの分割画像処理の済んだ画像を利用することもある程度は可能なようであり、それも含めて検討したが、最終的に Python のスクリプトを Web サーバで動作させるという仕組みが SAT-DB の画像サーバの運用に十分に組み込めなかったため、Loris の採用は見送った。

　一方、IIPImage Server の場合には、画像の前処理が必要になるものの、プログラム自体が C++ で書かれているということもあり、相対的には高速な動作を十分に期待できるものである。さらに、Memcached[33] という、Web で一度アクセスのあったファイルをメモリにキャッシングして次回からはローカルディスクにアクセスせずにメモリから直接データを返戻する仕組みも利用できるようになっており、この種のものとしては大量同時アクセスにかなり強い設計になっている。

　IIPImage Server のための画像の前処理には、Pyramid Tiff、Pyramid Tiled Tiff などと呼ばれる画像形式か、JPEG2000 での同種の形式への変換が必要となる。いずれも、一つの画像ファイルに複数のサイズの画像を組み込む形式であり、さらに、大きなサイズの場合には一定のタイルサイズに分割して、それらも一つの画像ファイルとして扱える仕組みになっている。IIPImage Server で JPEG2000 を利用する場合は、高速に動作させるためには KAKADU という有料のソフトウエアを購入する必要があり、価格が要問い合わせとなっていたことから、その後の展開のしやすさを重視してフリーの規格である Pyramid Tiff を採用することとした。この画像形式変換には、ImageMagick[34] と VIPS[35] というフリーの画像処理ソフトウエアがよく利用される。いずれも、ほかのプログラムやコマンドラインから操作することができるため、大量画像の自動的な一括処理が可能である。とはいえ、画像の処理にはそれなりの時間がかかって

しまうため、特に容量の大きな画像が多い場合には作業計画をきちんと立て方がよいだろう。たとえば、SAT研究会で利用可能な環境では、嘉興蔵の画像をコンバートした際、平均して約80MBのJPEG画像約19万枚をImageMagickで変換して、約3週間を要した。当時のハードウェアは、インテル（R）Xeon（R）プロセッサーES-2620（2.90GHz/15MBキャッシュ 7.2GT/sターボ）x2、DRAM32GBが2台という構成であり、画像ストレージはNASに入っていたため、I/Oがボトルネックになり得ることから、複数の変換プロセスを少しの時間差で同時並行させることで作業時間が短縮されるようにと工夫してみたが、ImageMagickでの変換自体にそれなりの時間がかかってしまっていたようである。変換速度から言えばVIPSの方が速いが、当時利用していたRed Hat ES 6ではソフトウエアパッケージの依存関係の問題でVIPSのインストールが難しく、ImageMagickを利用せざるを得なかった。この問題は当時のUbuntuにおいては存在せず、Red Hat ES7、CentOS7の比較的新しいバージョンでは解消されているなど、現在のLinuxサーバ環境においては問題なく利用できるようになっている[*36]。

　前処理をしつつ、IIPImage Serverのインストールと設定も進めなければならない。IIPImage Serverはプログラミング言語C++で書かれておりソースコードが公開されている。当時、Linuxのディストリビューションの一つであるUbuntuでは、コマンド一つでこのソフトウエアをインストールすることができたが、SAT-DBは同じLinuxでもサーバ用途という性質が強いRed Hat OSや、CentOSの方を利用しており、こちらは、IIPImage Serverを簡単にインストールできるようになっていたものの、そのバージョンが古く、IIIF Image API未対応のバージョンがインストールされるようになっていた。そこで、当時は、ソースコードをダウンロードしてコンパイルしてインストールする、というやや面倒な作業が必要であった[*37]。とはいえ、コンパイルに際しては特に難しい問題は発生せず、設定の後、無事に使えるようになった。既存のほかのシステムとの兼ね合いでWebサーバソフトApacheに組み込む形となったが、ここまで来ると一般的なWebサーバ設定の一環として作業できるため、特に問題なく稼働することができた。稼働後、サーバ上のファイルパスと画像アクセスできるURLの関係を理解することが若干難しく、これについてはほかの人々

が同じ轍を踏まないように、永﨑のブログにて丁寧に説明を行った[38]。

　上述の、同じ画像への繰り返しアクセスをメモリキャッシングによって高速化する Memcached に関しては、複数の Memcached サーバを利用できるようになっていたため、2 台のサーバでこれを動かし、総計 40GB ほどのメモリをこれに割り当てた。図像編の画像では、トップページに置いた胎蔵界曼荼羅の図像は、6000dpi の画像を縦横 5 枚に分割撮影してからつなぎ合わせたものであり、Pyramid Tiff 画像にした段階で約 400MB となっていた。このような大きな画像をトップページに置くことで、拡大縮小できることのインパクトを提示するとともに、Memcached によってある程度のアクセス速度を確保できることも示すことができたため、ここでは Memcached は比較的有効に働いたと言えるだろう【図 17・18】。

　このようなプロセスを通じて、IIIF Image API に準拠した形で画像を配信することができるようになったのである。

　なお、IIIF Image server としては、後に試したものとして、Cantaloupe[39] というものもある。これも Java で書かれたという点では digilib と同様だが、画像アクセスの際に細かな認証ルールを設定できる点に特徴がある[40]。

　また、図書館・博物館などの文化資料向けコンテンツマネジメントシステム Omeka のプラグイン[41] など、画像をアップロードすれば後は自動的に IIIF Image API で配信してくれるものもあり、小規模なサイトであればそういったものを選択するという方法も検討してもよいだろう。

5-3-2-2. IIIF Presentation API への対応

　画像の前処理が済み、IIIF Image server の設定が完了すると、IIIF Image API が利用できるようになる。これによって、Web で個々の画像を自在に扱うことができるようになった。しかし、もう一つの大きな問題は、「この画像はこの本の中の 10 ページ目の画像である。」ということを簡便に示す方法があまり共有されていなかった、という点である。さらに、「このページのこの箇所にはこういう情報が付与されている」という情報も、同様であった。記述方法としては Text Encoding Initiative ガイドラインで提供されているものの、これを Web サーバ間で容易にやりとりするための仕組みは各自で独自に実装せざるを得ない状況であった。そこに登場したのが IIIF であり、Presentation API[42]

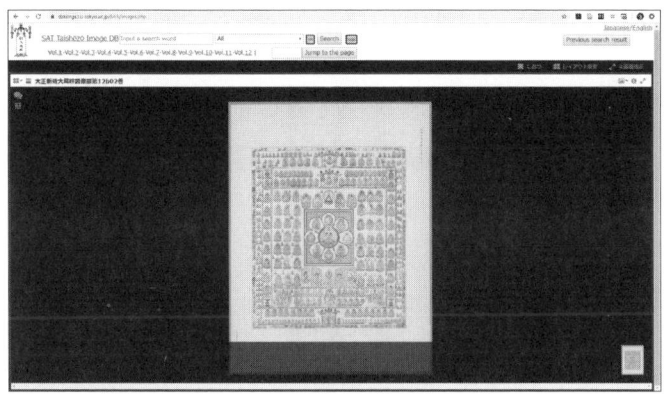

図17　図像編トップページの曼荼羅画像（縮小時）

図18　図像編トップページの曼荼羅画像（拡大時）

と呼ばれる仕組みは、まさにその課題を解決してくれるものであった。もちろん、これを多くの機関が採用しないことには解決策とはならないのだが、当初より大規模コンテンツを有する世界の文化機関が集結して共同で開始されたIIIF は、その点において大きな説得力を持っていた。また、詳しくは後述するが、共有すべき内容を非常に簡素化するとともに、データ交換の方法として W3C（World Wide Web Consortium）が定める Web Annotation[43] という規格に準拠したことで Web を対象とするプログラミングにおいて流行している JSON 形式となっており、そういったことも急速な普及を後押しする結果となった。

　IIIF Presentation API では、上述のような、「ある画像やある付加情報が資料としてのデータのまとまりの中でどういう位置に置かれるか」ということ

は、図19のような形で示される。まず、一つの資料は一つの Manifest という単位に対応する。Manifest に含まれるコンテンツ群は、何らかの順番を持っているため、その順番は Sequence として記述する。そこに順番に並べられるべきコンテンツ群は、例えば本であれば本の1ページのような、仮想的な一つの情報の単位とし、Canvas として並べられることになる。そして、ページ画像やアノテーションなどの情報は、Content として Canvas に紐付けられることになる。これらはすべて、Web Annotation に準拠して関係づけられることになる。例えば、ページ画像内のある箇所にタグがつけられているという場合、Web Annotation が指示する記法である Media Fragments URI[44] に従って、ページ画像上の座標情報とページ画像の URI を示すことでその位置を記述し共有することができるようになっている【図19】。

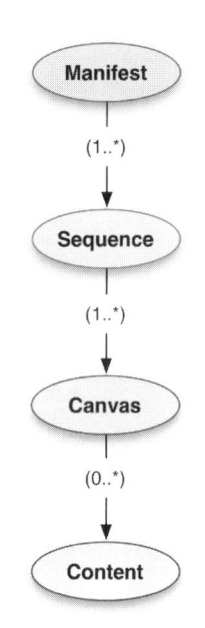

図19　IIIF Presentation API が前提とする資料のモデル[45]

　というわけで、大正蔵図像編12巻のページ画像と、当時すでに付与作業が終わった4000件ほどのタグ情報とを IIIF Presentation API の形式に変換するという作業がここで必要になった。とはいえ、IIIF Presentation API が提示するモデルは非常に簡素なものであり、また、Web Annotation は、基本的な記法としては JSON を用いているため、作成における困難さは特に生じなかった。現在よく Web で用いられるプログラミング言語は、いずれも JSON 形式を扱えるようになっている。JSON 形式を作成するにあたっては、IIIF Presentation API に従った構造で連想配列（プログラミング言語 Python では辞書と呼ばれているものがこれにあたる）を作成して JSON 形式にコンバートするという形になるため、特に新たな事柄についてスキルを得る必要はなく、IIIF Presentation API が要求する構造にあわせて作った連想配列のデータを JSON 形式にコンバートしただけ済んだ。これは、Web プログラミングにかかわる人にとっては比較的容易な操作であり、この点も、IIIF が国際的に急速に普及した理由の一つだったと思われる。

5-3-2-3.　公開用検索システムの構築

当時、IIIF において画像上にタグを表示することが可能で、無償で使える高機能な画像ビューワとしては、スタンフォード大学・ハーバード大学を中心に開発されていた Mirador[*46] 以外には事実上選択肢がなかった。Mirador は、タグ表示だけでなく、複数の画像を同時に並べて対比しつつズームするという機能も有していたため、複数の仏尊を並べて対比することも可能なのであればなお有用だということになり、標準画像ビューワとしては Mirador を採用することとした。なお、IIIF 対応での公開であったため、利用者が好きなビューワに読み込ませて表示することも可能である。

　タグ表示や画像の拡大縮小表示、さらにはそれを複数並列して表示させるといった機能を実装するためには、これまではかなり膨大な作業を必要とするか、あるいはそれなりの値段のするソフトウエアを購入するしかなく、それが、上述のようなデータ作成という比較的簡単な作業のみであとはすべてフリーソフトウエアを用いて実現できてしまうことは、その点だけをもってしても、当時としては画期的であった。

　図像データベースでは、単に画像を表示するだけでなく、タグを用いた図像の検索機能や、図像の対比を容易にするための仕組みも提供することが望まれたため、この機能の開発にも取り組んだ。当時は IIIF Search API が正式リリース前であり、対応するビューワも存在しなかったため、独自に検索機能を作成することにした。検索に関しては、サーバ側に置いたデータベースにタグのデータが入っているという状況だったため、単に Web 経由でデータベースを検索するだけでよく、通常の Web データベースと特に変わるところはなかった。このデータベースで工夫した点は、検索結果の表示とその後に画像並列表示に簡単に遷移する機能の実装であった。検索されるタグは、画像上の任意の箇所に付与されたものであり、データとしては画像上の座標情報を有している。そこで、検索結果を表示する際には、この座標情報を IIIF Image API の URL に変換することで、検索されたタグが対象とする部分画像のみを表示するようにした。さらに、検索された各図像の名称のところに付けられたチェックボックスをチェックすると、画像表示カートにサムネイルが表示され、複数のサムネイルを表示した状態で「並列表示」ボタンをクリックすると、選んだ複数画像が Mirador の並列表示機能を用いて並べて表示されるようにした【図 20】。

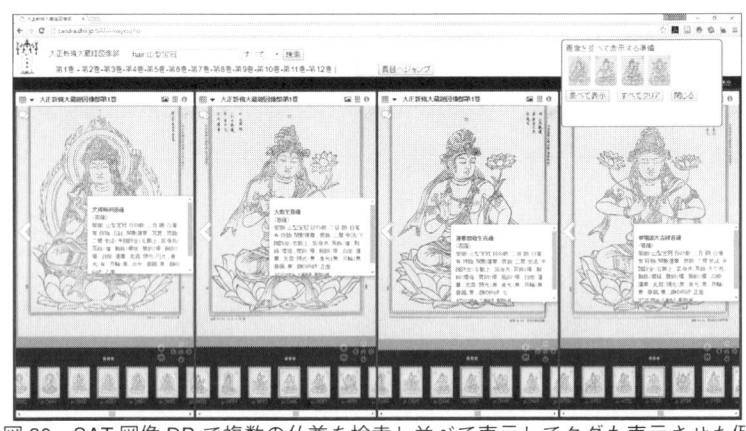

図20　SAT図像DBで複数の仏尊を検索し並べて表示してタグも表示させた例

　このデータベースは2016年6月にベータ版として公開されたが、ちょうど公開直前にニューヨークでIIIFカンファレンスが開催されていたため、急遽、永﨑がやや無理なスケジュールにもかかわらず参加したところ、これについて発表する機会をいただくことができた。10分ほどの紹介だったが、当時はこのような本格的な画像アノテーションを含むまとまったIIIFコンテンツはまだ提供されていなかったため、聴衆からは拍手喝采であり、そのまま、IIIF協会の公式サイトの事例にも掲載していただけることになった。このときのIIIFカンファレンスでは、日本人の参加は知る限りでは3名のみだったが、英国図書館やフランス国立図書館をはじめとして多くの文化機関のエンジニアたちがIIIFに関するさまざまな試行錯誤やその後の見通しを率直に発表しており、この規格が今後世界の文化機関を席巻していくであろうことは、もはや疑う余地もなかった。

5-4．万暦版大蔵経（嘉興蔵）デジタル版の構築

　時期を同じくして、SAT研究会では、万暦版大蔵経（嘉興蔵）のデータベース構築にも取り組んでいた。これにはまず、嘉興蔵と大正蔵との間の公式のつながりと細くとも実質的なつながりとの両方をみておく必要がある。

5-4-1．大正蔵と嘉興蔵の関係

　大正蔵は高麗版大蔵経（高麗蔵）を底本とした大蔵経であり、対校資料の一

つとして西蓮社に所蔵される嘉興蔵が用いられたことはよく知られている。嘉興蔵はわが国にも多く残されているが、中でもこの、西蓮社の嘉興蔵は比較的状態がよいものであるとされ、これに特徴的なテキストが大正蔵の校訂情報にも見られることを佛教大学の松永知海（まつながちかい）氏が指摘している。これが公式のつながりである。

　一方で、実際の編纂作業について見てみると、もう一つの細いつながりが見えてくる。この点について松永知海（2008）[47]に沿ってみてみると、まず、印度・中国撰述部の多くの部分に関しては、頻伽精舎版大蔵経を原稿として校訂・校閲作業を行ったということである。理由として想定されるのは、高麗版大蔵経をそのまま印刷所に入稿するわけにはいかず、さりとて一からすべて筆写することで誤記の混入を招くのもよくないといったことだったのだろうが、いずれにしても、頻伽精舎版大蔵経のテキストの状態が多少なりとも影響を与えた可能性があったことは否めない。この頻伽精舎版大蔵経がどのようなものであるかと言えば、実はこの本文は、公式には高麗蔵そのものであると言ってもよいものである。というのは、大正蔵に先行して明治の初期に金属活字の線装本として、高麗蔵を底本としつつほかの三つの大蔵経をも対校して作成刊行された大日本校訂大蔵経（縮刷蔵）の本文の小さな文字を拡大して再版したものが頻伽精舎版大蔵経だからである。では、このときには高麗蔵を入稿できたのか、あるいは、高麗蔵をすべて書写したのか、と言えば、そうではなく、このときに原稿として用いられたのは、当時比較的入手が容易であった鉄眼版（てつげん）（黄檗版（おうばく））大蔵経であった。これを用いつつ、高麗蔵と対比しながら高麗蔵のテキストを作成し、さらにそれをほかの大蔵経と対校したとのことである。そして、鉄眼版が嘉興蔵の複製本として作成されたことに鑑みるなら、嘉興蔵から大正蔵に至るこの細いつながりは、時としてテキスト編纂上の何らかの重要性を持ち得ることも十分に想定される。このようなことから、嘉興蔵と大正蔵を対比できるようにすることはこの編纂作業に依拠する大正蔵のテキスト上の課題を明らかにする上で有用なことであると考えられた。

5-4-2. SAT 研究会と大蔵経デジタル画像化

　SAT 研究会としては、SAT-DB 2012 年版において大正蔵印度・中国・日本撰述部 85 巻のページ画像を公開し、それに続いて同時並行的に図像編のデジタ

ル化事業も進めており、デジタル画像公開について一定の技術と知見を蓄積しつつあった。高精細デジタル画像の撮影と公開がそれまでに比べて非常に安価に実施できるようになったことや、SMART-GS[48] における類似画像検索技術に見られるように、画像認識技術が徐々に高度化しつつあったことから、高精細デジタル画像による大蔵経の共有も視野に入れていた。一方で、東京大学総合図書館所蔵の嘉興蔵の資料調査が一定の成果をあげていたことから、この大蔵経を高精細デジタル画像公開することについての検討を行った。折しも、国内外で徐々にオープンサイエンス・オープンデータの流れが強くなりはじめ、本邦でも 2014 年 2 月には東寺百合文書 Web にて国宝指定された古文書資料のデジタル化画像が再利用・再配布可能な利用条件（クリエイティブコモンズ・表示（CC BY））のもとで公開されたところであった。そこで、再利用・再配布可能な利用条件での公開も念頭に置いた上で東京大学附属図書館と検討を行った[49]。結果として、CC BY での公開を前提としたデジタル化作業について了承を得ることができたため、再利用再配布可能という利用条件を明示したデジタル版大蔵経としての公開を目指したデジタル化作業が開始された。

　また、大蔵経のデジタル画像としては、高麗蔵に関しては、大正蔵の底本と異なる時期の印刷ではあるものの、すでに高麗大蔵経研究所が高精細画像を公開しており、2015 年 8 月に SAT 研究会と包括連携協定を結ぶことで巻単位でのリンクが実現している。

5-4-3. デジタル画像の公開に向けて

　嘉興蔵のデジタル撮影にあたっては、その後の再撮影を可能な限り避けるべく、現時点でコスト的に許容される最大画素数での撮影を行った。大規模資料のデジタル撮影は、熟練した専門企業に依頼すれば資料の開き方や傾き、ピントなど、基本的な面で安定した画像を得ることができ、また、基準に満たない場合の再撮影も仕様書次第では可能であるため、19 万枚を超えるデジタル撮影は、古典籍の撮影に強い専門企業に依頼した。このときは、すでに 8000 万画素対応のデジタルカメラが実用レベルで使われており、このときに依頼した企業はこのレベルの画素数にあわせたインフラ整備を完了していたため他企業の数分の一の単価を提示してきたということもあり、ここでは 8000 万画素のカメラでの撮影を依頼した。1 枚あたり 250MB の TIFF 画像が納品され、最

終的には全容量は 20TB を超え、バックアップの手間も大きなものとなった。2015 年 3 月にはその時点で撮影が終了していた資料画像を試験公開版として CC BY ライセンスで公開した。前述のように、当時は、IIIF の採用を検討し公開システムの試作も行ったものの、画像ビューワが十分に利用しやすいものではなかったため、OpenSeadragon（前出）の標準機能で画像を公開し、本としての構造は独自のルールと独自のソフトウエアによって実現した。この時点では、再利用・再配布可能な利用条件を明示したデジタル画像公開は国立大学図書館の所蔵資料としては管見の限りでははじめてのことであった。

▍5-4-4. デジタル版の正式公開

その後、万暦版大蔵経（嘉興蔵）デジタル版として 2017 年 8 月の正式公開 [50] に至るまでには IIIF が実用レベルに達したと判断できたため、図像編データベース開発と並行しつつ、その知見も踏まえた公開システムの構築に取り組んだ。やはり画像を並べて表示する機能を持つ Mirador は経典の閲覧においても魅力的であり、これを標準ビューワとして採用することがこの場合は適切であると思われた。しかし、ここで大きなネックとなったのは、画像を並べる方向であった。Mirador の場合は、各ページのサムネイル画像をページ下部に並べたり、次のページに行く矢印を画像の左右に配置したりと、画像の順序を利用したインターフェースが充実している。しかし、この機能が、左から右の順序でしか提供されていなかったのである。IIIF Presentation API としては viewingDirection という項目が用意されており、そこには left-to-right、right-to-left などの値を記述できるようになっていた。にもかかわらず、Mirador では、right-to-left の値を無視して左から右にページを並べていくことしかできなかった。コンピューター上で本を読む際の矢印の方向とページの順序についてはいろいろな見解があるが、日本語や漢文の縦書き資料を右から左に読んでいくことに関しては、少なくとも選択肢としては用意されている必要があると考えたため、永﨑は、それを実装するための Javascript のコードを作成し Mirador 開発グループに提供した。Mirador 2.6.0 にてこの機能が採用されたことは、東アジアの縦書き資料のみならず、書字方向が右から左となっている中東圏資料を扱っている人々にも好意的に受容されたことも付記しておきたい。これによって、嘉興蔵デジタル版としても晴れてこれを採用できることになった。テキ

ストデータでの縦書きは Web ブラウザ上ではすでに CSS で実現できるように
なっていることから、縦書きでテキストを右から左に読んでいきつつ画像も適
宜参照するというブラウジングシステムを提供することができるようになった
【図 21】。

　万暦版大蔵経（嘉興蔵）デジタル版は、テキストデータ検索の実装には至ら
なかったが、巻ごとに SAT-DB から利用できるようにしたことで、SAT-DB で
大正蔵のテキストを検索した後に対応する嘉興蔵のページを表示させるという
形で疑似的にテキスト検索ができるようになった。一方で、含まれる経典の
タイトル・巻に関してはメタデータとして用意していたため、これを検索で
きる仕組みは開発した。ここでは試験的に、異体字同時検索も検索システム
も Javascript で実装した。異体字同時検索は、検索対象となるデータに含まれ
る漢字をすべて SAT-DB の異体字検索システムで検索して異体字の可能性があ
るものをリストアップして Javascript 中に書き込む形で実装した。そして、検
索対象データが巻タイトルだけでありそれほど大きなものではなかったため、
データ自体も Javascript の中に含めた。これにより、検索については Web ブラ
ウザのみで完結できることになった【図 22】。これには一長一短があり、ネッ
トワーク接続しなくとも検索できるという点では効率化されているが、ファイ
ルそのものが若干大きくなるため、処理能力が低いパソコンではやや動作に時

図 21　嘉興蔵デジタル版において大正蔵テキストに仏説維摩詰経と維摩詰所説経を対比

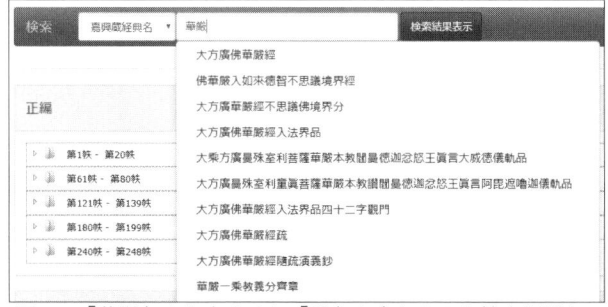

間がかかってしまうことがある。このバランスについての判断はパソコンやネットワークの性能の向上や状況の変化に伴って変わっていかざるを得ないが、なるべくネットワーク

図22 「華厳」を入力すると「嚴」を含むものも検索候補としてリストされる

接続を必要としないようにするという方向も一つの重要な選択肢である。

5-5. IIIF Manifest for Buddhist Studies (IIIF-BS)[*51]

5-5-1. 開発の背景事情

IIIF に対応した画像公開は、欧米先進国で急速に普及しただけでなく、やがて国内でも徐々に普及しはじめるようになった。図像データベースに続き、国文学研究資料館、京都大学附属図書館、慶應大学、東京大学など、徐々に対応機関が増えていく中、2018 年 5 月には国立国会図書館デジタルコレクションが対応するに至り、国内でも IIIF が Web 画像共有のためのデファクトスタンダードとなったと言ってもよいだろう。さらには、活用手法としても、人文学オープンデータ共同利用センターが開発・公開する IIIF Curation Viewer が2017 年 10 月には外部サイトの IIIF 画像にも対応できるようになり、IIIF 対応画像を横断的に利用できる状況を創出するなど、機運は徐々に高まってきていた。

そのような状況において、仏教研究に有益な画像も各機関の IIIF 対応デジタルコレクションの中に部分的に含まれているという状況が増加してきた。とりわけ、フランス国立図書館の Gallica におけるペリオ・コレクションの敦煌文書は注目に値するが、それ以外にも、バイエルン州立図書館、ハーバード大学イェンチェン図書館など、海外の図書館のデジタルコレクションの中に IIIF対応仏典画像が含まれるようになってきていた。国内においても、国立国会図書館デジタルコレクションは、相当な数の仏典画像を含んでいた。しかし

ながら、仏典の画像を探したい場合に、いちいちそれらのサイトを回覧するのでは大いに手間がかかってしまい、IIIF の優位性も発揮できているとは言いがたい。IIIF の利点は外部から自由に Web コンテンツを扱えることなのだから、新たに Web サイトを立ち上げ、仏典に関する IIIF 対応コンテンツをそこに集約して検索などもできるようにすることが可能である。さらに、集約サイトの方で新たに情報を付加し、そこで閲覧する際にはそういった情報も同時に利用できるようにすることで利便性を高めることも理屈上は可能である。そこで、SAT 研究会では、これを実現するための Web サイトを構築した。これが IIIF Manifest for Buddhist Studies（IIIF-BS）である。

5-5-2. システムの概要

このシステムは、システムに登録されたユーザーが IIIF Manifest URI（IIIF において一つの資料を指し示す URL）を登録すると、その IIIF Manifest ファイル（一つの IIIF 対応資料を構成する画像 URI やメタデータなどが含まれたファイル）に含まれているタイトルや Description などの情報が検索対象としてインデックス化されて検索できるようになり、さらに、公開機関別に一覧することもできる。一覧画面では、タイトルや所蔵機関、ライセンスも表示されるようになっている。それらは、IIIF Manifest における Attribution や License などの値を取得することで可能となっている。さらに、その一覧に含まれる IIIF ビューワアイコンをクリックすると、そのビューワを用いて当該画像が表示される。ここでリストされているビューワアイコンは、Universal Viewer、Mirador、IIIF Curation Viewer のものである。特に Mirador に関しては、アイコンをクリックするたびに Mirador 画面を分割して並列表示していくようになっている【図 23】。IIIF Curation Viewer は、それ自体の機能により、IIIF-BS 上であってもこのビューワで開いた画像を切り出した場合にはほかの切り出し画像とシームレスに一つの切り出しコレクション（キュレーション）として登録され利用できる。

このシステムは、そのような閲覧機能に加えて、ユーザによる気づきを記載して共有できるようにすることも企図している。当初の段階で記載可能としたのは、タイトル、対応する大正蔵テキスト番号、対応する大正蔵行番号（開始位置と終了位置）であった。大正蔵のテキスト番号や行番号は、デジタル世界

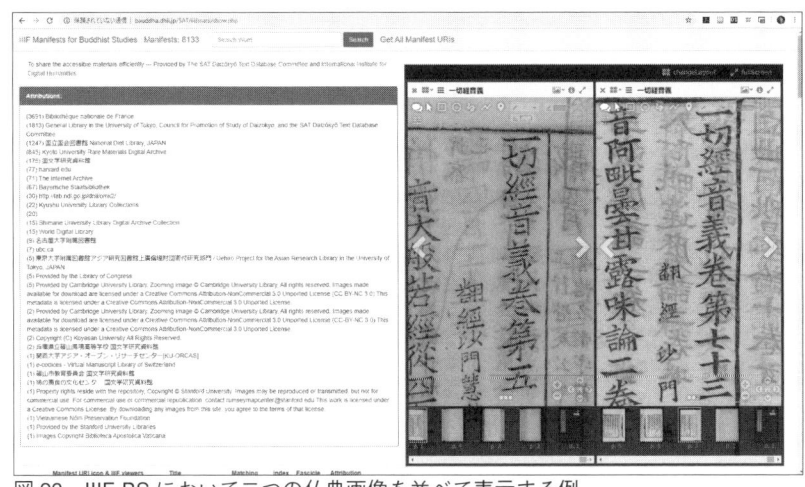

図23　IIIF-BS において二つの仏典画像を並べて表示する例

においてもスタンダードなものとなっているため、このような取り組みでは依拠しやすいものである。そして、仏典研究者の側からすると、大正蔵のテキスト番号で世界に散らばる仏典画像の検索ができれば非常に便利であり、行番号までついていればさらにありがたい。その一方で、図書館をはじめとする公開機関側ではそのような番号が有効であるという認識を持っていない場合も少なくない。それどころか、人手不足の上に専門的知識を持つ人の協力を得ることも容易ではなく、結果として、所蔵している仏典のタイトルの同定さえもなかなか容易ではないこともある。このような場合に、IIIF-BS は、公開機関にて調査未了の状態で公開された IIIF 対応画像に対して有用な情報を利用者コミュニティ（この場合は研究者グループ）が調査して付加し、それを利用者全体で共有できる環境を提供している形になっている。今後、デジタル化公開する対象が増えていけばいくほど、調査が完了してからデジタル化公開するというワークフローでは、公開に至る困難さはますます高まっていくことだろう。そのような状況では、むしろ、とりあえず最小限のこと（所蔵情報と対応づけられる ID などを付与しておいて、画像と実物が対応づけられるようにしておく）だけを済ませたら IIIF 対応で公開しておいて、後は外部のステイクホルダーに任せてしまうという方法も今後有効なものになっていくかもしれない。この方法であれば、内部で専門知識のある人を抱えたり探したりすること、外部で

その種の人を探すこと、依頼すること、その仕事に謝礼を支払うこと、といったさまざまな手続きを回避することができる。一方、外部のステイクホルダーにとっては、公開機関のルールの制約を受けることなく、自らの必要性に応じて自らの時間や予算に応じた資料の読解・分析や情報付与ができる。そして、IIIF-BS のような形で関連する画像が一カ所でアクセスできるようになっていれば、作業も貢献も効率的に行うことができる。実際のところ、IIIF-BS では、京都大学貴重資料デジタルアーカイブ[*52] における仏典資料を取り込み、それに対して上述の付加情報を付与し、IIIF-BS 上で検索できるようにしたり、後述するようにほかのサイトからも簡単に利用できるようにしている。そして、その付加情報は京都大学貴重資料デジタルアーカイブ側にもフィードバックし、結果として先方から SAT-DB へのリンクも提供されるようになっている[*53]。

　改めてまとめると、現在のデジタル化文化資料の状況としては、デジタル撮影による高精細デジタル画像作成が相対的に非常に安価になり、ネットワークの高速化とコンピュータの高性能化もあいまって、それまでとは比べものにならない量と速度での作成が可能になり、その一方で、詳細なメタデータの付与を行う時間や人手、換言すれば、そのための人件費や専門家養成のコストを確保することが難しくなってきている。このような IIIF の特性を活かしたコラボレーションは、少ないリソースを効率的に配分していく上で今後重要な選択肢の一つになっていくだろう。折しも、2018 年 11 月には、英国図書館で開催された国際敦煌プロジェクトのワークショップに永崎が招待されてこのシステムの紹介を行っており、国際的にもこの種の仕組みのニーズは今後高まっていくことが想定される。

　なお、このシステム自体の構成についても簡単に説明しておくと、ここではフリーソフトウエアの全文検索エンジンである Apache Solr を核としている。ここに、各地の IIIF Manifest に含まれる情報が検索対象として登録され、検索できるようになっている。漢文の文献が多いため、検索インデックスは Unigram も含む n-gram 形式を採用した。それ以外に関しては、サーバ側プログラミング言語としては PHP、Web ブラウザ側のプログラミング言語としては jQuery を介した Javascript、ページ全体のレイアウトには Bootstrap を用いており、それらを組み合わせてシステムとして動作させるためのプログラムは永

﨑が作成した。

5-5-3. Web API による活用

　各地の仏典資料画像を集約し、経典番号などの情報を付与する IIIF-BS は、同時に、ほかの Web サイトが簡単にコンテンツを取り込めるようになっている。これは、協働で行った作業を、さらに協働で活用できるようにするという枠組みを意識したものである。IIIF-BS では、経典番号や経典の巻番号などを含む URL でアクセスすると、対応する IIIF Manifest URI が返戻されるようになっている。従って、ある Web サイトが例えば「妙法蓮華経」の画像を扱いたいと思った場合、以下のようにして、大正蔵の経典番号として T0262 を URL に含めてアクセスすれば、これに対応する IIIF Manifest と、関連する若干の情報が返戻される。

　　https://bauddha.dhii.jp/SAT/iiifmani/show.php?m=getByCatNum&cnum=T0262
　　（T0262 のところに大正蔵テキスト番号を記述してアクセス）

　後は、そのデータを適切にレイアウトしたりすれば、自らの Web サイトで外部 Web サイト上の妙法蓮華経の IIIF 対応画像をさまざまに操作できることになる。あるいはさらに、巻一のみを取り出したい場合には、以下のようにして指定することもできる。

　　https://bauddha.dhii.jp/SAT/iiifmani/show.php?m=getByCatNum&cnum=T0262
　　&scrnm=s1

　この仕組みを現在本格的に使用しているのは SAT-DB 2018 年版のみだが、今後、これを利用したものや、あるいはこのような枠組みを利用したり、さらに発展させたりした枠組みが開発されたりしつつ、Web の世界でのコンテンツ共有はますます連携を深めていくことだろう。

5-6. SAT-DB 2018 年版

　SAT-DB では、2012 年版、2015 年版の構築運用の経験と開発したさまざま

なコンテンツ、そして、それまでのさまざまなフィードバックを反映する形で、SAT-DB 2018 年版の公開を行った。これは基本的には既存のサービスを継承しつつ、新たなサービスを追加した形になっている。そこで、以下では、特に 2018 年版以降に新たに加わった要素についてみていきたい。

5-6-1. フィードバックの収集

SAT 研究会は仏教研究者グループによるプロジェクトであったため、公開当初より研究者グループの中でさまざまなフィードバックを受け取っていた。中には封書でいただくこともあり、貴重なご意見として拝読していた。しかし一方で、すでに提供されている機能について追加を希望するような意見も散見され、扱いに苦慮する場合もあった。そこで、利用者講習会を実施して一通りの使い方を確認していただいた上でフィードバックを集めるという方法を採ることとし、国内外各地での講習会を実施した。はじまりは北海道大学で、仏教学や国語学の研究者・大学院生に参集していただいた。その後、京都大学、駒澤大学、大谷大学、大正大学、国際仏教学大学院大学、東京大学、浄土真宗本願寺派総合研究所、ライデン大学、曹洞宗総合研究センター、浄土宗総合研究所、真宗大谷派教学研究所、全日本仏教会、といったところで、単独の講習会を開催させていただいた。また、これ以外にも、SAT-DB の紹介ということで各地のシンポジウムなどに招聘され、海外だけでも、ウィーン大学、オスロ大学、英国図書館、オックスフォード大学、ハンブルク大学、法鼓佛教學院、仏光山大学、浙江大学、ベトナム科学技術アカデミー、ハーバード大学上海校、径山寺、アルバータ大学、ブリティッシュ・コロンビア大学、シドニー大学、ラトガース大学、ミシガン大学、カリフォルニア大学バークレー校およびロサンゼルス校、アリゾナ大学、といったところでの講演を行い、それぞれにさまざまなフィードバックをいただいた。

フィードバックの多くは、既存のほかのシステム、例えば Google などのほかの検索システムや、CBETA、TBRC などのほかの仏典検索システムなどでできていることを SAT-DB でもできるようになってもらいたい、というものが多く、また、まったく実際上の目的や研究上の関心に基づくものもあった。すべてをここであげることはできないが、例えば、現代日本語で読めるようにしてもらいたい、典拠画像の対応箇所を簡単に見えるようにしてもらいたい、といっ

た、コンテンツやデータを新たに用意しなければできないような要望の一方で、複数画面の切り替えを簡単にしてもらいたい、ポップアップウインドウの配置をわかりやすくしてもらいたい、絞り込み検索時に選択した経典の情報を残しておいて次回アクセス時にまた使えるようにしてもらいたい、といった技術的に解決可能なものまで多岐にわたっていた。こういったさまざまなフィードバックを踏まえ、まったく新たなインターフェースによる設計を試みたのがSAT 2018 年版であった。

5-6-2. 検索システムの変更

　SAT-DB では、検索は高速なサーバ上で行い、パソコン側ではその結果だけを受け取って表示するという仕組みで構築してきていた。しかしながら、その後 10 年の間にパソコンが大幅に高速化し、2008 年時点で利用していたサーバよりも高速なものになってしまっていた。また、インターネット接続せずとも検索できるものを希望する利用者も多かったため、パソコン上で検索できる仕組みを用意して、インターネット接続せずとも本文検索をできるようにすることを企図して検索システムの変更に着手した。さらに、曖昧検索の度合いをもっと増やしてもらいたいという要望や正規表現検索をしたいという要望も出てきていた。そのような要望の多くかなえられるフリーソフトウエアとしては、上述の IIIF-BS にて採用していた Apache Solr があった[54]。Apache Solr は、Windows や Mac、Linux など、複数のオペレーティングシステムで同じプログラムを稼働させられるプログラミング言語 Java で書かれているため、パソコン上での検索のためのシステムを構築するには比較的利用しやすい。そこで、これを SAT-DB のテキスト検索システムとしつつ、パソコン上で動作を完結させるため、検索に関する仕組みは Javascript で作成した。これは嘉興蔵データベースで試行したものであり、実際のところ、ほとんどの機能はこれで実装することができた。Apache Solr にデータを投入するにあたっては、これまでとは若干異なるデータ形式にする必要があったが、それに関しては単なる形式の変更で済んだため、それほど問題にはならなかった。ただし、「巻」の単位での検索のヒット件数が研究上有用であるという声があったため、これまでの疑似的な段落単位での検索に代えて「巻」の単位での検索を実装した。「巻」単位でヒットさせる場合、「巻」はかなりの長さがあるため、検索でヒットした後、

検索した単語が登場する箇所を見つけることがやや困難になってしまう。その問題を解決するため、検索結果リストにおいてKWIC（KeyWord In Context）表示を行った際に、ヒットした語をクリックすると、巻のテキスト全体が表示されると同時にその語が登場する箇所までスクロールするようにした。しかしながら、以前の疑似的な段落単位での検索の方が使いやすかったという声もあるため、両方を併存させる方法を現在は検討している。

このような検討と開発作業の結果、正規表現検索や曖昧検索の曖昧さ強化などは実現できた。しかしながら、パソコン上で使える検索システムは、同様の各種検索機能を利用するにはストレージをかなり多く消費してしまうため、保留となった。ただし、これは何らかの形でごく近いうちに実現したいと考えている。

5-6-3. 現代日本語訳とのリンク

大蔵経研究推進会議の事業として、高校生にでも読めるオープンデータの現代日本語訳仏典を作成するという動きが2014年頃よりはじまっており、SAT-DB 2018年版公開の頃には数点が完成していた。そこで、この現代語日本語訳の公開にあたっては、SAT-DBの大正蔵本文と文章単位でリンクするような形式で公開することとした。

現代日本語訳は、句点で文章ごとに区切られている。そこで、TEIガイドライン（前出）に従って文章ごとに付与したタグに一つずつIDを割り当て、そのIDとSAT-DBの大正蔵本文の位置情報（行番号＋文字位置）とを対応づける仕組みを作成した。すなわち、現代日本語訳の一文とそれに対応する漢文のテキストとをつなげたパラレルコーパスを構築する仕組みを作成したのである。これは2012年に構築した英訳大蔵経とのリンク（前出）と考え方としてはほぼ同じだが、現代日本語訳側がTEI準拠になったことで操作をしやすくなったという点で違いがある。リンクするにあたっては、SAT-DB 2018年版にリンク付け機能を組み込んでしまい、登録ユーザーであれば誰でも作業できるようにした。具体的な手順としては、リンク編集作業用ダイアログを開いた状態で作業者が現代日本語訳の一つの文をクリックするとその文章が選択されてダイアログ上に表示される。次に、対応するSATのテキストをドラッグして範囲選択すると、そのテキストがリンク対象のテキストとしてダイアログ上に表示

される。その後、二つのテキストの関係について、いくつかの選択肢から「翻訳」を選び、サーバ保存ボタンをクリックすると、一つのリンクの入力が完了する。

このような対応づけが終了した後に、SAT-DB 2018 年版で現代日本語訳のTEI ファイルを表示させると、Web ページとして整形されて画面上に表示され、いずれかの文をクリックすると対応するテキストが表示され、さらにそれに対応するテキストの位置までスクロールした上で、対応するテキストには黄色いマーカーが付されるようになった。つまり、現代日本語訳の文章をクリックするともとになった漢文が前後の文脈の中で表示されるということである。さらにここから木版や写本の仏典画像までたどれるテキストも存在することから、そのような経路が仏教研究に関心を持つきっかけの一つにもなってくれればありがたいことである【図 24】。

なお、現代日本語訳のテキストの公開時の利用条件は、クリエイティブコモンズの CC BY としており、作者（この場合は翻訳者）の表示さえすれば誰でも自由に利用することができる。さらに、利用者の便を考慮して、TEI 準拠のファイル以外にもワード文書形式と PDF 形式でも公開している。原稿執筆時点でもまだ点数はそれほど多くないものの、人文学向けのオープンデータ資料として今後活用の幅は広がっていくことだろう。

5-6-4. IIIF 対応画像表示機能

SAT-DB 2018 年版では、III-BS が提供する Web API を利用する形で IIIF 対応

図 24　現代日本語訳と対応する大正新脩大蔵経本文を表示する例

仏典画像を表示する機能を実装している。IIIF-BS の Web API では、「テキスト」と「巻」の単位で IIIF Manifest を提示するデータと、個々の IIIF Manifest が示す資料の大正蔵における開始行と終了行が取得できる。SAT-DB 2018 年版では、テキストを表示した際に「巻」の一覧を表示する機能を持っているため、これを「テキスト」と「巻」の情報と付き合わせることで IIIF Manifest URI へのリンクを IIIF アイコンで表示できるようにした。しかしながら、IIIF アイコンは通常、IIIF 対応ビューワにドラッグ＆ドロップして当該資料を表示させるために提供されるものであり、このアイコンをクリックすると IIIF Manifest の内容が JSON 形式で表示されてしまうというものである。ドラッグ＆ドロップの機能はともかく、クリックした際に JSON 形式のデータが表示されてしまうと、SAT-DB の利用者にはわかりにくいだけであり、情報としての意味が非常に薄くなってしまい、ユーザビリティの向上には貢献しないと思われた。そこで、アイコンをクリックした際の挙動を変更した。これはすでに IIIF-BS でも実装していた機能だったが、Mirador のウインドウが開いていないときは Mirador を開いて画像を表示し、すでに Mirador が開いている場合にはウインドウを分割して新しいウインドウに新たな画像を表示するようにしたのである。Mirador の標準的な利用方法では、IIIF アイコンを Mirador のウインドウにドラッグ＆ドロップすることになっており、複数画像を並べて表示する際にはウインドウ分割操作をしてから新しい方のウインドウにドラッグ＆ドロップをすることになっているが、アイコンのドラッグ＆ドロップはあまり得意ではないユーザーも少なくないことが経験上わかっていたため、その操作を簡便にすることも企図してこの機能を開発した。

　これとは別に、画像を切り出したりテキストとリンクさせたりする作業に際して、Mirador では実装がやや難しかった面があったため、この機能に関しては OpenSeadragon を用いた簡易なビューワを開発して SAT-DB 2018 年版に組み込んだ。これについては次項で詳説したい。

5-6-5. IIIF 対応画像リンク機能

　テキストデータを読みながら対応する箇所のデジタル画像を閲覧しようと思った場合、高麗版とのリンクではテキストの巻の単位で閲覧しはじめられることから、それ以前よりはかなり使いやすくなってきていた。しかしながら、

まだ十分とは言いがたく、例えば、ある巻の中程の文言を比較対照したいと思った場合、巻単位でのテキストとのリンクでは、結局のところ巻のはじめか終わりから該当箇所をたどっていきながら探すために、それなりの時間が必要になってしまう。そのような状況において、IIIF が提供する画像上の任意の箇所へのアノテーション機能は、この問題をかなり大きく改善してくれる可能性があった。一方で、複数の写本・版本が残されているテキストの場合、それらを対比することで本文をどのように読むかを決定していくことが学術的な営みの一環として行われてきたが、これは紙媒体の時代には活字に起こしたもので行われてきており、デジタル時代に入った後にも、ごく最近まではほとんどの場合テキストデータを通じて行われてきていた。IIIF によって世界各地のデジタル画像を統合的に扱う枠組みが登場したことで、このような営みにおいて、テキスト上の異文を版本・写本の部分画像として対比させられるようになり、これまでとはかなり違った次元での検討が容易に行える状況になった。しかしながら、そのような機能を広く実現できるような実装はまだ登場していなかった。そこで、SAT-DB 2018 年版では、フルテキストデータベースと IIIF 対応画像をリンクする機能を開発・実装することとした。

　フルテキストデータベースと IIIF 対応画像をリンクする上で考慮すべきことは、おおまかに言えば、リンク情報の記述の仕方、リンクの表示の仕方、作成の仕方である。それぞれについて以下にみてみよう。

　記述の仕方に関しては、2012 年版で公開した英訳大蔵経などとのパラレルコーパスにおけるリンクの記述を応用することで実現可能である。ただし、テキストデータ同士のリンクであれば、ファイルの中の文字の位置情報がわかればよく、XML のエレメントで確認できるように（＝どのタグの中の何番目か、など）したり、単にバイト数で指定するなど、指示のためのデータ量やデータ構造は単純なもので済む。しかしながら、画像上の任意の位置を示そうとするなら、「どの資料の中のどの画像の中のどの位置か」という情報が必要になる。この情報を国際的に統一された仕方で簡便に利用できるようにしたのが IIIF の大きな特徴の一つだが、それでも、テキストデータに比べるとやや冗長な印象になってしまうことは否めない。具体的には、IIIF Manifest URI を示すことで「どの資料か」を表し、IIIF Canvas URI を示すことで「どの画像か」を表す。さら

に、該当する箇所の画像上での位置情報は座標情報として示されることになる【図25・26】。

　リンクの表示の仕方については、さまざまな手法が可能である。テキストデータと画像上の任意の箇所をリンクできるようになることは、エビデンスを簡便に確認できるようにする有効な手段だが、それだけでなく、テキストデータの任意の箇所に紐付けられた複数の画像をまとめて表示したり処理したりできる。つまり、これまでは活字などに文字起こしをした状態で比較していたものが、書かれた文字そのものを並べて比較することができるようになるのであり、資料を実際に読んだ人による文字の解釈を確認するだけでなく、別の解釈を検討することも可能になる【図27】。

　これまでは資料に触れて文字起こしをした人の判断に大きく依存していた事柄が、研究者各人に委ねられるようになる。このことは、研究をする者にとっての変化だけでなく、その検証可能性が大幅に広がるという点で、査読者をはじめとする研究の評価をする人々にとっても大きな変化となる。なぜ、その文字をそう解釈したのか、という点にはじまり、さまざまな観点において研究者が判断すべきことが確実に増えていくのである。このことは、研究者が真理の探究にあたっての手立ての幅を広げるという利点をもたらす一方で、知るべきことや判断すべきことを増やすということでもあり、説明責任や立証責任をそれまでよりも大きなものにしてしまい、結果として研究者が手がけられるこ

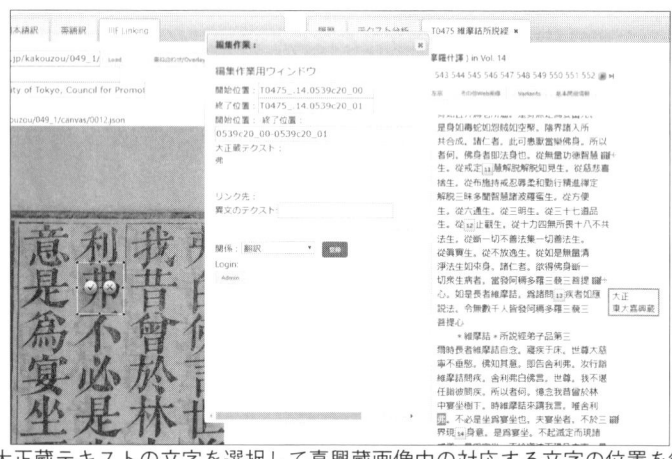

図25　大正蔵テキストの文字を選択して嘉興蔵画像中の対応する文字の位置を領域指定

との幅がこれまでよりも狭まってしまう可能性もある。このデメリットを避けるためには、ほかの研究者による理解や判断を参照しやすいものとしておくことが一つの有力な手段となるかもしれない。近年重要性が注目されつつあるオープンデータ・オープンアクセスや、それらに基礎づけられるオープンサイエンスという流れは、研究成果やそのプロセスで蓄積されたデータをアクセスしやすい形で共有することを含んでおり、このような資料と研究との距離の変化への対応に有益なものとなるかもしれない。

　また、ここまで見てきたように、この仕組みは、いわば、大正蔵のテキストデータをハブとして世界の仏典画像が接続されるということであり、この点においてもテキストデータベース構築の意義を改めて確認しておきたい。

図26　画像上で選択した文字の位置情報と対象箇所の切り出し画像を表示する例

5-6-6.　強化された履歴機能

　過去に閲覧した内容や検索した内容をさかのぼって再度表示できる、いわゆる閲覧検索履歴機能は、2012年版から実装されていた。しかしながら、フィー

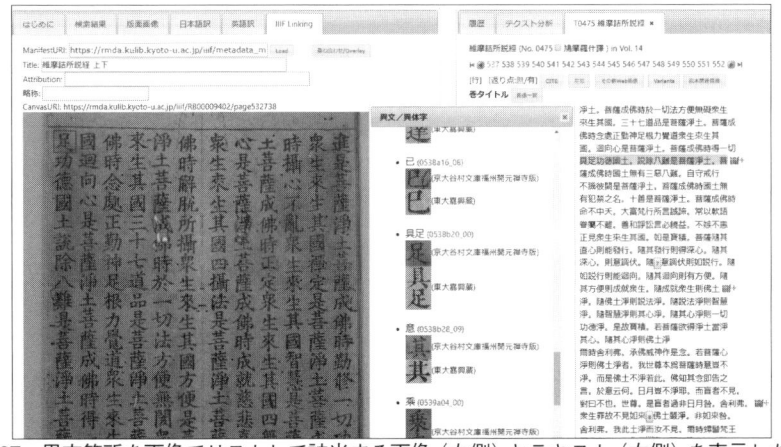

図27　異文箇所を画像でリストして該当する画像（左側）とテキスト（右側）を表示した例

ドバックの中で、機能強化についての
要望が散見された。そこで、それま
ではクッキーを利用した仕組みであ
り、再度アクセスした場合には見えな
くなってしまうこともあるような簡易
なものだったが、2018年版ではLocal
Storage（Webブラウザの個人設定に最
近用意されるようになった記憶領域）
に閲覧検索に関する記録をすべて残す
ようにして、さらにそれらの履歴を選

図28　利用履歴の例

択的に削除できるような機能を用意した。Local Storageは削除されにくく、同
じパソコンのWebブラウザを使っている間はほぼそのままアクセスし続けら
れる。つまり、よくアクセスする閲覧・検索の仕方を長期間残しておいていつ
でもすぐにアクセスできるようにするという使い方が可能となったのである
【図28】。

5-6-7. Unicode関連情報提供

SAT研究会は、ISO/IEC JTC1/SC2/WG2のリエゾンメンバーとして、Unicode
に対応する国際標準規格であるISO/IEC10646に文字の登録を行ってきている
（後述）。原稿執筆時点でも、500字程度の大正蔵に登場する漢字の登録を進め
ているところである。この種の事柄はなるべく多くの人の目に触れた方がエ
ラーが少なくなる可能性が高くなると期待されるため、SAT研究会が提出し
た一連の漢字の提案文書のうち、提案文字のエビデンス資料にあたるものを
SAT-DBでも閲覧できるようにした。そして、SAT-DB上で提案文書を閲覧し
た際に、エビデンスとして提示された文字画像がSATから公開されていたり
SATからリンクされているIIIF対応画像だったりした場合、その文字画像を
含むページの画像が表示されるようになっている。これによって、提案文書を
みながら、その文字の文脈やそれが含まれる資料全体を確認できるようになっ
ている。

　なお、ここでの参照のための文字と画像の対応づけは、わざわざこの表示シ
ステムのために作成したものではない。2015年頃から、SAT外字DB上にて

文字の形状の確認をなるべく正確にするために、証拠となる画像を元資料の
ページ画像から切り出して表示する仕組みを用いていた。その時点で、ページ
画像上の情報やそこでの対象文字の位置の座標情報なども SAT 外字 DB に記
録されるようにしていた。上述のエビデンス資料を作成する際にはそのデータ
を用いて自動生成されるようにしており、SAT-DB 上でこのエビデンス資料を
閲覧できるようにした際も、そのデータを用いることで元のページ画像上での
文字へとたどっていけるような仕組みを用意したのである【図 29・30】。

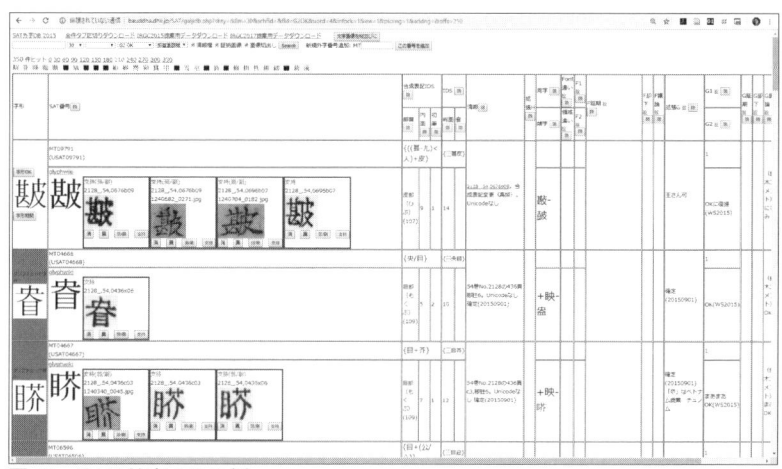

図 29　SAT 外字 DB の例

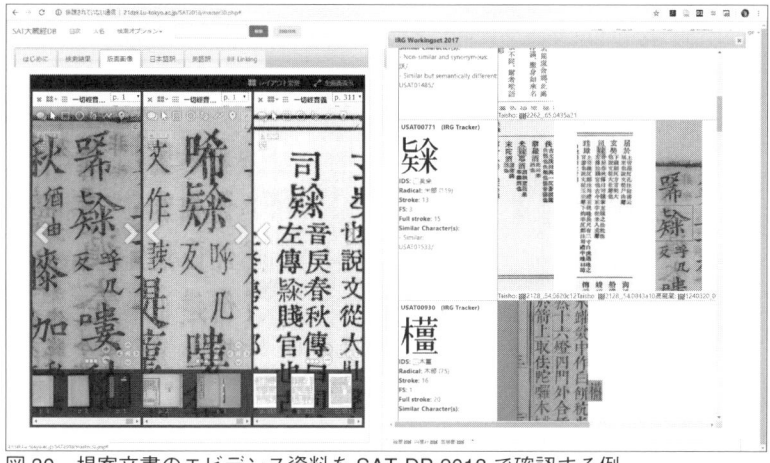

図 30　提案文書のエビデンス資料を SAT-DB 2018 で確認する例

なお、この機能は、研究用データベースを作成する際のプロセスを明らかにするということであり、これを通じてオープンサインエスやパブリック・ヒューマニティーズといった流れを形成していくことの一助となることをも企図している。

5-6-8. そのほかの機能

　そのほか、SAT-DB では細々とした研究支援用のツールを付加しており、今をときめく人工知能技術の一つである Word2vec を用いたテキスト分析支援機能も提供している。それについては後述するとして、ここでは最後に、画像を重ねて透過させるという機能について紹介しておきたい。

　デジタル仏典画像が増えてきたことで、透かしつつ重ねてみることで版面同士の重なりと異なりを確認してみたいというニーズをよく聞くようになってきた。実際のところ、IIIF 対応ビューワである Mirador では、設定が大変だが、複数の機関から公開された画像を重ね合わせて透過の具合を調節しながら画像の重なりを確認できる機能を提供している。例えば、現在は閲覧できないものの、フェルメールの「赤い帽子の女」の画像を通常撮影、赤外線撮影、X 線撮影の 3 枚で重ねて透過度を調整できるようにして、下に描かれた男性の画像とその上に書かれた女性の画像を閲覧者が対比できる事例が公開されていたことがあった。仏典においても、例えば、嘉興蔵を模して鉄眼版が作成されたという場合には、両者を重ねてみることができれば、その実際の異なりの状況を比較的容易に確認できるだろう。個々の文字の形の違いを比較してみたい場合も有用だろう。さらに、比較したい二つの写真のいずれにも画像の物理的な大きさを示すための定規が写り込んでいれば、それを手がかりとして二つの写真の縮尺を調整し、実際の大きさの比率で比較することもできる。

　そこで、SAT-DB では、データベース上で画像を比較するための機能の開発と組み込みに取り組んでいる。これは現時点では四つの機能として開発され、そのうちの一つはすでに SAT-DB に組み込み済みである。四つの機能とは、以下の通りである。（1）IIIF 対応の画像同士を重ねて位置や透過度を調整しつつ比較できるようにする。（2）IIIF 対応の画像と手元の画像とを重ねて位置や透過度を調整しつつ比較できるようにする。（3）二つの画像に定規が組み込まれている場合、それらを検出し、サイズの比率を確認して自動的に同じ縮尺に調

整する。(4) 重ね合わせた結果を次回にそのまま再表示できるようにする。

　これらのうち、すでに SAT-DB に組み込まれているのは (2) である。特に資料の形態・様式に着目した研究に軸足を置いている場合、公開はできないもののデジタル撮影をさせてもらった貴重な仏典資料画像を手元に有している研究者は近年とても増加しているようである。そのような方々から、すでに Web 公開されている画像と手元の画像を比較したいという要望を時折おうかがいする。そこで開発したこの機能は、画像をサーバにアップロードせずに、Web ブラウザ上に表示させるだけで対比をできるようにしている。これにより、公開することができない画像を万が一流出させてしまったりする事態を避けることができ、しかし、利用者の側では、すでに IIIF 対応で公開されている画像と手元の画像を対比できることになる。

　そのほかの 3 機能のうち、(1) はすでに開発済みであり、(3) と (4) は開発したものの現在改良中である。(1) は、3 枚以上の画像でも同時に重ね合わせられるような工夫を行い、単に重ねるだけでなく並べることもできるようにして、巻子本を分割撮影して公開したようなものでも IIIF 対応であればブラウザ上でつなげて表示できるようにした【図 31】。

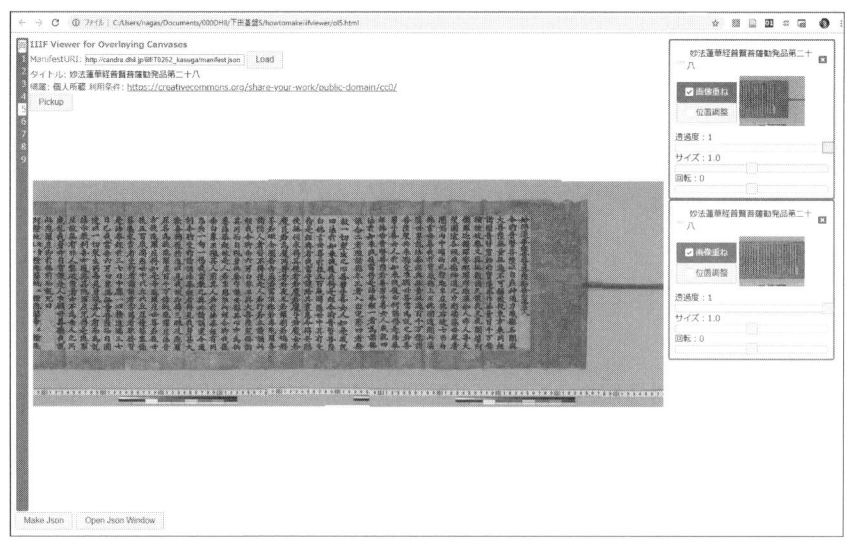

図 31　分割撮影されて公開された IIIF 対応の巻子本画像をビューワ上でつなげる例

（3）は、画像中の定規とその目盛りを検出するにあたり、近年流行している画像認識技術を活用する仕組みを、2019 年 9 月に国立国会図書館で開催された「GLAM データを使い尽くそうハッカソン」[*55] において、永﨑と同じチームだった同図書館の青池 亨 氏が開発してくれたため、その仕組みを介して画像サイズの調整を行うようにした[*56]。ただし、これは、定規検出用サーバ側に対象となる画像を送出してしまうため、（2）の機能においては、ポリシーの衝突により採用していない【図 32・33】。

　（4）は、機能の制約上、（2）では実現できず、やはり（1）のみでの対応となるが、画像同士の位置関係の情報を保存して、それを再利用できるようにする仕組みを開発したところである。ただし、現在では諸事情を考慮して、保存の際には JSON 形式のデータをテキストエディタにコピー＆ペーストして保存し、再表示の際にはそれをブラウザのフォームに貼りつけて再表示させる、という形になっている。再表示のためのデータをなるべく簡便に保存し共有する仕組みとして作成してみたが、このデータをファイルとしてダウンロードして保存し、再利用の際にはアップロードできるような仕組みも有用かもしれず、その場合の課題と解決策について検討している段階である。

　このように、現在まさに開発中の機能の一つということになるが、なるべく早く、利用者にとってわかりやすく容易に利用できるような仕組みを提供したい。

5-7. リンクによる協働語彙集 ITLR の構築

　2010 年頃、ハンブルク大学教授の Dorji Wangchuk 氏を中心とする欧州の仏教研究者のチームと SAT 研究会のメンバーによる協働で、主に仏教学に関するデジタル語彙集を構築するプロジェクト ITLR（Indo-Tibetan Lexical Resource）[*58]が開始された。ハンブルク大学・人文情報学拠点・人文情報学研究所の 3 者による取り組みとなったこのプロジェクトでは、半年に 1 度の対面ミーティングとメールや SNS などでのこまめな打ち合わせにより、語彙集の項目と内容を構築しつつ、関係者による Web 入力・編集・公開を可能とする Web コラボレーションシステムを開発・改良していった。語彙集の項目は主にサンスクリット語によるものとし、それに対して既存の用例から、チベット語や中国語・コー

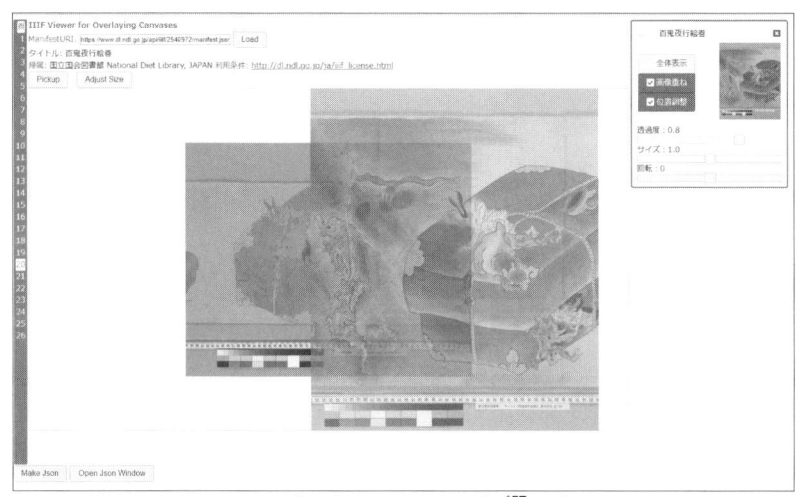

図 32　縮尺が異なる二つの「百鬼夜行絵巻」画像[*57]の定規の目盛りを読み取って縮尺を次の図のように自動調節

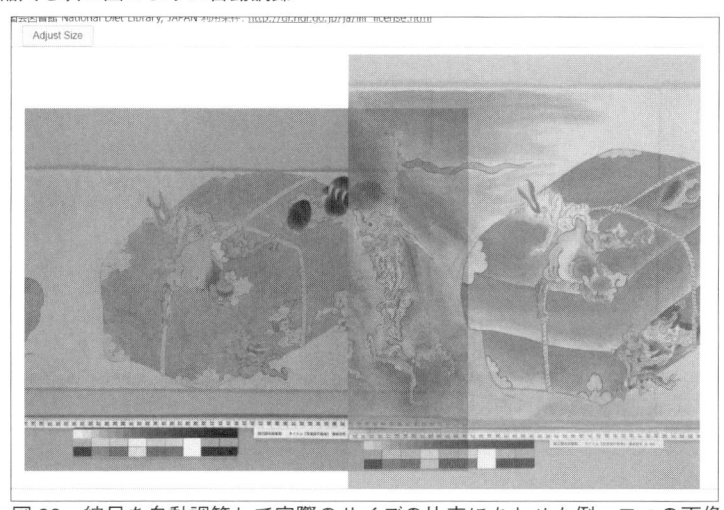

図 33　縮尺を自動調節して実際のサイズの比率にあわせた例。二つの画像を重ね合わせて透過して違いを確認することもできる

タン語・インド系プラークリット語などの各言語での訳語に加えて現代語各言語での訳語も付与し、英語による項目の説明を加え、さらに、語彙の分類や、文法的事項、各言語における用例を含む一節の引用などを付与するというものであった。この中で、大正新脩大蔵経からの引用については、SAT-DB の Web

API に対するリンクが付される仕組みになっている【図 34】。

　このプロジェクトは、仏教学研究者のグループによって開始されたため、データ構造についてのこだわりがそれほど強くなく、議論を重ね、項目が増えていくうちに、構造を変更せざるを得なくなるということが繰り返された。そこで、表形式で作成することは諦め、一つの項目に対して説明内容やそれに関する情報をリンクする、いわゆるグラフ構造とすることで柔軟性を確保することとした。二つのノードとそれをつなぐエッジという関係を一つのリンクデータとした上で、一つ一つのリンクデータにはそれを作成した人と日時が作業記録として付与されており、修正が行われた場合にも当該リンクデータの過去の作業記録は残される。これにより、すべてのリンクデータの責任者が明確にされるとともに、各作業者の貢献も明示できるようになっている。そして、作業や閲覧のために内容を表示する際には、各項目にリンク付けされたデータを集約して整形・表示するというプロセスを経ている。なお、システムとしては、本来であれば Neo4j などのグラフデータベースシステムを採用すべきだったが、開発者である永﨑のグラフデータベースについての経験が十分でなかったため、リレーショナルデータベースである PostgreSQL を採用し、一つのリンクデータを 1 レコードとした上で、各リンクデータにそれ自体の ID と参照先 ID を割

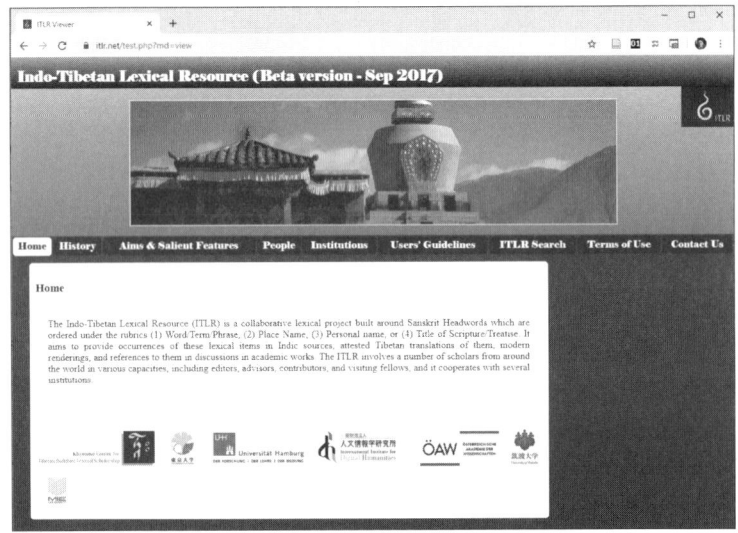

図 34　ITLR のトップページ

り当て、それを必要に応じて Web 用プログラミング言語 PHP を介して参照しながら表示する仕組みとしている。項目ごとのリンクの数としては、項目によって非常にばらつきが大きいものの、原稿執筆時点ではすでに公開されている 1,682 項目に対して 56,492 件のリンクデータが付与されている。なお、入力済み未公開データも含めると、コラボレーションシステムには 41,633 項目に対して 562,975 件のリンクデータが付与されており、今後徐々に公開されていくことだろう。

　同様の仕組みにより、書誌情報データベースも内包している。ただし、これに関しては、当初は書誌情報の各項目を一つずつリンクデータにするように設計開発したものの、実作業において、数千件の書誌データを入力するのに一つずつ分割するのは困難であるということになり、書誌情報に関しては 1 件あたり 1 つのリンクデータという形になった。そして、ITLR に提供される用例に関しては ISBN などを持たない資料も多いため、各書誌情報には独自の内部 ID が付与されている。ITLR の本体となる語彙集の各項目からは、この内部 ID を参照することで書誌データを参照できるようにしている。この仕組みの副産物として、参照文献を介した項目の関係を可視化し、項目の探索ができるようになっている【図 35】。

　ITLR 構築に際してのワークフローとしては、まず、1 次入力者によるデータ入力が基礎となる。これはアカウントを持っていればどこからでも入力できるようになっており、世界各地の協力者（現在は約 80 名）が随時行っている。

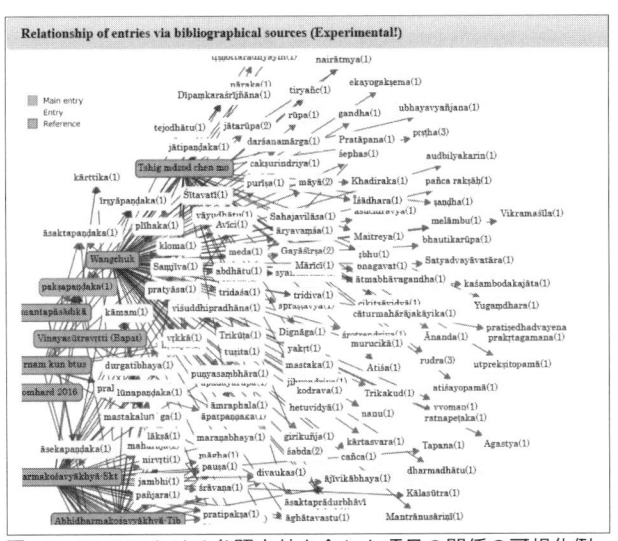

図 35　ITLR における参照文献を介した項目の関係の可視化例

ITLRでは、質の高いデジタル語彙集の構築を目指していることから、ITLR Retreatと呼ばれる集中的な編集期間を設け、その場に参集したエディタが協力者によって入力された内容を一つずつ検討した上で必要に応じて修正も行い、最終的にそこで認められた項目が公開されることになる。項目の公開に際しては「Publish」というボタンが用意されている【図36】。

　入力・編集作業の利便性を高めるために、サンスクリットをはじめとするインド系諸語の表記に用いられるダイヤクリティカルマーク付きのローマンアルファベットをクリック一つで入力するための補助ツールや、作業の進捗状況を管理するための仕組み、参加者への一斉メール送信機能、システム内で作業内容を議論するための各項目に紐付けられる掲示板システムなど、細かな支援ツールをさまざまに開発した。

　5年程のシステム改良とデータ入力の後、2015年の末にITLRはベータ版として公開された。まだ課題を多く残しているものの、現在は1,682項目の語彙が、多くは用例も含めて閲覧できるようになっている。登録された分類で検索でき

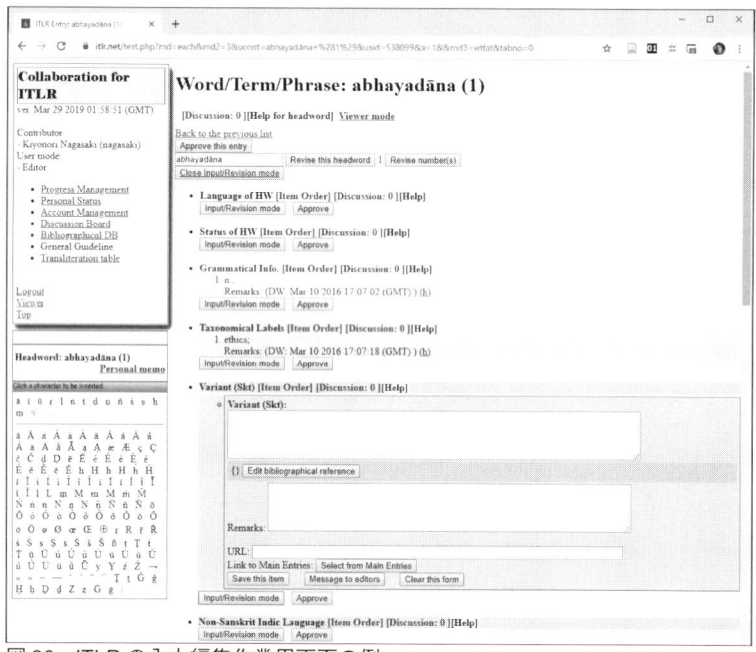

図36　ITLRの入力編集作業用画面の例

るだけでなく、文字列検索を厳密に行う方法と曖昧に行う方法や、項目検索と内容も含む検索を選択できるようにするなど、検索に関するいくつかの工夫を行っている。また、検索した履歴を残して過去に閲覧した単語にすぐ戻れるようにしたり、項目にダイレクトにリンクできる URL を用意するなど、閲覧しやすさを高める機能も開発している。仏教研究者グループでの議論と実践の中でこのように実装も伴いながら各機能の必要性が検討されることは、今後、仏教学のためのデジタル研究基盤を構築していくにあたって益するところが大きいだろう。また、仏教学に限らず、人文学の他分野においても、この種の検討は、その内容と結果のいずれについても、一つのモデルとして何らかの形で活用することができるだろう【図 37】。

　この種のシステムはなるべく既存のソフトウエアや規格を組み合わせるべきとされることが多いが、ITLR に関しては、仏教学における次世代のデジタル研究基盤への要請を突き詰めることを目指したため、既存のものにあまり頼らずになるべくフラットなところから研究者グループの要請を可能な限り反映するようにして構築を行い、ある程度できあがってから既存のものにあわせてい

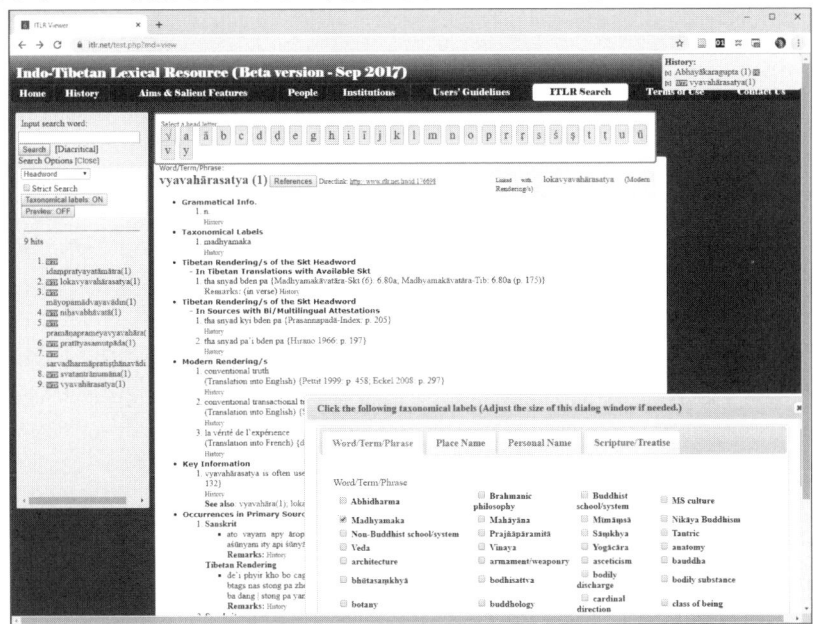

図 37　分類 Madhyamaka の語彙をリストして項目 vyavahārasatya の内容を表示

くことを目指している。現在は、内容の構造がほぼ固まってきたことから、これを TEI ガイドラインに準拠させるべく検討を進めているところである。なお、ここでもう一つ留意しておきたい点は、次節に述べるように、この検討とは、TEI ガイドラインをそのまま受け入れるということではなく、必要に応じてガイドライン側の改訂を提案することも視野に入れたものである。

6. 国際標準へのかかわり

　文化資料コンテンツの作成・共有の手法に関しては、近年急速に国際標準化が浸透しつつある。かつては、国際標準化と言えば、技術的な制約を工業標準として押しつけられるかのような印象もないではなかったものの、近年は、文化資料のコンテクストになるべく沿った形での標準化という流れが顕在化しつつある。一方で、特定企業の閉じた技術に依存してしまったために維持が困難になるケースも散見されるようになり、オープンな標準ルールに準拠した方が持続可能性を高められるという認識も広まってきていた。そういった流れにおいて、SAT-DB の課題に対応していたのは、外字、テキストの構造、ページ画像の関係の構造、であった。それぞれ、現在は、Unicode、TEI（Text Encoding Initiative）ガイドライン、IIIF（前出）として国際的に広く用いられる仕様・規格となっている。IIIF に関しては上述のように規格そのものへのかかわりはそれほど深くないが、Unicode と TEI に関しては、それぞれ、埋めるべき乖離が大きく、体制の整備から必要となった。以下に、それぞれについて簡単に報告しておきたい。

6-1. Unicode への登録

　外字 DB の項で見てきたように、SAT 研究会では、大正蔵をデジタル媒体上で利用できるようにすることを目的としていたため、既存の文字コードでは扱えない文字をなるべく扱いやすくすることを課題の一つとしてきた。今まで見てきたように、文字鏡、GT 書体フォントなど、その時々に対応しやすいものに取り組んできたところであったが、一方で、これまでの協働における判断の積み重ねを残しておくという目的があり、外字 DB としては引き続き情報を

残してきていた。また、今昔文字鏡や GT 書体フォントの場合、複数のフォントを切り替えることによって多くの文字を選択できるようにしていたため、一つ一つの文字にフォント情報を持たせる必要があり、それが何らかの理由で失われた場合、何が書いてあるかわからなくなってしまうという問題があった。Web での表示やコピー＆ペーストなど、さまざまな局面でこの問題が表出する場面があり、根本的な解決が必要とされていた。一方で、Unicode、およびそれに対応する国際標準規格である ISO/IEC 10646 では、文化的・学術的に必要な文字体系にも考慮するという流れが強まってきており、2002 年にカリフォルニア大学バークレー校の言語学研究室に設立された SEI（Script Encoding Initiative）[59] が古典籍・古文書に使用されるような文字を Unicode で使えるようにする活動に取り組んでいた。Unicode に文字が登録されたとしても、対応するフォントがなければ表示をすることはできないという課題はあるものの、Unicode のコードポイントで保存したテキストデータは、どの文字で記述したかということがテキストデータのレベルで保存され、国際標準規格として対応表が維持されることから、流通しやすさだけでなく持続可能性という点でもメリットはきわめて大きい。

▍6-1-1．SAT 外字の符号化提案に向けて

　日本でも、情報規格調査会の SC2 専門委員会が大正蔵の外字に関心を示したことから、2011 年頃より、SC2 専門委員会の協力のもと、SAT 外字を Unicode に登録するという取り組みを開始することとなった。SC2 専門委員会の小林龍生氏、国立国語研究所の高田智和氏、NTT の川幡太一氏、広島大学の鈴木俊哉氏が特に協力をしてくださった結果、ISO/IE10646 における漢字の符号化について検討するグループである IRG（Ideographic Research Group）[60] に提案できることになった。最初は韓国の慶州で 2012 年に開催された第 38 回会議において、大正新脩大蔵経の文字を符号化提案することについての提案が行われ、満場一致で承認された。このときは CJK 統合漢字の拡張 E にあたる文字の検討が最終段階に達しており、次の CJK 統合漢字の拡張 F のための符号化提案の募集が呼びかけられたところであり、SAT 研究会としては、これにあわせて提案することになった。提案を希望する漢字は 6000 字だったが、一団体あたり 4000 字までと決められたため、SAT 研究会としては、『一切経音義』

と『統一切経音義』にのみ登場する外字を除いた約 3000 字を提案することとなった。

　具体的な文字の提案にあたっては、IRG において漢字の符号化に関する議論の手続きを定める Principles and Procedures（PnP）と呼ばれる取り決めがあり、これに従ってデータを作成して提出することとなった。これには特に NTT の川幡太一氏の協力が大きかった。また、小林龍生氏による『ユニコード戦記』（東京電機大学出版局、2011 年）は会議に参加するにあたってのそれまでの文脈を把握し、心構えをしておく上で有益であった。

6-1-2. 悉曇文字符号化の課題と解決

　これに並行して、悉曇文字（梵字）の問題が持ち上がっていた。前出の SEI などの協力のもと、ミシガン大学（当時）の Anshuman Pandey 氏が悉曇文字の符号化提案[61] を行い、これが承認されるに至った。悉曇文字が Unicode で利用できるようになったことは喜ばしいことだったが、この悉曇文字がインド系文字の書字体系の一つとして登録されたために異体字の扱いがうまくいかなくなるという状況に陥ってしまっていた。

　デーヴァナーガリー文字をはじめとするインド系文字は、コンピューター上ではISCIIという文字コードで扱われるのが主流であり、ISO/IEC10646でもこれを踏襲する形で各種インド系文字が符号化された。これは、音素の順に文字コードを並べていき、例えば母音のi などの子音と結合すると順番が逆転するもの（例：क（ka）+ ि（i）=> कि（ki））や、子音が連続すると結合して1文字になるもの（例：क（ka）+ ष（ṣa）=> क्ष（kṣa））など、音と表記が一対一で対応しない場合には、表示システムの方で対応するという仕組みであった。最近のパソコンのOSではOS側がこの仕組みに対応した文字表示ができるようになっており、かつては困難であったインド系文字の表示もいまや当たり前の技術になっている。

　しかしながら、これは音を重視する一方で表記をそれほど重視せず、例えばサンスクリット語を表記するための文字体系としてデーヴァナーガリー文字やグランタ文字をはじめとするさまざまな文字体系が利用されてきたというインド系言語と文字との関係がなせる事柄である。悉曇文字もインドで作られ利用されていた頃は同様であったと想定されるが、日本に伝播して利用される中

で、同じ音でも字形を変えると意味が異なるという例が散見されるようになった。漢字に親しんできた日本の風土がインド系文字の用法を変化させた事例とみることができると思われるが、このような場合、Unicode におけるインド系文字の処理方法では十分に対応できず、結果として、悉曇文字をテキストデータとして保存した場合に一部の情報が欠落してしまうということが明らかになった。そこで、SAT 研究会では、著名な悉曇文字の専門家である種智院大学の児玉義 隆 氏、その児玉氏に師事して梵字悉曇を学んだ小峰智行氏、SAT 研究会で悉曇の入力を指揮した大正大学（当時）の元山公寿氏に加えて、上述の NTT 川幡氏、広島大学鈴木氏らの協力のもと、この問題を解決するための提案 *62 を ISO/IEC JTS1/SC2/WG2 に対して提出した。この後、多少の時間を要したが、数回の文書によるやりとりと関係者による対面のミーティングの後、異体字 6 文字を新たに登録するとともにこれを利用できる仕組みを用意するという形で、この提案は Unicode8.0 で取り込まれることになった。学術用途が主となる悉曇文字に関して、適切な符号化への対応がこのように丁寧に行われたことは、文字コードにかかわる国際的な流れが学術研究に対しても門戸を広げるようになってきたことを端的に示しているとみてよいだろう。

6-1-3. Unicode10.0 での符号化とその後

　IRG 会議では、半年ごとに全提案文字のレビューを行い、文字コード表の精度を高めていく。日本、中国、韓国、香港、マカオ、台湾、UTC（Unicode 技術委員会）といった国・地域・組織の代表がレビューに参加しており、ここに SAT 研究会も入って 8 団体程度が全体を 4 分割して 2 団体で同じ部分をレビューする。さらに、レビューの結果と、そこで生じた疑問点を符号化提案側が返答し、このやりとりを IRG 会議に持ち込んで全体で討議する。半年ごとにこのサイクルを繰り返し、これを一回りさせることで、すべての団体がすべての文字をレビューした形とする。一回りするだけで 2 年が費やされることになる。最終的に、ここで作成する文字コード表は上位団体となる ISO/IEC JTS1/SC2/WG2 に提案され、ISO/IEC 10646 の文字コード表に組み込まれ、ISO/IEC としての投票が行われることになる。そのようなプロセスを経て、SAT が提案した大正蔵外字は最終的に Unicode10.0 および ISO/IEC 10646:2017 において符号化されるに至った。この間の紆余曲折については IRG の Web サ

イトに掲載されたドキュメント[63]をご覧いただきたい。結果として CJK 統合漢字拡張 F において符号化された約 7,400 字中、2800 字程が SAT 外字、すなわち大正新脩大蔵経の文字として符号化され、大正新脩大蔵経のほとんどのテキストが Unicode で表現できることになった。符号化提案への着手から 6 年が経っており、5 年上限が多い研究助成金では対応が困難な時間がかかってしまう事業だったが、事業としての科研費の助成を再び受けられたこともあり、最終的には次の科研費の最中に成果として報告することができた。大規模作業に基づく符号化提案であり、手探りしながら手順を確立していった面もあるため、残念ながら若干の誤りを含んでしまっている。それについては現在対応作業を進めているところであり、近いうちにその成果を規格にも反映できることだろう。

　拡張 F の終了頃より、次の提案となる CJK 統合漢字拡張 G の募集が開始され、ここには 300 字ほどの字を提案した。ここに含まれるもののほとんどは、『一切経音義』『続一切経音義』のうち、この時点で一定の精査を終えて提案可能と判断されたものであり、それに加えて、拡張 F 提案後に新たに外字と判断された文字や、拡張 F において提案したものの精査が不十分だったためにいったん取り下げたものが数文字含まれている。この提案にあたっては、エビデンス資料とし手元の資料に登場する字の形を見やすい状態で提示することが求められたため、この提案のときに、外字 DB 上で文字画像の切り出し作業を行い、そこで得られた座標情報などのデータをまとめてエビデンス資料を自動生成する仕組みを開発し、以後、それを利用することになった。また、拡張 G を提案する頃より、文字研究に取り組む王一凡氏がこの事業に参加し、これによって SAT 提案の精度が高まった。その後さらに、拡張 H にあたる文字提案も開始され、ここでさらに SAT 研究会からは 280 字程度を提案し、審議が進められているところである。

　特にこの過程で確認されたこととして、慧琳撰『一切経音義』および希麟撰『続一切経音義』は、もとの資料をたどっていくと、高麗版大蔵経までしかさかのぼることができないことによる困難がある。引用されている字書や経典の文言の中には別途確認できるものも多少はあるものの、音義書の著者による解説やそこに登場する文字の形に疑問が生じたとしても、それ以上さかのぼって確認

することができないのである。玄応による『一切経音義』が日本にも多く写本として残されているのとは対照的である。『一切経音義』は江戸時代に忍澂上人により獅谷白蓮社版として木版本が刊行されており、さらに大日本校訂大蔵経（縮刷蔵）で活字として刊行されているが、いずれももとは高麗版大蔵経ということになる。従って、登場する文字の字形がどのようなものであったかを、高麗版大蔵経以外にたどれない場合がある。刷りの善し悪しに依存する場合もあることから、いくつかの入手可能な高麗版大蔵経を参照しながら作業を進めている。刷りがかなり古いとされる大谷大学所蔵のものを求めたところ、残念ながら江戸時代の木版本で補われていた。刷りの比較的古いものとしては、増上寺所蔵のものも拝見しているが、それでも字形が判明しないものもあり、善後策を検討中である。

6-2. Text Encoding Initiative の導入に向けた取り組み

6-2-1. Text Encoding Initiative とは

TEI（Text Encoding Initiative）協会 [64] は、テキストデータをはじめとするさまざまな人文学資料を構造的に記述するための TEI ガイドラインを発行する組織であり、その活動は 1987 年以来脈々と続けられている [65]。TEI ガイドラインは人文学のためのテキストの構造化の仕方を提示しているものだが、人文学にはさまざまな分野や研究手法があり、研究手法に応じて構造化の仕方は変わってくることがある。例えば、言語学であれば、一つ一つの単語に品詞情報や原形の情報がついていると、文法的な観点から統計をとったりしやすくなるので有益である。実際のところ、例えば、約 1 億語のイギリス英語のコーパスである British National Corpus は、一つ一つの単語に TEI に準拠した XML のタグが付与され、その属性としてさまざまな文法情報が記載されている。TEI 準拠ではなく、独自のルールに基づいているものの、約 1 億語の現代日本語コーパスである BCCWJ（現代日本語書き言葉均衡コーパス）もまた、同様に個々の単語にそうした情報が XML のタグで付与されている。

BCCWJ における単語「あら」へのタグ付けの例：
<SUW orderID="420" lemmaID="1216" lemma=" 有 る " lForm=" ア ル "

wType=" 和 " pos=" 動詞 - 非自立可能 " cType=" 五段 - ラ行 " cForm=" 未然形 - 一般 " formBase=" アル " orthBase=" ある " kana=" アラ " pron=" アラ " start="690" end="710"> あら </SUW>

　このように、文中の任意の箇所にタグを付けることで、文章そのものとは異なる次元での注記を付していくという手法は古くから行われているが、その手法を共通化した方がコンピューターで扱いやすく、そして、それを誰もが自由に使えるものにした方が、苦労してつけた知的労働の成果としての注記群を長く維持できる、ということから TEI ガイドラインの作成ははじまり、そして現在は大きく発展している。同様にして、校訂テクストを作成する際に異文の情報を記載する場合には、TEI ガイドラインでは以下のような書き方が定められている。

　大正蔵では「三藏」を本文とするが、増上寺所蔵の宋版、元版、酉蓮社所蔵の明版、宮内庁所蔵の宋版では「三藏法師」となっている例：
　　<app>
　　　<lem wit="# 大正 "> 三藏 </lem>
　　　<rdg wit="# 宋 # 元 # 明 # 宮 "> 三藏法師 </rdg>
　　</app>

　このようにして記述しておくことで、後で必要に応じて情報を取り出したりレイアウトしたりできるようにするのである。すなわち、一つの記述からさまざまな表示を作り出すことができるため、例えば以下のような表示が可能になる【図 38・39】。
　特に興味深いのは Versioning Machine の例である。これはメリーランド大学のプロジェクトとして Susan Schreibman 氏が中心となって開発・公開されているフリーソフトウエアであり、TEI P5 ガイドラインの校勘資料マークアップに準拠して、それを見やすいように表示することを目指している。このソフトウエアの開発においては東アジアのテキストに適用することはまったく意識されていないものの、東アジアのテキストを TEI P5 ガイドラインでマーク

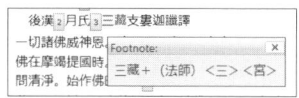

図38　SAT-DB での「三藏」と「三藏法師」の例

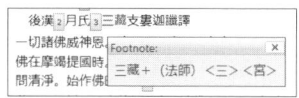

図39　Versioning Machine による表示の例

アップするとこのようにして表示することができてしまうのである。すなわち、TEI ガイドラインを通じてテキスト校訂（編集）という方法論が共有されていることによって可能になっているのである。もちろん、縦書きになるとよいなどのさらなる要望はあるものの、このようにして利用できるということは、さまざまな可能性を感じさせる。つまり、TEI ガイドライン向けに作られたソフトウエアであれば言語を問わず一定程度の利用が可能であり、逆に、自分がTEI ガイドライン向けにソフトウエアを作って公開した場合、TEI ガイドラインに準拠した校訂テキストであれば世界中のどこで作られているものであってもある程度（場合によっては相当に）使ってもらうことができる。つまり、見た目はタグによるマークアップが行われているためにややこしく見えてしまうものの、実際に行われているのは、それを通じて方法論を記述しているということなのである。TEI ガイドラインでは、言語学や校訂テキストだけでなく、写本や貴重資料のための詳細な書誌情報、戯曲における幕や台詞の情報、人名・地名などの固有名詞や地理・時間情報、韻文、碑文、外字、辞書など、さまざまな情報を記述するためのルールを提供している。テキストだけでなく「もの」に関しても記述ルールが提供されており、博物館や美術館の資料、あるいは建物など、さまざまなものを記述するためのルールがあり、さらに、広がりつつあるニーズにあわせてガイドラインの議論と拡張が続けられている。近年の興味深い追加ルールとしては、手紙の送受信情報のみを簡易に記述して統計処理や地図・年表上での視覚化をしやすくするというものがあった。

　TEI 協会は、どこかの強力な組織が主導するというものではなく、人文学研

究者、情報工学の専門家、図書館司書などの個人会員と、世界各地の研究図書館や Digital Humanities のセンターなどの組織会員からなる民主的な組織であり、ガイドラインの改訂は、選挙で選ばれた技術委員会（Technical Council）によって行われており、近年は、改訂のための議論は GitHub サイト上で行われ[66]、議論には誰でも参加できるようになっている。

6-2-2. 仏教学における TEI

　仏教学においては、CBETA が自らのテキストデータベースに比較的早くから採用しており、京都大学の Christian Wittern 氏が TEI 技術委員会の委員長を務めたことがあるなど、東アジアにもそれなりの関係を有していた。しかしながら、割注や返り点、ルビなどへの対応が行われていないなど、東アジアや日本での利用には課題が多く、例えば CBETA が TEI を採用する際には仏典向けにガイドラインのカスタマイズを行っていた。サンスクリット仏典に関しては、SARIT（Search and Retrieval of Indic Texts）[67] プロジェクトが取り組んできており、こちらはガイドラインのカスタマイズは行っていないようであるものの、TEI ガイドラインにどのようにして準拠するか、ということについて、より詳細化したルールを作成している[68]。カスタマイズしなければ十分に利用できないという状況は、ただでさえ入門しやすいとは言えない TEI のハードルをさらに高くしてしまうことは明らかである。そして、SAT-DB に含まれるテキストやコンテンツを適切に構造化するには SARIT のようにコンテンツに特化されたルールを作成する必要がある。課題は多く、個別対応では十分な議論を尽くせないことから、TEI のガイドラインを、日本語を含む東アジア諸言語のテキストにも容易に対応できるようにするための場を形成することを目指すことになった。

6-2-3. 東アジア／日本語分科会の設立

　TEI コミュニティには当初から日本人も参加していたものの、日本で TEI を大々的に採用するということにはなかなかならなかったようである。文字コードの違いの壁の大きさや、本場である欧米からの距離の遠さなど、外的要因を取り除くだけでもかなりの困難があったことが予想されるため、それ自体はやむを得ない事態であったと見ることはできるだろう。しかしながら、Unicode の普及や Unicode で扱える漢字の飛躍的な増加といった状況から、TEI を日本

のテキストでも使えるようにしようとする動きが改めて広がっていった。2006年に京都大学で開催されたイベントTEI Day in Kyoto 2006[69]は、TEIにかかわる中心メンバーを招聘しており、日本の状況に対する刺激にもなったのではないかと思われる。この頃、日本からTEIのコミュニティに比較的深く参画していたのは、上述のChristian Wittern氏、東京大学（当時）のCharles Muller氏、鶴見大学の大矢一志氏と永﨑であった。この時期の日本のTEIにおける特筆すべき貢献は、大矢氏によるTEIガイドラインの要素と属性の説明の箇所の日本語訳であり、日本でTEIを扱う基礎を形成したという意味で大きな意義があった。これにより、日本語利用者がTEI準拠のXMLファイルを編集しタグ付けをする際に日本語でTEIの説明を参照できるようになったのである。しかしながら、編集中に日本語で説明を参照できるようにするための設定は、覚えればすぐにできるようになるものの、最初はそれほど容易なことではなく、そうした使い方も含めてTEIを使える人を増やし、コミュニティを形成しないことには物事を動かすのはなかなか難しいという状況に陥っていた。そこで、使える人を増やしてコミュニティを形成することとTEIガイドラインを東アジア言語で使いやすくするという二つの事柄を同時に進めることにした。

　TEIを広めることに関しては、本科研の支援も受けつつ、主にTEIセミナーを各地で開催することによって少しずつ進めていった。

　一方、後者に関しては、TEIガイドラインをローカル言語にあわせて改良するということについてのコンセンサスをTEIのコミュニティにおいて醸成する必要があった。人文学にグローバルに対応することを目指すのであれば、個々の言語文化におけるローカルな事情に対応しないことにはグローバルに対応したとは言えないはずである。そのような考えをもとに、2009年頃からのADHOとの活動の中で、主に本科研により、TEIのコミュニティを率いる人々をシンポジウムや学会などの機会に招聘し、日本語テキストの在り方について丁寧に説明する機会を設けるとともに、TEIカンファレンスやADHOによるDHカンファレンスなどにおいて日本やアジアのテキストとTEIガイドラインが前提とする西洋テキストとの親和性と乖離についてさまざまな角度から発表する機会を設けてきた[70-75]。

　そのような流れにおいて、個別の要素について検討して改良案を個別に提案

していくよりは、分科会（Special Interest Group）を設けて議論を集約しながら検討した方が効率的であり副次的な効果も期待されるという見通しが立ってきたことから、分科会の設立を目指すことになった。特に古典籍においては中国・韓国のテキストと日本のテキストの要素がオーバーラップする場合が少なくないことから、東アジアの中の日本という位置づけで分科会を設置して中国・韓国のテキストも同時に扱えるようにと、East Asian/ Japanese という名前の分科会となった。分科会の設立は、本科研の研究分担者である Charles Muller 氏と永﨑が TEI 技術委員会に設置を共同提案するという形で行われ、2016 年に無事に承認された。分科会を設置したことで、TEI 協会が日本語対応を真剣に考慮していることを示すことができただけでなく、日本で開催するさまざまな TEI 関連の行事をオーソライズしやすくなったため、分科会は日本での TEI の活動の幅を広げることに着実に貢献することになった。さらに、分科会を実質的に運営するための運営委員会を設置し、永﨑に加えて国文学研究資料館の岡田一祐氏・東京大学の中村 覚 氏の 3 名体制でより幅広い運営を開始した[76]。

　この流れにおけるもう一つの大きな契機として、TEI 協会の年次国際学術大会でもある会員総会 TEI2018 の東京での開催もあげられる[77]。人文学資料のためのデジタルデータ作成の包括的なガイドラインを作成することを目指したこのコミュニティは、しかしながら、開始以来 30 年間の活動の中で、自らの会員総会を欧州・北米の外で開催することはなかった。2018 年に下田が開催実行委員長として開催した東京での総会は、31 年目にしてはじめて、その枠を超える機会となったのである。このことは、開催地側である日本にとって大きなインパクトとなっただけでなく、TEI 協会としても一つの大きな転機になったと言えるだろう。人文学オープンデータ共同利用センターがホストした JADH2018 との共催で東京都千代田区の一橋講堂にて開催されたこの国際研究集会は、最大時には 300 人以上が参加し、TEI 協会からも中心メンバーのほとんどが参集してさまざまな運営会議も実施された。TEI の入門講座が開催される一方で、最先端のさまざまな取り組みについての発表やワークショップが提供され、これまで日本からは縁遠かった、テキストデータを共通の枠組みで作成・共有・活用する機会に多くの日本在住者が触れることができた。TEI 技術委員会のオープンな開催も試みられ、日本人を含む多くの参加者がガイドライ

ン策定のための議論を目の当たりにできたことも貴重な機会であった。

その後は、TEI ガイドラインの翻訳会や青空文庫テキストの TEI 化、日本語による日本のテキストのための TEI ガイドラインの作成、といった共同作業が定期的なイベントとして開催されるようになり、TEI の国際化のモデルとして注目されつつある。現在、岡田氏が中心となってルビを TEI で使えるようにするための提案書を策定しているところであり、今後は徐々に日本語を含む東アジア諸言語のテキストへの本格的な対応に向けての活動を進めていくとともに、日本語 TEI ガイドラインの作成を本格化していくことになるだろう。また、これと並行して、日本語テキストに特化された要素ではないが、TEI ガイドラインに対する改良の提案が本科研からも協力する形で東京大学の小風尚樹氏により行われたことがあり [78]、これはすでに TEI P5 ガイドライン 3.6.0 において反映されている。さらに、東アジア／日本語分科会の設立に後押しされて、Indic Texts 分科会も設立された。これは、前出の SARIT プロジェクトの活動と成果が中心的に反映されたものであり、本科研としても設立に協力した。

6-2-4. 大正蔵の TEI 構造化

このようにして、TEI 協会およびそのガイドラインにおいて、インド・東アジアといった西洋文化圏とは異なる伝統を有する言語文化圏におけるテキスト構造化を適切に行うための基盤が徐々に形成されつつある。本科研としては、このようにして東アジア・日本における基盤形成の動きを進める一方で、大正蔵のテキストの構造化そのものにも取り組みをも進めている。具体的には、大正蔵のテキスト構造化はどのようにされるべきか、ということについて、若手研究者によるワーキンググループとして進めているところである。部分的には、すでに割注の構造化については検討の報告が行われている [79] が、近いうちに全体的な検討の中間報告を公表してフィードバックを収集し、さらに検討を深めていくことを予定している。

6-3. IIIF へのかかわり

IIIF と SAT-DB とのかかわりについてはすでに述べてきた通りである。ここでもう 1 点あげておくとするなら、本科研の代表者である下田が拠点長を務める東京大学大学院人文社会系研究科次世代人文学開発センター人文情報学部門

人文情報学拠点（Digital Humanities Initiative, 以下、DHI）[*80] と IIIF とのかかわりだろう。DHI は、2016 年 9 月、日本で最初に IIIF 協会の会員組織となった。すでに世界中の著名な文化機関が参加する中、日本における IIIF の知名度を高め、これを普及することは喫緊の課題であり、一方で、必要に応じて IIIF 協会に対して日本やアジア関連資料の固有性を説明し仕様の改訂を主張できる場を形成することが目的であった。永﨑も DHI で客員研究員を務めており、IIIF に関する活動は DHI の活動の一環として実施していた。

　IIIF を普及させるべきと判断したのは、すでに国際的に著名な機関の多くが採用するか採用することを公式に表明しており、そこには、フランス国立図書館、英国図書館、オックスフォード大学ボドリアン図書館、ケンブリッジ大学図書館、バイエルン州立図書館、スタンフォード大学、ハーバード大学といった機関が含まれていた。これだけでもすでに、非常に多くのデジタル化文化資料が同じ規格で公開される形になる。これらの機関をターゲットとするだけでもさまざまな応用例の開発が可能であり、その輪はすぐに広がっていくことはもはや明白であった。同時に、その輪に入らないことで、文化資料のデジタルコンテンツとして活用されにくくなってしまうという懸念を消すことができない状況になっていた。上記のような、欧米のいわゆる研究図書館ではデジタルコンテンツの公開は雇用しているエンジニアが内製で行うことが多く、そうしたエンジニアでも対応しやすいよう、IIIF は簡単に導入できることに重点が置かれていた。一方、日本でこれを導入する場合、ごく一部の機関を除いては専門企業に外注することになるため、むしろ企業にこれを紹介して、発注されたら対応できるようにしてもらうことが重要であると思われた。すなわち、発注時の仕様書に IIIF 対応を謳った場合に対応できる企業が、できれば 3 社以上必要なのである。そうでなければ、IIIF 対応を仕様書に書くことが難しい場合があり、機関によっては発注ができないということになってしまう。幸運なことに、バチカン図書館のデジタル化を担当していた NTT データがすでに IIIF に関する技術を蓄積していたため、ほかには 2 社、対応可能なところを見つければよいということになった。そこで、IIIF を紹介する公開セミナーを 2016 年より折に触れて開催し、関連する専門企業に対してもその門戸を開いた。さらに、希望する企業には無料で技術情報を提供する講習会などを実施し、その数

は公表できるだけで7社となった[81]。結果として、3社以上が対応できるようになり、さらに実績も備えるようになったため、企業への発注も十分に可能となった。

　公開セミナーや企業向けセミナー以外に、発注する側の文化機関に対しても、IIIF の意義を広めるべく要請に応じて出張講習会を実施した。そのうち、公表可能なものとしては、国立国会図書館（東京本館・関西館）、東京文化財研究所、東京国立博物館、国際仏教学大学院大学、大正大学、東京大学、北海道大学、琉球大学、沖縄県立芸術大学、渋沢栄一記念財団、静岡県大学・専門図書館研修、大学図書館職員長期研修がある。さらに、2017年秋には国立情報学研究所教授の高野明彦氏、同研究所准教授の北本朝展氏と永﨑とで IIIF Japan という名称のもと、IIIF 協会の主要メンバーを海外より招聘してシンポジウム・ワークショップシリーズを実施した[82]。このときは、一橋講堂でのシンポジウムに加えて、京都大学、立命館大学、九州大学にて IIIF を紹介するイベントを実施し、多くの参加者を集めた。

　一連の流れの中で、2018年5月に国立国会図書館デジタルコレクションが IIIF を採用した。これにより、IIIF 対応で利用可能な日本文化資料コンテンツは、量と多様性の双方において飛躍的に増加し、日本の資料に関しても IIIF の利便性が広く認識される状況となった。結果として、仏典画像も IIIF 対応として公開される例が増えてきており、SAT-DB もその恩恵をこうむることができるようになってきている。やや迂遠ではあるが、こうした規格を国内で普及させることは、結果として、周辺領域も含めて仏教研究に利用可能なデジタル化資料が広まっていく基盤を形成することになるのであり、そのようにしてデジタル情報基盤を広く着実に形成していくことは、仏教研究の将来を確かなものにしていく上でも今後ますます重要になっていくものと思われる。

7. 内容の分析

　近年、テキスト分析に関するさまざまなツールが開発・公開されつつあり、仏典研究においても活用が広がっている。漢文仏典に関しては、特に法鼓文理學院を中心とした研究チームがさまざまな取り組みを提示しており、注目に値

する。チベット仏典に関しても各種の取り組みがあり、さらに、チベット語訳・漢訳の対応、サンスクリット語とチベット語・漢訳の対応を、ディープラーニング技術を用いて自動的に行えるようにする研究も各地で試行されつつある。こうした取り組みは、テキスト分析、テキストマイニングと呼ばれる取り組みに位置づけられるものであり、近年は、Google 翻訳の精度を飛躍的に高めたことで知られる Word2vec と呼ばれる手法が一般にも利用できるようになっている。

　SAT-DB 2018 年版では、こうした技術をユーザーも交えつつ基礎的に検証することを目指し、Word2vec で大正蔵テキストをいくつかのパターンで分析する仕組みを構築した。Word2vec では、「モデル」を作成してから、そこに問い合わせをすることで、そのアルゴリズムに従った単語同士の近さを数値で示すことができる。そこで、DDB を利用して最長一致で単語区切りを行った大正蔵テキストを用意し、いくつかのパターンでモデルを作成した。まず、大正蔵全体でのモデルを作成した上で、次に、印度・中国・日本撰述部の 3 群でそれぞれモデルを作成した。さらに、個々のテキスト単位でもモデルを作成し、それぞれ、単語を問い合わせるとそれに関連の近い単語をグラフ表示する仕組みを作成した。二つのグラフを並べて表示できる仕組みにしたため、異なる文献での単語の扱われ方の違いを比較するといった使い方が可能である。

　ここでもソフトウエアは無料で利用できるオープンソースのものを活用している。Word2vec については、Python3 向けに提供されているライブラリである Gensim[83] を利用しており、SAT-DB 2018 年版のシステム全体としては PHP のプログラムで稼働しているが、この部分だけは、Web サーバ側から Python のプログラムを利用できるように設定している。そして、グラフ表示に関しては、ちょうどここで使用したい機能を持ったタイプのものを Cytoscape.js[84] という Javascript のライブラリが簡易に使える形で提供していたため、それを利用している。

　この機能の使い方を、二つの典籍での単語の扱いの比較に関して簡単に説明しておくと、まず、右側ウインドウの「テクスト分析」タブをクリックしてから、「個別典籍を選択」をチェックした上で「目次」から目当ての典籍を見つけ、その典籍のチェックボックスをチェックする。そうすると、その典籍に含まれ

る単語のリストが以下の図のように頻度順で表示されることになる。ここで双方に含まれる単語を確認した上で単語をクリックすると、検索窓にその単語が入力されるので、後は「関連語検索」ボタンをクリックすると、二つの典籍におけるその単語と関連の強い単語が10件までグラフ表示される【図40・41・42】。

このグラフは、クリックするとさらにその単語の関連語を探してグラフ表示するようになっている。上の図では、供養で妙法蓮華経と大方広仏華厳経を関連語検索した後、妙法蓮華経は「塔」、大方広仏華厳経は「舎利」のノードをクリックして、それぞれさらに関連語をグラフ表示している。また、DDBのダイアログを開いた状態でノードにカーソルをあわせると、DDBにおけるその単語の意味を検索・表示するようになっている。このような仕組みにより、よくわからない単語が出てきた場合でもDDBで意味を確認しながらグラフの意味を考えていくことができるようにしている。同様にして、「印度撰述部」「中国撰述部」「日本撰述部」の単位でのモデルも作成しており、書かれた地域ごとの単語の使われ方の違いも比較することができる。

ここで使用しているWord2vec以外にも、Gensimではさまざまなテキスト分析手法を利用できるようになっているため、できることは一通り試してみたが、利用者が理解しやすそうな結果が表示できたのは、当時永﨑が試した範囲ではWord2vecのみであったため、ここではこれのみを実装している。しかしながら、分析パラメータをうまく調整したり、利用者側から調整できるよ

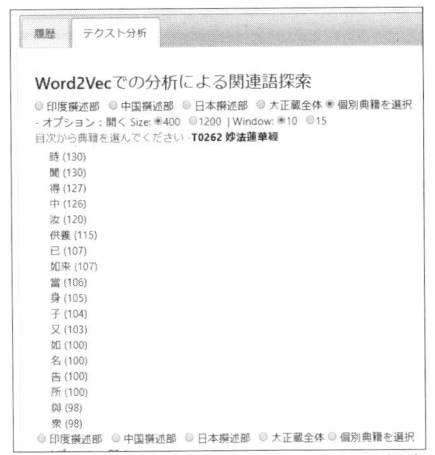

図40 「妙法蓮華経」における単語の頻度順リストの一部

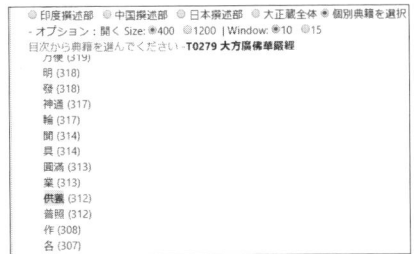

図41 「大方広仏華厳経」における単語の頻度順リストの一部

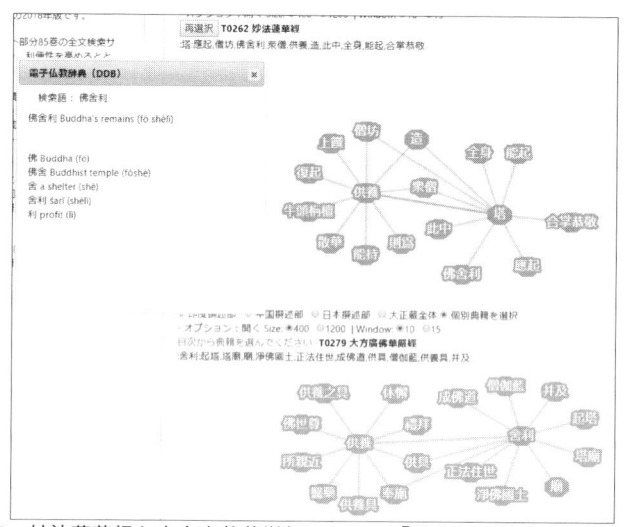

図 42　妙法蓮華経と大方広仏華厳経において「供養」の関連語の比較表示

うにしたりすることで、ほかの分析手法も提供できないか、今後さらに検討していきたいと考えている。また、ここで作成した Word2vec のモデルに関しては、すでにライデン大学の Open Philology プロジェクト[85] に提供したところだが、さまざまな用途がほかにもあり得るため、今後検討していきたい。

8.　SAT-DB への反響

　先に永﨑が刊行した『日本の文化をデジタル世界に伝える』[86] に詳説しているが、このような人文学向けのデータベースを維持運用していくためには予算が必要であり、大きな改良を行う場合にはある程度大きな予算を確保しなければならない。SAT-DB では、Web サーバへのアクセス数を計測して利用状況を推測し、この数字を一つの指標として提示し、維持運営や改良のための予算確保に関しての説得力を高めようとすることがあるが、これだけではどのように評価されているかは十分にはわからない。そこで、SAT 研究会としては、そのほかの反響や評価についても情報を収集することを試みている。これには主に、（1）研究での利用状況、（2）各種メディアなどでの紹介、（3）学会発表や研究集会開催などを通じた仏教研究者や Digital Humanities 研究者からの直接

のフィードバック、といったものがある。

　まず、(1) に関しては、SAT-DB はデジタル時代の新たな研究基盤の構築を目指していることから、研究発表や論文などでどのように使用されているかを確認することもまた、存在意義を提示するためには大いに有益である。Web サイトに掲げた利用条件 [87] では、研究成果を送付していただきたい旨の記載をしているものの、SAT-DB を使用したことについて実際に報告をしてくださる例は残念ながら非常にまれである。しかしながら、最近は、CiNii や J-Stage などで刊行論文の全文検索が可能となってきているため、全文検索をすることで、SAT-DB への言及があるものを発見できるようになってきている。また、あちこちの研究集会に顔を出すと、SAT-DB を利用した発表を見かけることがあり、あるいは、知人が参加した会合で SAT-DB について言及があったと聞くこともある。仏教学関連の国内外の研究集会はもちろんのこと、日本文学や日本史の学会・研究会でも時折そういったことがあるが、最近は、学術情報流通やオープンサイエンスをテーマとする会合でも言及されることがある。そうした情報を集約すべく、SAT 研究会では Zotero サイト上にグループを作成して試行をはじめたところだが、そのような仕組みを介してうまく情報収集を行う方法も今後は検討していきたい。

　次に、(2) に関しては、時折、新聞などのメディアで紹介されることがあり [88]、東京大学の広報 Web サイトで採り上げられたこともある。あるいは大きなアップデートは国立国会図書館のカレントアウェアネス・ポータルで紹介されることがある。また、直接に SAT-DB を紹介するわけではないが、IIIF や TEI を紹介する際に事例の中に SAT-DB のことが入ることもある。典型的な例としては、IIIF の公式サイトに採用された SAT 図像 DB があるが、特に SAT 図像 DB は、IIIF アノテーションを専門家がまとまった形で付与した事例としては原稿執筆時点でも比較的珍しい部類に入り、また、仏尊や曼荼羅などのコンテンツ自体も一般に受けがよいため、IIIF の活用事例として採り上げられることがいまだにある [89]。

　最後に、(3) に関しては、すでに本章でも注釈などで提示してきているように、関連する学会・研究集会などで発表を行い、フィードバックをいただいており、また、フィードバック収集に重点を置いた利用者講習会も適宜開催して

きている。SAT-DB の活動は、単なるデジタル化やデータベースの運用だけでなく、それを研究として昇華し、次世代の人文学研究を探究するという方向で活動を続けており、そのための予算も科研費をはじめとして研究助成金という形で確保していることから、学会や研究集会での発表はその意味でも重要なものとなっている。とりわけ Digital Humanities 関連の学会では同様の取り組みを進めている国内外の研究者が多く集まるため、領域横断的で有益な議論を重ねてきている。

　学会・研究集会として比較的頻繁に参加・発表しているのは、日本印度学仏教学会学術大会、International Association for Buddhist Studies、情報処理学会人文科学とコンピュータ研究会およびじんもんこんシンポジウム、ADHO による Digital Humanities 年次国際学術大会、TEI 年次会員総会、日本デジタル・ヒューマニティーズ学会年次国際学術大会、である。中でも、日本デジタル・ヒューマニティーズ学会国際学術大会の開催にあたっては、多くの年で本科研が後援を行っている。これ以外にも、仏教学や文化資料のデジタル活用に関する研究集会では、少なくとも一度は発表するようにしているが、まだ一部の重要な学会においてそれを果たせておらず、今後の課題である。また、国内外のシンポジウムやワークショップにおいて招待講演という形で発表することも多くあり、これは主に、下田に加えて、ミュラー氏か永﨑が対応する形になっている。いわゆる研究集会のみならず、内閣府知的財産戦略本部・デジタルアーカイブの連携に関する関係省庁等連絡会、実務者協議会およびメタデータのオープン化等検討ワーキンググループにおいて SAT-DB の事例報告をさせていただいたこともあった。

　なお、こうした一連の活動が評価され、2019 年にはデジタルアーカイブ学会実践賞および丸善雄松堂ゲスナー賞「デジタルによる知の組織化」部門金賞を受賞しており、関係者一同、大変ありがたく思っている。特に人文系における研究用途のデータベースを評価する流れはまだそれほど出てきてはいないが、今後そうした動きが広まっていくことで、熱心に取り組む人々のモチベーション向上に寄与するとともに、この種のデータベース構築のポリシーが定まっていく契機にもなっていくことを期待したい。

9. SAT の現在──デジタル環境における仏教学

　SAT 研究会がはじまった 1994 年には影も形もなかった多くの仕組みが、四半世紀経った現在の SAT-DB を支えている。マクロな観点からは、デジタル技術が持つ本質的な技術の進歩と制度の発展、そして社会的コンセンサスの醸成がそれを可能としたと言えるが、ミクロに見ていくと、有志の研究者グループが継続的に開発・運用し、個々の研究者がそれを利用し、場合によっては作成にもかかわるという綱渡りのようなことが四半世紀にわたって続けられてきたということでもある。永﨑がかかわりはじめたのは、テキストデータ入力という最も困難な仕事がほとんど終了しようとしていた 2005 年頃のことであり、そこで開発体制の引き継ぎが行われたように、またいつかは新しい時代へとその中核を手渡していくべきであることをプロジェクトとしては常に念頭に置いている。

　そのようにして構築されつつあり、おそらくはこれからもより発展していくであろうデジタル環境における仏教学は、一見すると紙媒体のそれとは異なるものになっていくように思えるかもしれないが、しかし、あくまでもこれまでの仏教研究を踏まえたものにならざるを得ない。研究は専門的な評価を伴ってこそ専門性を持ち得るのであり、それを為し得るものがあるとしたら、これまでの研究の蓄積をおいてほかにあり得ないからである。この前提に立った上で、デジタル環境における人文学の研究基盤の構築について、SAT-DB 構築にあたって国内外で収集してきた情報を踏まえつつ改めて振り返ってみたい。なお、あくまでも筆者らから見えている範囲での振り返りであり、すべてをきちんと網羅できているわけではなく、情報収集や理解の不足についてはご批正をいただけるとありがたい[90]。

9-1. 成果への評価

　評価について検討する上でまず考慮すべきなのは成果である。成果の内容に対する評価については、上に述べたように突然大きく変化するようなことではない。仏教学におけるこれまでの評価の営みとの連続性の中から考えられることである。しかしながら、序論において述べたように、成果の公開・共有の形

態についてみるなら、紙で刊行される著書と論文を中心とした枠組みは、デジタル環境を前提としたときに大きな変化の波にさらされていると言わざるを得ない。

9-1-1. 電子ジャーナル・引用索引と評価

　より先行しているのは国際共通語としての英語の論文を中心的な評価の対象とする分野である。エルゼビア社やシュプリンガー社をはじめとする電子ジャーナル提供会社を通じて学術論文誌が刊行され、世界中の多くの大学・研究機関が購読契約を結んでいる。そして、特に論文同士の引用関係を引用索引（Citation Index）として数値化し、クラリベイト・アナリティクス（旧トムソン・ロイター）社の Web of Science では Web of Science Core Collection 収録雑誌を対象に3年分の引用索引データを用いてインパクトファクター（論文誌の影響度）を算出する。影響度の高い論文誌に載った論文はよい論文であり、研究者は書いた論文の掲載誌の影響度を積算することで評価され、この数値が高いほど、よい研究成果を発表してきたということになる。インパクトファクターは自然科学と社会科学においては算出されるが、人文科学の引用索引（Arts & Humanities Citation Index, AHCI）に関しては算出されないため、人文科学はこの流れには完全に組み込まれているわけではない。また、書籍を対象とした Book Citation Index というのも試行されているようだが、人文学の場合、50年、100年前の本が参照されることも少なくないため、適切な評価たり得るかというのはよく検討する必要があるだろう。ほかにも、エルゼビア社でも同様の高機能な書誌情報システム Scopus を提供している。人文学であっても、国によってはこの種のデータベースの収録雑誌しか研究業績として認めないとするところもあるなど、この流れも人文学と無縁とは言えない状況になってきている。また、SSCI（Social Sciences Citation Index）ではインパクトファクターが算出されることから、Digital Humanities の基幹雑誌、Digital Scholarship in the Humanities は SSCI に登録されている。この種の流れにおいても評価に耐える仕組みを用意することで、厳しい就職市場の中で少しでも高い評価を必要とするコミュニティの人々の要望に応えようとする取り組みの一環である。

9-1-2. 別の角度からの評価

　このような仕組みは内容の評価にまである程度踏み込まざるを得ないため、

国際的な規模において多言語対応で構築することは極めて難しく、現在のところ、国際共通語としての英語による成果しか評価の遡上に乗らないことになってしまっている。このことは、日本語のみならず、英語以外のすべての言語圏で多かれ少なかれ問題になっていることであり、とりわけ、個々の言語文化と密接な関係を持たざるを得ない人文学において、大きな問題となっている。学術情報流通におけるオープンアクセス・オープンデータが前面に出てくる中で、そのプロセスにおける公平性の問題から米国のアカデミアでも課題の一つとして採り上げられることがあり、Digital Humanities 分野でも中心的なテーマの一つとなっている。非英語圏の連帯、とりわけ、人文学が比較的力を持っている国々が中心となってこの問題に対処することが必要であり、日本はそこに主導的な役割を果たすことができる国の一つになる可能性がある。今すぐでなくとも、そういった可能性に向けて準備を進めていけるとよいのではないかと考えている。

　一方で、専門家、そして、それを成立せしめる専門家コミュニティとしての評価は必ずしもそういった論文業績評価システムのようなものにつながらなければならないわけではない。大学教育や、より広い世間とのインタラクションの中にその意義を求めていくという方向も重要である。その意味では、ローカル言語によるオープンアクセスは一つの有効な出口だろう。紙媒体にせよ電子媒体にせよ、有料の学術雑誌であれば、専門分野外の人によるアクセスはなかなか容易ではない。学術雑誌を多く所蔵・契約している有力大学に所属していれば話は別だが、そのような人は全体から見るとほんの一握りである。人文学が対象とする世界中の言語文化に関する研究成果を自国の言語で自由に読めるのだとしたら、自国の、とりわけ地域の文化の振興や深化のみならず、国際的な相互理解を深める上でも非常に有用だろう。その有用性を業績評価システムのように指標として提示することは容易ではないが、論文の社会的な影響度を計測しようとするオルトメトリクス（代替的指標）のようなものも提唱されるようになっていることから、何らかの指標を設定することについても検討の余地はあるだろう。なお、やや方向性は異なるものの、日本においても、人文系において適用し得る評価指標として筑波大学人文社会系が iMD（index for Measuring Diversity）を開発・公開している [91]。

9-2. オープンアクセス

　人文学における研究成果をオープンアクセスにするには、日本で採り得る手段をおおまかに分けてみると以下の三つになるだろうか。すなわち、(1) 大学・研究機関が提供する機関リポジトリへの掲載、(2) 学会単位での J-Stage への掲載、(3) 学術雑誌掲載の際のオープンアクセス費用（Article Processing Charge, APC と略す）の支払い、である。

　(1) は、国立情報学研究所（NII）による学術雑誌公開支援事業 [92] が功を奏し、平成 26 年 12 月現在約 500 の大学などに機関リポジトリが設置されるに至っており、この時点で世界第 1 位の機関数になっていたほどである。現在の運用は各大学が行っているが、博士の学位を授与する機関では機関リポジトリで博士論文を公表することになっており [93]、大学院博士課程を有する機関であれば運用に関する安定性はいまのところは高いものと期待してよいだろう。大学によっては、ワークショップでのレジュメやパワーポイント資料など、構成員が作成した研究関連の資料であれば幅広く受け入れる運用をしているところもあり、人文系においても有用性は高い。雑誌に採録された論文をここに掲載することもあり得るが、それについては後述する。また、ここに掲載する対象を研究成果だけでなく研究データにまで拡張しようとする動きもあるが、それについても後述したい。

　(2) 学会単位での J-Stage 掲載は、科学技術振興機構が提供する、人文系学会にも幅広く利用されているサービスである。筆者らがかかわる日本印度学仏教学会でもエンバーゴ期間の後 J-Stage を通じて学術雑誌をオープンアクセス化しており、日本デジタル・ヒューマニティーズ学会では、J-Stage 上で英語と日本語のオープンアクセス論文誌を刊行している。公的資金からこのような形での支援を得られることは非常にありがたいことである。ただし、一点、留意しておきたいことがある。数年前までは NII-ELS（国立情報学研究所電子図書館事業）というサービスが存在し、学会としてはここに紙の学術雑誌を送付すれば NII のサイトから電子化公開されるようになっていた。かつてはこれが日本の学術雑誌の電子化・オープン化を大いに支えるものとなっていたが、J-Stage と競合するなどの理由により、NII-ELS の事業は停止となってし

まった。J-Stage の場合、電子化からアップロードまでを各学会が自力で行う仕組みとなっているため、ここに学会としての負担が生じることになった。資金力のある大きな学会であればあまり問題なく対応できるのだが、日本の人文系の学会の場合、学会事務局を研究者がボランティアで引き受けているような小さくて資金力も弱いケースが多く、研究者自身も研究費を多く持っているわけではない。そのような小さな専門家コミュニティを手弁当で形成することによって専門的で丁寧な議論を可能とする場をつくってきたのである。タコツボ化と批判されつつも、それが、日本の人文学の緻密さを支えていたと言えるのだが、NII-ELS の停止と J-Stage への移行は、そうした日本の人文学の長所を結果として弱めてしまうことになるかもしれない。このことに限らず、必ずしも直接的ではないとは言え、電子化・オープンアクセス化は、それに対応しようとする研究者・研究者コミュニティに対して研究以外の仕事を増やすことになってしまっている面があることは否めない。J-Stage への論文登載作業については学術雑誌の印刷出版を担ってきた印刷会社が中心となって学術情報 XML 推進協議会[94] を設立して講習会を開催するなどして技術を共有するようになっており、徐々に単価も下がってきているが、それでも原稿執筆時点では、雑誌編集費とは別に論文登載作業 1 本あたり 1500 ～ 3000 円程度の費用を支払う必要があり、論文数によってはそれなりの出費が必要になるだろう。さらに、J-Stage 登載開始の際の初期コストも別途必要となることがある。一方、研究者自身でも論文を登載できるようにと簡便な Web 登載システムも用意されているが、論文の公開や論文誌への掲載は一筋縄ではいかない面もあり、自らその仕事を引き受けようという研究者もそれほど多くはない。そういったコストに対するケアをもう少し手厚くすることをどこかで検討する必要があるかもしれない。

　（3）学術雑誌掲載の際のオープンアクセス費用（APC）の支払いについては、電子ジャーナル会社で受け付けるようになってきており、論文 1 本あたり 20 ～ 50 万円ほどの費用を支払うとオープンアクセスにすることができる。これをゴールド OA と呼び、それに対して前出の（1）のように機関リポジトリなどでの研究者自身による無償公開をグリーン OA と呼ぶことがある。金額は電子ジャーナル会社によって異なっているようだが、総じて安い金額ではなく、

研究費の一部でこれを支払うとしたら、やはり全体としては大きな負担になる。全体としては、これまで世界中の図書館から電子ジャーナル会社が徴収していた電子ジャーナルアクセス費用を論文投稿する研究者の研究費から支払う形になると考えることができるが、それが本当に適切なことか、効率的なことなのか、ということについては十分に検討する必要があるだろう。なお、電子ジャーナル会社によっては、査読反映済みで電子ジャーナル会社による最終的なレイアウト調整などが行われていない「著者最終稿」と呼ばれるものであれば著者が機関リポジトリなどで公開することを認めているところもあり、この場合はグリーン OA として位置づけられる。ほぼ同じものを二カ所で公開することになってしまうが、オープンアクセスで内容を広く伝えるという意味では有益だろう。

　この 3 種以外に可能性が感じられるものとしてもう一つあげておきたいのは、OLH（Open Library of Humanities）[95] である。これは、人文系のオープンアクセスジャーナルを刊行するプラットフォームとしてアンドリュー・W・メロン財団の助成を受けて進められているものである。図書館協力補助金（Library Partnership Subsidy）モデルによって運用されており、すでに世界の 200 以上の機関がこれに参加している。20 数件の電子ジャーナルが掲載されており、今後増加していくことが期待される。多言語対応を謳っており、英語以外の論文を扱う雑誌も複数掲載されていることから、日本語についても希望するところがあれば対応の可能性はあるかもしれない。

　このような一連の動きの中で、2018 年 9 月には、欧州の 11 の国立研究助成機関が結集して論文発表直後からのオープンアクセス化を実現するイニシアティブ cOAlition S を宣言し、Plan S の 10 原則を推進することになった。これによって、「2020 年 1 月以降、研究助成を得た研究成果論文は全て、OA 雑誌または、基準に適合した OA プラットフォームにて公表される」ことになる。研究機関ではなく研究助成機関による縛りとなるため、これに従わなければ研究費が支払われないことになり、強制力は非常に強い。しかしながら、この基準に適合した OA プラットフォームがそれほど多くないことも含めて実現可能性を疑問視する声もあり、また、少なくとも人文系だけでみてもこの 11 機関に含まれない欧州の有力な研究助成機関があるように思われるので、このイニ

シアティブが今後どのように広まっていくのかも含めて注視していく必要があるだろう。

　こういったものに加えて、大学出版局がオープンアクセスプラットフォームを運用する例もあり、例えば、国立歴史民俗博物館で推進されている総合資料学プロジェクト[96]では、ミシガン大学出版局のプラットフォームを用いて日本語の論文も含むオープンアクセス書籍を刊行している[97]。また、同プロジェクトでは、文学通信より刊行した『歴史情報学の教科書』を紙媒体で出版するとともにオープンアクセスとしても公開しており、これは同社が運用するリポジトリで一次公開されている。本書もその枠組みでの刊行となる予定である。この種の取り組みはまだ端緒についたばかりであり、試行錯誤の状態であるようにも思われるが、今後徐々に広まっていく中でよりよい在り方が形成されていくことを期待したい。

9-3. 研究資料・データのオープン化

　成果と同様に、研究に必要な資料もオープンにアクセスできるようにデジタル公開されることが今後は強く求められていくだろう。オープンデータと呼ばれる動向は、どちらかと言えば政府・行政機関が自らの作成したデータをオープンにしていくことで行政手続きを透明化しつつ効率化することを目指す流れを指しており、米国のオバマ大統領時代にはオープン・ガバメントの一環として喧伝されていたものが、やがて学術界にも広まってきたという印象がある。学術界におけるオープンデータは、研究に用いた計測データ、資料などを再利用可能な形で公開してしまうということであり、図書館や博物館、文書館などが所蔵する貴重な資料をデジタル撮影して誰でも再利用できる形で Web 公開するようなものもこれに含んでよいだろう。これは紙媒体で言えば影印版と呼ばれるものが相当しそうである。さらに、そうした基礎資料だけでなく、それをもとにして研究者が何らかの判断を加えて作成したデータも含まれる。紙媒体の時代、人文学においては、古文書・古典籍の目録情報や、重要な資料の索引などが盛んに作られてきていたが、そのようなもののデジタル版と言ってもよいだろう。SAT-DB が構築・公開しているものの多くもこれに含まれる。こういったものが再利用・再配布可能な利用条件で Web 公開されたなら、研究

者側としても所蔵・公開機関側としても資料の閲覧や利用にかかわる多くのコストを大幅に圧縮することができ、研究活動への参入障壁が下がり、結果として、研究活動を活性化しつつその参加者・支持者を拡大することに大いに貢献するだろう。(a)オープンデータとしての資料画像のWeb公開がない状態と(b)それがある状態とをいくつかの想定状況に即して検討してみると、(a)資料の存在を論文の注釈や目録で確認して、内容が期待したものかどうかわからないもののとりあえず現地に見に行ってみたが空振りで旅費を無駄にしてしまうか、(b)Webで内容を見て期待したものでないことを確認できたのでほかの資料にあたることにするか、というだけでも大きな違いである。また、(a)資料を論文に引用したいので許諾申請書の様式をダウンロードして作成して送付したが許可が遅れて論文締切りに間に合わない、一方、所蔵機関側は許諾申請書が来たので定例会議にあげるべく資料を準備して稟議を回して、許可書の作成をして送付をしたら、論文締切りに間に合わなかったのでもう不要だと言われた、という悲劇的な状況があり得るのに対して、(b)では、再配布可能な利用条件なのでそのまま画像をコピー&ペーストとして論文に張り込むのに要する時間は数分、という状況になる。オープンサイエンス、市民科学、パブリック・ヒューマニティーズ、パブリック・ヒストリーなどといった形で研究専門職ではない人々が研究のサイクルに参入する可能性をさまざまに模索するようになってきているが、そのような流れにおいて、オープンデータを広げていくことは必須の課題であると言える。

9-3-1. 古文書・古典籍などのデジタル化資料の公開における課題

　上述のように、人文系のオープンデータとしては、すでに著作権保護期間が終了している古文書・古典籍などの資料をデジタル撮影して公開することが近年はかなり広まっている。国内では、京都府立総合資料館による東寺百合文書Web[98]におけるクリエイティブ・コモンズ・ライセンスのCC BYによる公開を皮切りに、東京大学総合図書館所蔵の嘉興蔵（SAT研究会が大蔵経推進会議の支援のもとでデジタル撮影と公開システム構築を行ったもの）のCC BYでの公開が、国立大学図書館としてははじめての、再利用・再配布を明示的に許可したデジタル化資料公開となったようである。CC BYは、対象となる資料の著作者名を表示することで自由に再利用・再配布してもよいとする利用条件

であり、クリエイティブコモンズの Web サイトにおいてさまざまな国の言語に翻訳され公開されており、それらの国で共通に理解される利用条件として共有されている。同様にして、商用利用を禁止する条件（NC）や改変しての再配布を禁止する条件（ND）なども用意されている。

　嘉興蔵においてその資料そのものの著作者ではないにもかかわらず CC BY を採用した理由は、若干の工夫を加えたメタデータに著作者性を担保し得ると期待したことから、それを通じて利用時に所蔵機関を明示してもらうことで所蔵機関のプレゼンスを高めることに少しでも貢献したいという意図があった。しかしながら、CC BY の利用条件には、資料に含まれるパブリックドメインの部分については CC BY の制約を受けないということが明記されており、嘉興蔵の画像のみを扱う場合には所蔵機関を記載せずに使ってしまうことも事実上は許容されることになる。Web サイト上で「利用条件に同意しなければ利用できない」ようにすることもできるが、著作権で保護されるわけではなく、一度画像の複製が出回ってしまって第三者が流通させるようになってしまえば、それを止めることはできない[99]。従って、CC BY を適用したところで法的な有効性が十分にあるわけではなく、それを通じて、所蔵機関を明示してもらいたいことを利用者に知ってもらう効果を狙うということになるだろう。

　こういったことから、近年は、著作権保護期間が終了していることを明示した上で、所蔵機関の明示や資料を利用した刊行物などの提供を義務的でないお願いという形で提示する機関が出てきている。京都大学附属図書館、東京大学附属図書館はそのような例である。一方で、千葉大学附属図書館では、ヨーロピアナと DPLA などが策定した Rights Statements[100] を採用することでこの課題に対応しようとしている。とはいえ、このような場合に「お願い」に対して利用者に対応してもらうには、「お願い」の存在や、具体的に何を「お願い」するのかを容易に把握できるように、できれば機械処理の際にも把握できるようにする必要がある。そこで必要になるのは、「お願い」の種類をクリエイティブコモンズのように分類して、一目でわかるマークや記述を用意して、さらに、成果物の提供先情報を機械的に取得できるようにすることだろう。この点を検討すべく、本科研では[101] を 2019 年 10 月 12 日に開催しようとしていたが、台風 19 号のために延期になってしまった。本書刊行後、速やかに開催される

予定であり、建設的な展開が期待されるところである。

　ここでは、主に、所蔵機関のプレゼンスを高めるための工夫について述べてきているが、それを検討する大きな理由は、データの Web 公開の持続可能性を高めるところにある。つまり、ただでさえ予算が縮減傾向にある中で、データを Web 公開していることの意義を明確に提示できないことには Web 公開にかかわる業務や機材に対して予算や人員が手当されなくなってしまうという懸念は多くの組織で存在するようであり、それを解決するための一つの方策として、外部で活用されたことを成果として挙げることで、組織のプレゼンスを高めることに貢献していると提示する方法があり得る。外部での活用事例の紹介は、使われ方によっては大いに説得力を持つ場合があり、また、説明の仕方についての工夫の余地もさまざまにあるので、これに関する事例を集積していくことができれば Web 公開の持続可能性を高めるための一助となるだろう。

　一方、再利用・再配布可能なオープンデータであれば、たとえ最初の公開機関で公開できなくなったとしても、ほかの組織などが引き取って公開することも利用条件の上では可能であり、特にパブリックドメイン資料の場合には、ほかの組織での公開を制約する理由は法的にはまったく存在しない。それでもなお、なるべくなら最初に公開した機関が持続的に公開できるようにと検討している理由は、デジタル撮影した画像データの場合にはサイズがやや大きくなってしまうためにストレージ容量の確保という観点で他の組織での公開がやや難しいことと、画像とメタデータの紐付けや現物資料との対応付けなどのやりやすさ、である。それぞれの事情について、以下に簡潔に見てみよう。

　テキストデータやメタデータ、プログラムなどの場合には、再配布可能と言われれば比較的すぐにほかのサイトなどでミラーリングできるものの、デジタル撮影した画像、とりわけ、貴重資料の高精細画像の場合、公開用の JPEG 画像でも、場合によっては 1 枚あたり 10MB を超えてしまうことがある。これが、通常のデジタルコレクションであれば数万〜数百万枚ということになるのである。このようなサイズのデータを簡単にミラーリングして Web からアクセスできるようにするというのは、現状の Web 環境では若干大きな費用が必要になってしまうことが多い。ミラーリングの作業自体にも結構な時間がかかってしまう。それだけでなく、公開用画像とは別に、その生成元となった保存用の

TIFF や Raw 形式の画像（以下、元画像）が存在することが多く、その種のデータは容量が非常に大きい。公開用の 10 倍以上になることも少なくなく、公開するとネットワーク回線に大きな負担がかかってしまうことになるため、そもそも公開されることが少ない。一方、公開用の画像は、ネット環境が改善されたり新しくて利便性の高い画像圧縮技術がでてきたりすると、元画像からの作り直しをした方がよいということになる。そうすると、元画像を持っていないことには、技術の進化とともに使えないものになってしまう時期が相対的にかなり早く来てしまうことになる。結局のところ、別の組織が公開を継承することになった場合には、再配布を許容する利用条件、すなわち、オープンライセンスによって面倒な交渉なしにいつでも継承できるという話には必ずしもならず、むしろ、元画像の譲渡やその利用条件の検討・合意など、相応の手間をかけた方がよいということになることもあるだろう。

　もう一つの問題として挙げた、画像とメタデータとの紐付けや現物資料との対応付けに関しては、まず、画像とメタデータの紐付けの仕方は、システムや作業の仕方によってさまざまであり、それを継承するのは必ずしも容易ではないということがあげられる。ほかの組織が公開する場合には、サーバの URL が変更されることになる。そうすると、もとになる画像とメタデータのファイルが、TEI ガイドラインなどのローカル画像ファイルに対応している標準規格・仕様に準拠して、ローカル画像ファイルを参照しながら記述されていれば比較的継承はしやすいが、たとえばそのようなローカル向けの標準的フォーマットなしにいきなり IIIF に準拠して紐付けられている場合、IIIF で画像とそのほかのデータを紐付けている URI が変わってしまうことになる。そうすると、紐付けのために記述されている、場合によっては大量の URL をすべて書き換える必要が生じる。サーバの URL の書き換えのみで済めばよいが、ディレクトリの構成やファイル名にも変更が必要になってしまう場合、動作確認の手間も含めてやや大変な仕事になってしまう。また、現物資料との対応付けに関しては、あえて言うまでもないかもしれないが、現物資料と対応づける必要が生じる可能性は決して少なくない。例えば、書籍資料であれば、ページの乱丁や落丁かもしれない状況を Web 公開されたデジタル画像群で発見したとき、それが本当に乱丁かどうかを確認するには現物資料を見るしかないだろう。メタ

データの記述に誤りかもしれない状況が見つかったときも同様である。そういったコストは、現物資料を所蔵する機関が公開していない場合、かなり大きなものになってしまうことがある。

そのようなことから、ほかの組織に移行させるのは、不可能ではなく、いつかはそういう事態に直面することを常に念頭に置いておく必要はあるものの、やはりそれなりの困難が発生してしまう可能性が少なくないため、できることなら公開組織や公開サーバは移行させずに済むようにするのがよいだろう。当たり前のことを改めて確認してみたということになるが、やはり資料を所蔵している機関が公開し続けるスタイルが可能であれば、その方が効率的であると言っていいだろう。あるいはまた、先に述べたように、博士課程を持っている組織であればそれを理由として機関リポジトリを維持しなければならないのだから、そこに依拠すると比較的安定的に公開し続けられるのではないかと思える。しかしながら、機関リポジトリは、名目上は各大学が運用しているものの、実体は徐々に国立情報学研究所の JAIRO Cloud[102] というクラウド型のシステムに移行しつつある。原稿執筆時点で 558 機関が導入しているとのことで、すでに相当な数にのぼる。このクラウド型サービスは論文 PDF の公開を前提に構築されているようであり、データ公開の在り方としては、ごくたまに誰かがアクセスして大きな発見をしてくれるかもしれないのをひたすら待つという、この種のデータの Web 公開との親和性は高いと思われるものの、ディスクの使用量に応じて従量制で課金するということであり、元々の想定である論文 PDF とは必要とするデータ量が桁違いになってしまうことから、金銭的な面でやや難しいということになってしまいそうである。

9-3-2. 専門家の手になるデータの公開における課題

古典籍・古文書などの資料をデジタル撮影して公開するようなタイプの研究データ公開に加えて、専門家による何らかの判断が反映された、しかし研究論文としては扱えないような研究データもさまざまに作られてきている。これらに関しては、上述のように、紙媒体の時代に古文書・古典籍の目録情報や、重要な資料の索引、あるいは辞書などとして作られてきたものとのアナロジーで考えることができるだろう。そうだとすると研究上の貴重なツールではあるものの、論文における引用のような形で評価を受けることは難しいかもしれない。

このことは、すでに人文学において研究データの構築をさまざまに行ってきている欧米先進国においては顕著な課題である。これについては、序論にも論じたように、対策として出てきているのが、例えば、米国現代語学文学協会（MLA）によるガイドライン「Guidelines for Evaluating Work in Digital Humanities and Digital Media」[103]やアメリカ歴史協会（American Historical Association）による「歴史学におけるデジタル研究を評価するためのガイドライン」[104]である。一方で、データの作成自体を Citation Index のサイクルに組み込むことで評価されることを目指すという方向もあり、人文学向けにもオランダの Data Archiving and Networked Services（DANS）と Brill 社が共同で人文社会科学系向けのデータ・ジャーナル[105]を刊行しており、JADH も研究データに関する論文を募集しているところである。

　この種の研究データの場合、作成者と連絡がつかなくなると著作権の関係からうかつには利用できなくなってしまうという問題があったが、クリエイティブコモンズなどのわかりやすい利用条件の提示手法が広まってきたことによって徐々に解消に向かいつつある。データの形式にもよるが、ほかとの連携が少ない独立したデータであれば比較的容易にほかのサイトにミラーリングして利用に供することもできる。こういったデータが標準的なフォーマットで作成されるようになれば、研究データの共有も容易になり、持続可能性も高まっていくだろう。

▌9-4. 成果公開の持続可能性

　人文学における成果の公開としては、著書という形で刊行されるものがきわめて重視される。数百頁にわたる比較的長いテキストを通じて、著者がそこにおいてのみ通用する精妙な一つの言語空間を措定し、それに基づかなければ明らかにできない事柄を丹念に明らかにしていくというメディアの形態は、紙であれデジタルであれ、その独自の名前空間・言語空間において設定される議論という点で、その重要性が失われることは想像しがたいものがある。そして、そのような貴重な成果は、紙媒体であれば国立国会図書館に納本することで永続的にアクセスできるようになる。デジタル媒体でも、電子書籍の形式であれば、本来はほとんど同様だろう。しかしながら、著書のような閉じた体系で

はない、例えば SAT-DB のような開放系の知識基盤の場合、必ずしもそのようなわけにはいかない。作成されたデータの部分に限って言えば、切り出してそれのみで公開することもできる。すでに現代日本語訳仏典は TEI/XML や MS Word の DOCX 形式において、再配布・再利用が可能な CC BY の利用条件のもとで公開されており、ほかのデータも多くはそのようになっていくことだろう。そのような環境下では、デジタルデータの持続可能性におけるこれまでの諸課題は後退していくことが想定される。一方で、次の課題として、世界中に広まり再配布される複製や改良版の間での同一性保持や多様な派生物の中での個々の位置づけの在り方という観点での持続可能性の問題が人文学においても露出してくることであろうことには十分に留意しておく必要がある。

9-5. 次世代人文学のための研究基盤とは

　ここまでみてきたように、デジタル環境における成果や評価、そして、成果やデータの持続可能性など、個々の要素については、これまでの積み重ねの結果、まだ途上ではあるにせよ、おぼろげながらその姿をあらわにしつつある。次世代人文学のための研究基盤を構築するなら、それらを踏まえないわけにはいかないだろう。その上で、原稿執筆時点の技術や規格・仕様、社会制度やコンセンサスなどを踏まえて描き得る範囲で、今後なされるべきことを検討してみよう。

9-5-1. 検証性と版管理

　前節の最後に述べたように、さまざまな文脈で別々に改良され多様化していくデータが持続可能性を高めていくと、同じ資料についてのさまざまなバージョンをいつでも参照できるようになってしまい、どれを参照すべきか、どれが参照されたのか、といったことが徐々にわかりにくくなっていく可能性がある。この状況をして、中世の写本の時代に逆戻りしてしまったとの嘆きを聞いたことがあり、言い得て妙だと思ったものだが、一方で、デジタル媒体の参照性の高さを適切に利用できればそのような状況は避けられるはずである。少なくとも、中世写本の時代の後に現れた近代印刷術による刊行物を前提とした書籍流通システムでは、そのようなことはそれほど問題視されていなかったようであり、その状況と対比しながら検討してみたい。

紙による印刷媒体では、本にせよ雑誌にせよ、一度刊行されれば、書店を介して世間に流通するのみならず、図書館で所蔵されていつでも参照できるようになっており、特に国立国会図書館に納本されれば永続的に保管されることになっている。このような仕組みによって、一度刊行された成果へのアクセシビリティは相当程度保証されるはずである。図書館では資料が汚損すると除籍することもあるが、そのような場合でも、図書館間相互貸借（ILL）によってほかの図書館から借り出せる場合もあり、最終的には、大抵は国立国会図書館に所蔵されている。国立国会図書館では、平成 21 年度の著作権法改正 [106] によって、たとえ著作権保護期間中のものであってもデジタル撮影して保管することができるようになっており、万が一の場合でも、デジタル画像によるバックアップが用意されていることになる。

　このようにしてみてみると、研究基盤としての紙による印刷媒体とそれを取り巻く環境は、参照性を確保する上では盤石であるように思えるが、一方で、時折指摘される問題として、版違い・刷り違いの問題がある。すなわち、版や刷りが新しくなったときに内容が更新されている場合である。版違いに関しては、内容が多かれ少なかれ異なることが前提となるため、それぞれの版を明確に区別して所蔵されることが多い。しかしながら、刷りの違いについては、版が同じなのだから同じ内容と見なされることが多いが、実際には刷りの段階で修正がかけられる場合も少なくない。たまたまそのようなケースにあたってしまうと、同じ本だと思って参照しても刷違いのために同じ内容を確認できない場合もある。あるいはまた、そこまでいかずとも、誤りが見つかった場合に正誤表を付加することもある。そうすると、正誤表を利用できたかどうかによって参照する内容が異なってしまう場合も出てくる。

　とはいえ、紙による印刷媒体においては、欧州における活版印刷術の普及がテキスト伝承の相違を白日の下にさらしたように、一つの版下によって作成された一定数の同じ内容の複製が流布することになるという点は確かであり、それは、デジタル媒体における異版の氾濫の可能性とは様相を異にする。デジタル媒体では、とりわけ Web による流通を前提とした場合、公開元はいつでもデータを書き換えることができ、誰でもそれをコピーして書き換えたものを公開することができてしまう。つまり、同じデータでも見に行く時間や場所によっ

て内容が異なるという事態があり得るのである。著作権をはじめとする複製に関する法的制限や公開者が付する利用条件などによってそれは一定の制約を受けることになるが、少なくともその範囲において、このような問題を多かれ少なかれ抱え込むことになる。

　幸いなことに、この深刻な情報流通の問題は、人文学だけで抱え込まねばならない課題ではない。これはそもそもコンピュータ・プログラミングにおいても大きな問題となるのであり、Wikipedia においてさえこの問題は解決に向けての対策が提供されている。すなわち、近年のコンピュータ・プログラムの開発は複数人で遂行されるものであり、複数人による修正や増補が次々と行われていくものである。しかも、個々の記述における責任の所在を明らかにしなければ、作成や検証から評価に至るまでの一連のプロセスを適切に進めることができない。従って、そこには、版管理システムと呼ばれるものが導入されていることが多い。近年広く用いられている GIt と呼ばれる版管理システムでは、ごく簡単な手続きさえ覚えれば、各担当者が自らの作業を粛々と進めていくだけで、個々の版とその責任の所在を克明に記録し、いつでもそれらを開示できるようになっている。そして、自らが修正した版を自らの貢献として掲載・公開することができ、さらにそれをマスターとなる版に統合してもらうようにリクエストを出すこともできるようになっている。そうすることで、マスターの版とブランチの版を明確に区別しつつ共存させることができる。このシステムはフリーソフトウエアのオペレーティングシステムとして世界を席巻し、スーパーコンピュータ・ランキングの上位を独占する Linux のソースコードを作成・管理するために開発されたものだが、GitHub[107] という Web サイトで一般に広く利用できるようになっており、近年の人文学向けのオープンソースソフトウエアの多くもここでソースコードごと公開されている[108]。ソフトウエアだけでなく、これを用いた研究データ公開を行う例もあり[109]、上述のように、TEI協会のガイドラインも GitHub 上で作成・公開されている[110]。

　なお、GitHub では、各利用者の作業履歴をまとめて表示する機能があり、近年のオープンソースソフトウエア開発者の間では、これがプログラマのポートフォリオのようなものとして利用されるようになってきている。その人がこれまでどんなプログラムの開発にどの程度かかわってきたのか、それはどうい

う時期に、どういうペースで行われたのか、ということが包み隠さず確認できるようになっているのである。秘匿性が高い仕事においては、この公開システムを利用することはできないため、別途、同じソフトウエアを自前のサーバで立ち上げて利用する場合もあるようだが、その場合でも、同じ作業をしているシステム上ではそれを把握できるようにすることも可能である。

　Wikipedia においては、百科事典を目指すという性質上、GitHub と異なり、複数の版を共存させることができないが、版管理システムは初期から導入されており、どこの記述に責任を負うのは誰か、ということが確認できるようになっており、版をさかのぼりつつ差分を確認することもできるようになっている。Wikipedia もまた、それを運用するためのソフトウエア MediaWiki がオープンソースとして公開されており、自分でサーバを用意できれば、そこにインストールして限られたメンバーによる閉じた運用を行うことも可能である。その場合には、版管理システムのみならず、責任の所在を確認できる機能もより有効に活用できるだろう。

　このような版管理システムを人文学のデータやテキストの共有に際して導入することができるなら、中世の写本時代に逆戻りしてしまうような問題は回避できるのではないかと期待したいところである。

　版管理システムにおける課題は、版管理システムの利用についての利用者コミュニティ内でのコンセンサスを形成する必要があるという点である。GitHub においては極めて多くのプログラムが版管理を伴いつつ開発されるようになっているが、それはあくまでも、一つのプログラムの開発者が皆 GitHub の同じリポジトリを利用しているからこそ、版管理がうまく機能し、作業全体も成功裏に遂行されているのである。皆が一つの版管理システムを使用しなければ効果を発揮することはできない。これがデータやテキストであれば、特定の版管理システム上に掲載され修正が進められているものの総体に対して、皆がそれに依拠し、利用するということについて合意を形成しなければならないのである。そして、ここでもやはり持続可能性という課題はついてまわる。システム上では確実に保存され共有されるとしても、そのシステム自体の維持運用はまた別の話であり、それを確実にするための方策が必要となる。この点においてもコミュニティの合意形成を基礎とする必要がある。

そのようにして、版管理システムを適切な合意形成の下に運用することができたなら、あらゆる版はそれぞれ残され、誰が作成したかということも明らかであり、いつでも外部から参照することもできるようになる。このことは、研究という営みにおける基礎となる検証性を確保する上で極めて重要な役割を果たすことになる。

　SAT-DB では、大正蔵の構造にあわせた版管理を行うための仕組みを内部向けに運用してきているが、今後のより発展的な版管理に向けて、この仕組みと既存の版管理システムとの対応付けを検討しているところである。また、すでに中国古典においては、大規模なテキスト版管理システムとして、京都大学のクリスティアン・ウィッテルン氏による漢籍リポジトリ[111] が提供されており、試行の場として注目しておきたい。

9-5-2. 資料同士のリンク

　このような版管理を適切に行える仕組みを基礎として実現すべきなのは、データ間のリンクである。さまざまな資料同士をさまざまな粒度でつなぐことにより、思考の過程を共有可能なものとし、検証に耐え得る人文学の基礎とする。これには、すぐにできることからまだ不可能なことまでのグラデーションが存在するが、ここでは、現状で取り組み可能なものを中心に検討してみたい。

　資料同士を個々の資料の単位、例えば、本や論文、写本などの単位でつなぐことは、研究者が資料を探索していく上では極めて有用である。仏典であれば、各地に残された写本と木版本を同じ典籍ごとにリンクし、大正蔵の当該テキストともリンクすることで、テキストの校訂やその検証を容易にすることができる。また、もとになったサンスクリットの典籍の写本や校訂テキストがあれば、そこからの翻訳ということでリンクするのも有用だろう。一方、注釈や批判書などの後代に作成されたテキストとのリンクも行うことができれば、テキストの理解において有益であり、さらにそれらのテキストの写本や木版本があればそれとリンクすることもまた有用である。そして、それぞれの典籍に関連する論文があれば、その論文ともリンクする。関連する図像があれば、そこにもリンクする。そのようにして、資料同士の関連を記述する際には、RDF（Resource Description Framework）[112] などの枠組みがすでに提供されており、それに従って XML や JSON などで記述することができる。そこでは、主語・述語・目的

語という要素で関連を記述することになり、例えば、「玄奘（主語）は『大般若経』（目的語）の翻訳者である（述語）」という風になる。つまり、主語・目的語は何らかの情報リソースを指し、述語は両者の関係を示すことになる。そのようにして資料間の関係を抽象化すると、課題は、個々の情報リソースをいかにして適切に指し示せるか、ということと、一般化と個別化の間を揺れ動いてしまいそうな述語の部分をいかにして適切な大きさで設定するか、ということになる。前者については VIAF[*113] などの外部の典拠データベースとの効率的な接続の仕方を踏まえつつ適切な同定の仕方を検討することになる。後者については、外部のデータベースとの間で共通化することができれば、有用性は非常に高まることになるため、以下に述べるような既存の述語セットの活用を検討することも重要である。

　述語の部分の共通化に関しては、Web 上の情報資源のメタデータとしての Dublin Core[*114] や、人やその関係を示す Friend of a Friend（FOAF）[*115] をはじめとしてさまざまなものがすでに提供されている。特に古典籍・古文書などに関しては、その種の用途に特化された TEI ガイドラインが提供する豊富な語彙が有用である。また、人文学のさまざまな個別分野においても、より専門的な語彙や典拠データベースが作成公開されており、仏教学分野においては、チベット仏教の典籍に関してはすでに BDRC（Buddhist Digital Resource Center, 元 TBRC（Tibetan Buddhist Resource Center））[*116] が充実したデータベースを構築している。中国仏教に関しても法鼓文理學院による Buddhist Studies Authority Database Project[*117] やハイデルベルク大学の Michael Radich 氏による Chinese Buddhist Canonical Attributions database[*118] が公開されている。

　なお、このような資料同士のリンクの場合は、そこから先は人が読んで考える、ということになってしまうため、例えば、研究成果において参照された箇所を直接的に確認して思考の過程を検証したりするにはやや粒度が粗いものということになる。従って、そのような用途に向けては、より細かな粒度のリンクが必要ということになる。次に、それについて見てみよう。

9-5-3. より細かな粒度のリンク

　資料となるデータ群の内容のある部分とある部分をつなぐリンクに関しては、各部分の位置の記述とその位置同士をリンクすることに分けて考える必要があ

る。そこで、まずはそれぞれについて検討してみよう。

　位置の記述に関しては、Web 上のデータを扱う場合とパソコンなどのローカルなデータを扱う場合、それに加えて、デジタル化されていない情報を扱う場合を考える必要がある。Web 上のデータを扱う場合には、W3C（Word Wide Web Consortium）が Web Annotation[119] という Web 情報への注釈の標準的な枠組みを提示しており、Web 上で位置情報をやりとりする際には、この枠組みに準拠することで相互運用性を高めやすくなる。ここでは Fragment Selector[120] として以下の図のような既存の技術仕様を例示しており、プレーンテキストや画像、XML ファイルなど、対象となるメディアの種類にあわせて既存のいずれかを選択する形になっている【図 43】。

　このようにして取得した位置情報に対して注釈を付けることになる。注釈についても Web Annotation としての記法が提示されているが、注釈の内容としてどのようなことを書くべきかについてはここでは定められていない。すなわち、内容は自由に記述してよいということになっているため、各自で独自の書き方ができるようになってしまい、便利ではあるものの、相互運用して利便性を高めようということになった場合に難しいことになってしまう。そこで、ある分野、あるいは、何らかの専門家コミュニティにおいて共通ルールを設定しそれに従って注釈の内容を記述することで効率的な利用環境を構築しようという話が出てくる。例えば、図書館・博物館・文書館などのいわゆる文化機関のエンジニアが中心になって運営している IIIF 協会では、Web Annotation に準拠しつつ、画像同士の関係を構造化して一つの資料に構成したり、画像、音声、動画の一部への注釈を付与したりできるルールを IIIF Presentation API として設定している[122]。

　現在の IIIF が定めるのは、基本的な資料の構造であり、付随するメタデータや注釈の内容などについては利用者／利用者コミュニティが自由に設定でき

Name	Fragment Specification	Description
HTML	http://tools.ietf.org/rfc/rfc3236	[rfc3236] Example: namedSection
PDF	http://tools.ietf.org/rfc/rfc3778	[rfc3778] Example: page=10&viewrect=50,50,640,480
Plain Text	http://tools.ietf.org/rfc/rfc5147	[rfc5147] Example: char=0,10
XML	http://tools.ietf.org/rfc/rfc3023	[rfc3023] Example: xpointer(/a/b/c)
RDF/XML	http://tools.ietf.org/rfc/rfc3870	[rfc3870] Example: namedResource
CSV	http://tools.ietf.org/rfc/rfc7111	[rfc7111] Example: row=5-7
Media	http://www.w3.org/TR/media-frags/	[media-frags] Example: xywh=50,50,640,480
SVG	http://www.w3.org/TR/SVG/	[SVG1.1] Example: svgView(viewBox(50,50,640,480))
EPUB3	http://www.idpf.org/epub/linking/cfi/epub-cfi.html	[cfi] Example: epubcfi(/6/4[chap01ref]!/4[body01]/10[para05]/3:10)

図 43　位置情報記述用に例示された仕様の一覧[121]

るようになっている。これは、一つ戻ってRDFに即して捉えるなら、述語の語彙をどう設定するかという課題となる。そこで、人文学の場合には、その研究資料の書誌や内容についてより深く記述するルールであるTEIガイドラインが有用になる。メタデータに関しては、TEIガイドラインでは、著者・タイトル・本文といった基本的な事項だけでなく、古典籍・古文書であればその材料や綴じ方、来歴やデジタル化作業にかかわる留意事項などなど、校訂テキストであれば個々の対校資料に関する書誌情報、コーパスであれば含まれるテキストの収集方針や詳細情報など、資料に応じた性質を詳細に記述するためのルールを提供しており、これを利用することで国際的に共通の手法で情報を記述し、共有しやすくすることができる。そして、注釈の内容に対しても、TEIガイドラインは、人名・地名などの固有名詞や台詞の発話者の情報、異文のテキストなど、さまざまな情報をテキストの任意の箇所に対して付与するためのルールを提供しており、そういった情報を国際的に共有し、利便性を高めることができるようになっている。あるいはまた、より定型性の高い学術論文においては、JATS（Journal Article Tag Suite）というXMLのルールセットがTEIガイドラインよりも非常に簡素な形で利用されており、状況によってはこれに準拠したり、あるいはTEIガイドラインと併用したりすることも視野に入れる方がよいだろう。

　このように、資料となるデータにおいて細かな粒度のリンクを設定するためには、いくつかのルールセットを適切に構成することが望ましい。そして、また、Web上の情報資源が増えていったなら、注釈としての内容は別のWeb情報資源とすべきであり、それはすなわち、Web上の情報同士をリンクするということになる。そのようにして、細かな粒度でのリンクが研究資料データ間で網の目のようにつなぎ合わされていくことが、研究基盤としての利便性を向上させ、さらに、人文学の蓄積を基礎とした新たな可能性を引き出していくための鍵となるだろう。

9-5-4. リンクデータ [123] に対応するアプリケーション

　資料同士のリンクにしても、より細かな粒度のリンクにしても、リンクデータにはさまざまな関係がある。リンクデータは、研究基盤に接する利用者から何らかの形で見えるべきものであり、性質によっては何らかのアプリケーショ

ンに紐付けられることで利便性が向上し得るものである。例えば、テキストの任意の箇所にリンクされた異文のテキストは、異文を脚注のような形で表示したり対校資料同士を表示して対応する箇所を同時にハイライトしたりするようなアプリケーションを用いることで利用しやすくなるだろう。さらに、それぞれの異文の違いを編集距離と見なして計算し、対校資料同士のテキストとしての近さを計測するアプリケーションに紐付けることもあり得るだろう。あるいは、単語や文章の単位で異なる言語同士でリンクされていたなら、対訳として表示して研究者や学習者に有用な材料を提供するだけでなく、その対訳の関係を学習用データとして専門的な翻訳の半自動化や翻訳支援のための機械学習に利用することもできる。写本のデジタル画像上の文字が書かれた箇所の位置情報とそれに対応するテキストデータとしての文字がリンクされていれば、そのリンクは、写本上に文字を表示したり、テキスト表示中に対応する写本上の文字画像を表示したりすることで研究者や学習者に便利な機能を提供することができるだけでなく、文字ごとに取り出して文字の歴史的変遷をたどるようなWeb サイトに表示させたり、文字を OCR で読み取る機械学習用ソフトウエアための学習用データとして利用することもできる。そのように、リンクデータをそれぞれの性質に応じてさまざまなアプリケーションから利用できるようにすることで、研究基盤を人文学研究者や学習者のみならず、デジタル世界に広く開いていくことが可能となる。

9-5-5. リンクデータのオープン化

　以上のようにして利用可能な種々のリンクデータは、閉じたシステムの中でのみ利用されるのではなく、外部からも広く活用できるようにする必要がある。研究用データベースと言えば、少し以前までは、一つ、あるいは複数のプロジェクトのコントロール下で責任を持った対応ができることを重視し、その結果、外部からの利用は限定的なものとしてきたという面が少なからずあったように思う。しかしながら、近年の人文学における研究活動の国際的な広がり、とりわけ、インターネットを介した資料や成果の幅広い共有と、その一方で、国内外での人文学研究の規模の縮減や日本での人口減に伴う研究者人口の減少といった状況の変化は、研究資料や成果、そして、そのプロセスを、研究者の間で閉じたままにしておくことを許さなくなりつつある。

リンクデータを開放し、外部からアクセスしやすい仕組みを提供することは、それを利用する可能性をより広い人々にひらき出し、人文学のさまざまな局面にアクセスする人々を増やすことになる。たとえ一般公開できない資料であっても、それに対するリンクデータだけはオープンにできることもあるだろう。リンクデータを独自の仕方で収集・表示して新たな知見を提示したり、一定の種類のリンクデータを収集して何らかのソフトウエアで分析・処理することによってこれまでには見えにくかったものを見つけ出すといったことが、世界各地のリンクデータが開放されることによって国際的な規模で横断して実現できるようになる。それは、既存の人文学の輪を広げていくだけでなく、確かな根拠を踏まえた新たなパラダイムを創り出すことにも資するだろう。

9-5-6. 評価のための仕組み

　このようにして開放された部品としてのリンクデータが共有されるようになったなら、それを基盤とする活動に対する評価の仕組みもまた、透明なプロセスによる提供を実現しやすくなるだろう。これは数量と質とを組み合わせる形で実現することになる。

　すなわち、リンクデータの作成者や修正者は、それぞれに対応するコミュニティからその種類や数に応じた何らかの評価を受けると考えることができる。例えば、異文テキストとそれに対応するデジタル画像をリンクしたデータを作成した場合には、テキスト校訂を行うコミュニティやその成果を利用するところによって、その重要度や難易度と数に応じた評価を受けてもよいだろう。文字と対応するデジタル画像上の位置情報とのリンクデータを作成した場合には、文字が研究対象に含まれるさまざまなコミュニティ、例えば文字学や史資料学、言語学などのように直接にそれを役立てられるところだけでなく、OCR を行うコミュニティからも、学習用データを作成したという観点からの評価を受けてもよいだろう。リンクデータ側のアクセス記録からもある程度調査することが可能だが、利用したことを何らかの形で明示できるような仕組みも提供されればより万全だろう。

　そして、リンクの対象となるデータの作成者もまた、そのデータの性質とリンクの数に応じた評価を受けることができる。例えば、何らかの古文書・古典籍に対して翻刻・校正・校訂などを行ってテキストデータを作成した場合、そ

れぞれの作業の担当者としてそのテキストデータにリンクが形成される。直接的な貢献者として、そのリンクの数や１リンクあたりの分量は何らかの指標になり得るものであり、作業内容に対する評価が可能だとしたら、その評価もまたリンクとして付与され、担当者やその作業内容を評価する指標となり得る。そのようにして翻刻されたテキストに対するリンクが多ければ、その量は、何らかの形でそのテキストの研究者や学習者の役に立ったことを反映していると考えることができる。あるいは、例えば古文書において登場するオーロラの記述のように、テキストそのものではなく、別の観点からの研究者の役に立つこともあるかもしれない[*124]。そのようなリンクは、個人を評価する指標にはなり得ないとしても、その史料が有用性を持つことの指標にはなるだろう。史料やそれをまとめたコレクションを評価することもまたデジタル研究基盤を持続的に運用していく上で重要になっていくという観点からは、この指標にも着目していく必要がある。

　論文の引用索引（Citation Index）もまた、このような文脈において再配置されるべきである。それは単なる論文同士の引用関係にとどまらず、引用されている資史料や参照され批判されている言説など、間テクスト性とも言うべきさまざまなリンクを持ち得る。このことは、単なるリンクのカウントにとどまるべきではなく、多様にならざるを得ないリンクをどのようにして指標化するかということは大きな課題である。また、これについては、他者によるリンク形成がコスト的に見合わないのであれば、論文の著者がそれを明示的に記述するという方向性もあり得る。Citation Index の一面性への批判を態度表明しようとするなら、著者によるリンク作成は、それが一定の規模をなしたとき、一つの有効な手段になり得る。

　研究者の評価の枠組みには含まれないが、しかし研究基盤においては重要な指標もある。ここでは、資史料を撮影したデジタル画像に注目してみよう。こういった画像に対しては、すでに見てきたように、研究上の理由からさまざまな形でリンクが付与されることになる。研究上の評価としては、個々のリンクの性質が重要であり、それぞれに対応する研究分野・手法・コミュニティによるリンクしかその対象にはならない。一方で、一つのデジタル画像、あるいは一つのデジタルコレクションに対するリンクの総数は、研究者としての尺度で

は評価されるべき要素を見いだすことは難しいが、撮影・公開している図書館などの文化機関にとっては、それがデジタル画像を公開し続けるための強力な理由付けになり得る。すなわち、この研究基盤におけるリンクを指標とする評価の試みは、研究者に対する評価のみならず、デジタル世界の文化基盤全体を支えるものとなるのであり、同時に、それによって支えられるものにもなり得るのである。

　一方、やや古い話になるが、Google がかつてその Web 検索エンジンに用いて一世を風靡した Page Rank と呼ばれるアルゴリズムはここでもまた有用性を得ることになるだろう。すなわち、リンクが多ければ多いほど何らかの意味で評価が高くなるとして、さらに、例えリンクされた数は少なかったとしても、多くのリンクを付与されている論文からリンクされていたなら、その少ないリンクは、大きな重み付けがなされるのである。

　このようにして、リンクデータによってつながれる研究基盤は、さまざまな数値や指標をもたらすことができる。しかし、それはあくまでも数値や指標でしかなく、それをどのように評価し、結果としてどのような方向に自らの分野を発展させていくかということは、個々の研究者コミュニティに委ねられている。人文学の大勢は、自然科学系との研究の在り方の違いを主な理由として数値化・指標化そのものに抗してきたが、一方で、適切な手法に基づくことができたなら、むしろ自らの社会的意義を広く認知されるようにするための重要な手立てとすることができるかもしれない。あるいは、いずれ数値化・指標化されることが避けられないのであれば、どこかの段階で自ら主導権を握る形で本来あるべき姿になるべく近づけようと試みた方がよいかもしれず、その際にはこのようにして研究上の要請やその在り方を可能な限り適切に反映したリンクデータを有効活用することが重要な鍵になるだろう。人文学のデジタル研究基盤は、研究上の利便性を高め、研究を広くほかの研究分野や社会に開いていくだけでなく、そのようにして、人文学の新たな側面を切り開くことにも貢献できる可能性を秘めている。

9-6．SAT-DB と人文学のためのデジタル研究基盤のこれから

　SAT-DB は、部分的にではあるが、上述のようなリンクデータによって研究

データを接続する試みを 10 年以上にわたって試行してきており、今後、さらにこれを深めていく予定である。それでは、データやリンクデータの全体を統御する仕組みとしての SAT-DB の評価はどのようにして行われるべきだろうか。これは、日々進化を続ける Web 技術に依拠したインターフェースの塊であり、固定されたものと考えることは難しく、むしろ、常に変化し続けるものとして捉える必要がある。そして、評価としても、短い利那としてのその時々の技術水準を理解していなければ適切な評価が難しいという状況にある。幸いなことに、国内外の Digital Humanities 関連の学会・研究会がこの種のテーマを扱っており、さらに、TEI や IIIF といったコミュニティの会議は、よりテクニカルな事柄について情報交換と切磋琢磨をする機会となっている。この種のインターフェースは世界中でさまざまな人文学分野を対象として開発が続けられており、そういった場で問題を共有し続けることでよりよい解決策が見えてくるだろう。

　そして、そのような場での技術面やその応用面での議論を踏まえる一方で、利用者に寄り添い、そのフィードバックに基づいて考えつつ、その少しだけ先を提示し続けるというプロセスを続けていくことが、迂遠なようだが正解に近いのではないだろうか。

　そのような中での SAT-DB の教訓の一つは、利用者がツールの使い方の習得に時間や手間をかけ過ぎないようにする、ということである。SAT-DB は大幅なバージョンアップをこれまで 2 回行っており、機能強化の結果、それぞれ別のソフトウエアであるかのような見た目になっている。ユーザーからのフィードバックを検討した上での改良であるものの、それに伴って、操作性については徐々に複雑化してしまっている。その一方で、研究者の中には、慣れた環境やツールを使い続けたいというニーズも強い。このことは、ツールの使い方の習得に時間や手間をかけ過ぎると本末転倒になってしまうという認識を示していると考えることができる。そこで、SAT-DB としては、2008 年版以来、すべての版を残しつつ新たなものを開発公開するようにしている。その結果、いまだに 2008 年版に世話になっているという利用者にお会いすることがある。いたちごっこのセキュリティ対策が求め続けられる中で古い版を残して使えるようにし続けるのはなかなか容易なことではないが、デジタル研究基盤の包摂性

や柔軟性といったことを考慮するなら、これもまた可能な限り実現していくべきことだろう。

　このようなことを踏まえつつ、SAT 研究会としては、今後もなるべく使いやすい形でリンクデータを踏まえたデジタル研究基盤を構築していくということになる。とりわけ、Unicode、TEI、IIIF といった、これまで取り組んできた規格をより深く活用した本格的なデジタル学術編集版は今後近いうちに構築したいと考えている。これを研究に関する情報の循環を成立せしめるエコシステムの中心として、ほかの研究上の要素とリンクするようになっていけば、デジタル上で信頼の置ける研究情報のネットワークが成立していくことになるだろう。そのようなネットワークは、やがては仏教学の世界のみならず、ほかの分野の研究者や一般の人々に対しても、そして、世界各地の多様な歴史文化資料データにもさらに開かれたものになっていくだろう。高校生にもわかるような現代日本語のテキストから、1000 年以上前に書かれた写本や 800 年前に刷られた木版本に数クリックで至り、そこから同時代の人が触れていたテキストや図像の世界に入り込んでいき、しかし同じ対象を、時代が変われば少しずつ違う見え方をしていき、その周囲も少しずつ変わっていくような、そして、日本やアジアの歴史、さらに、同時代の世界の歴史を自由にたどっていけるような、そのような世界をデジタルネットワーク上に実現できるところまで、あと少しのところに来ている。折しも、本年 6 月にドイツのゲッティンゲン大学で開催された IIIF カンファレンス[*125] の基調講演で Europeana の Executive Director の Harry Verwayen が提示した 4 次元（3 次元＋時間軸）ミラーワールド[*126] もまた、別の表現でそれを実現しようとするものであり、世界はそこに向けて緩やかだが着実に同時並行的な歩みを進めていくことだろう。（以上、永﨑研宣）

注
1　「SAT」はデジタル化された大正新脩大蔵経をサンスクリット語で表した Saṃgaṇikīkṛtaṃ Taiśotripiṭakaṃ の略号であり、サンスクリット語としては存在・真理といった意味を持つ言葉でもある。
2　この SAT-DB の成果には、2019 年 3 月、第 1 回「日本デジタルアーカイブ学会賞」、および、同年 11 月、第 8 回「丸善雄松堂ゲスナー賞・金賞」（第 1 回「デジタル部門賞」）が授与された。ことにデジタル部門ではじめて設けられた後者の賞が、国立情報学

研究所から発信される日本全体の学術情報基盤である CiNii と並んで、仏教という特定分野の SAT-DB に与えられたことは、このデータベースが今後の人文学において果す役割に対する、人文学界の期待の大きさを示したものであろう。

3　この論文データベース事業は、当時、印度学仏教学会の理事長に就任して早々の平川彰（東大名誉教授、当時）が中心になって決定したもので、『印度學佛教學研究』（1952 〜 1984）の論文 6,271 件すべてを読み、84 年に、ほぼひとりでキーワードを採取し終えている。なお、当時の学会をめぐる事情については、平川彰・三崎良周・菅原信海・福井文雅・江島恵教・清水光幸「東洋学におけるコンピュータ利用の一例および問題点と展望」『早稲田大学情報科学研究教育センター紀要』（Vol.3, 1986.3）参照

4　SAT 研究会は、はじめ、当時東大インド哲学仏教学研究室の主任教授であった江島、同研究室に助教授として赴任したばかりの下田のほか、吉岡司朗（日本大学講師、当時）、戸田隆（法華経原典研究会）の 4 人で立ち上げられ、ついで、桂紹隆（広島大学教授、当時）、早島理（滋賀医科大学教授、当時）、石井公成（駒澤短期大学助教授、当時）、師茂樹（東洋大学大学院生、当時）が加わって 1994 年に正式に発足した。私的な研究会として活動を続ける SAT に対し、日本印度学仏教学会の内部に活動を支援する動きが起こり、1998 年、第 49 回学術大会において理事会は SAT の事業を学会として支持することを決議した。この動きはその後、仏教学術振興財団における募金活動に積極的影響を与えた。ただこの決議によって SAT 研究会の事業がわずかなメンバーで担われる体制に何ら変化が起きたわけではない。

5　本稿の共同執筆者であり、現在の SAT 研究会の技術責任者である永崎研宣が SAT 研究会の活動に参画するのは、2005 年（当時、山口県立大学准教授）からであり、第一期事業完了の最終段階からかかわることになった。

6　現在の SAT 研究会のメンバーは以下の通りである。（以下、敬称略）下田正弘／落合俊典／蓑輪顕量／苫米地等流／宮崎泉／チャールズ・ミュラー／高岸輝／津田徹英／柴田泰山／永崎研宣／清水元広

7　CBETA 中華電子佛典協會 https://www.cbeta.org/

8　この問題は、パーリ語の三蔵をはじめとする仏典において深刻である。パーリ語のテキストは、英国のパーリ文献協会 Pāli Text Society（PTS）が、東南アジア諸国の版の意義を超え、150 年にわたって標準テキストを提供し続けてきた。それは、西洋近代における仏教研究を象徴する存在であった。ところが、PTS は、デジタル化については対応をせず、将来に向けての方針さえ示しえていない。その傍ら、PTS 版テキストのデジタル化を実現したプロジェクトに対しては、版権の存在を理由に公開不許可の姿勢を貫いてきた。その結果、デジタルテキストとしては、早々に CD-ROM 化されたビルマ第六結集版（Vipassana Research Institute）が研究者間に流布して、ある時期デジタルテキストとしての de facto standard となっていた。その後、PTS は、タイの Dhammachai Institute に対し正式にオーソライズし、電子データを完成した

ものの、それも体系的に整備することがないままに、ゲッティンゲン大学が公開するインド学関係のテキストプラットフォームである GRETIL に格納されたままである。このためパーリ語仏典の研究は、書物における国際標準テキストが存在するにもかかわらず、国際標準として機能するデジタル知識基盤が不在の状態にあり、研究者は各自で諸版を対照しつつそれぞれの関心にそってテキストデータを蓄積しなければならない。何らかの手を打たなければ、研究分野全体の活動が低下してゆく。

9　この基調講演は、DH 学会史上において欧米以外の研究者が担当したはじめてのケースとなり、アジアから発信される人文学の意義を DH という新たな学術領域において示す上でも意味もつ。講演内容は http://21dzk.l.u-tokyo.ac.jp/CEH/index.php?English%20DH2012%20Keynote を参照。こうした活動の伸びゆきとして、2021 年に、アジアではじめての DH 会議が、下田が拠点長を務める東京大学大学院人文社会系研究科人文情報学拠点において開催されることが決定されている。

10　なお、一連の活動は、文部科学省及び日本学術振興会による科研費（科学研究費補助金）を中心とするさまざまな研究助成金によって進められてきた。この第 1 部では、この活動の中心となった下田による以下の一連の科研費事業のことを便宜上まとめて「本科研」と称する。

・科学研究費補助金（研究成果公開促進費・データベース）「『大正新脩大蔵経』テキストデータベース」（1998-2005 年）

・科研費萌芽研究「次世代新大蔵経編纂スキームの構築（課題番号 20652005）」（2008 年）

・科研費基盤研究（A）「国際連携による仏教学術知識基盤の形成―次世代人文学のモデル構築（課題番号 22242002）」（2010-2014 年）

・科研費基盤研究（S）「仏教学新知識基盤の構築―次世代人文学の先進的モデルの提示（課題番号 15H05725）」（2015-2018 年）

・科研費基盤研究（A）「仏教学デジタル知識基盤の継承と発展（19H00516）」（2019 年）

11　永﨑研宣「インド系文字による Web 環境での情報の共有」『人文科学とコンピュータシンポジウム論文集 Vol. 2001, No. 18』（社）情報処理学会（2001 年 12 月）, pp. 213-220.

12　永﨑研宣「デジタルアーカイブと校訂テキスト― Web を用いた Sanskrit テキストの電子校訂テキスト共有システムを通じて―」『人文科学とコンピュータシンポジウム論文集 Vol. 2003, No.21』（社）情報処理学会（2003 年 12 月）, pp. 1-8.

13　永﨑研宣「全学毎回授業評価システムの開発と運用」『平成 17 年情報処理教育研究集会講演論文集』（2005 年 11 月）, pp. 109-112.

14　SAT の初期における外字問題への対応については、以下の論考を参照されたい。下田正弘・師茂樹「大正新脩大蔵経データベース（SAT）における外字問題」『人文学と情報処理』(25), pp. 35-43, 1999-10.

15　相場徹，生出恭治，インド学仏教学論文データベース INBUDS を用いた術語間関係の大きさの推定について，情報処理学会研究報告，CH-37, pp. 7-14 (1998 年 1 月 31

日）．

16　OpenSeadragon https://openseadragon.github.io/

17　文字情報サービス環境 CHISE http://www.chise.org

18　Hanzi Normative Glyphs http://www.hng-data.org/search.ja.html

19　Unihan Database Lookup http://unicode.org/charts/unihan.html

20　Han Morphism System Ver.0.3.1 http://www2.dhii.jp:3000/

21　South Asia Research Documentation Services 3 http://www.sards.uni-halle.de/

22　永﨑研宣 , Paul Hackett, 苫米地等流 , A. チャールズ・ミュラー , 下田正弘「人文学にとっての「リンク」の意義　SAT 大蔵経データベースを手がかりとして」『じんもんこん 2014 論文集』（2014 年 12 月）, pp. 17-22.

23　東北帝国大学編 , 西蔵大蔵経総目録 , 1934.

24　The Buddhist Canons Research Database https://www.bcrdb.org/

25　https://annotorious.github.io/

26　https://iiif.io/

27　EuropeanaTech 2015 https://pro.europeana.eu/event/europeanatech-2015

28　この件については後述する。

29　IIIF Image API 2.1.1 https://iiif.io/api/image/2.1/ より

30　https://iipimage.sourceforge.io/documentation/server/

31　https://github.com/loris-imageserver

32　https://robcast.github.io/digilib/iiif-api.html

33　https://memcached.org/

34　https://imagemagick.org/index.php

35　http://libvips.github.io/libvips/API/current/

36　VIPS のインストールと一括処理の方法については http://digitalnagasaki.hatenablog.com/entry/2019/09/29/050430 に具体例を解説した。

37　なお、この状況は、比較的速やかに解消され、現在では Ubuntu と同様にコマンド一つで簡単にインストールできるようになっている。

38　IIIF を使ってみたい人のための IIPImage Server インストール記（簡易版）http://digitalnagasaki.hatenablog.com/entry/2016/04/21/214423

39　https://cantaloupe-project.github.io/

40　和氣愛仁ほか「アノテーション付与型画像データベースプラットフォームの IIIF 対応」, http://id.nii.ac.jp/1001/00194214/

41　https://github.com/Daniel-KM/Omeka-plugin-UniversalViewer

42　https://iiif.io/api/presentation/2.1/

43　https://www.w3.org/TR/annotation-model/

44　https://www.w3.org/TR/media-frags/

45　IIIF Presentation API 2.1.1 https://iiif.io/api/presentation/2.1/ より

46 Mirador https://projectmirador.org/

47 松永知海 2008「日本近代における『黄檗版大蔵経』の活用」『東アジアにおける宗教文化の総合的研究』佛教大学アジア宗教文化情報研究所，139–148.

48 SMART-GS については以下を参照。 Susumu Hayashi, Kenro Aihara, Minao Kukita and Makoto Ohura, SMART-GS system: a software for historians by historians, JADH2021 Book of Abstracts https://www.jadh.org/JADH2012-Abstracts-Online.pdf, pp. 21-22. SMART-GS Project: https://ja.osdn.net/projects/smart-gs/ 日本語のわかりやすい解説としては、橋本雄太「集合知で読む歴史史料— SMART-GS が実現するグループリーディング」https://www.dhii.jp/DHM/DHM37_smartgs

49 この検討には、当時東京大学特任講師であった生貝直人氏にも加わっていただいた。

50 東京大学附属図書館・大蔵経研究推進会議・SAT 大蔵経テキストデータベース研究会、デジタルアーカイブ「万暦版大蔵経（嘉興蔵）デジタル版」を公開 https://current.ndl.go.jp/node/34618

51 IIIF Manifest for Buddhist Studies http://bauddha.dhii.jp/SAT/iiifmani/show.php

52 京都大学貴重資料デジタルアーカイブ https://rmda.kulib.kyoto-u.ac.jp

53 京都大学貴重資料デジタルアーカイブ、経典資料に SAT 大蔵経 DB へのリンク情報を記載 https://current.ndl.go.jp/node/36637

54 Apache Solr と検索エンジン部分を共にする Elasticsearch というソフトウエアも近年人気を集めており、永﨑が別のシステムで導入してみたことがあるが、導入・運用に際して Apache Solr の方が必要な情報の入手が容易だったため、ここでは Apache Solr を採用した。

55 GLAM データを使い尽くそうハッカソン | NDL ラボ https://lab.ndl.go.jp/cms/hack2019

56 https://knagasaki.github.io/iiif_osd_multiTiledImages/ol5_drop2.html

57 二つの百鬼夜行絵巻の IIIF Manifest URI: https://www.dl.ndl.go.jp/api/iiif/2540972/manifest.json https://www.dl.ndl.go.jp/api/iiif/2541003/manifest.json

58 永﨑研宣、苫米地等流 , Dorji Wangchuk , Orna Almogi , 下田正弘「人文学のためのコラボレーション— ITLR コラボレーションシステムの開発を中心的事例として—」『人文科学とコンピュータシンポジウム論文集』(社) 情報処理学会（2011 年 12 月），pp. 155-160.

59 Script Encoding Initiative http://www.linguistics.berkeley.edu/sei/index.html

60 ISO/IEC JTC1/SC2/WG2/IRG Ideographic Research Group http://appsrv.cse.cuhk.edu.hk/~irg/index.htm

61 Anshuman Pandey, Proposal to Encode the Siddham Script in ISO/IEC 10646 , ISO/IEC JTC1/SC2/WG2 N4294, 2012-08-01, http://std.dkuug.dk/jtc1/sc2/wg2/docs/n4294.pdf

62 Taichi KAWABATA, Toshiya SUZUKI, Kiyonori NAGASAKI and Masahiro SHIMODA, Proposal to Encode Variant Forms for Siddham Script, ISO/IEC JTC 1/SC 2/WG 2 N4407R, 2013-06-11, https://www.unicode.org/L2/L2013/13110r-n4407.pdf

63 ISO/IEC JTC1/SC2/WG2/IRG Ideographic Research Group http://appsrv.cse.cuhk.edu.hk/~irg/

64 TEI: Text Encoding Initiative https://tei-c.org/

65 Nancy Ide, C. Michael Sperberg-McQueen, Lou Burnard, TEI：それはどこからきたのか。そして、なぜ、今もなおここにあるのか？, デジタル・ヒューマニティーズ, 2019/02/08, https://doi.org/10.24576/jadh.1.0_3

66 GitHub - TEIC/TEI: The Text Encoding Initiative Guidelines https://github.com/TEIC/TEI

67 SARIT: Search and Retrieval of Indic Texts http://sarit.indology.info/

68 SARIT Encoding Guidelines http://sarit.indology.info/sarit-pm/docs/encoding-guidelines-full.html

69 TEI Day in Kyoto 2006 http://coe21.zinbun.kyoto-u.ac.jp/tei-day/tei-day2006.html.en

70 A. Charles Muller, Kōzaburō Hachimura, Shoichiro Hara, Toshinobu Ogiso, Mitsuru Aida, Koichi Yasuoka, Ryo Akama, Masahiro Shimoda, Tomoji Tabata, Kiyonori Nagasaki, "The Origins and Current State of Digitization of Humanities in Japan", Digital Humanities 2010, London(UK), (2010/7), pp. 68-70.

71 Kiyonori Nagasaki and A. Charles Muller, "Trends of Digital Scholarship in the Humanities in Japan", Digital Humanities Australia 2012, Canberra, (2012/3/28).

72 Kiyonori Nagasaki, A. Charles Muller, and Masahiro Shimoda, "A Challenge to Dissemination of TEI among a Language and Area: A Case Study in Japan", The Linked TEI: Text Encoding in the Web, Roma (Italy), (2013/9), pp. 213-216.

73 Kiyonori Nagasaki, A. Charles Muller, Toru Tomabechi, and Masahiro Shimoda, "Bridging the Local and the Global in DH: A Case Study in Japan" Digital Humanities 2014, Lausanne (Switzerland), (2014/7), pp. 279-280.

74 Kiyonori Nagasaki, Ikki Ohmukai and Masahiro Shimoda, "An Attempt at Crowd-sourced Transcription in Japan", Text Encoding Initiative Conference and Members Meeting 2014, Evanston, Illinois (USA)

75 Kiyonori Nagasaki, Toru Tomabechi, Charles Muller, Masahiro Shimoda, "Digital Humanities in Cultural Areas Using Texts That Lack Word Spacing", Digital Humanities 2016, Krakow (Poland), (2016/7),

76 TEI-C 東アジア / 日本語分科会 https://github.com/TEI-EAJ

77 TEI 2018 https://tei2018.dhii.asia/　なお、TEI2018 の開催には本科研も後援を行った。

78 Naoki Kokaze, Kiyonori Nagasaki, Makoto Gotō, Yuta Hashimoto, A. Charles Muller and Masahiro Shimoda, Toward a Model for Marking up Non-SI Units and Measurements, Journal of the Text Encoding Initiative vol. 12, 2019 年 7 月

79　王一凡, 永﨑研宣, アジア文献への TEI の適用をめぐって, 情報処理学会研究報告, 2018-CH-118, No. 4, pp. 1-4, 2018 年 8 月 11 日 .

80　東京大学大学院人文社会系研究科 次世代人文学開発センター 人文情報学拠点 http://21dzk.l.u-tokyo.ac.jp/DHI/

81　http://21dzk.l.u-tokyo.ac.jp/DHI/index.php?IIIF_C

82　http://iiif.jp/

83　https://radimrehurek.com/gensim/

84　https://js.cytoscape.org/

85　https://openphilology.eu

86　永﨑研宣『日本の文化をデジタル世界に伝える』樹村房 , 2019 年 .

87　http://21dzk.l.u-tokyo.ac.jp/SAT/termsofuse.html

88　読売新聞　2007.05.29　大阪夕刊　心　05 頁「大正大蔵経、電子化完成へ　宗派、枠超え仏典継承　膨大な作業量も「菩薩行」」、日本経済新聞 2017.10.9　朝刊「浄土宗全書、仏典データベースと相互利用」など。

89　例えば、https://ncsu-libraries.github.io/iiif-annotation/imageviewer/

90　なお、本章の内容については、永﨑研宣『日本の文化をデジタル世界に伝える』樹村房 , 2019. において、デジタル化文化資料を公開・共有するという観点から詳細に述べている事柄が多く、あわせて読まれることをお勧めする。

91　TSUKUBA index 1.0 https://icrhs.tsukuba.ac.jp/tsukuba-index/

92　学術雑誌公開支援事業 https://www.nii.ac.jp/nels/

93　学位規則の一部を改正する省令の施行等について（通知）http://www.mext.go.jp/a_menu/koutou/daigakuin/detail/1331796.htm

94　学術情報 XML 推進協議会 https://xspa.jp/

95　Open Library of Humanities https://www.openlibhums.org/

96　総合資料学プロジェクト https://www.metaresource.jp/

97　Integrated Studies of Cultural and Research Resources　https://hdl.handle.net/2027/fulcrum.zc77sr415

98　東寺百合文書 Web http://hyakugo.kyoto.jp/

99　これに関しては、顔真卿自書中告身帖事件（最高裁昭和 59 年 1 月 20 日第二小法廷判決）を参照されたい。 http://www.courts.go.jp/app/hanrei_jp/detail2?id=52181

100　Rights Statements https://rightsstatements.org/en/

101　シンポジウム「デジタル知識基盤におけるパブリックドメイン資料の利用条件をめぐって」http://21dzk.l.u-tokyo.ac.jp/kibana/sympo2019/

102　JAIRO Cloud https://community.repo.nii.ac.jp/

103　Guidelines for Evaluating Work in Digital Humanities and Digital Media　https://www.mla.org/About-Us/Governance/Committees/Committee-Listings/Professional-Issues/Committee-on-Information-Technology/Guidelines-for-Evaluating-Work-in-Digital-

Humanities-and-Digital-Media

104 歴史学におけるデジタル研究を評価するためのガイドライン（日本語訳）https://www.jadh.org/guidelines-for-the-evaluation-of-digital-scholarship-in-history

105 http://dansdatajournal.nl/

106 平成 21 年通常国会　著作権法改正等について http://www.bunka.go.jp/seisaku/chosakuken/hokaisei/h21_hokaisei/

107 GitHub https://github.com/

108 例えば、多言語対応テキスト分析ツール Voyant-Tools https://github.com/sgsinclair/Voyant や IIIF 対応画像ビューワ Mirador https://github.com/ProjectMirador/mirador など。

109 平安時代漢字字書総合データベース https://github.com/shikeda/HDIC

110 Text Encoding Initiative Repository https://github.com/TEIC/TEI

111 漢リポ Kanseki Repository https://www.kanripo.org/

112 RDF 1.1 Concepts and Abstract Syntax https://www.w3.org/TR/rdf11-concepts/

113 VIAF: バーチャル国際典拠ファイル https://viaf.org/

114 Dublin Core Metadata Initiative https://www.dublincore.org/

115 Friend of a Friend (FOAF) http://www.foaf-project.org/

116 Buddhist Digital Resource Center https://www.tbrc.org/

117 Buddhist Studies Authority Database Project https://authority.dila.edu.tw/

118 Chinese Buddhist Canonical Attributions database Chinese Buddhist Canonical Attributions database https://dazangthings.nz/cbc/

119 Web Annotation Data Model https://www.w3.org/TR/annotation-model/

120 4.2.1 Fragment Selector https://www.w3.org/TR/annotation-model/#h-fragment-selector

121 https://www.w3.org/TR/annotation-model/#model-18

122 原稿執筆時点では、広く採用されている IIIF Presentation API 2.1.1（https://iiif.io/api/presentation/2.1/）に加えて、IIIF Presentation API 3.0 BETA DRAFT（https://iiif.io/api/presentation/3.0/）が用意されているところである。

123 原稿執筆時点で実際に対応する主流の技術としてはリンクト・データ（Linked Data）ということになるが、ここでは、複数のデータをリンクするデータの一般的な名称としてリンクデータという言葉を使用している。

124 岩橋清美, 片岡龍峰,『オーロラの日本史：古典籍・古文書にみる記録』（ブックレット"書物をひらく"), 平凡社（2019/3/15).

125 2019 IIIF Conference - Göttingen, Germany https://iiif.io/event/2019/goettingen/

126 「ミラーワールド」については以下の Web ページを参照されたい。ミラーワールド：AR が生み出す次の巨大プラットフォーム | WIRED.jp https://wired.jp/special/2019/mirrorworld-next-big-platform

第2部

仏教学とデジタル環境から見える課題

Ⅰ デジタルコンテンツを作る・使う │ Ⅱ 研究基盤を作る

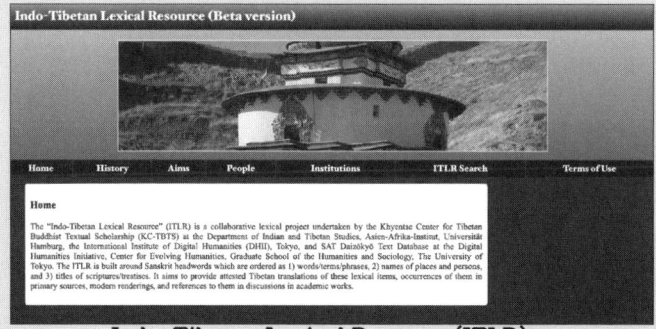

万暦版大蔵経（嘉興蔵）画像データベース
https://dzkimgs.l.u-tokyo.ac.jp/kkz/

Indo-Tibetan Lexical Resource(ITLR)
http://www.itlr.net/testb.php?md=view

はじめに

下田正弘・永崎研宣

　第2部は、本科研に参画した研究者による論文の集成である。その導入として、各 chapter の内容について、SAT プロジェクトが進む方向性におけるそれぞれの位置づけを試みながら、その概要を紹介したい。大きく「Ⅰ　デジタルコンテンツを作る・使う」「Ⅱ　研究基盤を作る」の二つに分け配列した。

　まず「Ⅰ　デジタルコンテンツを作る・使う」である。

　chapter.02 小野基「仏教論理学研究の現在と人文情報学」では、氏が 1980 年代に開始したインド仏教論理学文献の電子テキスト作成とそれを取り巻く周辺状況、電子テキストから索引を作成する意義、電子テキストに対する校正作業の困難、というデジタル化に関わる技術的問題を前提としつつ、新出サンスクリット写本やその断片の研究状況、現存しないサンスクリットテキスト再構築という、最新の研究状況にもとづいたインド仏教論理学研究の本質的な問題に切り込み、人文情報学的な課題を提起している。ここで示されるリンクの方向性や付記に記された研究活動記録の集積と共有は、まさに SAT-DB が課題とするところであり、ことに SAT-DB とサンスクリット文献とのリンクへの提言は、SAT-DB の今後の方向を示したものである。

　chapter.03 船山徹「文字検索のさらなる地平に向けて―文字列の散在的一致を網羅するために」は、テキスト検索の新たな手法への期待を、丁寧な事例紹介とともに提示する。ここで求められる検索は、Word2vec 等の手法によってある程度実現できる可能性はあるものの、たしかに単純に適用しただけでは、類似の候補が大量にヒットしてしまい、その中からさらに人が目で探さなければならないという状況に陥りがちである。この問題をどう解決するかは、今後の一つの大きな課題である。氏の課題とする「一致」は、現在のほとんどの検索機能が対応するところの表層のレベルの一致を超え、一段深層にみられる一致の発見であるため、情報工学にとって、一段と精緻な分析を要求するものと

なるだろう。その課題の解決は、いわゆる「暗黙知」としてこれまで処理されてきたプロセスをかつてないかたちで顕在化させるものとなり、人文学の発展にとって、極めて重要な一歩となるだろう。

chapter.04 八尾史「仏典の切れはしを読む方法──「根本説一切有部律薬事(こんぽんせついっさいうぶりつ)」新出サンスクリット写本の研究とデジタルデータ」では、断片化された写本群の中から新たに発見された典籍をつなぎあわせて解読することについて、その手順の詳細にも焦点をあてつつ報告がなされている。ほんのわずかな写本の断片や文字の跡から写本全体や語を復元するプロセスは、砂を積むような精緻で根気のいる仕事であり、この過程を経てようやく「読む」ことが可能なテキストがすがたを現すことを知れば、人文学の営為が、意味以前の痕跡から開始され、ようやく意味に至ることが理解されるだろう。ここで採り上げられているデジタル化画像の組み合わせによる写本断片の再構成は、他分野においても取り組まれてきたことであり、日本においても、正倉院文書の復原に関して一定の実績がある。こうした作業を行うにあたっての困難を解消するための仕組みも徐々に用意されつつある。すでに SAT-DB にも実装している IIIF、とりわけ Image overlay の機能は、IIIF 対応で画像が公開されている場合には有用である。撮影機器に関しては、デジタル撮影時に定規が映り込むようにしておくことで、実際のサイズを比較的確実に把握することができ、その定規を機械認識することで複数の画像を実際の縮尺にあわせて伸縮させる仕組みも開発されつつある。定規を映し込むことは手間のかかる作業にはなるものの、デジタル基盤上での共通の尺度としてその機能は予想以上に大きい。

chapter.05 青野道彦「諸版対照テキストと註釈対象語句索引の作成をどうすすめるか──*Samantapāsādikā* の研究基盤を整備する」では、上座部仏教における戒律聖典に対する註釈書である *Samantapāsādikā* の研究基盤を整備するための取り組みについて紹介している。すなわち、TEI ガイドラインに準拠しつつ諸版本の対照テキストを作成する一方で、註釈対象語句の索引としての構造に関しても TEI ガイドラインに準拠させるべく検討を行い、内容に即した深いマークアップの実践にまでつなげている。後者の構造化は、註釈文献と原典との関係を可視化する上で有益であるとする。研究者の理解を広く共有可能な仕方で記述する TEI の応用は、人文学の要請から構築され、今なお改良

が続けられている TEI の特質を如実に活かすものであり、そこからのさまざまな発展的な研究が期待されるところである。

chapter.06 李乃琦「一切 経 音義全文データベースの構築と研究」は、高麗蔵には収録されているものの大正蔵に未収録の玄応撰『一切経音義』の写本・木版本を対校すべく全文データベースを構築し、その活用と研究への取り組みを報告する。李氏がこれまでに確認した9種の一切経音義日本古写本、および高麗本を分析するに際して、それぞれの全文テキストの電子化による一切経音義全文データベースの構築が、複数の写本に対する個別分析のみならず、諸本の並行的比較において、極めて重要な役割を果たしたとする。データベース構築にあたり、一切経音義の構成をあらかじめ分析し、それに従って構造化を行うことで比較を容易にした点は注目に値する。ほかにも国内外に調査すべき古写本の存在が確認されており、今後のさらなる成果が期待される。

chapter.07 宮崎展昌「チベット語大蔵経データベースの利用および本邦に伝存する漢語大蔵経とその調査の重要性と可能性」は、チベット語大蔵経と漢文大蔵経をその歴史的経緯とともに紹介した上で、現存する資料の一覧を提示し、そのうちデジタル媒体として利用可能なものについて注記する。ことに、木版大蔵経の刊行史における『普 超 三昧経』の状況に着目しつつ、TEI ガイドラインの可能性を提起している。大正蔵が参照する資料が対象となる課題についての論攷でありであり、SAT-DB における TEI 対応においてことに示唆深い提言をしている。

chapter.08 石井清純「引用出典検索・読解とデジタル化─曹洞宗学におけるデジタルアーカイブの活用」は、曹洞宗教理研究の動向とそこにおけるテキストデータベースの役割と、画像データベースを用いた曹洞宗学の可能性について論じ、デジタル化されたテキストや画像の活用が宗学という日本の歴史に固有な知識伝承の内部においても有効であることを示し、さらにオンラインでの「正法眼蔵国際読書会」が国際共同研究にとって極めて効果的であることを紹介している。日本文化やその精神的背景への国際的な関心の広がりの中で、最先端のデジタルツールを用いて世界の諸地域で生まれつつある読者をより深い理解へと導く場の創出は、これからの仏教研究のみならず日本研究にとって示唆されるところが多いだろう。

次に「Ⅱ　研究基盤を作る」である。

chapter.09 蓑輪顕量「中世の手書き写本の OCR 翻刻テスト報告」は、凸版印刷との協力のもと、タイトルの通り、手書き写本の OCR 翻刻への取り組みの報告をなしたものである。15 世紀末に成立した、大小さまざまな字体で独特の崩し字が多い『諸法実相伝抄』、崩し字の仮名で書かれた『仏国禅師法語』、13 世紀に東大寺尊勝院で活躍した宗性の写本、のそれぞれについての試行と、結果の把握、今後の可能性が述べられている。木版本を対象としたくずし字 OCR が成果を上げつつある中で、手書きの写本を対象とした実践報告には、技術的な可能性についての見通しを共有する上で有用である。SAT-DB では現在のところ扱う画像史料の多くは木版本であるが、日本撰述典籍を充実させていく過程ではこの試行は重要であり、その技術をめぐる状況には今後も注視していく必要がある。

chapter.10 王一凡「慧琳撰『一切経音義』の符号化をめぐって」では、大正蔵における UCS 未符号化文字を符号化提案するにあたっての現状と課題について報告し、特に題材として大正蔵における『一切経音義』『続一切経音義』を採り上げる。これらの音義書は、未符号化文字が非常に多いにも関わらず依拠できる資料が少ないために符号化提案が難しく、現在も慎重に続けられている検討内容が紹介されている。そして、SAT 研究会が取り組んでいる UCS 符号化提案の具体的な手続きとそれを取り巻く状況についてもやや詳しい説明が行われている。漢字の符号化について、学界として ISO の登録に関与しているのは SAT が唯一の団体である。これは漢字文化圏の人文学におけるまさに基盤の形成に関わるプロジェクトであり、今後、ほかの領域における同様の活動を支える貴重な知見となるだろう。

chapter.11 宮崎泉「電子テキストの有効利用に関する雑感─文献資料のモデル構築の可能性」では、電子テキストとはいかなるものか、という問いについて、仏教研究の観点から網羅的な検討がなされている。原典の言語として想定されるサンスクリット語のテキストから漢文やチベット語に翻訳されるという仏教テキストの歴史的経緯と、それに研究者がどう向き合ってきたかを概観し、これが電子テキストとしてはどのように展開し得るかという課題の検討である。具体的には、文字と書誌情報に着目し、文字コードの問題から文字情報

サービス環境 CHISE の設計思想を介してテキストの単位を包摂粒度として捉え直した上で、国際図書館連盟が定める IFLA LRM を踏まえつつ柔軟な書誌情報の在り方を提起する。SAT-DB では現在、大正蔵のテキストをもとにデータベースを構築しているが、そこから先に進む際には、本章で示される柔軟な捉え方を可能な限り反映する必要があるだろう。

chapter.12 苫米地等流「サンスクリット文献電子データについての雑想」は、サンスクリット文献の電子テキストの世界的な状況について概観した上で、その望ましい在り方について検討する。特に GRETIL が公開するテキストデータがかかえる問題に着目する点は、小野基氏の chapter.02 とあわせて読まれたい。他方、リソース提供のありかたについての問題提起は、DH における独創性や新規性のある研究開発と、利便性の高い情報の便利な利用者サービスという異なる次元での取り組みをいかに統合させるかという難しい課題である。現在生み出されつつあるデジタル学術空間にあっては、研究者個人の成果の集積がそのまま研究共同体全体の学術空間を形成するほどに研究基盤が成熟した段階にはない。この両者を、ある意味、試行錯誤によってつないでゆく時代がしばらく続くだろう。これは従来の人文学にその基盤が与えられて以降、多くの人文学研究者が見落としてきた、自身の学問の成立に関わる課題でもある。SAT-DB の開発は、こうした両立困難な問題を自覚しつつ、研究者個人のレベルでは対応がなしきれないだろう、後者の立場に立って進めてきた。一方で、データの提供が、開発者の自己満足に陥らないようにすることは、極めて重要な課題である。Digital Humanities 学会においても、少なからぬ研究がその域を出ていないように見受けられる。その意味でここは注目すべき chapter である。

chapter.13 落合俊典「蘇州西園寺蔵『大正新脩大蔵経既刊分一覧』（昭和五年四月現在）に見られる刊行予定書目」は、大正蔵日本撰述部の刊行開始当初の頃に企図されていたと思われる刊行予定書目が、蘇州市の西園寺の蔵經樓に所蔵されているのを発見した貴重な報告を、第 57 巻以降における現在の大正蔵との対比も含めた一覧表の提供とともになしている。大正蔵の編纂について、これまで見えなかった過程が明らかにされたことは、大正蔵のデジタル版を提供する SAT-DB にとって、そのデータベースの意義を相対化し、日本の仏典をデジタル研究基盤として提供する、将来の展開を模索する上で、貴重な示唆で

ある。デジタル化以前の歴史を明らかにしてゆくことは、デジタル学術空間を
より適切に構築するために、重要な試みである。

　chapter.14 髙橋晃一「研究者による情報発信としての「学術ウェブサイト」
の評価の行方」は、Web を用いた学術情報発信の有効性を論じ、事例として、
研究者自身による学術論文の公開とオープンアクセスの状況に触れた上で、研
究支援ツールとしての Web サイトを挙げている。そして、後者についても有
用性を高めるためには専門知が不可欠であることを確認し、その専門家として
の営みを評価する必要性を説いている。デジタル学術空間の形成にとって、貢
献者の評価のありかたを検討することは不可欠なことであり、「prologue 情報
通信革命と人文学の課題」においても述べた通り、欧米においては学会が主体
となって声明文がつぎつぎに公表されている。この議論はそこで重要な役割を
果たすことになるだろう。

I　デジタルコンテンツを作る・使う

chapter.02

仏教論理学研究の現在と人文情報学

小野 基

1. はじめに

　科研費基盤研究 S「仏教学新知識基盤の構築」の枠組みにおいて、筆者は過去 4 年間にわたり、ほかの二つの科研費プロジェクト（科研費基盤研究 B「インド仏教論理学の東アジア世界における受容と展開——因明学の再評価を目指して」[2015-17 年；研究代表者：信州大学・護山真也] およびその後継プロジェクトである科研費基盤研究 B「インド論理学と東アジアの因明を架橋する『因明正理門論』の再検討」[2018-22 年；研究代表者：小野基]）と連動させつつ、筆者自身が現在中心的に取り組んでいるディグナーガと彼以前の仏教論理学の思想史をめぐる研究を遂行し、その成果の一部を国内外で口頭発表するとともに、数編の論文を執筆・公刊した [1]。

　こうした筆者の専門領域の個別研究については章末注に記載した拙稿をご参照いただくとして、本稿では、筆者の個別研究を一つの視座としながら、近年の仏教論理学研究の現状と、それが抱える人文情報学的課題を改めて整理し直し、「仏教学新知識基盤の構築」という本プロジェクト課題に対する仏教論理学研究の側からのいくつかの問題提起を行いたいと思う。

2. テクストの電子化など

　インド仏教論理学の研究は、仏教学のほかの多くの研究分野と同様に、もっぱら文献学的なアプローチを用いる研究分野であり、言うまでもなくその一次資料は言語テクストである。だが、インドだけでも 3 〜 12 世紀の約一千年に

わたる仏教論理学の思想史の中で作られた多岐にわたるテクストの伝承状況は極めて複雑である。梵文（サンスクリット）原典も少なからず現存し、他方でチベット訳文献は複数の版本全集の中に包括的に残存しており、また古い時代の文献には断片や漢訳のみでしか残っていないものもある。

　人文情報学的アプローチとしてまず重要なのは、これらのテクスト（の刊本や版本）を適切な形で電子化（＝機械可読化）する作業であった[*2]。筆者の仏教論理学分野における梵文テクストの電子化の試みは、インド学仏教学分野全体の中でも先駆的なものの一つであったと自負している。筆者が大型計算機を用いてダルマキールティ（Dharmakīrti; 7 世紀頃）の主著の梵文テクストの入力を行ったのは 1983 〜 86 年であった[*3]。まだパソコン普及以前の時代であり、筑波大学の大型計算機センター（当時）につながる研究室のコンソールの暗黒の画面上にエメラルド色の文字をひたすら打ち込んだ。当時は ASCII コードの文字しか使えなかったため、梵文テクストの電子化には相応の工夫が必要で入力には時間もかかった。この最初の入力作業では、将来的にユーザーが筆者の入力データを用いて検索などを行うことは必ずしも想定しておらず、入力データを分綴・ソートして単語索引を自動作成するプロジェクトであった（筆者が入力し Web 公開されているダルマキールティの梵文テクストが分綴（ぶんてつ）されているのはそのためである）。この電子データをもとに東京外大アジア・アフリカ（AA）研究所の小田淳一氏の協力でダルマキールティの *Pramāṇavārttikasvavṛtti* の単語索引を作って 1986 年には私家版を研究者仲間に配布し[*4]、また 1994 年にそれを AA 研より出版した。

　その後パソコンの普及に伴い、インド学仏教学関連の研究者たちも競って研究にパソコンを用いるようになり、梵文テクストの電子化は各分野で急速に進められた。仏教論理学の分野でも、1990 年代後半から 2000 年代前半にかけて、オーストリア科学アカデミーのヘルムート・クラッサー氏によるプロジェクト、広島大学のプロジェクト（当時広島大学に留学していた現・東国大学校教授ウー・ジェソン氏や現・オーストリア科学アカデミー・アジア文化宗教史研究所長ビルギット・ケルナー氏らも協力）、Sanskrit Buddhist Canon Input Project などが遂行され、当時までに梵文校訂本が出版されていたインド仏教論理学の主要テクストがほぼすべて電子化された[*5]。また引き続き、そうした個々の電

子化プロジェクトを統合する GRETIL[*6] や SARIT[*7] のごとき Web サイトも立ち上げられ（前者が古典インド語文献全般の電子テクストの包括的データベースであるのに対し、後者は特に仏教論理学関係を重視しており、その所収の電子テクストは TEI 準拠の標準化を試みている点でも注目される）、梵文テクストの電子化とその利用は急速に進展した[*8]。

他方で 1990 年代には Asian Classics Input Project（ACIP）が多くのインド仏教論理学文献のチベット訳を含むチベット大蔵経デルゲ版の入力・公開を開始し、その恩恵により、チベット訳文献に関しては、90 年代末までに、ひとまず研究者はインド仏教論理学文献の包括的な電子データのコーパスを手に入れることができた[*9]。漢訳文献に関する SAT プロジェクトの偉業に関しては、ここでは多言を要さないであろう。

かくして、今日に及ぶ以後 20 年あまりの研究史の中で、写本校訂やテクスト解釈などの基礎研究にあたって電子データを用いる研究の方法論が確立されつつある。言うまでもなく、並行事例を探索して解釈に役立てたり、術語の使用変遷を調べたり、引用の源泉を特定したり、梵文原典が未発見の蔵訳・漢訳テクストから原語や構文を推定したり（後述の「再建梵文」の問題を参照）、といった場合に、電子テクストとその派生物（後述の KWIC 索引など）は絶大な威力を発揮している。

また他方で、以前は簡単には参照できなかった中央アジア出土の梵文写本断片などの画像資料も、ここ 20 年のあいだに Web 公開が進展している。仏教論理学関連で一例をあげるならば、3 世紀のクシャーナ文字で書かれた古い写本断片で、揺籃期の仏教論理学研究の資料として貴重ないわゆる Spitzer 写本「討論術章」は、1990 年代末からエリ・フランコ氏によって研究され大部の書物として出版されたが[*10]、現在ではその写本断片の画像データは「国際敦煌プロジェクト」（The International Dunhuang Project）の Web サイト上で極めて鮮明なカラー画像で参照可能となっており[*11]、筆者も実際にフランコ氏の研究を再検討するに際して同サイトを利用した[*12]。また、今後は東アジアの仏教論理学、すなわち因明の文献研究にあたって日本古写経の参照が欠かせないが、筆者はすでに『如実論』や『正理門論』などの異読箇所の確認に際して、上述の落合氏の日本古写経データベースから多くの恩恵を受けている[*13]。

3. KWIC索引──今後も作る価値はあるか──

1990年代中頃、筆者は自身の研究上の関心から、ひとまず梵文原典で残存するダルマキールティの全作品の索引を作ることの有用性を感じ、上述の電子テクストをもとに東京外大の小田淳一氏と高島淳氏の全面的協力を得て1996年に『ダルマキールティ梵文テクストKWIC索引』を作成・出版し[14]、内外の関係者に贈呈した。分厚い冊子体であったが、単語が出現する文脈が即座にわかるKWIC（Key Word in Context）形式を用いたため（高島淳氏のプログラムによる）、内外の研究者間で非常に好評であった。通常の単語索引に対する道具としてのKWIC索引の優越性は明らかであり、しかもコンピューターを用いると通常の単語索引とほとんど同じ手間暇で作成できる。1990年代後半、まだ電子テクストの入力が一部のテクストに限られ、またパソコンのHDの容量が小さくCPUの能力も高くなかった時点では、KWIC索引を紙媒体で作成して研究者に配布することには画期的な意味があったと言えよう。

他方で、今日ではパソコンの機能が飛躍的に向上し、大量の電子テクスト・データのコーパスを手持ちのパソコンで瞬時に検索することが可能になったため、個々のテクストに関してわざわざ分綴などの手間をかけてKWIC索引を作成・出版することには従来ほどの意義はないと考える向きもあるかもしれない。2006年に筆者が再び高島淳氏（と酒井真道氏）の協力を得てジネーンドラブッディの *Pramāṇasamuccayaṭīkā* 第1章のKWIC索引を作成・出版した際には[15]、すでにそのような意見も聞かれはじめていたように思う（ただし、否定辞を分綴するなどのその後の改良により、KWIC索引としての完成度は前述のダルマキールティ著作の索引よりジネーンドラブッディ註の索引の方が高い面もある）。

だが私見では、個別のテクストないし思想家のKWIC索引を作成しておくことは、今後もおそらく研究上有益である。文献学的研究では、ある語を大きなコーパスの中で検索することももちろん重要であるが、ある程度限られた範囲（一つのテクストであったり、ある著者の全作品であったり、ある学派の全作品であったり）で検索する方が現実的には有意味であるケースが少なくない。

さらに、電子辞書がこれほど普及した時代に相変わらず紙媒体の辞書が用いられている現実があるように、印刷された KWIC 索引にはある種の使い勝手のよさがある。

　以上の観点から、筆者は現在、三たび高島淳氏の協力を仰ぎ、1996 年に作成した『ダルマキールティ梵文テクスト KWIC 索引』の増補改訂版の作成準備を進めている。ダルマキールティに関しては、今世紀になって新たに *Pramāṇaviniścaya* と *Hetubindu* の梵文原典写本が発見・研究され、すでにエルンスト・シュタインケルナー氏、およびパスカル・ユーゴン、苫米地等流両氏の手によって校訂・出版されたという事情もある[*16]。*Pramāṇaviniścaya* についてはすでに数年前に高島淳氏と酒井真道氏に依頼して全 3 章の KWIC 索引を作成していただいたが[*17]、今回はその折に作成された分綴データと新たに作成中の *Hetubindu* の分綴データを用い、1996 年の KWIC 索引をダルマキールティ七部論書中の *Santānāntarasiddhi*（梵文原典未発見）を除くすべての梵文テクストに拡張し改良型＋増補版の KWIC 索引として Web 公開、可能であれば出版の予定である[*18]。

　なお、この改訂版の作成にも該当するが、1980 年代後半以降の時期にパソコンを用いて新しく校訂・出版されたテクストに関しては、出版本に基づく電子テクストの入力作業が原則必要なくなった点は看過できない。例えば上記の *Pramāṇaviniścaya* の KWIC 索引作成にあたっては、シュタインケルナー氏、およびユーゴン、苫米地両氏からテクストの電子ファイルの提供を受けている。KWIC 索引作成者の仕事は、この電子テクストを KWIC 索引作成のプログラムに乗る形に変形（主として分綴と出版本の頁・行を書き加える作業）することだけになり、作業量は相当軽減された。原則的に 1980 年代後半以降に新たに校訂出版されたテクストに関しては、KWIC 索引の作成はそれほどの労力をかけずに可能なのだから、作っておいて損はないのではなかろうか[*19]。

　なお、電子テクストの分綴処理の自動化も進めたいところではあるが、こちらの方は 1980 年代の電子テクスト作成の当初から発想はあったものの 30 年来なかなか進展がないように筆者には見える。この間サンスクリット語辞書の電子化が飛躍的に進んでいる現状から見て、素人目には実現を妨げる難しい問題はさほど残っていないようにも思えるのだが、専門家の意見を聞きたいところ

である。

4. 電子テクストの適正化

　さらに、今後も KWIC 索引の作成を続けることには別の意義もあり得る。実は上述の、過去に出版された梵文校訂本をもとに入力された電子テクストの中の多くは、多数の入力ミスが残存している可能性など、それ自体がまだかなり不完全なものにすぎないのだ。このことは、これらのテクストを入力した当事者たちがおそらく一番よくわかっていることであろう。前述のように、既存のインド仏教論理学の梵文校訂本は 1990 年代後半から 2000 年代前半にかけて急速に電子化されたが、それらの作業の多くは個人や少人数のグループによるボランティア的営為であり、校正が周到に行われている電子テクストはおそらくそれほど多くはないのが実情である。これはおそらく、インド仏教論理学分野の電子テクストのみに固有の問題ではないであろうと推察される。

　校正の必要性に対する意識は、上述の経緯から特に電子テクストの作成者間には強いと思われるが、「誰が、どのように」という現実問題をクリアするのは簡単ではない。なぜなら、最初の電子テクストの入力作業は意義も大きく、従って入力者のモチベーションも高かったが、校正作業は重要であるにもかかわらず同等のモチベーションを期待できない地味な作業だからである。このあたりの事情は、大量の人的・財政的資源を動員して組織的に行われた SAT のような大規模プロジェクトとはかなり様相を異にしている。多くの場合、既存の電子テクストを無条件に信頼することは許されない。だが、この点に関して入力者を非難することは無論できない。入力者は自身の研究の必要に迫られてテクストを電子化し、自身の必要でその後それらを修正しながら利用しているのであって、パブリック・ドメインにアップロードされているものは、そもそも必ずしも他人の使用に供することを目的にして正確を期して作られたものではないのである [20]。次世代の研究者諸氏には、そのような既存の電子テクストの限界を正しく認識した上で、それらを一方的に利用するだけでなく、自ら主体的にそれらを改良してゆく方策にかかわってもらいたいと考えている。

　以上、要するに既存の電子データの校正作業が必要なわけであるが、その際、

わりと簡便で有力な方法の一つは、校正作業をしながらテクストの分綴を行い、KWIC索引を作ってしまうことではないかと筆者は以前から考えている（KWIC索引を作成して公表ないし出版すれば、一応「業績」にもなろう）。筆者自身は、上記のダルマキールティの梵文全作品（1996年当時）のKWIC索引作成の過程で、自ら入力したダルマキールティ作品の梵文電子データをかなりの程度まで修正することができた（無論まだ入力ミスは残存しているが）。KWIC索引の作成過程では、誤入力箇所はソートの結果としてしばしばほかの諸語とは目立って特異な形かつ単独でキーワードとして出現してくるので、ソート結果（膨大ではあるが）を概観するだけで誤入力箇所が即座に認識できるからである[*21]。

　というわけで、この分野における入力済み電子テクストのKWIC索引作成は、印刷して出版することの是非はとにかく、今後もその作成とWeb公開には労力（分綴と頁行の割付のみ）に見合った十分な意義があると考えるがいかがであろうか[*22]。

5. 新出梵文写本の登場

　以上のように、ここ30年来のパソコンの普及に伴ってインド学仏教学分野でも研究へのパソコン利用が進められてきたが、他方で、同じ過去30年のあいだに当該分野では多くの一次資料が新たに発見ないし公開され、研究の俎上に上がってきているという状況がある。これは西洋古典学などのほかの文献学の研究分野と比べてみても、おそらく特徴的な現象であると言えるのではなかろうか。いわゆるガンダーラ語仏教写本の発見は好例であるが、この写本群の研究の開始は、ほぼパソコンの普及と飛躍的な性能向上と時期を等しくしているため、研究者たちには研究開始の当初からコンピューターを用いて資料の状況に即したさまざまな研究ツールを作ることが可能となった。これは画期的な状況の変化であった。

　インド仏教論理学の文献に関しても、今世紀初頭頃から新たに、重要な写本が研究可能になる事例が相次いでいる。その嚆矢となったのがディグナーガ（Dignāga; 6世紀頃）の *Pramāṇasamuccaya* に対するジネーンドラブッディ

（Jinendrabuddhi; 8 世紀頃）の註釈 *Pramāṇasamuccayaṭīkā* の梵文写本の出現である[23]。筆者は、オーストリア科学アカデミーと中国蔵学研究中心の研究協力によって可能になったこの *Pramāṇasamuccayaṭīkā* 写本の校訂研究プロジェクトに初期の頃からかかわり、また直近では特にその最終章の校訂を担当している[24]。この写本の重要性は、何より、これがインド仏教論理学を創始したディグナーガの主著 *Pramāṇasamuccaya* に対する詳細な註釈書の、極めて伝承状態のよい梵文原典写本である点にある。*Pramāṇasamuccaya* 本体の梵文原典が未発見なのは遺憾ではあるが、*Pramāṇasamuccayaṭīkā* の梵文原典に基づいて、以前より数段精度の高い *Pramāṇasamuccaya* 本文の再建（reconstruction）が可能となり[25]、また *Pramāṇasamuccaya* に至るディグナーガ以前の初期のインド仏教論理学史に関係するさまざまの重要な断片資料が梵文原典として参照可能となった[26]。

さらにこの 10 数年のあいだに、上述のダルマキールティの *Pramāṇaviniścaya* と *Hetubindu* のほか、*Pramāṇaviniścayaṭīkā*（Dharmottara; 8 世紀頃）第 2 章後半〜第 3 章、*Pramāṇavārttikālaṃkāraṭīkā Supariśuddhā*（Yamāri; 11 世紀頃）第 1 章などの重要典籍の大部の梵文写本が新たに出現し、現在校訂研究が進行中である。すでに前者の第 2 章の一部はオーストリア科学アカデミーのパトリック・マカリスター氏、わが国の酒井真道氏・石田尚敬氏により、第 3 章はオーストリア科学アカデミーのユーゴン氏、わが国の岩田孝氏・渡辺俊和氏により、後者の一部はフランコ氏のチームの緒俊傑氏、李学竹氏、松岡寛子氏らによって校訂・翻訳研究、ないし翻刻研究が行われている。

これらのプロジェクトにおいても、ガンダーラ語文献のプロジェクトと同様に研究の当初からパソコン環境が存在していたため、パソコンを最大限活用しながらの研究が行われてきている。従って、校訂本の出版以前にすでに電子テクストが作業ファイルとして存在している状況があり、上述の *Pramāṇasamuccayaṭīkā* 第 1 章や *Pramāṇaviniścaya* 全 3 章の KWIC 索引はそうした状況下の産物である。*Pramāṇasamuccayaṭīkā* 校訂プロジェクトでは、後続の章に関しても KWIC 索引を作成してゆく方針であり[27]、第 6 章を担当する筆者のグループもその下準備をすでに終えている。*Pramāṇasamuccayaṭīkā* 全 6 章の校訂出版（まだかなり時間を要するであろうが）が終われば、全 6 章の電子

テクストの公開ならびに KWIC 索引の作成が時を経ずに可能になるはずである。

6. 梵文再建とフラグメント蒐集

　注 25 で言及したようにシュタインケルナー氏は、*Pramāṇasamuccayaṭīkā* の校訂プロジェクトの一環として、*Pramāṇasamuccaya* 第 1 章の再建梵文（還梵^{げんぼん}）を公表した（現在のところ Web サイト上の PDF のみでの公開）。原典未発見のテクストの原文を「再建」（reconstruction）するという営みについては、その学問性について見解が分かれる面もあるが、人文情報学の観点からは、その重要性を再確認できるように筆者には思われる。

　上記再建梵文 PDF の序文の中でシュタインケルナー氏は、その学問的な真正性（authenticity）について慎重な留保をつけ、再建梵文を時に *"chāyā"*（「影」の意。元来はプラークリットによるジャイナ教聖典のサンスクリット訳を指す）、時に *"text in progress"* と称しつつも、その作成の意義と客観性を論じている [28]。すなわち彼によれば、再建梵文は本来 *Pramāṇasamuccayaṭīkā* 第 1 章のテクスト校訂とその内容理解への必要から作成されたという点でそれ自体の学問的意義があり、そもそも余技としての副産物なのではない。また梵文で書かれた註釈書の記述に基づくため、語彙や語順の選択に高次の必然性があり、それはかつてのギュゼッペ・トゥッチ氏による漢訳仏教論理学文献の「梵訳」はもとより [29]、ムニ・ジャンブーヴィジャヤ氏と服部正明氏による、断片とチベット訳に基づく *Pramāṇasamuccayavṛtti* の還梵の試みとも様相を異にしている。

　ところで、作成された再建梵文の学問的意義をさらに高めるためには、個々の単語の選択や語順に関する信憑性の判断を読者に可能にするための記述の工夫（イタリック体・ボールド体や色の使用、重要な情報の脚注での提示など）を施した上で、「電子テクストとして」公開する、というやり方が非常に適合的であると筆者には思われる。公開が他研究者を益することは言うまでもないが、*"text in progress"* であるこのテクストは、電子テクストとしての性格上アップデートが容易な上、Web 公開によって検索の網にかかりやすくなることで、それ自身の精度を高めるための他研究者からの情報のフィードバックを容易にするからである。シュタインケルナー氏は明言していないが、彼が上述の再建

梵文を紙媒体で出版せずに Web 公開としているのは、学問的な良心の問題と同時に、こうした意図があってのことと推察される。

　さらに、とりわけ *Pramāṇasamuccaya* という書物に関しては、それがインド仏教論理学派という一大思想潮流の出発点になった根本テクスト（*mūla-text, sūtra*）であるという点に鑑みて学派の内外の多くのテクストとの引用関係などが予想されることから、たとえ "*text in progress*" の再建梵文であれ、公表しておく意義は大きいと思われる[*30]。

　最後に、フラグメント（断片テクスト）の問題にも一言しておきたい。重要な典籍の原典の多くがすでに失われてしまっているインド学仏教学の思想研究の分野ではフラグメントの意義は大きく、2012 年夏に丸井浩氏とエルンスト・プレッツ氏の主導で松本で開催された国際シンポジウムにおいても主題的に議論されたところではあるが[*31]、上述の浩瀚（こうかん）な *Pramāṇasamuccayaṭīkā* 梵文原典写本によって、われわれは特に初期のインド仏教論理学にかかわる多くのフラグメントを梵文原典として手に入れることとなった[*32]。こうしたフラグメントは、作品としてのまとまりを持つものばかりとは限らず、提示の仕方が難しい面もあるが、やはり何らかの仕方で「電子テクストとして」公開することが有益であると考える。上述の再建梵文の場合と同じく、こうしたテクストこそが、多くの研究者の目に触れてその存在が認知され、また関連情報を得る手がかりが得られることを必要としているからである[*33]。

7. 今後の課題と展望

　今後の課題と展望であるが、まず、上記の諸写本以外にも *Hetubinduṭīkā* の複註、ダルマキールティ著作の新出写本、*Nyāyamukha* の梵文写本など、これまで知られていなかった梵文写本が研究の俎上に上がってコンピューターを駆使して研究されることにより、われわれのこの分野に関する知識が今後さらに豊かにされてゆくことが期待される。とりわけ、上述のヤマーリの *Pramāṇavārttikālaṃkāraṭīkā Supariśuddhā* 第 1 章の校訂は、現在まさにその作業が佳境に差し掛かっているところであり[*34]、近年中に校訂本が出版され、またそれに伴い電子テクストや KWIC も公開されていくことになろう。このテ

クストはインド仏教論理学という学派の掉尾を飾る文献として、その解明には思想史的に大きな意義がある。人文情報学を駆使した国際的な研究協力体制のもとに、校訂作業が順調に進むことが期待される。

さらに、筆者も主体的にかかわっている *Pramāṇasamuccayaṭīkā* 全6章の校訂出版とそれに伴う電子テクストの公開ならびに KWIC 索引の作成、さらに *Pramāṇasamuccaya/vṛtti* 全6章のクォリティの高い還梵の作成が、この先数年のインド仏教論理学研究の最重要課題の一つであることは言うまでもない。これに関しても、主としてオーストリア科学アカデミーと中国蔵学研究中心、それに日本人学者の国際的研究協力のもと、これまでに確立されたコンピューターを駆使した方法論に基づき、研究を順調に進展させてゆきたい。

この研究はまた、ディグナーガの『因明正理門論』を媒介して東アジアの因明の研究にも貢献できることが示されつつあり[*35]、今後はとりわけ日本で書かれた因明文献、例えば善珠の『明燈抄』や蔵俊の『因明大疏抄』のマークアップを伴った電子データベースを作ったり（その際には、古写経を参照したり、国文学の研究者に助言を求めたり、といった作業も必要になろう）、さらに江戸時代にリヴァイバルした『正理門論』註釈伝統の所産（まだ研究の俎上に載ったことのない興味深い文献が多数存在していることが判明している）の研究などにつながってゆく可能性がある[*36]。

最後に、インド仏教論理学の人文情報学的研究の最終的着地点として筆者が現在なお想像しているのは、各テクストの包括的なコンコーダンスの作成に基づいて、ディグナーガとダルマキールティの作品を中心に置いたインド仏教論理学の諸文献のネットワーク型データベースを作ることである。このアイデアはすでに10年以上前に筆者が科研費萌芽研究「インド仏教哲学文献のネットワーク型テクスト・データベースの構築」（2005-2006年）で構想したことがあるが、当時はまだ時期尚早で目に見える具体的な成果につなげることはできなかった。その後15年近くが経過して、現在少しその方向性が見えてきた気がしている。それというのも、*mūla*-text としての *Pramāṇasamuccayavṛtti* 全体の精度の高いリコンストラクションの作成が現実味を帯びてきたからである。このテクストを基盤に置いて、ダルマキールティの *Pramāṇavārttika*、そしてその諸註釈、複註といった階層構造を利用して、インド仏教論理学の諸テクスト

の電子データを統合して相互にリンクさせて仏教論理学の思想潮流の諸電子テクストを包括的にネットワーク化し、さらに原典写本の画像や翻訳研究、思想史や思想内容を論じた二次文献のリンクを張ることにより、インド仏教論理学研究のプラットフォームとするという遠大な構想である。どれほどの時間がかかるのか、あるいはこうした営みに真に学問的意義があるのかは、正直まだ筆者自身にもはっきりとはわからないが、差し当たって一つの方向性としてここにその構想を再提示し、本稿を終えることとしたい。

付記

　私事ではあるが筆者は昨年還暦を迎えた。その年齢に免じて、この未来志向のプロジェクトの成果報告書に、こうした半ば回顧的なエッセイを寄稿したことをお許しいただきたい。ついでにもう一つベテラン研究者の視点からの問いかけをしておきたい。斯学のパソコン利用第一世代の研究者（ここでは筆者を含む 60 代以上の研究者を指すものとする）の高齢化が進む現時点で考えておきたいことがある：彼らのパソコンの記憶装置上の「研究ノート」類を後進のために役立てる手立てはないか？

　そもそも人文学の発展の歩みを遅くしている理由の一つに、人文学研究における「個人主義」とでも称すべき側面がある。論文や著書として公表された成果以外の、ひとりの研究者が研究途上で開発・作成したさまざまなツールやデータは、多くの場合その個人の研究活動の終焉とともに後代に継承されることなく消滅してしまう。筆者には、2011 年秋に恩師である故・三枝充悳先生の書斎・書庫を整理させていただいた際、先生が専門にされていた『大智度論』や初期仏教関連の膨大なカード類や研究ノートを見いだし、その貴重さを認識すると同時に、その扱いの困難さに呆然とした思い出がある。パソコン登場以前には致し方なかったこうした「研究ノート」類の散逸に関しては、パソコン利用第一世代がリタイアしはじめる今後は何らかの対応が可能とも考えられる。というのも、彼らパソコン利用第一世代以降の研究者は多くの場合、「研究ノート」類を電子ファイルとして残しているはずであり、そうした研究上の「遺産」を利用可能な形で公共空間に移しておけば、後進の研究者に役立つ可能性がある。

　例えば、未公開のさまざまな電子テクストの入力データ、チベット語大蔵経

の複数の版を対照したテクスト・データ、註釈文献のコンコーダンス、特定写本の文字リストの画像、術語を外国語訳する際に用いる対照語彙リスト、論文の PDF ファイル、等々の普遍的に利用価値のあるデータで、一定のクォリティを備えていながら未公開のものが、一人一人の研究者のパソコンの記憶装置上に多数存在しているはずである（フラウワルナー蔵書の「書き込み」のように、情報のクォリティ次第では蔵書の PDF が価値を持つ場合すらある）。これらを適切な形で集積して、後進の研究利用に供するのである。

　以上が実現可能になるためには学会レベルでの何らかの共通フォーマットの設定が必要であろう。学会でそうした統一フォーマット、ないしプラットフォームを作ったらどうだろうか。なお、自らのパソコンの記憶装置上の遺産を有意義な形で残すための作業は、あくまで引退研究者自身によって行われる利他行でなければならないことを、念のために最後に強調しておきたい。

注

1　小野基「『如実論』について」『印仏研』65/2（2017/3）905-912; 小野基「Vādavidhi の誤難論とディグナーガの批判」『インド論理学研究』10（2017/11）43-92; 小野基『因明正理門論』過類段偈頌の原文推定とその問題点」『印仏研』66/1（2017/12）450-456; 小野基「中観派における過類（jāti）」『印仏研』67/2（2019）902-909; M. Ono, The Importance of the *Pramāṇasamuccayaṭīkā* Manuscript for Research on the Buddhist *Vāda* Tradition. In: *Sanskrit Manuscripts in China III. Proceedings of a Panel at the 2016 Beijing International Seminar on Tibetan Studies, August 1 to 4*. Ed. by B. Kellner, J. Kramer, X. Li. Beijing 2020, 241-282. (forthcoming 1); M. Ono, "A Reconsideration of Pre-Dignāga Buddhist Texts on Logic – the *Upāyahṛdaya*, the Dialectical Portion of the Spitzer Manuscript and the *Tarkaśāstra*." In: *The Proceedings of the panel "Transmission and Transformation of Buddhist Logic and Epistemology in East Asia" of the IABS Toronto. Toronto. 20-25. August 2017*. Ed. by Sh. Moriyama (forthcoming 2).

2　金沢篤氏はかつて「パソコンを活用してのインド学・仏教学研究は、すべて、この電子テキストを前提としてのものである」と喝破されたが（cf. 金沢篤「パソコン時代のインド学（二）―― サンスクリット文献の電子テキスト、その有用性と問題点――」『駒澤大学佛教学部論集』31（2000）356-386）、現在でも基本的に事情は変わらないであろう。ただし、原典写本の画像データの集積・公開なども文献学的なインド学仏教学研究にとって非常に重要な課題になってきており、その方向の進展は、落合俊典氏の日本古写経データベース・プロジェクトに代表されるように、過去の 20 年間に特に顕著であったと言えよう。

3 このプロジェクトは、後述の小田淳一氏とその盟友の高木哲也氏（筆者の筑波大学・宗教学比較思想学研究室での先輩）の着想に端を発していることをここに銘記し、ご両人に改めて筆者の深い感謝の意を表したい。Dharmakīrti の *Pramāṇavārttikasvavṛtti* をはじめに入力し、その後順次 *Pramāṇavārttika*、*Hetubindu*（E. Steinkellner による還梵テクスト）、*Nyāyabindu*、*Sambandhaparīkṣā*、*Vādanyāya* を入力、後に GRETIL などに収録された。

4 このプロジェクトの遂行に際しては当初から江島恵教氏より温かい激励を頂戴し、筆者らは、その内容を氏が主宰した 1986 年度の日本印度学仏教学会学術大会のシンポジウム（「インド学仏教学におけるコンピュータ利用」について）で報告する機会を与えられた（cf. 小野基・小田淳一「サンスクリット文献の索引作成に関する大型計算機の応用」『印仏研』35/2（1987）862-859）。当時印仏学会は書誌データベースのコンピュータによる作成に取り組んでいたが、江島氏はすでに早くから電子テクスト・データベースの重要性を看破しており、それが氏の SAT プロジェクトの推進にもつながったものと思われる。

5 Śaṅkarasvāmin の *Nyāyapraveśaka*、Śākyabuddhi の *Pramāṇavārttikaṭīkā* の 梵 文 の 一 部、Karṇakagomin の *Pramāṇavārttikasvavṛttiṭīkā*、Arcaṭa の *Hetubinduṭīkā*（Krasser）、Durvekamiśra の *Hetubinduṭīkāloka* と *Dharmottarapradīpa*（Krasser）、Dharmottara の *Nyāyabinduṭīkā*、Prajñākaragupta の *Pramāṇavārttikālaṃkāra*、Śāntarakṣita/ Kamalaśīla の *Tattvasaṃgraha/-pañjikā*、*Vādanyāyaṭīkā*、Jitāri の *Hetutattvopadeśa*、*Jñānaśrīmitranibandhāvali*、*Ratnakīrtinibandhāvali*（Woo Jeson）、Ratnākaraśānti の Antarvyāptisamarthana（Kellner）、*Tarkarahasya*（Krasser）、Mokṣākaragupta の *Tarkabhāṣā*、Manorathanandin の *Pramāṇavārttikavṛtti*、Vibhūticandra の *Pramāṇavārttika Pariśiṣṭa*（SARIT）など。

6 http://gretil.sub.uni-goettingen.de/

7 http://sarit.indology.info/sarit-pm/works/

8 なお仏教論理学文献ではないが、同分野の文献学的研究にとって重要なテクスト群として、中世ジャイナ教の哲学文献、すなわちアカランカの著作とその註釈、*Aṣṭasahasrī*、*Siddhiviniścayaṭīkā*、*Nyāyaviniścayavivaraṇa*、*Prameyakamalamārtaṇḍa*、*Sammatitarka*、*Nayacakra* など、ディグナーガやダルマキールティとその註釈文献への豊富な引用を含む大部の典籍群があるが、そのあたりのテクストの電子化は、管見の限りではやや遅れているように見受けられる。今後の包括的な電子化が強く期待される。

9 仏教論理学文献のチベット訳を利用するに際しては、デルゲ版・チョーネ版系統とは別に、ナルタン版・北京版系統の版本の組織的入力ないしそれらを用いた校合作業が、実のところかなり重要である。ただし仕事量に比べその画期性がデルゲ版入力プロジェクトに比して地味なため、その実現には困難が予想される。同じ問題は、大正蔵と木版大蔵経・古写経の電子化の関係についても当てはまるかもしれない。

10 Cf. E. Franco: *The Spitzer Manuscript. The Oldest Philosophical Manuscript in Sanskrit. Volume I-II*. Wien 2004.

11 http://idp.bbaw.de/ IDP: SHT 810.

12 Cf. Ono (forthcoming 2).

13 Cf. M. Ono, Y. Muroya, "*Vādavidhi's Theory of False Rejoinders (Jāti)* - An English Translation of Fragments and Their Parallel Passages in the *Rushi lun* -."《論軌》與《如實論》「誤難」研究工作坊 . 国立政治大学宗教研究所・哲学系仏教哲学研究室 . 台北 . 26-28. April 2018 (unpublished). また、日本古写経を用いた『方便心論』に関する画期的研究として、室屋安孝「漢訳『方便心論』の金剛寺本と興聖寺本をめぐって」『日本古写経研究所研究紀要』1 （2016）12-35、がある。

14 Cf. Motoi Ono, Jun'ichi Oda, and Jun Takashima, *KWIC Index to the Sanskrit Texts of Dharmakīrti*. Lexicological Studies 8. Tokyo 1996. その後、オーストリア科学アカデミーアジア文化宗教史研究所と東京外大 AA 研から Web 公開された （cf. http://www.ikga.oeaw.ac.at/Mat/kwic_dharmakirti.pdf）。

15 M. Ono, J. Takashima: *Keyword In Context Index to Jinendrabuddhi's Viśālāmalavatī Pramāṇasamuccayaṭīkā Chapter I*: http://www.gicas.jp/publication/img/04-1.pdf）.

16 *Dharmakīrti's Pramāṇaviniścaya Chapter 1 and 2*. Critically edited by E. Steinkellner. Beijing/Vienna 2007; *Dharmakīrti's Pramāṇaviniścaya Chapter 3*. Critically edited by P. Hugon and T. Tomabechi with a preface by T. J. F. Tillemans. Beijing/Vienna 2011; *Dharmakīrti's Hetubindu*. Critically edited by E. Steinkellner on the basis of preparatory work by H. Krasser with a transliteration of the Gilgit fragment by K. Wille. Beijing/Vienna 2016.

17 後述するようにダルマキールティ全作品の KWIC 索引の改訂版を作成して出版する予定のため、この *Pramāṇaviniścaya* 単独の KWIC 索引は紙媒体としては出版せずもっぱら Web 上の公開にとどめている。http://www.ikga.oeaw.ac.at/mediawiki/images/7/71/Kwic_pramanaviniscaya2015.pdf

18 なお、ダルマキールティ著作とその註釈文献の梵文写本に関してはその後も五月雨式に新写本が登場しており （*Pramāṇaviniścaya* の新出写本など）、それらに関する研究成果をも参照しながら電子テクストを常に改訂してゆく作業も必要である。Cf. E. Steinkellner: *Dharmakīrti's Pramāṇaviniścaya, Chapters 1 and 2*. Critically edited 2007 (STTAR 2): Further and Last Corrigenda and Addenda (November 2018). http://www.ikga.oeaw.ac.at/mediawiki/images/7/71/Steinkellner_PVin_1-2_corrigenda_and_addenda_2018.pdf

19 今後は新しいテクストの校訂者が一定のフォーマットの下で同時に電子テクストを公開することができる経路を作るのが望ましい。またその際、KWIC 索引用の分綴テクストも同時に作っておくと、なおよい （cf. 金沢 2000: 374-375）。

20 この点は電子データの入力や作成、Web ページの作成・公開などの営為が学問的

業績として正当に評価されてこなかったという問題とも関りがあろう。作成者側からすると、公開して他人の使用に供する営為が単なる親切としか見なされないならば、公開物の正確さへの責任を問われるいわれはない。

21　なお、刊本テクストから入力された電子データに関しては、上記のように校正を進める必要とともに、実はさらにその刊本テクストの校訂の妥当性自体をも問題にする必要があり（筆者ほかによる Prajñākaragupta の研究などを参照）、それとともに出版校訂本が基づいた写本一次資料の画像データの公開が要請されてくる（Prajñākaragupta などに関しては 1998 年の渡辺重朗氏による原典写本ファクシミリの出版が画期的だった）。最近では *Tattvasaṃgraha/pañjikā* など、事実上かなり広範に研究利用が許可されている重要写本がいくつか見受けられるが、今後はそれらを所蔵機関と交渉した上で正式に Web 公開する方途を探る必要があろう。

22　また KWIC と並んで従来需要が高いのが梵蔵対照索引に代表される多言語索引であるが、これを梵蔵漢英日などの諸語にも拡張し、効率的に作成する方法が探求されるべきであろう。ハンブルク大学のドルジ・ワンチュク氏、オルナ・アルモギ氏が推進する ITLR のような大規模プロジェクトは最終的には多言語索引の機能も含み得るものであるが、筆者は差し当たってダルマキールティ全作品の梵蔵対照索引の作成を目標に、この問題に取り組もうと考えている。

23　この写本、さらにそれに続くチベット伝来の数多くの梵文写本の研究を可能にしたシュタインケルナー氏を中心とする人々の尽力については、以下のエッセイを参照。Cf. E. Steinkellner, A Tale of Leaves - On Sanskrit Manuscripts inTibet, their Past and their Future. Royal Netherlands Academy of Arts and Sciences. Amsterdam 2004: http://www.ikga.oeaw.ac.at/Mat/steinkellner_leaves.pdf

24　*Pramāṇasamuccayaṭīkā* 全 6 章の校訂プロジェクトはすでに第 1 章と第 2 章の校訂出版を終え（cf. *Jinendrabuddhi's Viśālāmalavatī Pramāṇasamuccayaṭīkā. Chapter 1. Part I: Critical Edition*. Ed. by E. Steinkellner, H. Krasser, H. Lasic. Beijing/Vienna 2005: *Jinendrabuddhi's Viśālāmalavatī Pramāṇasamuccayaṭīkā*. Chapter 2. Part I: Critical Edition. Ed. by H. Lasic, H. Krasser, E. Steinkellner. Beijing/Vienna 2012）、残る第 3・4 章（桂紹隆・渡辺俊和ら担当）、第 5 章（H. Lasic, P. McAllister 担当）、第 6 章（小野基・室屋安孝・渡辺俊和担当）の校訂本出版に向け、現在鋭意作業が進められている。

25　E. Steinkellner, *Dignāga's Pramāṇasamuccaya, Chapter 1. A hypothetical reconstruction of the Sanskrit text with the help of the two Tibetan translations on the basis of the hitherto known Sanskrit fragments and the linguistic materials gained from Jinendrabuddhi's Ṭīkā*. 2005; http://www.ikga.oeaw.ac.at/Mat/dignaga_PS_1.pdf

26　E. Steinkellner, *Early Indian Epistemology and Logic: Fragments from Jinendrabuddhi's Pramāṇasamuccayaṭīkā 1 and 2*. Tokyo 2017 (Studia Philologica Buddhica, Monograph Series XXXV, xxviii + 282 S.). 後述のように、この労作も Web 公開が望まれる。

27　Cf. Steinkellner et al. 2005: xxvii.

28 Cf. Steinkellner 2005: iii-ix.

29 トゥッチによる漢訳『方便心論』『如実論』の「梵訳」は、現今の方法論的に厳密な梵文リコンストラクションとはまったく異質なものであるが、それでもあながち無意味とばかりは言えない。例えばフランコ氏は、Spitzer 写本の記述と『如実論』「無道理難品」の内容の類似性に気づくに際して、トゥッチの梵訳からインスピレーションを得ている（cf. Franco 2004: 465）

30 そうした認識に立って、桂博士と筆者は本偈の部分のみではあるが *Pramāṇasamuccaya* 第 3、4、6 章の再建梵文を公表してきた。Cf. Sh. Katsura, Rediscovering Dignāga through Jinendrabuddhi. *Sanskrit manuscripts in China. Proceedings of a panel at the 2008 Beijing Seminar on Tibetan Studies. October 13 to 17*. Ed. E. Steinkellner in cooperation with Duan Qing, H. Krasser. Beijing 2009, 153-166; Sh. Katsura, A Report on the Study of Sanskrit Manuscript of the *Pramāṇasamuccayaṭīkā* Chapter 3. *Indogaku Bukkyōgaku Kenkyū* 59/3 (2011) 1237-1244; Sh. Katsura, A Report on the Study of Sanskrit Manuscript of the *Pramāṇasamuccayaṭīkā* Chapter 4: Recovering the Example Section of the *Nyāyamukha. Indogaku Bukkyōgaku Kenkyū* 64/3 (2016) 1237-1245; Ono (forthcoming 1)。また筆者のグループでは、散文部分を含めた *Pramāṇasamuccayavṛtti* 第 6 章全体の再建梵文の作成と、対応する『因明正理門論』後半部の再建（cf. 小野 2017/12）も進めている。

31 Japan-Austria International Symposium on Transmission and Tradition: The meaning of "fragments" in Indian philosophy (20-24 Aug., 2012), organized by H. Marui and E. Prets.

32 Cf. Steinkellner 2017; 小野 2017/11.

33 上記の国際シンポジウムを主導したプレッツ氏は、Fragments of Indian Philosophy という Web サイトを立ち上げ（cf. http://nyaya.oeaw.ac.at/cgi-bin/index.pl）、この方向性での貢献を模索している。

34 2019 年 6 月 28 日から 7 月 1 日にかけてライプツィヒ大学のフランコ氏が同写本の国際ワークショップを開催し、10 人を超える日本人研究者（筆者を含む）が参加した。

35 注 1 に提示した拙論を参照。

36 上述した筆者を研究代表者とする現在進行中の科研費基盤研究 B プロジェクト「インド論理学と東アジアの因明を架橋する『因明正理門論』の再検討」は、こうした点をも射程に入れている。

chapter.03

文字検索のさらなる地平に向けて
——文字列の散在的一致を網羅するために

1. 序説

　原典の電子化と通常型文字検索は、人文学原典研究の作業効率を飛躍的に向上させた。原典が文献名を明示せずに引用する文言を同定・特定することは、いまや通常検索の範囲で誰でも行える。さらに、電子化された文献を対象として、任意の語句ないし文を検索することにより、そこに含まれる電子資料にその語句が見いだせるか見いだせないかも断定可能となった。

　ただ、知りたい文字列が検索対象とする全電子資料のうちに何カ所あるかを結論づける環境は依然として整っていない。すなわち通常方式で文字検索するだけでは、"完全に一致する文字列"を知るにすぎない。文字列の一部が異なる場合は完全一致から排除されるから、通常方式の検索の限界が現れる。この点において、漢語仏教叢書である大正新脩大蔵経電子版を検索する SAT の2018 年版に"曖昧検索"が付加されたのは大きな進歩である。

　筆者は電子プログラム開発に携わる者ではない。古典的な従来型文献研究のために電子資料を用いる、単なる一ユーザーにすぎない。ただ、かなりの程度でヘビーユーザーである。それゆえ、従来型の通常文字検索の恩恵に浴する場合が多い一方で、その限界を痛感することも多い。本稿は、伝統的文献学研究者としてのユーザー目線から、近い将来に開発されることを切望する検索プログラムの具体的な一事例を取り上げる。

2. 文字検索の価値

筆者は前近代の漢語仏教文献を主な資料として中国中世の仏教における思想的展開と文化史的意義を研究対象とする。まず、わたしの研究領域において文字検索の価値を示そう。文字検索で知られることは多いが、とりわけ価値の高い事柄は、ほぼ以下の二点に集約できると感じる。

第一は、文字検索（語彙検索）は、原典資料に含まれる引用文献や、著者が想定する対論者を同定可能となることである。文字検索の結果から、当該文献著者が誰を、あるいは何を論敵として論述しているかを定めることができる場合がある。さらには当該文献の著者の心の中にある著作動機がわかる場合もある。被引用文献の年代特定によって、当該文献の年代的上限 *terminus post quem* を知ることもできる。当該文献を引用する後代諸文献を特定することで、当該文献の年代的下限 *terminus ante quem* を知ることもできる。仏教文献には成立年代の不明な場合が多いので、年代の上限と下限は思想史研究にとって意義深い。

第二に、直接的引用とは異なるが、当該文献の原文中が引用であることをあえて明示せず、先行文献を暗黙裏に使用することが多く、その場合、暗黙に用いられている文献は、当該文献作者の主張にとっての典拠となる場合も少なくない。前近代アジアでは現代のいわゆる著作権がなかったため、他者の説を無言で使用する事例はおびただしい。他者の言葉を暗黙に使用するのは現代いうところの"剽窃"とは異なる。無言であることが信頼性を表すことさえある。例えば師の教えを用いて何かを論述するとき、それが完全に著者自らの血となり肉となっているならば、師の名を明記して引用したりはしない。むしろ著者の言葉の地の文に師の説を取り込む。引用の形をとらない暗黙裏の文言使用はそれに対する信頼を含意することがある。そうした事例の解明は、著者の学識・帰属学派・思想的系譜・上限年代などを知る上で必須である。

3. 文字検索の二種

ある任意の文献と、その前後の年代に編まれた文献を対象とする文字検索に

は大別して二種類があると言ってよいだろう。

　第一種は、文字列の"完全一致"による検索である。これがいわゆる通常の文字検索である。文献研究のかなりの部分はこの検索で事足りる。しかし通常検索で得られる完全一致の文字検索結果だけでは研究に使えない。著者が同じ意味で同義語・類義語を用いる、表記を意図的に変えるなどによって、論述の単調さや語彙が貧困している印象を避ける場合もある。それゆえ、完全一致型の文字検索では研究に必要な全事例を抽出できない。

　第二種は、文字列の"部分的一致"である。これは、直前に記述したような事例を知る上で効果がある。例えば著者が原文を韻文で著し、それを散文で自ら注釈する場合、著者は韻文の語とはあえて別の語を用いて言い換えて注解する。

　この第二の場合について従来型の通常検索しか使えないとすれば、現時点で研究者はどのような検索で対処するかと言えば、最も一般的方法は、「当たり」を付けて少しずつ文字列を変え、意味的には同義であるが文字的には異なる文字列を複数種想定し、そのすべてを逐一検索するという方法である。こうして異なる文字列を自ら作り出し、何度か通常検索することを繰り返せば、完全一致方式であっても、検索結果の数量を増やせる。だがその結果はやはり満足からほど遠い。あらゆる可能な文字列を網羅的に検索したかどうかという点でまだ欠陥があるのではという不安を払拭できないからである。

┃ 4. 現時点での対策

　前節末に示した不安が自らの研究の過程で生じた場合、われわれはどう対処すべきか。わたしはコンピューター技術の基本的知識と最新の知識とを欠くので間違っていたらすぐ潔く撤回するにやぶさかでないが、筆者が思うに、前節に示したような完全一致型文字検索で問題が残る場合に対して、現時点で可能な対策をもしあげるとするなら、大別して三種あるのではないだろうか。

　対策第一は、すでに述べた「曖昧検索」である。SAT2018 の場合に即せば、検索オプションの項目に、①「通常検索」（文字数は無制限）、②「正規表現」（8文字まで）、③「曖昧フレーズ検索」その一「8 文字までの一次違い」、④「曖

味フレーズ検索」その二「5-8 文字の 2 文字違い」の四種から一つを選択できる。曖昧フレーズ検索の二種③④は、想像するに、さまざまな事例で実験した結果、最も現実的効果の高い二種をあげたのであろう。しかしそうであっても、文字数に制限を設定することは、それ以外の方法ではこのウェブサイトの曖昧検索が不可能なことを意味するから、完全無欠の曖昧検索をしたくても SAT2018 のインターフェースでは実行不能である。

対策第二は、SAT2018 にも含まれる正規表現 regular expression である。すでによく知られている通り、正規表現は汎用度の高い、有効な手段である。例えば「X.*Y」という文字検索は、文字 X を含み、その後 0 から無限数までの文字を経て文字 Y が現れる全結果を表示する。しかし実際には、文字 X と文字 Y のあいだに 100 字が挟まれるような場合は通常の電子データと通常の GREP（global regular expression print）ソフトとでは検出できない場合が多い。つまり X と Y に介在する文字数にはおのずと上限があるという現実問題がある。それゆえ、正規表現を駆使して複数回の検索を繰り返しても、見過ごした重要テキスト・文字列がまったくないとは決して言い切れない。

対策第三は、N-gram に基づく分析であろう。これを仏教文献に応用する方法を述べた早期の概論として石井（2002）がある。同様に N-gram に基づく漢語大蔵経分析ソフトウエアとして、Jamie Norrish と Michael Radich が共同開発した TACL が無料公開されている。TACL の恩恵に浴した自らの研究に船山 2016, 2018 がある。普段筆者は通常検索をするにすぎないが、通常検索では検出できなかった事例を TACL は示してくれたのだった。

N-gram は、意味と無関係に、文字列を任意の文字数ずつ機械的に区切り、そのすべてを他文献と比較して一致・不一致を結果として示す。文字数を何字と設定すれば最も効果的か等において使用者側に選択の余地がある。そうした中で N-gram の最大の功績は、文字列の文字数と一種に限定せず、二文字〜十文字（あるいはそれ以上）に変更して繰り返し検索すれば、完全一致する文字列の全体を遺漏なくすべて獲得できるという点である。

しかしながら、N-gram はこれまで不可能だった文字検索をさまざまな形で可能にした大きな功績と同時に、N-gram に特有の大きな問題をも生み出した。それは N-gram による任意の文字数の文字検索で得られる結果は膨大な数に上

り、そのすべてから自らにとって有意味の結果を過不足なく選択しなければならないのである。言い換えれば、N-gram では巨大な"ジャンクデータ"が発生するため、それらを無意味と排除し、データ数を大幅に絞り込むことによって、残った極少数の有意味データを求める必要がある。ところがこの絞り込み作業を機械的に行うことは、現時点で達成されていない。絞り込み作業は、膨大なジャンクデータを含む何千、何万という事例から、それを機械によってでなく、人間の目によって"マニュアル"で遂行しなければならない。この点はTACL も同様である。筆者は完全に無意味と断定できる結果を機械的に除去するソフト——ただし有意味のデータまで誤って含まないよう、やや絞り込み度の甘いソフト——を開発して欲しいと開発者に繰り返し要望した経緯があるが、残念ながら現時点では「ジャンクデータ」を除去するアプリケーションを作ることに TACL はまだ成功していない。

　網羅的かつ客観的に文字列の一致する全データを獲得しても、その中から本当に必要なデータを見つけるには「慣れ」と「勘」に頼るしかないというのが現状なのである。これでは、何を「ジャンク」と見なし、何を「有意味」と見なすかの区別は、限りなく主観的判断から逃れられない。機械による解析を、最後は完全手動の勘で処理するという方法である限り、もし分析する人が異なれば、分析結果も異なる可能性は極めて高い。これは客観的かつ網羅的な検索結果を得られるかどうかという点で大問題である。この状態では、巨大なジャンクデータからほんの一、二例の有意義なデータを探し出す過程で自らが下した結論が唯一の正解か、それともほかの可能性もあったのか、まったく別の人が絞り込み作業を行ったとしたらまったく別な結果となったのか等の点で確信が持てないままとなってしまう。

5. 「散在的一致」——文字検索が現在不可能な事例

　以上に略説した事例とは別に、本稿で特に紹介し、近い将来に信頼し得る検索結果を得たい種類の原典資料がある。それを理論的に言葉で十分説明することは筆者の能力を超えているため、端的な例を示しながら説明したい。
　筆者が主に扱うのは 5 〜 8 世紀の中国仏教である。王朝名で言うと南北朝時

代（特に南朝）・隋代・唐の初唐〜盛唐時代である。この時代における南朝仏教の大きな転回は南斉（479 〜 502）と梁（502 〜 557）に起こった。

具体的には、中国歴代皇帝の中で最も仏教を篤く信仰した皇帝が梁の武帝（位502 〜 549）だったことは非常によく知られているが、武帝が仏教信仰を確立した直接原因を形成した人物として、南斉の武帝の第二子だった蕭子良（460〜 494）の名をあげることができる。

蕭子良は若くして逝去したにもかかわらず膨大な著作を行った。その中でもとりわけ同時代と直後の時代に最も大きな影響を与えた書は、蕭子良撰『浄住子』20 巻であった。ところがこの書は量的に大きかったことが災いして、歴史の中で比較的早期に散逸し、現在のわれわれが 20 巻本の全貌をくまなく知ることはできない。現在残っているのは初唐の道宣（596 〜 667）が 20 巻本を二十分の一の分量に縮小した節略本『統略浄住子浄行法門』1 巻のみであり、664 年に道宣が編纂した『広弘明集』巻 27 におさめられている。筆者はかつて『統略浄住子浄行法門』の校訂訳注研究として船山（2006）を公表した。その際、さまざまな関心の中でも特に常に知りたいと願ったのは、散逸した蕭子良『浄住子』20 巻の具体的な形式ならびに内容であった。ところがそれを知るために、種々の方法で大蔵経中を渉猟したが、具体的に 20 巻原本の内容を確定することは、ほとんどできなかった。

ただ、そうした作業の中で注目すべき文献がいくつかあることには気づいた。それらのうち、第一の種類は、『浄住子』からの引用であることを明示しながらも、その文言を道宣の『統略本』に同定できない事例だった。それらが道宣の節略本からでなく、蕭子良の原本から引用した可能性は大きいと推定されたので、それら引用断片を網羅的に蒐集して示した。

さらに第二の種類は、『浄住子』からの引用であることを一切示していないにもかかわらず、道宣の『統略本』が記述内容と記述順序に一致する文献であった。その中でも特に注目すべき仏教書として梁初頃に原形が編纂され、その後さらに一部を補足して現存形となった撰者不明の『慈悲道場懺法』10 巻がある。以下に例示するのは、『慈悲道場懺法』と『統略浄住子浄行法門』のあいだに見られる文字列の一致である。

わかりやすくするため、筆者の注目する結論を先にあげておこう。まず、文

献は以下の順で成立した。

1. 南斉・蕭子良『浄住子』20 巻　西暦 490 年成書　散逸（現存せず）
2. 梁・撰者不明『慈悲道場懺法』10 巻　500 年代前半　現存
3. 唐・道宣『統略浄住子浄行法門』1 巻　664 年　現存（1 の縮小版）

　このような成立順序を頭に入れた上で、2『慈悲道場懺法』の文言を精査すると、その中には 3 道宣『統略』本と一致する語句が、まったく同じ順序（！）で現れる箇所が複数ある。しかし 2 における文字を見ると、3 と一致する文字列は出現する順序がまったく同一であるにもかかわらず、3 と一致する文字列が 2 には散在的にしか現れないのである。

　"散在的な一致" を別の表現で言い直せば、3 と一致する文言が 2 では同じ順序で "飛び飛びに現れる" のである。"文字列が緩やかに斑状に一致する" と表現してもよいかもしれない。

　では 2 と 3 はどのような関係にあるかと言えば、2 は年代的に先行するから、3 を素材として編纂したと考えることはできない。2 は 3 を知らずに撰述されているにもかかわらず、3 と散在的に一致するのである。

　ところで一方、2『慈悲道場懺法』は 1『浄住子』原本の直後に編纂されたから、1 を素材として 2 を編纂した可能性が否定できない。むしろその可能性が極めて高い。ⓐ 1 の原文が散逸し現在残っていないにもかかわらず道宣『統略本』に二十倍する分量であったこと、ⓑ 2 と 3（＝ 1 の縮小版）に文字列の一致が散在的に見られること、ⓒ 一致する文字列のあいだに、内容を補填する説明語句が多くの字数で挟まれていること――以上の 3 条件を満たす文献として 2 を扱い、その内容を 3 と比較すると、3 と一致する文字列に挟まれた、一致しない 2 の文字列は、1 蕭子良『浄住子』20 巻本からの直接的引用を多く含む可能性が高いことを、論理的に、矛盾なく理解できる。以上に列記した事柄の例として次の表を見てほしい。『慈悲道場懺法』と『統略浄住子浄行法門』のあいだで一致する文字列を**太字**で示す。さらに、それら完全一致型文字列のあいだに挟まれた、内容的に連続する 2 の文字列を<u>下線</u>で示す。現時点の仮説として、<u>下線</u>は蕭子良『浄住子』20 巻から引用した文字を極めて多く含んでいるので

はないかと筆者は推測している。

【成立順1】現存 撰者不明『慈悲道場懺法』10巻 最古層は6世紀前半頃（後代さらに補足）	【成立順2】現存 道宣『統略浄住子浄行法門』 1巻　664年
又願今日道場同業大衆、各自發如是願。 尋衆惡所起, 皆緣六根。是爲六根衆禍之本。雖爲禍本, 亦能招致無量福業。故『勝鬘經』言,「守護六根, 淨身口意」。以此義證生善之本故, 於六根發大誓願。	原衆惡所起, 皆緣意地貪, 瞋, 癡也。自害害他, 勿過於此, 故『經』號爲根本三毒。能煩能惱, 勞擾身心, 於緣起惡, 三三九種。然此九種, 義通善惡。三善根生, 名善業道, 三不善根生, 名惡業道。是故行人常一其心, 不令動亂。微塵起相, 見即覺察, 守護六根, 不令塵染。常發弘願, 以自莊嚴。
(1) 初發眼根願。　願今日道場同業大衆, 廣及十方四生, 六道一切衆生, 從今日去, 乃至菩提, 眼常不見貪欲無厭詐幻之色, 不見諂諛曲媚佞會之色, 不見玄黄朱紫惑人之色, 不見瞋恚, 鬪諍, 醜状之色, 不見打扑苦惱損他之色, 不見屠裂傷毁衆生之色, 不見愚癡無信疑闇之色, 不見無謙無敬驕慢之色, 不見九十六種邪見之色。眼常不見如是一切衆惡不善之色。 　願眼常見一切十方常住法身湛然之色, 常見三十二相紫磨金色, 常見八十種好隨形之色, 常見諸天諸仙奉寶來獻散華之色, 常見口出五種色光説法度人之色, 常見分身散體遍滿十方之色, 常見諸佛放肉髻光感有緣來會之色。又願眼常見十方菩薩, 辟支, 羅漢衆聖之色, 常得與諸衆生及諸眷屬觀佛之色, 常見衆善無教假色, 常見七覺淨華之色, 常見解脱妙果之色, 常見今日道場大衆歡喜讚法頂受之色, 常見四衆圍繞, 聽法, 渴仰之色, 常見一切布施, 持戒, 忍辱, 精進之色, 常見一切靜默, 禪思, 修智慧之色, 常見一切衆生得無生忍, 現前受記, 歡喜之色, 常見一切登金剛慧, 斷無明闇, 補處之色, 常見一切沐浴法流不退	(1) 願一切衆生, 皆從今日, 乃至菩提, 眼常不看貪婬邪艷惑人之色, 不看瞋恚, 醜状, 屠裂, 愚癡, 闇鈍, 倨慢邪衆之色。 　願見一切十方常住法身之色, 菩薩下生八相之色, 如來相好, 聖衆和會善集之色。

之色。已發眼根願竟，相與至心五體投地，歸依世間大慈悲父。　……	
(2) 次發耳根願。又願今日道場同業大衆，廣及十方四生，六道一切衆生，從今日去，乃至菩提，**耳常不聞啼哭愁苦悲泣之聲**，不聞無間地獄受苦之聲，不聞鑊湯雷沸振響之聲，不聞刀山劍樹鋒刃割裂之聲，不聞十八地獄間隔無量苦楚之聲。又願從今日去，**耳常不聞餓鬼**飢渴熱惱求食不得之聲，不聞餓鬼行動節間火然作五百車聲。又願從今日去，耳常不聞畜生身大五百由旬爲諸小虫絢食苦痛之聲，不聞抵債不還生綾駝驢馬牛身常負重鞭杖楚撻困苦之聲，**耳常不聞愛別離怨憎會等八苦之聲**，不聞四百四病苦報之聲，不聞一切諸惡不善之聲，不聞鐘鈴螺鼓琴瑟箜篌琳瑯玉珮惑人之聲。 　唯願一切衆生，從今日去，**耳常得聞諸佛說法八種音聲**，常聞無常苦空無我之聲，常聞八萬四千波羅蜜聲，常聞假名諸法無性之聲，常聞諸佛一音說法各得解聲，常聞一切衆生皆有佛性法身常住不滅之聲，常聞十地菩薩忍音修進之聲，常聞得無生解善入佛慧出三界之聲，常聞諸法身菩薩入法流水眞俗並觀念念具足萬行之聲，常聞十方辟支羅漢四果之聲，常聞帝釋爲諸天說般若之聲，常聞十地補處大士在兜率宮說法不退轉地行之聲，常聞萬善同歸得佛之聲，常聞諸佛讚歎一切衆生能行十善隨喜之聲。 　願諸衆生常聞諸佛讚言「善哉是人，不久成佛」之聲。已發耳根願竟，相與至心五體投地，重復歸依世間大慈悲父。　……	(2) **願一切衆生，耳常不聞悲啼，愁歎聲，地獄苦楚聲，餓鬼，畜生受苦聲，八苦交對聲，四百四病起發聲，八萬四千塵勞聲。** 　**願耳常聞諸佛說法八音聲，八萬四千波羅蜜聲，三乘聖果，十地功德，如是等聲。**
(3) 次發鼻根願。又願今日道場同業大衆，廣及六道一切衆生，從今日去，乃至菩提，**鼻常不聞殺生，滋味，飲食之氣**，不聞畋獵，放火，燒害衆生之氣，不聞蒸煮，熬炙衆生之氣，不聞三十六物革囊臭處之氣，不聞錦綺羅縠惑人之氣。又願鼻不聞地獄剥裂燋爛之氣，不聞餓鬼飢渴，飲食，糞穢，膿血之氣，不聞畜生腥臊不淨之氣，不聞病	(3) **願一切衆生，鼻常不聞殺生，滋味，飲食之氣，三十六物革囊之氣，發欲羅綺脂澤之氣，五辛能薰九相尸氣。** 　**願鼻常聞十方世界諸樹草木之香，五戒，八戒，十善，六念諸**

臥床席無人看視瘡壞難近之氣，不聞大小便利臭穢之氣，<u>不聞死屍幹脹虫食爛壞之氣</u>。 　唯願大眾六道衆生，從今日去，**鼻常**<u>得聞十方世界生頭</u><u>旃檀無價之香</u>，常聞優曇鉢羅五色華香，常聞歡喜園中**諸**<u>樹華香</u>，常聞兜率天宮説法時香，常聞妙法堂上遊戲時香，常聞十方衆生行**五戒**，十善，六念之香，<u>常聞一切七方便人，</u><u>十六行香</u>，常聞十方辟支，**學**，無學人衆德之香，常聞四果，四向得無漏香，常聞無量菩薩①歡喜，②離垢，③發光，④焰慧，⑤難勝，⑥遠行，⑦現前，⑧不動，⑨善慧，⑩法雲之香，常聞衆聖戒，定，慧，解脱，解脱知見**五分**法身之香，常聞諸佛菩提之香，常聞三十七品，十二縁觀，六度之香，常聞大悲，三念，十力，四無所畏，十八不共法香，常聞八萬四千諸<u>波羅蜜</u>香，常聞十方無量妙極法身<u>常住</u>之香。已發鼻根願竟，相與至心五體投地，歸依世間大慈悲父。……	功徳香，**學**，無學人，十地，五分，十力，八萬四千諸度無漏之香，十方諸佛説法之香。
(4) 次發舌根願。　又願今日道場同業大眾，廣及十方四生，六道一切衆生，<u>從今以去，乃至菩提，</u>**舌恒不嘗**傷殺一切衆生身<u>體之味</u>，不嘗一切自死之味，不嘗生類血髓之味，不嘗怨家對主毒藥之味，不嘗一切能生**貪**愛煩惱滋味之味。 　願舌恒嘗**甘露**<u>百種美味</u>，恒嘗諸自然飲食之味，恒嘗香積香飯之味，恒嘗諸佛所食之味，<u>恒嘗法身戒定慧之所熏</u><u>修所現食味</u>，恒嘗**法喜禪悦**之味，恒嘗無量功徳滋治慧命甜和之味，恒嘗<u>解脱</u>一味等味，恒嘗諸佛泥洹<u>至樂</u><u>最上勝</u><u>味</u>之味。已發舌根願竟，相與至心五體投地，歸依世間大慈悲父。……	(4) 願一切衆生，舌恒不嘗衆生有命**身**肉雜味，能生煩惱滋味。 　願舌恒嘗甘露不死之味，天自然食在其舌根變成上味，諸佛所食之味，法喜禪悦之味，解脱泥洹最上勝味。
(5) 次發身根願。又願今日道場同業大眾，廣及十方一切衆生，<u>從今日去，乃至菩提，</u>**身常不覺五欲**邪媚之**觸**，不覺鑊湯，爐炭，寒氷等觸，<u>不覺餓鬼</u>頭上火然烊銅灌口焦爛之觸，不覺**畜生**剥裂苦楚之觸，<u>不覺四百四病</u>諸苦之觸，不覺大熱大寒難耐之觸，不覺蚊蚋蚤蝨諸虫之觸，不覺刀	(5) 願一切衆生，**身**常不覺邪婬細滑，生欲樂觸，不覺鑊湯寒氷之觸，餓鬼畜生諸苦惱觸，四百四病，寒熱風霜，蚊虻蚤虱，飢渇困苦等觸。

杖毒藥加害之觸，不覺飢渴困苦一切諸觸。 　願身常覺諸天妙衣之觸，常覺自然甘露之觸，常覺清涼不寒不熱之觸，常覺不飢不渴無病無惱休強之觸，常覺臥安覺安無憂無怖之觸，常覺十方諸佛淨土微風吹身之觸，常覺十方諸佛淨國七寶浴池洗蕩身心之觸，常覺無老病死諸苦之觸，常覺飛行自在與諸菩薩聽法之觸，常覺諸佛涅槃八自在觸。已發身根願竟，相與至心五體投地，歸依世間大慈悲父。	願身常覺清涼強健，心悟安隱，證道飛行，八自在觸。
(6)　次發意根願。又願今日道場同業大衆，廣及十方一切衆生，從今日去乃至菩提，意常得知貪欲瞋恚愚癡爲患，常知身殺盜婬妄言綺語兩舌惡口爲患，常知殺父害母殺阿羅漢出佛身血破和合衆是無間罪，常知謗佛法僧不信因果人死更生報應之法，常知遠惡知識親近善友，常知諸受九十六種邪師之法爲非，常知三漏五蓋十纏之法是障，常知三途可畏，生死酷劇苦報之處。 　願意常知一切衆生皆有佛性，常知諸佛是大慈悲父無上醫王，一切尊法爲諸衆生病之良藥，一切賢聖爲諸衆生看病之母。願意常知歸依三寶應受五戒，次行十善，如是等法能招天上人中勝報，常知未免生死應修七方便觀煖頂法等，常知應行無漏苦忍十六聖心，先修十六行觀，觀四眞諦，常知四諦平等無相，故成四果，常知總相，別相一切種法，常知十二因緣，三世，因果輪轉，無有休息，常知修行六度，八萬諸行，常知斷除八萬四千塵勞，常知體會無生，必斷生死，常知十住階品次第具足，常知以金剛心斷無明闇得無上果，常知體極一照萬德圓備累患都盡成大涅槃，常知佛地十力四無所畏十八不共無量功德無量善法。已發意根願竟，相與至心五體投地，歸依世間大慈悲父。 （大正 45,963c-966a）	(6)　願一切衆生，皆從今日，乃至菩提，意常覺知九十八使，八萬四千塵勞之法，十惡五逆，九十六種邪師之法，三塗可厭，生死大苦。 　願意常知一切衆生皆有佛性，佛爲醫王，法爲良藥，僧爲看病者，爲諸衆生，治生死患，令得解脫，心常無礙，空有不染。 （大正 52,321ab）

　一覧表は以上の通りである。**太字**で示した文字列が、左欄に示した『慈悲道場懺法』においては"散在的一致"を示している様子を理解いただけるに違い

ない。紙数の制約のため、上記原文に現代語訳を付して内容理解の便を図る余裕がないことを遺憾とするが、**太字の語**に挟まれた下線文字が、**太字文字列の内容**をさらに詳しくつなげていることがわかる。それらは決して**太字**の注釈や言い換えではない。むしろ**太字**では示しきれない事柄を下線部は示す。

　本来の相当に長い文章——蕭子良『浄住子』20 巻——から、唐の道宣は特に重要な語をピックアップして圧縮的に用いた結果が 3 の文献とりわけ**太字の部分**であり、そして、それらのあいだに介在していたさらに細かな説明—— 2 の下線部すなわち蕭子良『浄住子』20 巻の語句——を割愛することによって、内容的には蕭子良自身の語彙をそのまま用いながら、分量を二十分の一に縮小する作業を実現したと、このように想定すると、具体例を最も自然に、無理なく、論理的に解釈できると筆者はいまのところ考えている。

6. 提案したい結論

　前節に示した“散在的一致”が『慈悲道場懺法』に確認できるということは、実は拙稿（2006）においてすでにしていた指摘であり、それ自体は最近見いだした新視点ではない。しかしながら筆者は、このような“散在的な文字列の一致”を大蔵経全体の中から網羅的に探そうと切望しつつ伝統的な通常形式の文字検索を、文字列を少しずつ変更しながら、幾度となく試みてきた。事実（2006）の原稿作成時にその作業はやり尽くしたつもりになっていた。しかし昨年、一年かけて“散在的な文字列の一致”を再検討しようと思い立ち、同じ作業を再び行ってみた。すると、2006 年までの時点ではまったく見つけられなかった“散在的な文字列の一致”をさらに多く発見し、補足する結果となった。このことは、第五節に例示したような“散在的な文字列の一致”を完全網羅的に行い、信頼に足る結果を得ることは、現時点の検索においては実現不可能な、未解決の問題であることを如実に示している。

　このような散在的な飛び飛びに一致する文字列を有する文献を大蔵経から網羅的に抽出することは、現在の“手動型”の検索では扱いきれない、限界領域である。しかしながら、現存しない蕭子良『浄住子』20 巻を内容を文献学的に満足できる形で遂行するためには、今後開発すべきツールとして、《多くの

文字列を介在しながら散在的に一致する文字列を含む複数文献》を網羅的に知るためのソフトウエアが是非とも必要であることを提言する。

略号と先行研究

SAT2018　SAT 大正新脩大蔵経テキストデータベース 2018 版 .
　　　　　http://21dzk.l.u-tokyo.ac.jp/SAT2018/master30.php

TACL　　　https://tacl.readthedocs.io/en/latest/

石井（2002）　石井公成「仏教学における N-gram の活用」、『明日の東洋学』8, 東京大学東洋文化研究所附属東洋学研究情報センター報、2002、pp. 2-4.

船山（2006）　船山徹『南斉・竟陵文宣王蕭子良撰『浄住子』の訳注作成を中心とする中国六朝仏教史の基礎研究』、科研報告書基盤研究（C）、2006, 324p.

同（2016）　同「《大方便仏報恩経》編纂所引用的漢訳経典」、方廣錩（主編）『仏教文献研究』2、広西師範大学出版社、2016、pp. 175-202.

同（2018）　同「梁の宝唱『比丘尼伝』の定型表現──撰者問題解決のために」、『東方学』135、2018、pp. 36-53.

chapter.04

仏典の切れはしを読む方法

—— 「根本説一切有部律薬事」新出サンスクリット写本の研究と
デジタルデータ

八尾 史

1. はじめに

1-1. わたしたちがまだ読んだことのない文字

仏典と呼ばれるものは数多く、人口に膾炙しているのはそのほんの一部にすぎない。仏教が流布した広大な地域とそこで用いられた多様な言語、その長い歴史を考えれば、大量の仏典が今日無名のままにあることになんの不思議もない。仏教を専門とする研究者にも内容が知られていない仏典は数多くある。それらは端的に読まれていないのである。

その一方で、広く知られよく研究されている仏典がある。それら○○経や○○論はサンスクリット語その他の原典が校訂出版されている上に、現代語に翻訳されて書店や図書館に並び、関連する無数の雑誌論文や書籍が出版されている。そのような仏典はもう何千回、何万回と読まれていて、研究者や一般読者の目にさらされていない部分は一行も残っていないようにみえる。しかし、校訂本のページに印刷されている文章がその○○経なり○○論のすべてであるのではない。そのページの背後には誰かが手書きで残した写本があり、異なる場所で異なる時に書かれたいくつもの写本を誰かがつきあわせることで、校訂本の文章が作られている。写本は寺院や博物館の収蔵庫で発見されたり、遺跡から発掘されたりするが、その中にいままで知られていたどの写本の該当箇所とも違う文面（「読み」）が見つかることがあり、まれにはそれが文献の伝承史や言語や思想を知る上で重要な意味をもつこともある。そうした発見はいま現

在も続いている。近代仏教学が始まって 200 年ほどになるが、こうしたわけで、仏典という世界にはいまだ現代の人間がそれについて考えたり議論したりする場にのぼっていない無数の文字があるのである。

　筆者が研究している根本説一切有部律という文献は、かつておそらくアジアの各地で数多くの写本に書き写され、のちにそのほとんどが失われた。それらの写本の一つが 20 世紀の末になって研究者たちの前に忽然と現れたのだが、そこに蔵せられている文字は、8 世紀前後に書かれて以来現代に発見されるまで、もしかすると一度も、誰にも読まれなかったものである。本稿ではこの写本を読む作業がどのようなもので、それによって何がわかってきたのかを述べたいと思う。なお本稿の「2-1. 根本説一切有部律とその現存資料」と「2-3. 解読された写本断片からわかること」は、『仏教学』誌（2019 年）に発表した拙稿の内容を専門外のかたにも読んでいただけるように書き改め、いくらか内容を補ったものである。

1-2. 21 世紀に 8 世紀の写本断片を読むということ

　現代の人間のさまざまな行動がそうであるように、古い写本を解読するという作業もいまではデジタル技術に支えられている。19 世紀から 20 世紀なかばまでのインド仏教研究者たちは、貴重な写本の実物もしくは白黒写真を机の上に広げて読み、古い時代の書体で書かれた文章を、手元の紙にローマ字や近代のデーヴァナーガリー文字で書きとっていたのだろう。現在の研究者もやはり文字を読んで書きおこしていることにかわりないのだが、その作業はコンピューター上で行われ、かつては困難だったであろうことが今日の技術の助けによってしばしば容易に達成される。筆者は特殊なコンピュータプログラムを利用したり開発したりしているわけではないが、本稿では自身の扱っている資料をもとに、デジタル技術がどのようなかたちで写本研究を可能にしているのかを記述してみたい。ただしインド語で書かれた仏教写本は時代・地域の両面できわめて広範囲にわたり、幾多の研究の蓄積があって、筆者は新参者としてその世界のほんの一画を垣間見たにすぎないから、ここで提示しうる情報はごくささやかで偏ったものである。あくまで一つの事例にすぎないことをお断りしておかねばならない。

2. あらたに発見された根本説一切有部律サンスクリット写本の研究

2-1. 根本説一切有部律とその現存資料

　根本説一切有部律（以下、略して根本有部律）というものはかつてインド内外に一大勢力を有していたらしい仏教の一派に属する僧院規則文献（律蔵）で、僧尼の生活を律する規則のほかに説話文学のたぐいを大量に含むことで知られている。この説話というのは、たとえばある規則が制定されるに至った背景の事件を説明する物語（規則は教団になんらかの不祥事が起こるたびに開祖ブッダによって一つ一つ定められていったことになっている）や、ブッダの人生とその教団のなりたちについての物語や、ブッダその他の人々の前世の物語などである。成立年代ははっきりしないが、紀元一千年紀の前半に今日見るような形になったというほどのところでは衆目一致するだろう。インドの古典語であるサンスクリットで書かれ、7世紀末から8世紀初頭にかけて漢文に、9世紀にチベット語に翻訳された。全体として「律分別」、「律事」、「雑事」、「ウッタラグランタ」と呼ばれる四つの部分からなるが、このすべてが完全な形で現在まで残っているのはチベット語訳だけである。

　1990年代末まで、根本有部律の大部のサンスクリット資料としては、7〜8世紀のものとされる「律事」の不完全な写本一つが知られるのみであった。1930年代に現パキスタンのギルギット附近で出土したこのいわゆるギルギット写本は、はじめインドのナリナクシャ・ダットによってデーヴァナーガリー文字のエディションとして出版され、しかしそのエディションに問題が多かったために、後の研究者たちによっていくつかの部分が再訂されてきた。また白黒写真版も出版され、長らく使われてきたが、それに代わる精細なカラー写真版（詳細な書誌情報を含む）が2014年にカナダのシェーン・クラークの編集によって上梓され、写本の参照が飛躍的に容易になった。ギルギット写本のほかには中央アジアで「律事」各章、「律分別」、「ウッタラグランタ」などの写本の断片が出土している。このほか根本有部律から抄出された説話を多数含む『ディヴヤ・アヴァダーナ』というサンスクリット説話集（年代不詳）があり、根本有部律のサンスクリット不在箇所を補う貴重な資料である。本稿がかかわ

るのは「律事」の第6章「薬事」で、これは薬に関する規則とともにおびただしい説話類を含む長大なテクストである。ギルギット写本では章の半分ほどが散逸している。

西暦2000年頃、ギルギット附近から出土したとみられるサンスクリット写本断片群の中に、根本有部律のいくつかの部分に属する断片が発見された。サンスクリット仏教写本研究の専門家であるクラウス・ヴィレがその大部分をローマ字に書きおこし、根本有部律に同定した。筆者はヴィレの先駆的な仕事の後を受けて2011年以来、これらの写本のうち「薬事」にあたる断片群を研究している。

新出の「薬事」写本はギルギット写本同様、横長の矩形に整えられた樺の樹皮（この一枚一枚をフォリオ、葉などと呼ぶ）に書かれ、各葉の表側、左の余白に通し番号がつけられている。字体もギルギット写本に近い。同じ場所で出土した「長阿含」の写本を放射性炭素年代測定法で測定した結果が8世紀後半から9世紀で、「薬事」写本の制作時期もおそらくそれから大きくへだたることはないであろう。破損がいちじるしく、一葉として完全なフォリオは残っていない。積み重ねられた状態で長いあいだ上からの圧力を受けたためか、しばしば複数のフォリオがたがいに固く貼りついて束になっている。そしてその束のまま分断されて複数の塊になったり、塊の一部が剥がれ落ちたりしている。

これらの断片群は現在、アメリカとノルウェイの個人蒐集家それにパキスタン政府という三者のもとに分かれて保管されている。中には一葉のフォリオの一部がアメリカへ、別の一部がノルウェイへと泣き別れになっているものもある。いままでに「薬事」に同定された断片は239個にのぼり、これら断片の属していたフォリオは「薬事」全205葉のうちの90葉に及ぶと考えられる（なおこの数字および本稿全体の記述は2019年1月までの研究にもとづいている。その後ノルウェイ個人蔵部分の調査が進み、断片数はかなり増えた。新しく利用可能となった断片の解読は現在進行中である）。

この写本の出土した状況について、詳しいことは知られていない。解読作業の過程でわかってきたのは、発見されるまでの数世紀か十数世紀のあいだ、この写本がかなり混乱した状態に置かれていたらしいということである。現在のように断片化する前のフォリオがどのような位置関係にあったかは、写真から

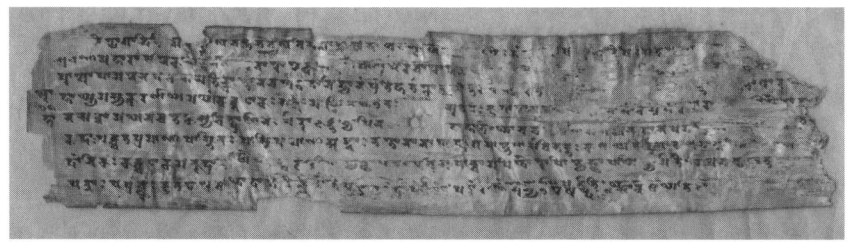

比較的大きい断片の例（複数葉貼りついている）

見てとれる重なり具合や、重なりあったフォ
リオ同士のあいだでついたインクの染み、ま
た虫食いの穴などをもとにある程度再構成で
きる。その結果、複数の箇所でフォリオの順
序がはなはだしく乱れていたことがわかるの
である。またフォリオの中央左寄りに開けら
れた穴も重要で、これはインドの写本には一

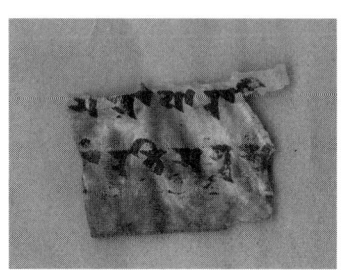

零細な断片の例

般にみられる、フォリオが散逸しないように紐を通すためのものだが、この「薬
事」写本の穴には傷みがみられない。つまり、紐を通して使った形跡がない（こ
れは前述の「長阿含」写本について報告されていることと同じである）。また、
おそらく過失によって穴を開けられないまま放置されたフォリオもある。さら
に上述の方法でフォリオの位置関係を再現すると、数枚のフォリオが重ねられ
て紐穴を開けられ、フォリオ同士のあいだでインクの染みがつき、複数のフォ
リオを貫通するようにして虫食いの穴ができ、そしてフォリオがたがいに固く
貼りつくまでの期間、その位置関係はほとんど変わらなかったことが推測され
る。したがって、この「薬事」写本は書かれてから出土するまで一度も読まれ
ず、別の写本へと書き写されることもなかったのだろうと考えられるのである。

2-2. 写本断片解読の作業

2-2-1. デジタル画像データの利用

　「薬事」新出写本はこれまでにその各部分がスキャンあるいは写真撮影され
ており、研究者にとって解読作業の直接の対象となるのはこれらの複製であ
る。まずアメリカにある断片群については、2005 年に作成されたスキャンデー

タがある。つぎに現在ノルウェイとパキスタンにある断片群については、1999年以前に撮影されたカラー写真があり、数名の研究者の手元に紙焼きの形で保管されている。またノルウェイの断片についてはその後さまざまな機会に研究者たちがデジタル写真を撮影していたが、2019年2月とそれ以降にスキャンが作成された。これらのデジタルデータおよび写真はいずれも公開されていない。

　アメリカ、ノルウェイの断片のスキャンデータはきわめて解像度の高いもので、極端な拡大に耐える。保存状態のよい写本でも画像がよいにこしたことはないが、破損した写本の場合は特に、画像の精度が可能なかぎり高いことがのぞましい。それによって断片の縁にあるなかば欠けた文字が一つでも多く読めるからであり、画像を反転させればインクの裏移りした染みまで解読に利用できる可能性があるからである。

　「長阿含」写本を対象に精緻な研究をおこなったドイツのグドルン・メルツァーが特記しているのは、零細な写本断片を扱う場合、スキャン画像は写真よりもすぐれているということである。これは倍率の問題によるので、ばらばらの倍率で撮影された写真では、二つの断片を同じ写本と判定することさえ容易でない。また同一のフォリオに属する複数の断片の位置関係を再現するにも、倍率が一定である方がはるかに容易かつ正確に作業を進められる。

　サンスクリット古文書学の専門家であるドイツのローレ・ザーンダーは、古文書学の基礎となる字母表の作成作業がコンピューターによってはるかに容易になったことに触れている。上述のメルツァーは書体の比較を通して「長阿含」写本の背後に複数の写字生の存在を推定し、さらに彼らの共同作業の実情の一端までも描き出しているが、こうした瞠目すべき成果もコンピューターによって支えられているといえよう。貴重な写本に直接触れることなく、したがって破損や摩耗のおそれもなく、現物を肉眼で見ても容易には得られない情報を引き出すということは、半世紀前には想像もされなかったことであるにちがいない。今後の技術の進歩によって、写本のあらたな読み取り方が生まれることも十分にありうると思われる。

2-2-2. 諸本の比較とデジタルテキスト資料の利用

　画像データから読み取った「薬事」写本断片の文字情報をローマ字で書きお

こすとき、それを現存する「薬事」のテクストに比定する作業、つまりそれが「薬事」のどこに書かれている文字列であるのかをつきとめる作業も始まっている。筆者がこの写本の研究を始めた時点で、すでに大部分の断片はヴィレによって書きおこされ比定されていたが、それでも多くの零細な断片や、現存するギルギット写本に対応しない部分の断片が未比定のまま残されていた。

　一行につき数文字分の幅しかないような小さな断片では、文字列を文章として読み取り、その意味をもとに比定することはほぼ不可能である。この場合、既存のテクストをデジタル化したデータの中で文字列を検索するという方法に頼ることになる。ギルギット写本「薬事」のテキストデータはヴィレによって入力されており、インド語古典文献のテキストデータベースである GRETIL（Göttingen Register of Electronic Texts in Indian Languages: http://gretil.sub.uni-goettingen.de/gretil.htm）で公開されている。このデータはダットの刊本にもとづきつつ、ギルギット写本の葉番号や、ヴィレらによる部分的エディションのページ番号も記載した貴重このうえないもので、写本にもとづいてダットのテクストが直されている箇所もある。

　しかしギルギット写本では「薬事」のほぼ半分が散逸しているから、上記の方法でテクストを比定することには限界があり、箇所によっては翻訳だけが頼りということも少なくない。極端な逐語訳で知られるチベット語訳はこの場合有用で、サンスクリット文にあらわれる単語は一つ一つ訳出されているし、サンスクリットの一行を訳すのに要するチベット語の文字数もおおまかには一定している。したがって、新出写本の零細な断片で一行に一単語程度しか得られなかったとしても、二行目、三行目と単語を拾ってゆき、それに対応するチベット語が訳文に一定の間隔であらわれれば、当該断片が「薬事」のその箇所にあたる可能性は高くなるわけである。根本有部律を含むチベット語訳大蔵経全体が ACIP（Asian Classics Input Project）によってテキストデータ化され公開されているので、これを利用した（https://www.asianclassics.org/）。

　チベット語訳と比べれば、「薬事」の漢訳がサンスクリット写本断片の読解に直接役立つことは少ない。しかし後述するように漢訳も時として重要な情報を提供する。SAT（大正新脩大蔵経テキストデータベース http://21dzk.l.u-tokyo.ac.jp/SAT2018/master30.php）のデータを利用した。

これらのテキストデータを利用して作業用に「薬事」の三言語対照テクスト
を作り、この中で単語やその一部を検索した。このほか根本有部律の「薬事」
以外の章や近縁の文献にも、共通の言い回しなど「薬事」の解読に資するもの
があるので、これらの資料のテキストデータをしばしば利用した。

2-3. 解読された写本断片からわかること

2-3-1. 写本構成上の特異性

　新出写本の解読をとおして新しくわかったことに、写本全体の構成にかかわ
ることと、文章内容にかかわることとがある。まず前者として、新出写本には
ギルギット写本と比較した際に特筆すべき構成上の特徴がある。それはこの写
本がそもそも何の写本であるのかという問題にかかわってくるものである。

　ギルギット写本でもチベット語訳でも、「薬事」は 17 章からなる「律事」と
いう文献の第6章である。ギルギット写本はこの「律事」全体の写本であり、
全 523 葉のうち第 91 葉から第 293 葉が「薬事」にあたる。では新出写本はどうか。
この写本の冒頭から 40 ～ 50 葉分は現存せず、そこに何が書かれていたかは知
りえない。しかしこの葉数は、「律事」の第1章「出家事（しゅっけじ）」から第6章「薬事」
のはじめの部分までをおさめるには少なすぎる。現存する断片とギルギット写
本との比較によって新出写本一葉分のテクスト量を見積もり、現存する断片の
うち葉番号が残っている最初のフォリオ（第 114 葉）までのテクスト量を計算
したところ、失われた第1葉は「律事」の冒頭ではなく「薬事」の冒頭である
可能性がきわめて高いことがわかった。この写本はギルギット写本のような「律
事」の写本ではないのである。

　ではこの写本は「薬事」単独の写本なのだろうか。今度の問題は、「薬事」
として始まる（と思われる）この写本が「薬事」として終わるのかである。現
存する断片の中には、「薬事」の末尾部分を含む複数のフォリオが貼りついて
束になったものがある。表側からは第 201 ～ 204 葉の一部が見えており、その
文面からすれば第 205 葉の裏面で「薬事」が終わるものと見こまれる。しかし
束の裏側を見ると、第 205 葉の裏面は別の1葉の下からのぞいている。第 205
葉に続くこのフォリオはすでにクラークによって「ヴィニータカ」という文献
に比定されていた。「ヴィニータカ」とは、根本有部律の「律事」とは別の部

分「ウッタラグランタ」の第2章である。この写本では「薬事」と「ヴィニータカ」のあいだで葉番号は途切れなく205から206へと続いているらしい。このことは同じ第206葉に属する別の断片と、それに続く「ヴィニータカ」の数枚の断片からわかる。

　「律事」の第6章と「ウッタラグランタ」の第2章とは、根本有部律の中で遠くへだたった箇所にあるというだけでなく、たがいになんら内容上の関連をもたない。したがってこの二つのテクストが続けて書写されていることははなはだ奇妙であるのだが、その理由は現時点では不明とせざるをえない。「律事」の中で「薬事」だけが取り出されていることは、漢訳「薬事」の形態を想起させる。漢訳では個別の章をその下におさめる「律事」に相当する題名がなく、「薬事」などの章が単独の文献として訳出されているからである。そのような形式が漢訳者の判断で採用された可能性は考慮すべきだが、もしサンスクリット写本伝承でも各章が単独に書写されることがあったとすれば、漢訳は単にそれを反映したということになるだろう。いまのところこれ以上の手がかりはなく、両方の想定を残しておくのが穏当だと思われる。

　「薬事」「ヴィニータカ」と続くこの写本が全体としてどのように終わるのかは、現時点ではあきらかでない。「ヴィニータカ」では終わらずにその先へ続いていた可能性は十分にある（「ウッタラグランタ」の別の章にあたる断片もこの写本群の中に発見されており、葉番号がうまく残っていれば、一続きの写本かどうか確かめることができる）。本稿では便宜的に「薬事」写本と称しているが、正確には「薬事・ウッタラグランタ」写本などと呼ぶべきものであろう。なお新出写本断片群のうちで「律事」の「薬事」以外の章に比定された断片は、現在までのところ皆無である。

2-3-2. 現存資料との比較

　新出「薬事」写本（正確には「薬事・ウッタラグランタ」写本）は上にみたように構成の上でも興味深い特異性を示すが、この写本の蔵する最も重要な情報は無論そのテクストにある。まず、ギルギット写本「薬事」が全体の半分を失っている現在、新出写本はこの缺損を補う貴重なサンスクリット資料である。新出写本断片の中にはギルギット写本の現存する箇所と重なるものも、散逸した箇所にあたるものもある。各断片のもたらす文字列はしばしば一文をなすに

もほど遠いとはいえ、これまでチベット語訳と漢訳から推測するほかなかった多くの原語を含んでいる。

　しかし新出写本のもつ資料的意義は単にギルギット写本の欠損を補うというにとどまらない。この写本とそれ以外の現存「薬事」諸本を比較することで、これらの資料の関係について貴重な情報を得られるのである。

　「薬事」を含む「律事」現存諸本の異同については、これまでいろいろなことが言われてきた。1886年に説話集『ディヴヤ・アヴァダーナ』の校訂が出版されて以来、このサンスクリット資料と根本有部律の二つの翻訳のあいだに対応関係があることは学者に知られてきたが、1930年代にギルギット写本が発見され、続いてエディションが公刊されるに至って、根本有部律そのもののサンスクリット文と漢訳、チベット語訳、そして『ディヴヤ・アヴァダーナ』を比較することが可能になった。そして、これらの資料のあいだに数多くの相違があることがわかってきた。単語や文のレベルでの齟齬、さらにはある本の中で語られている説話が他の本にない（あるいは省略されている）といった構成上の不一致などである。こうした相違は、時として比較された複数の資料のうちのあるものが他のものより「正しい」、あるいは本来のものであるという想定のもとに語られた。その点で、ギルギット写本以外の三本はいずれもなんらかの形で毀誉褒貶をこうむっている。たとえばギルギット写本発見前、チベット語訳は誤りの多いものと見なされたことがあるが、それは『ディヴヤ・アヴァダーナ』と比較された結果であった。ギルギット写本が証言台に立つと形勢は逆転し、チベット語訳の「読み」は『ディヴヤ・アヴァダーナ』よりも正しいという評価を与えられた。ギルギット写本とチベット語訳が一致して『ディヴヤ・アヴァダーナ』と相違する例が数多くみられたからである。他方、漢訳についてはチベット語訳に比べ不完全で缺落だらけのもの、あるいは二流のものなどと酷評する向きもあったが、ギルギット写本と対照した結果かなり正確な訳だとする意見も出た。

　資料同士のあいだに現にある相違が特定の資料の過失に帰せられたとき、そのもとにあったのはおそらく、文献本来の言語であるサンスクリットで書かれたものが「正しい」という前提、なおかつ現存諸本が単一のサンスクリット・テクストに由来するという前提であったと思われる。そうであったとすれば、

唯一のサンスクリット写本であるギルギット写本が判断の基準となったのは当然のなりゆきであったろう。また「正しさ」の評価という文脈以外に、現存資料間の相違のあるものが漢訳者やチベット語訳者による意図的なテクストの改変に帰せられることもあったが、これも単一のテクストからの変化という前提の上になりたつものであった。

しかし果たして本当にギルギット写本が本来のテクストで、翻訳や抄出が示すものはそこからの逸脱なのだろうか。それらは翻訳者や抄出者の過誤や作為の結果なのだろうか。ヤン・ウィレム・ドゥ＝ヨングとクラウス・フォーゲルはそれぞれ 1961 年と 1981 年に、異なる文脈で、諸本の相違が漢訳あるいはチベット語訳のもとづいた原典に由来する可能性を指摘した。言いかえればサンスクリットの伝承過程ですでに「律事」が多様化していた可能性である。この見地からはギルギット写本も当然、あくまで複数個存在したサンスクリット写本の一つとして相対化される。さらに近年クラークらによって、根本有部律の伝承には複数の系統が存在したという議論が説得力をもって展開されている。そのひとりイェンス・ボルグランはチベット語訳とギルギット写本の対応関係をめぐる諸学者の見解をたどり、単一の根本有部律という想定がギルギット写本の初期のエディションにおいてチベット語訳への過度の依存をひきおこしたこと、これへの批判を受けてその後の諸学者による部分的再訂はチベット語訳の偏重からはなれてきたことを指摘した。さらに、チベット語訳とギルギット写本の相違のあるものを後者の伝承上の問題に帰する見解にも触れ、やはり単一の根本有部律という想定を批判する立場から疑義を呈した。かくて根本有部律を扱う研究者のあいだでは、諸本の相互関係を云々するのにこれまでより一層細心な検討がともなわねばならないという認識が共有されつつある。

そして 20 世紀の末、第二のサンスクリット写本があらわれた。この新出「薬事」写本の重要性は言うを俟たないであろう。

» 説話単位での比較結果

すでに触れたように、諸本の異同は、単語や文から説話の構造にいたるまでの異なったレベルで起こっている。まず大きな説話レベルで比較すれば、目立つ相違は、ある物語が全文語られるか、明示的に省略されるか、あるいはまっ

たく言及もされないというものである。いったいに漢訳とギルギット写本は
ともに説話を省略する傾向が強く、チベット語訳は説話の全文を語ることが多
い。しかしギルギット写本が漢訳と違ってチベット語訳と一致するといった例
外はあり、またチベット語訳がつねに説話を省略しないわけでもない。つまり、
これらのうちあるテクストが拡大成長あるいは縮小した結果、他のテクストに
なったというような単線的なシナリオは想定できないのである。

　新出のサンスクリット写本はさらに多くの比較材料を提供する。新出写本で
も上にみたのと同様の傾向がみられるが、まれな例として、チベット語訳にまっ
たく言及されない説話が漢訳では明示的に省略される箇所があり、新出写本は
ここで漢訳に一致する。また、新出写本が漢訳・チベット語訳のいずれとも異
なる例も見られる。これは特に注目すべき事例で、チベット語訳では連続する
四つの説話が全文語られる一方、漢訳ではそれらの説話についてひとことの言
及もない。そして新出写本では、各説話の見出し語だけがただ列挙されていた
らしく、現存する断片に見出し語の一部がかろうじて読み取れる。

　事例を集計した結果、おおまかな目安として、ギルギット写本も新出写本も
説話が省略されるか不在である傾向においてはチベット語訳と漢訳の中間に位
置し、比較的漢訳の方に近いということができる。なおこのレベルでは、ギル
ギット写本と新出写本の現存部分がうまく重ならないので、両者を比較するこ
とはできない。

» 語・句・文単位での比較結果

　語や句や文を対象とする微細なレベルの比較では、翻訳資料は背景にしりぞ
き、おもにサンスクリット資料間の異同が問題となる。重要なのはギルギット
写本が行や詩節の脱落といったやや大きな問題を抱える例で、新出写本の方が
脱落のない、意味の通る文面を保存していることがある。そして二つのサンス
クリット写本のあいだに相違がある場合、チベット語訳は往々にして新出写本
に一致する傾向があり、比較が可能な事例に関しては漢訳もまたそうである（た
だし例外もある）。

　『ディヴヤ・アヴァダーナ』は、例外を含みつつもギルギット写本よりは新
出写本に一致する傾向が強い。現行の『ディヴヤ・アヴァダーナ』校訂本がも

とづいた写本はすべてギルギット写本「律事」や新出「薬事」写本よりはるかに新しく、ギルギット写本と異なる「読み」を無数にもっている。それらの「読み」のあるものは律からの抄出後、説話集としての伝承の中で生じたものであるかもしれないが、しかし新出写本との比較によって、あるものはかなり古い、しかも（説話集ではなく）律そのものの文面に通じることがあきらかになったといえる。

　また言語上の特徴として、ギルギット写本と新出写本の相違に、サンスクリット語としての標準化の痕跡をいくらかみることができる。「律事」は中期インド語の一種である仏教混淆梵語の要素を残すサンスクリットで書かれているが、新出写本が中期インド語的な語形を示す箇所で、ギルギット写本は標準的サンスクリットの形を見せている。この場合後者から前者へという変化は考えにくく、前者から後者へ、つまり標準的でない語形から標準的な語形へという変化が起こったものと推測される。

　総じて、このレベルの比較においては、新出写本の方が全体としてテクスト伝承の早い段階を示しているということができる。

▎2-3-3. 失われた無数の根本説一切有部律写本について

　新出写本の現在利用可能な文字の量がごく限られているという事実には注意しなければならないが、この写本からは現存諸本のあいだにある相違の多くがすでにサンスクリットの、そして律の写本伝承の段階で起こっていたことが確かめられる。これは根本有部律のサンスクリット伝承を知ろうとする場合に、現存諸本の資料的価値をおしなべて高く再評価しうることを意味する。説話構造レベルの比較からは、漢訳がかつて考えられたよりも原典に忠実であったことがわかり、語のレベルの比較からは、チベット語訳がたとえギルギット写本と違っていてもそれ自体正確な翻訳でありうることが知られる。そして『ディヴヤ・アヴァダーナ』も、たとえギルギット写本と違っていても、それが説話を借用したところの律の文面を正確に保存している可能性がある。もちろんこれらの資料自身における誤訳や誤写や再編集の可能性を否定しさることはできないが、その判断には大いに慎重であるべきだろう。

　根本有部律を漢訳した義浄の証言するところでは、この律を伝承していた根本説一切有部の勢力はインドの北方から東南アジア一円に及んだという。その

広大な地域のそこここで「薬事」というテクストが読まれ書き写されていたとしても、いまのわたしたちのもとにはたった二つの写本しか残されていない。新出「薬事」写本の資料的意義は、かつて流通し、消滅した数多くの根本有部律サンスクリット写本の存在を指し示すところにあるといえる。

3. おわりに

　薬事・ウッタラグランタ写本の研究成果はインターネット上で出版される予定である。これは写本の内容や関連資料に関する議論、研究の経緯などをまとめた序章と、ローマ字で書きおこした写本のテクストとを中心とし、写本断片の画像も含めた PDF ファイルの形になる（オンデマンドでの紙媒体の発行も予定している）。写本のテクストが今後根本有部律や他の文献の研究に十分に利用されるためには、検索用に編集し直した簡略なテキストデータも別途提供する必要があるだろう。その場合、ダットによるギルギット写本のエディションとのあいだに、ページ番号の参照などでなんらかのつながりがあることがのぞましい。問題が多いとはいえ、ダットのエディションは多くの場合に研究者によってまず参照される資料だからである。理想的には、ダット本のテクストと新出写本のそれとの両方をおさめ、文章の欠けた箇所なども可能なかぎり補ったテクストファイルが作れればよいと思う。これは出版されるエディションとは次元の異なる作業用のファイルにすぎないが、研究者がそれを手がかりに写本の詳細へと速やかに進むことができれば、有益であることはまちがいない。

　本研究で読まれた文字が共有の道具となって、別の文字が読まれるときの助けとなることを願っている。

参考文献

- 根本有部律ギルギット写本のエディションと新しい写真版、同写本「律事」の研究

  Nalinaksha Dutt. *Gilgit Manuscripts*, vol. 3. 4 parts. Srinagar: Research Department. 1942–50. Reprint, Delhi: Sri Satguru Publications, 1984.

  Klaus Wille. *Die handschriftliche Überlieferung des Vinayavastu der Mūlasarvāstivādin.* Stuttgart: Franz Steiner Verlag. 1990.

Shayne Clarke. *Vinaya Texts*. Gilgit Manuscripts in the National Archives of India: Facsimile Edition, vol. 1. New Delhi: National Archives of India; Tokyo: International Research Institute for Advanced Buddhology, Soka University. 2014.

- 新出の「長阿含」および根本有部律の写本についての概観

Jens-Uwe Hartmann and Klaus Wille. "The Manuscript of the *Dīrghāgama* and the Private Collection in Virginia," in Paul Harrison and Jens-Uwe Hartmann, *From Birch Bark to Digital Data: Recent Advances in Buddhist Manuscript Research. Papers Presented at the Conference Indic Buddhist Manuscripts: The State of the Field, Stanford, June 15–19 2009*, Vienna: Österreichischen Akademie der Wissenschaften, 2014, 137–155.

- インド仏教写本の古文書学における近年の論考のうち、本稿で参照したもの

Lore Sander. "Dating and Localizing Updating Manuscripts," in Paul Harrison and Jens-Uwe Hartmann, ibid., 171–186.

Gudrun Melzer. "A Palaeographic Study of a Buddhist Manuscript from the Gilgit Region: A Glimpse into a Scribes' Workshop," in Jörg B. Quenzer, Dmitry Bondarev, and Jan-Ulrich Sobisch, *Manuscript Cultures: Mapping the Field*, Studies in Manuscript Cultures vol. 1, Berlin/Munich/Boston: Walter de Gruyter GmbH, 2014, 227–272.

- 「薬事」の内容と新出「薬事」写本

八尾史 .『根本説一切有部律薬事』. 東京 : 連合出版 . 2013.

——— . "Two Sanskrit Manuscripts of the Mūlasarvāstivādin *Bhaiṣajyavastu* from Gilgit," *WIAS Research Bulletin* 10:91–102. 2018.

——— .「根本説一切有部律薬事の新出写本──現存状況、構成の問題、ギルギット写本との関係」『佛教學』60:1–19. 2019.

- 「ヴィニータカ」と新出写本

Shayne Clarke. "The *'Dul bar byed pa (Vinītaka)* Case-Law Section of the Mūlasarvāstivādin *Uttaragrantha*: Sources of Guṇaprabha's *Vinayasūtra* and Indian Buddhist Attitudes towards Sex and Sexuality," *Journal of the International College for Postgraduate Buddhist Studies* 20:49–196. 2016.

- 『ディヴヤ・アヴァダーナ』の訳註研究

平岡聡 .『ブッダが謎解く三世の物語 『ディヴィヤ・アヴァダーナ』全訳』. 東京 : 大蔵出版 . 2007.

- 根本有部律の現存資料および『ディヴヤ・アヴァダーナ』の異同、翻訳の正確さなどに関して

Edward Byles Cowell and Robert Alexander Neil. *The Divyāvadāna, a Collection of Early Buddhist Legends* (esp. p. x). Cambridge: University Press. 1886. Reprint, Delhi: Indological Book House, 1987.

David Roy Shackleton Bailey. "Notes on the Divyāvadāna Part 1," *Journal of the Royal Asiatic Society of Great Britain and Ireland* 1950:166–184. 1950.

季羨林 .「記根本説一切有部律梵文原本的發現」.『周叔弢先生六十生日記念論文集』, 香港：龍門書店 , 1951, 176–181, Reprint, 1967.

Kenneth Ch'en. "Apropos the Meṇḍhaka Story," *Harvard Journal of Asiatic Studies* 16:374–403. 1953.

Jan Willem de Jong. "Les *Sūtrapiṭaka* des Sarvāstivādin et des Mūlasarvāstivādin," in *Mélanges d'indianisme à la mémoire de Louis Renou*, Paris: Éditions E. de Boccard, 1968, 395–402 (esp. 401).

Claus Vogel. "On Editing Indian Codices Unici (with Special Reference to the Gilgit Manuscripts)," in H. von Stietencron, *Indology in India and Germany: Problems of Information, Coordination and Cooperation*, Tübingen: Seminar für Indologie und Vergleichende Religionswissenschaft, 1981, 59–69 (esp. 62).

松村恒 .「西蔵語訳律蔵における水平化の問題」.『日本西蔵学会々報』, 40:11–17. 1994.

Fumi Yao. "A Brief Note on the Newly Found Sanskrit Fragments of the *Bhaiṣajyavastu of the Mūlasarvāstivāda-vinaya*," *Journal of Indian and Buddhist Studies* 61(3): 72–77. 2013.

Jens Wilhelm Borgland. *A Study of the Adhikaraṇavastu: Legal Settlement Procedures of the Mūlasarvāstivāda Vinaya* (esp. pp. 17–18). PhD diss., University of Oslo. 2014.

Bhikkhu Anālayo. *Vinaya Studies* (esp. p. 67 note 57). Taipei: Dharma Drum Pub-lishing Corporation. 2017.

- 根本有部律の伝承の複数性について

Christopher D. Emms. *Evidence for Two Mūlasarvāstivādin Vinaya Traditions in the Gilgit Prātimokṣa-sūtras*. MA diss., McMaster University. 2012.

Shayne Clarke. "Vinayas," in *Brill's Encyclopedia of Buddhism*, vol. 1, Leiden and Boston: Brill, 2015, 60–87 (esp. 73–74).

Jens Wilhelm Borgland, ibid., 18–19.

Bhikkhunī Dhammadinnā. "Women's Aspirations and Soteriological Agency in Sarvāstivāda and Mūlasarvāstivāda Vinaya Narratives," *Buddhism, Law & Society* 1:33–67. 2015–2016.

chapter.05

諸版対照テキストと註釈対象語句索引の作成をどうすすめるか

—— *Samantapāsādikā* の研究基盤を整備する

青野道彦

1. はじめに

　Samantapāsādikā は上座部仏教の教団規則および比丘・比丘尼たちの生活規範の集成である戒律聖典 *Vinayapiṭaka*（律蔵）の註釈文献である。制作者は5世紀前半にスリランカで活躍したブッダゴーサであり、序文によれば、古註釈書や古師たちの見解を踏まえつつ、戒律に関する決定説（vinicchaya）を示すために本書を制作したという [*1]。

　この註釈文献は本来的には比丘・比丘尼が上座部大寺派の正統な戒律理解を学び、戒律を実生活の中で現実化するための具体的方法を知るための典籍であるが、研究者が *Vinayapiṭaka* の内容を考察する上でも貴重な資料である。まず、その語句解説が *Vinayapiṭaka* の語句を理解する上で有用である。*Samantapāsādikā* は *Vinayapiṭaka* に現れる語句を逐語的に引用し、それを順次に解説していく。その解説は *Samantapāsādikā* の制作者がどのようなテキストに向き合っていたのか明かし、その当時の *Vinayapiṭaka* の読みを証言する役割を担うとともに、難解な語句の意味について有益な情報を提供してくれる。次に、*Samantapāsādikā* は *Vinayapiṭaka* では明確に説明されない規定の具体的内容を知る上で有用である。われわれが戒律の詳細について理解しようとする際、大きな障害となるものに、*Vinayapiṭaka* の読み手として当然持っておくべき前提知識の欠如がある。意図された読み手が知っていて当たり前の事柄について、

Vinayapiṭaka の編纂者たちは自明なこととして説明を省くのは当然であり、そのような空白のままとなっている部分の言語化を *Samantapāsādikā* は試みている。それは *Vinayapiṭaka* の編纂者たちと時代・地域などを大きく異にするわれわれにとって参考になるものである。

　現在、われわれはこの註釈文献に二つの仕方でアクセスしている。一つはこれまでと同様に紙媒体を用いる仕方であり、もう一つはデジタル・テキストを用いる仕方である。パーリ語は印欧語に属すためローマ字による表記が可能であり、漢訳仏典のように異体字の問題がない。そのため、デジタル・テキストの作成が比較的容易であり、複数の版本のデジタル・テキストがインターネット上で一般の利用に供されている。*Samantapāsādikā* についてもデジタル・テキストが諸版本について存在しており、それを参照することが研究者のあいだで一般化している。

　筆者は、目下、これらのデジタル・テキストを用いて、*Samantapāsādikā* の研究基盤を整備するために二つの作業に取り組んでいる。一つは諸版本対照テキストの作成であり、もう一つは註釈対象語句索引の作成である。前者は諸版本の異読確認の簡便化、および、将来的に *Samantapāsādikā* の改訂版テキストを制作するための土台作りを目指している。後者は膨大な分量の *Samantapāsādikā* から当該の語句解説を簡便に見つけ出すためのツールの構築を目指している。これらの作成には XML を用い、人文学資料を構造化する際のデファクトスタンダードとなっている TEI P5 ガイドラインに準拠してマークアップを行っている。以下、この TEI P5 ガイドラインに示されるタグ・セットをどのように応用し、いかなるプロセスで諸版本対照テキストと注釈対象語句索引の作成を進めているのか少しく説明したい。あわせて、*Vinayapiṭaka* と *Samantapāsādikā* のデジタル・テキストに関する将来的な構想について述べたい[*2]。

2. 諸版本対照テキストの作成

　Samantapāsādikā の版本は、主要なものだけでも、タイ王室版、Pali Text Society（PTS）版、Simon Hewavitarne Bequest（SHB）版、ビルマ版の四種がある。

これらのうち一応の標準版は Pali Text Society 版である。しかし、これには誤字や脱字、文字列の区切り方の間違いなどが散見される。また、第3巻以降は、第1～2巻で用いられた諸写本・版本が利用されず、"Bp" という略号で示される古ビルマ版の Pyi Gyi Mundyne Pitaka Press 版と "Ssp" という略号で示されるタイ王室版のみの校合により制作されている。PTS 版を底本として用いる場合には、ほかの版本、特に SHB 版、ビルマ版を参照して、誤字などを修正するとともに、異読を確認する必要がある。

　現在、この対照作業は研究者が各人で行っているが、それは紙媒体およびデジタル・テキストの諸版本を目視で参照することによってであろう。あるいは、デジタル・テキスト同士を、difff（https://difff.jp/）などのテキスト比較ツールを用いて対照することによってであろう。

　ここで、現在の各版本のデジタル・テキストの状況を示すと、【表1】の通りである。

表1　各版本のデジタル・テキスト

PTS 版	テキスト・ファイル	http://gretil.sub.uni-goettingen.de/gretil.htm で公開
SHB 版	バイナリ・ファイル	個人蔵
タイ版	テキスト・ファイル	http://budsir.mahidol.ac.th ほかで公開
ビルマ版	テキスト・ファイル	http://www.tipitaka.org/chattha ほかで公開

　PTS 版、タイ版、ビルマ版についてはデジタル・テキストがインターネット上で公開されており、一般の利用に供されている。これらはテキスト・ファイル化されており、テキスト比較ツールによる異読の確認が可能である。ただし、SHB 版がテキスト・ファイル化されていないため、依然として目視での対照が必要である。また、PTS 版、タイ版、ビルマ版については誤入力の可能性が否定できないので、最終的には紙媒体の確認が必要である[*3]。

　このような状況を踏まえて、筆者が取り組んでいるのが諸版本対照テキストの作成である。現在、その手初めてとして、SHB 版のテキスト・ファイル化を進めている。これまでに終了したのは PTS 版 *Samantapāsādikā* の 517 ～ 684 頁に相当する部分に限られるが、今後数年以内に全体についてテキスト・ファイル化を進める予定である。その後には、ほかの版本の異読の取り込みも予定

している。これらの作業は底本の PTS 版に諸版本の異読をマークアップすることで行う。【表2】にそのためのタグ・セットを提示する。

表2　各版本の異読の表記方法

PTS 版	底本	<witness xml:id="E">PTS</witness>
SHB 版	<rdg wit="#C"></rdg>	<witness xml:id="C">SHB</witness>
タイ版	<rdg wit="#S"></rdg>	<witness xml:id="S">Siamese</witness>
ビルマ版	<rdg wit="#B"></rdg>	<witness xml:id="B">Burmese</witness>

　このように諸版本の異読を一つのテキスト・ファイルに集約するならば、異読の確認がこれまでと比較にならないほど容易なものとなるだろう。また、将来的に新たな版本を制作する上でのプラットフォームにもなろう。*Samantapāsādikā* と同じく校訂作業が不完全であった旧 PTS 版 *Kaṅkhāvitaraṇī*（1956 年出版、Dorothy Maskell 校訂）は、2003 年に K. R. Norman と W. Pruitt により改訂版が出版された。その際に主たる校合の対象として用いられたのがタイ版、ビルマ版、SHB 版である。これらの版本を集約した諸版本対照テクストは *Samantapāsādikā* の改訂版を作成する際に土台となるはずである。

3. 註釈対象語句索引の作成

　Samantapāsādikā は apubbapadavaṇṇanā（初出の語句の註釈）という註釈指針を立て、原則として初出の語句のみを註釈し、一度説明した語句については再度の説明を省略する。このため、*Samantapāsādikā* の註釈は先に進むにつれて分量が減り、前半部（経分別）に対する註釈が豊富であるのに対して、後半部（犍度部と附随）に対する註釈は少ない。

　この apubbapadavaṇṇanā という註釈指針は *Samantapāsādikā* において三度示され、以下に当該箇所を引用する。

　〈僧残に関する註釈部分の冒頭偈〉

　yaṃ pārājikakaṇḍassa saṅgītaṃ samanantaraṃ,

　tassa terasakassāyam apubbapadavaṇṇanā. (*Samantapāsādikā* 517.5–6)

以下は波羅夷の箇所の直後に合誦された
十三（＝僧残）に関する初出の語句の註釈である。

〈尼薩耆波逸提に関する註釈部分の冒頭偈〉
tiṃsa nissaggiyā dhammā ye vuttā samitāvinā,
tesaṃ dāni karissāma apubbapadavaṇṇanaṃ. (*Samantapāsādikā* 636.2–3)
三十条の尼薩耆［波逸提］の規則が寂静者により述べられたが、
今、それらについての初出の語句の註釈を行おう。

〈比丘尼分別に関する註釈部分の冒頭偈〉
yo bhikkhūnaṃ vibhaṅgassa saṅgahīto anantaraṃ
bhikkhunīnaṃ vibhaṅgassa tassa saṃvaṇṇanākkamo.
patto yato tato tassa apubbapadavaṇṇanaṃ
kātuṃ pārājike tāva hoti saṃvaṇṇanā ayaṃ. (*Samantapāsādikā* 900.3–6)
比丘分別の直後に比丘尼分別がまとめられたが、
それを註釈する段となったので、
それの初出の語句の註釈を行うために、
先ず波羅夷に関して以下の註釈が出来たのである。

apubbapadavaṇṇanā という註釈指針は上記引用で言われる三カ所だけでのみ通用するのではなく、それ以外の箇所も含めて *Samantapāsādikā* 全般に適用されるものである。例えば、波羅夷第 2 条に関する註釈部分の冒頭偈では、apubbapadavaṇṇanā という語は用いられないが、以下のように初出の語句についてのみ註釈することが明言されている。

dutiyaṃ adutiyena yaṃ jinena pakāsitaṃ, pārājikaṃ tassa 'dāni patto
saṃvaṇṇanāk-kamo, yasmā tasmā suviññeyyaṃ yaṃ pubbe ca pakāsitaṃ, taṃ
sabbaṃ vajjayitvāssa hoti saṃvaṇṇanā ayaṃ. (*Samantapāsādikā* 285.6–9)
比類なきジナにより波羅夷第 2 条が明らかにされたが、今、それを註釈する段となったので、明白なものと既に説明したものとを全て除き、これ（＝

波羅夷第 2 条）に関する以下の註釈が出来たのである。

　この註釈指針にはテキストの分量を縮減する効果があり、伝承の負荷を軽減するのに役立っているが、読み手には少なからぬ不便をもたらす。*Samantapāsādikā* を参照する際、*Vinayapiṭaka* の当該箇所に対する註釈以外に、それ以前の箇所にさかのぼって当該語句に対する註釈を探し出すことが求められるからである。

　全文検索が可能な現在、当該箇所を探し出すことは簡単に見えるかもしれないが、必ずしもそうではない。後続箇所に現れる語が前出の語と数・格が同じであるとは限らず、結果として、同じ語でも文字列としては異なっていて検索してもヒットしない場合があるからである。また、語として単独では註釈されず、句として註釈される場合もあるからである。これらが検索を難しくし、目当ての註釈箇所へのアクセスを阻害する要因となる。この阻害要因を除くためには、註釈対象語句索引の作成が求められる。

　TEI P5 ガイドラインによると、註釈箇所をマークアップするタグは <gloss> であり、註釈対象をマークアップする代表的なタグは <term> であるとされる。そして、両者を @xml:id と @target により関連付けるべきという。しかし、このマークアップはパーリ語註釈文献にそのまま適用することができない。当該の註釈がほかの要素を含んだりする場合、<gloss> というタグが使えないからである。また、<gloss> は本来的には行間の注解に用いるものであり、原典と切り離されたかたちで存在するバーシュヤ（bhāṣya）形式の *Samantapāsādikā* には相応しくない。そこで、<gloss> に代わるものとして、<note> というタグを採用し、その用途を厳密化するために @type を付して、<note type="bhasya"> というタグを用いる。

　次に、註釈対象についてであるが、先述の通り、パーリ語註釈文献では原典から句を引用して、そのうちの一部の語句についてのみ註釈を施す場合がある。その場合、その引用は註釈対象ではない語句も含むので、<term> でマークアップするのは正確ではない。そこで、引用を示す <quote> を採用し、引用が原典からのものであることを示すために、<quote type="basetext"> というタグを用いる。そして、その枠内において註釈対象語を <w> によりマークアップし、

@lemma を用いて、検索用の見出し語を明示する。【図1】にマークアップ例を提示する。

図1　註釈対象語のマークアップ例

```
<quote type="basetext" xml:id="A01">
<w lemma="assosi" xml:id="A01-1">Assosi</w>
<w lemma="kho" xml:id="A01-2 ">kho</w>
  <w lemma="verañja" xml:id="A01-3">verañjo</w>
  <w lemma="brāhmaṇa" xml:id="A01-4">brāhmaṇo</w>
</quote>
<note type="bhasya" target="#A01">ti
<note target="#A01-1">assosī ti . . . . </note>
  <note target="#A01-2">Kho ti padapūraṇamatte . . . . </note>
  <note target="#A01-3">Verañjāyaṃ jāto . . . . </note>
  <note target="#A01-4">Brahmaṃ aṇatīti . . . . </note>
</note>
```

　註釈対象が語ではなく句である場合には、<w> ではな <phr> を用いる。そして、見出しを <orig> というタグで示す。【図2】にマークアップ例を示す。

図2　註釈対象句のマークアップ例

```
<quote type="basetext" xml:id="A02">
<phr>
<choice>
<reg>Taṃ kho panā</reg>
  <orig>taṃ kho pana</orig>
    </choice>
  </phr>
</quote>
<note type="bhasya" target="#A02">
ti itthambhūtākhyānatthe . . . .
</note>
```

　このようにマークアップすることで、引用箇所と註釈対象語句の二つを構造化することができ、@lemma で記した見出し語を抽出することにより註釈対象語句索引の作成が可能となる。さらに、その索引を *Samantapāsādikā* の当該箇所とリンクするならば、索引から当該箇所へとジャンプすることが可能となる。

4. 将来の構想──伝統内在的なテキストの再現

　以上、諸版本対照テキストおよび註釈対象語句索引を作成する意義、方法、プロセスについて説明してきた。これらの完成は *Samantapāsādikā* の研究基盤の整備につながり、延いては原典である *Vinayapiṭaka* の解明に役立つだろう。しかし、これらは原典解明のための補助ツールを提供するにとどまっている。ここからさらに進んで、*Vinayapiṭaka* と *Samantapāsādikā* とが有機的につながった伝統内在的なテキストを再現することを目指すことも可能である。

　これまで、註釈文献（アッタカター）は原典（パーリ）を補助する資料として位置づけられてきた。すなわち、原典が土台であり、それにより上部構造である註釈文献は規制されると考えられてきた。このため、原初的な読みの再現が優先され、それにより註釈文献が支持する伝統的な読みは駆逐されてきた。

　しかし、伝統的な立場はこれとは異なり、原典の読みが註釈文献によって規定される側面がある [*4]。上座部仏教の伝統では、原則として、原典の理解は註釈文献に基づくべきであるとされている [*5]。すなわち、註釈文献が原典の読みを規定し、それに基づき原典のテキストが理解されるべきということである。この場合、註釈文献が土台としてあり、原典は上部構造としてある構図となり、原典のテキストは基本的に註釈文献の理解および被引用語句（pratīka）の読みと一致することになる【図3】。

図3　原典と註釈文献の関係

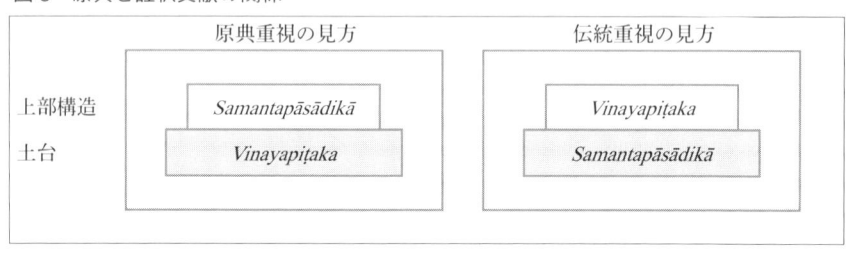

　このような原典と註釈文献の関係性こそが原典の長年月の伝承を支えてきた原動力であり、この関係性の中にこそ上座部仏教の戒律思想が総体として存在していると言ってよいだろう。上座部仏教の戒律思想を研究する場合、この関

係性こそが研究の中心に据えられるべきであろう。

　このような見方に立って研究を推進する際に重要となるのが、原典と註釈文献の関係を可視化することである。これまで、紙媒体では、原典と註釈文献が有機的につながったテキストを構築することは困難であったが、デジタル・テキストを用いるならば、それは可能である。具体的には、次のように原典と註釈文献の被引用語句を @xml:id と @corresp を用いてリンクすることで、それは実現することができる。

　まず、*Samantapāsādikā* のマークアップについてであるが、【図1】と【図2】を用いて説明すると、<quote> の中に @corresp を追記する必要がある【図4・5】。

図4　註釈対象語のマークアップ

```
<quote type="basetext" xml:id="A01" corresp="B01">
<w lemma="assosi" xml:id="A01-1">Assosi</w>
<w lemma="kho" xml:id="A01-2 ">kho</w>
 <w lemma="veranja" xml:id="A01-3">veranjo</w>
 <w lemma="brāhmaṇa" xml:id="A01-4">brāhmaṇo</w>
</quote>
<note target="#A01">ti
<note target="#A01-1">assosī ti . . . . </note>
 <note target="#A01-2">Kho ti padapūraṇamatte . . . . </note>
 <note target="#A01-3">Verañjāyaṃ jāto . . . . </note>
 <note target="#A01-4">Brahmaṃ aṇatīti . . . . </note>
</note>
```

図5　註釈対象句のマークアップ

```
<quote type="basetext" xml:id="A02" corresp="B02">
<phr>
<choice>
<reg>Taṃ kho panā</reg>
 <orig>taṃ kho pana</orig>
  </choice>
  </phr>
</quote>
<note type="bhasya" target="#A02">
ti itthambhūtākhyānatthe . . . .
</note>
```

　次に、註釈文献の被引用語句を原典と関係づけるために、@xml:id と @

correp を用いて原典をマークアップする必要がある。【図 6】は、【図 5】と対応する原典 *Vinayapiṭaka* のマークアップ例である。

図 6　原典のマークアップ 1

```
<phr xml:id="B02" corresp="A02">Taṃ kho pana</phr> bhavantaṃ gotamaṃ evaṃ . . . .
```

　これにより被引用語句を紐帯として原典と註釈文献とがリンクされる。しかし、このマークアップだけでは、初出の箇所のみがリンクされただけであり、apubbapadavaṇṇanā という註釈規則への対処ができていない。そこで、原典の後続箇所で同一語句が現れたときにも当該註釈を参照できるように、@correp によって前出の引用箇所と関連付けることが必要となる。例えば、【図 6】と同じ句が原典 *Vinayapiṭaka* の後続箇所で現れた場合、【図 7】のようにマークアップするべきである。

図 7　原典のマークアップ 2

```
<phr corresp="B02">Taṃ kho pana</phr>bhavantaṃ gotamaṃ evaṃ . . . .
```

　以上のマークアップにより、原典と註釈文献がリンクされ、*Vinayapiṭaka* と *Samantapāsādikā* は連結されたテキストとして可視化されることとなる。かつてこのようなテキストは、持律者と呼ばれる高僧の頭の中でのみ成立していたが、デジタル・テキストのマークアップによりそれを具現化することが可能なのである。

　ただし、このマークアップは *Vinayapiṭaka* と *Samantapāsādikā* の内容を把握しながらでなければ進めることのできない難易度の高い作業であり、専門家のみが為し得るものである。また、事前に註釈文献の読みを確定しておくことが求められる。現時点では、このようなテキストの再現は時期尚早であり、まずは諸版本対照テキストと註釈対象語句索引の作成に注力すべきと思われる。

注
1　O. v. Hinüber [1996: 103 (§ 208)] を参照。

2 本プロジェクトを推進するために、2016 年度より 3 年間、JSPS 科研費（若手研究 B 〈16K16693〉）を受けた。また、2019 年 9 月からは、第 48 回（2019 年度）三菱財団人文科学研究助成を受けている。

3 これまでのところ、パーリ語文献の諸版本のテキスト・ファイルに誤入力がどの程度含まれるのか調査は行われていない。今後、サンプル調査が必要であると思われる。

4 註釈文献および文法学書が原典の読みに影響を与えた可能性が K. R. Norman [1985] により指摘されている。註釈文献の影響は現代のアジアの三蔵版本にもうかがえ、例えば、ビルマ版三蔵の原典は、諸版本およびクトードー・パゴダの石板三蔵以外に、註釈文献、文法学書などを参照して制作されたと伝えられる（*Chattha Sangayana 2500th Buddha Jayanti Celebrations,* p. 64–65）。

5 以下の引用文に見られる様に、「アッタカターと共に三蔵」「アッタカターと共に律蔵」といった表現が註釈文献中に散見され、原典を註釈文献に基づき理解することが推奨されている。

> *Samantapāsādikā* 789.32–790.9: bhikkhunovādakena pana sāṭṭhakathāni tīṇi piṭakāni uggahetabbāni, asakkontena catūsu nikāyesu ekassa aṭṭhakathā paguṇā kātabbā, ekanikāyena hi sesanikāyesu pi pañhaṃ kathetuṃ sakkhissati, sattasu pakaraṇesu catuppakaraṇassa aṭṭhakathā paguṇā kātabbā, tattha laddhanayena hi sesapakaraṇesu pañhaṃ kathetuṃ sakkhissati. vinayapiṭakaṃ pana nānatthaṃ nānākāraṇaṃ, tasmā taṃ saddhiṃ aṭṭhakathāya paguṇaṃ kātabbam eva, ettāvatā hi bhikkhunovādako bahussuto nāma hotī ti. （比丘尼教誡人はアッタカターと共に三蔵を習得するべきである。できないならば、［経蔵の］四ニカーヤのうち一つのアッタカターに精通するべきである。何故ならば、一ニカーヤによって、残りのニカーヤについても、質問に答えることができるからである。［論蔵の］七論については、四論のアッタカターに精通するべきである。何故ならば、それら（＝四論）について見方を獲得した者は残りの論（＝三論）について質問に答えることができよう。しかし、律蔵は様々な意味を持ち、様々な因縁を持っている。従って、アッタカターと共にそれ（＝律蔵）に精通するべきである。実に、この限りにおいて、比丘尼教誡人は多聞と呼ばれる）。

> このような原則は今日に至るまで上座部仏教においては不文律として存在し、これによりアッタカターが極度に重視され、ティーカー、アヌティーカー、ヨージャナー、アヌヨージャナーなどのアッタカターに対する註釈が多数産み出されたとされる（佐々木教悟 [1970: 78] を参照）。

使用テキスト

Samantapāsādikā. 7 vols. Ed. J. Takakusu, M. Nagai, and K. Mizuno. London: PTS, 1924–1947.

参考資料

佐々木教悟「インド仏教への道しるべ (5)」『仏教学セミナー』第 11 号 , 1970, 75–86.

Chattha Sangayana 2500th Buddha Jayanti Celebrations. 1956. Rangoon: Union Buddha Sāsana Council Press.

von Hinüber, Oskar. 1996. *A Handbook of Pāli Literature*. Berlin: Walter de Gruyter.

Norman, K. R. 1985. "The Influence of the Pāli Commentators and Grammarians upon the Theravādin Tradition." *Buddhist Studies (Bukkyō kenkyū)*. 15: 109–123.

"TEI P5: Guidelines for Electronic Text Encoding and Interchange 3.6.0." http://www.tei-c.org/release/doc/tei-p5-doc/en/html/index.html, (cited 2019-08-05).

chapter.06

一切経音義全文データベースの構築と研究

李乃琦

1. はじめに

玄応撰『一切 経 音義』（以下、「一切経音義」と略す）は中国に現存する最古の仏典音義である。唐代に玄奘はインドから大量の仏典を将来した。それらの仏典を翻訳するために、長安に「訳場」を設け、僧侶の中から知識人を選んだが、その中でも玄応は唯一の「字学大徳」であった。玄応は仏典に難字難語が多数存在することを意識し、仏典翻訳に並行して「一切経」の音義の編纂を行った。それがいわゆる一切経音義であり、全 25 巻で約 400,000 字、400 部以上の仏経経目と 9,000 以上の項目が収録されている [1]。一切経音義は後代の仏典音義に大きな影響を与えた。その影響は中国にとどまらず、奈良時代に日本に伝来して盛んに書写され、平安時代以降の辞書編纂 [2] に際しては頻繁に利用された。日本に現存する一切経音義古写本は残巻数と内容において多少異なるものの、いくつかの系統に分けられると想定される。本論文では、この問題を解決するために、「一切経音義全文データベース」の構築とそれによる研究について論じる。

2. 先行研究

①山田（1932）は日本古写本の大治本が宋版系ではなく、高麗本系であることを指摘した。さらに巻第一について諸本対照結果を示し、大治本には高麗本系よりも古い一切経音義の本文が残っていることを明らかにした。

②上田（1981）は一切経音義の日本古写本（大治本、正倉院本、広島大学所

蔵本、天理図書館本、高麗蔵経本）と中国版本（磧砂蔵経本、叢書集成所収本、慧琳音義所拠本）とを比較し、日本の諸本は、中国の版本とは別の系統に属することを明らかにし、日本独自の系統がある可能性を示唆した。

③箕浦（2006）は金剛寺本・七寺本・東京大学本・西方寺本の書誌情報について説明している。その中では金剛寺本が大治本に近く、七寺本が高麗本に近いことを指摘した。また西方寺本がほかの写本より石山寺本に近いことも指摘した。ただし、上にあげた諸本の親疎関係については特に根拠を示していない。

④徐時儀（2009）『玄應和慧琳的「一切經音義」研究』は、日本に現存する一切経音義古写本の系統を検討した。収録された経目においては、金剛寺本・七寺本・西方寺本が高麗本と同じ系統であり、注文においては、七寺本が高麗本に近く、西方寺本・金剛寺本が磧砂本に近いと論じた。また、徐氏は元々開寶蔵初刻本と契丹蔵とのあいだに一種類の一切経音義古写本が存し、日本現存の写本はその古写本に基づいてできたものであると論じた。その上で、西方寺本・金剛寺本が先に成立し、その後、高麗本と七寺本がそれらを底本として編集されたと論じた。筆者は日本古写本の系統については研究途上であるが、徐氏の研究結果には再考の余地があると考えている。

⑤佐々木（2014）は 2006 年に公開された五種類の写本も含めた一切経音義巻第五における本文と目録との経名不一致について論じ、現存する一切経音義巻第五の経名から見た場合、日本古写本は高麗本に近く、宋版はそれと遠いことを指摘した。さらに、現存する巻第五に、目録と本文の経名とが一致するものはないことについて、各巻目録が音義本文と独立して書写されたためと説明づけた。

以上、これまでの研究により、一切経音義の日本写本と中国版本が別々の系統に属することが明らかになった。また、個別の巻の系統分類については、これらの先行研究により解明されたが、ほかの巻も含めた一切経音義日本古写本全体を対象とした系統分類は未解決のままである。本論では、「一切経音義全文データベース」を構築し、それらの問題点について検討する。

3. 『一切経音義』日本古写本

3-1. 現存する一切経音義日本古写本

　本論では、完本である高麗本と日本に現存する一切経音義古写本を研究対象とする。利用している諸本は次の通りである。

(1) 高麗本：（全 25 巻。『高麗大蔵經』、東国大学校、1976 年。）[*3]

(2) 金剛寺本：金剛寺蔵本（鎌倉時代書写。巻第一〜四、六、七、九〜二十一、二十四、二十五の 21 巻が現存する。）

(3) 七寺本：七寺蔵本（平安時代書写。巻第一〜十、十二〜十四、十六〜十八、二十一、二十三〜二十五の 20 巻が現存している。また、巻第十五は東京大学史料編纂所に所蔵されているので、合わせて 21 巻現存する。）

(4) 大治本：宮内庁書陵部蔵本（大治三年書写。巻第一、二、九〜二十五の 19 巻が現存する。）

(5) 西方寺本：西方寺蔵本（鎌倉時代書写。巻第一、三〜六、九、十三、二十一、二十五の 9 巻が現存する。）

(6) 　広島大学本：石山寺旧蔵本（平安時代書写。巻第二〜五、十の 5 巻が現存する。）

(7) 天理図書館本：天理図書館蔵本（巻第九、第十八現存する。巻第九が院政期の写本、石山寺本の一部分である。巻第十八が鎌倉時代の写本である。）

(8) 京都大学本：石山寺旧蔵本（巻第六、七が現存する。石山寺本の一部分である。）

(9) 東京大学本：七寺本旧蔵本（巻第十五のみ現存する。七寺一切経の一部分である。）

　ほかに、正倉院本一切経音義（正倉院聖語蔵本）を参考資料とする。以上により、現存する一切経音義古写本の残巻数は【表1】のように示される。

3-2. 一切経音義日本古写本の独自性

　①増訂

　　例1　＜習習＞　巻第二　大般涅槃經 [*4]
（しゅうしゅう）

　　經文從疒作瘤、書無此字、近人迦之耳。（高麗本・七寺本・広大本）

　　經文從疒作瘤、書無此字、近人加之耳。和言加由之。（金剛寺本・大治本）

表1　利用した九種類の一切経音義の現存巻数対照表

巻	高麗本	金剛寺本	七寺本	大治本	西方寺本	広大本	天理本	京大本	東大本
1	○	○	○	○	○				
2	○	○	○	○		○			
3	○		○		○	○			
4	○		○		○	○			
5	○				○	○			
6	○				○			○	
7	○	○	○					○	
8	○		○						
9	○	○	○	○	○		○		
10	○	○	○	○		○			
11	○	○		○					
12	○	○	○	○					
13	○	○	○	○	○				
14	○	○	○	○					
15	○	○		○					○
16	○	○	○	○					
17	○	○		○					
18	○	○	○	○			○		
19	○	○		○					
20	○	○		○					
21	○	○	○	○	○				
22	○			○					
23	○		○	○					
24	○	○	○	○					
25	○	○	○	○	○				
計	25	21	20	19	9	5	2	2	1

②系統の異同

　例 2　＜牛桼＞　巻第四　大灌頂経

　居院反。『字書』:桼、牛拘也。今江淮以北皆呼牛拘、以南皆曰桼。（高麗本・七寺本）

　居院反。『字書』:桼、牛拘也。（西方寺本・広大本・正倉院本）

　居院反。『字書』:拘也。（金剛寺本）

　以上のように、一切経音義日本古写本には巻ごとに残巻数、内容ともに大きな差があるので、全体的に検討するのは不適切だと思われる。そのため、以下では、「一切経音義全文データベース」の構築により、検討する。

4.「一切経音義全文データベース」の構築

4-1. データベース構築の必要性

　一切経音義は「巻音義」、すなわち、仏経の一部ずつ、難字難語に注を加えたものである。そのため、仏経を熟知していない読者にとっては、検索するのが困難である。それを解決するために、現在一切経音義の情報学的な研究成果が多くある。それらの検索サイトは次の通りである。

　①漢学文典（玄応『一切経音義』、徐時儀校注）

　　http://tls.uni-hd.de/xuanying.html

　②仏典辞書数位検索系統（玄応『一切経音義』、慧琳『一切経音義』、希麟『一切経音義』）

　　http://cprg.esoe.ntu.edu.tw/cyj/index.py

　③仏教五台山在線（慧琳『一切経音義』）

　　http://www.chinawts.com/index.html

　④ SAT 大正新脩大蔵經テキストデータベース（慧琳『一切経音義』）

　　http://21dzk.l.u-tokyo.ac.jp/SAT/

　以上の検索サイトはすべて一切経音義の利便性を高めるために開発されたも

のである。しかし、いままで公開されたデータベースはすべて一切経音義の版本と慧琳音義についてのものである。管見の限り、一切経音義の写本に関するデータベースは見当たらない。なぜ、一切経音義の写本のデータベースを構築しなければならないのか、次に一例をあげる。

例3　＜治葺＞　巻第三　勝天王般若經
　　七入反。『通俗文』：覆蓋曰葺。葺亦補治苫也。（磧砂本）
　　七入反。『通俗文』：覆蓋曰葺。葺亦補治苫也。（高麗本・七寺本）
　　子立反。『通俗文』：覆蓋曰葺。葺亦補治也。累也。苫也。（金剛寺本・西方寺本・広大本）

　この例では、版本である磧砂本・高麗本と写本である七寺本の注文が一致する。しかしながら、古写本である金剛寺本・広大本・西方寺本の注文において、反切は他本の「七入反」と異なり、「子立反」である。さらに、注文に「累也。苫也。」の記述は金剛寺本・西方寺本・広大本にしか見られない。そのため、現在公開されている一切経音義のデータベースを利用して、一切経音義日本古写本を検索するのは、不適切だと思われる。
　一方、一切経音義全25巻（高麗本）には約9,000の項目がある。そのほかに、九種の古写本がいずれも残巻であるが、合わせて103巻分が存する。これは、膨大な文字量を持つ文献だと言えるだろう。さらに、諸本間には一致する内容が大半を占め、それ以外の異文は多様な形式で残されている。文献の量的な面から言っても、また諸本間の比較を効率的にしても、データベースを構築することを避けて一切経音義の研究を行うことはできない。
　本論では、九種の一切経音義日本古写本を分析するに際して、古写本の全文テキストを電子化し、「一切経音義全文データベース」を構築する。これにより、複数の写本を個別に分析ができるし、さらに、諸本を並行的に比較するのも可能になった。

4-2. データベース構築原則
「一切経音義全文データベース」の構築については、次のような原則に沿っ

て進める。

　①データベースの構築範囲は一切経音義巻日本古写本の諸本とする。
　②項目配列は、一切経音義での出現順とする。
　③所在は、頁数・行数を算用数字で表す。

データベースの構築に際して、次の手順で行う。

　①いままで公開された写本を利用し、翻字（ほんじ）する。
　②翻字したテキストが Excel で処理する。
　③ Excel を根幹資料として、データベースの形式に整える。

4-3．データベースの項目構成

一切経音義の編纂形式ついて、小林（1981）は次のように述べている。

初唐の一切経五百五拾余部について、各経ごとに所出順に字句を抽出して
挙げ、それぞれに音注、義注及び字体注を加えたものである。

一切経音義各巻の最初に「一切經音義巻第○」の形式で巻を表し、その後の
目録で、この巻に各経に配された経目名の全体を見渡せる。その後の本文に各
経の経目名・掲出語・注文が続く構成になっている。
　巻第十八を例として、巻のはじまりには「一切經音義巻第十八」とある。そ
れに続き、巻第十八に収録した経の経目名の目録がある。本論では、それらを
各経の経目という。各経の経目は「成實論、鞞婆沙阿毗曇論、解脱道論、雜阿
毗曇心論、立世阿毗曇論、尊婆須蜜所集論、法勝阿毗曇論、四諦論、阿毗曇心
論、分別功德論、甘露味阿毗曇論、辟支佛因緣論、三法度論、十八部論、明了論、
隨相論」である。
　その後は、本文の経目名からはじまり、最初の本文経目名は「成實論（じょうじつろん）」であ
る。その後、巻第十八の最初の項目をあげる。

例4　＜斲斧＞　巻第十八　成實論巻第一
　　古文作斸、同。竹角反。『説文』：斲、斫也。斲、斤也。

　この例では、傍線部分が字体注、波線部分が音注、二重傍線部分が義注である。それらの要素をまとめ、次の通りである。

　　【一切経音義の巻目】：各巻の最初に巻目を示す。一切経音義の場合は、一
　　　　から二十五までである。
　　【各経の経目】：一切経音義の一巻にはいくつかの仏典が含まれている。そ
　　　　れらの経の名称である。
　　【各経の巻目】：各経もいくつかの巻に分けられており、それらの巻につい
　　　　ても巻目で示す。
　　【所在】：本論では、一切経音義の掲出語と注文を組み合わせたものを「項
　　　　目」という。ここの所在とは、項目が記載されている頁数・行数である。
　　【掲出語】：仏経から抽出され、解釈を付される難字難語のことを指す。
　　【注文】：掲出語に施された注釈文であり、字体注・音注・義注 [5] がある。

4-4．一切経音義資料表の要素

　以上の要素をもとに「一切経音義全文データベース」の資料表【表2】を作成する。ここで、「俯張」（巻第四）を例として、資料表の構成を示す。

　　例5 ＜俯張＞　巻第四　觀佛三昧海經
　　　　『説文』作譸、同。竹流反。『爾雅』：俯張、誑也。亦幻惑欺誑也。經文作軸、
　　　　車轅也。軸非字體。『春秋傳』：挾軸以走。（高麗本系統）
　　　　『説文』作譸、同。竹流反。『爾雅』：俯張、誑也。亦幻惑欺誑也。經文作軸、
　　　　車轅也。軸非字體。（金剛寺本系統）

　以上のように、ある項目を処理するために、いくつかの部分に分け、情報を別々に記入する。それにより、多方面から写本の比較と整理を可能にする。
　次の【表3】では、一切経音義各本の ID について説明する。各本の ID は次

表2 七寺本一切経音義資料表

ランク	内容	例
ID	古写本の略称と所在頁数・行数	YND062004
巻	一切経音義に所属する巻	巻第四
経目名・巻	この項目が出典する経目名と巻数	觀佛三昧海經・巻第二
項目（高麗本）	高麗本を基準として、高麗本と異なる項目があれば、古写本で出現した項目で補足する	俯張
項目（古写本）	掲出語	俯張
所在	古写本での所在頁数・行数	620 頁 4 行目
注文	高麗本を基準として、高麗本と異なる内容を <q></q> で明示する。	『說文』作擣、同。竹流反。『爾雅』：俯張、誑也。亦幻惑欺誑也。經文作軸、車轅也。軸非字體。<q>『春秋傳』：挾軸以走。</q>

表3 一切経音義各本の ID 対照表

ID	内容	例
高麗本の項目		俯張
YKR	高麗本 ID	YKR042119
YND	七寺本 ID	YND062004
YKG	金剛寺本 ID	YKG009516
YSH	西方寺本 ID	YSH124003
YHD	広島大学本	YHD017406
YSS	正倉院本	（空）
YTR	天理図書館本	（空）
YTD	東京大学本	（空）
YKD	京都大学本	（空）

の三つの部分に分けられる。Yは一切経音義の略称である。続く二つのアルファベットは各本の日本語読みの略称である。6桁の数字は前の4桁が項目の所在頁数であり、後の2桁が行数を表す。

5. 「一切経音義全文データベース」の活用

5-1. 『一切経音義』についての研究

　一切経音義の構成により、経目名と本文との系統分類を各自に試みた。その結果、一切経音義日本古写本を三つの系統に分けた。すなわち、高麗本系統【高麗本、七寺本 A】、大治本系統【大治本、金剛寺本、七寺本 B】、石山寺本系統【石山寺旧蔵本（広大本、京大本、天理本巻第九）、天理本巻第十八、西方寺本】である。一方、七寺本は各巻によって系統が異なり、七寺本の書写形式と合わせて検討した結果、七寺本が取り合わせ本であることを解明した。

5-2. 日本古辞書との照合

　日本辞書編纂の萌芽時代である平安期では、参照が可能である資料が限られていた。それらの資料では、中国からもたらされた文献が少なくない。そのため、日本辞書の源流をさかのぼる際に、中国文献の検証を避けることはできない。

　それにより、中国文献の利用という視点から、日本古辞書についての考察を試みる。古辞書といえば、平安時代漢和辞書の双璧として広く知られているのは新撰字鏡と類聚名義抄である。新撰字鏡は現存する日本最古の漢和辞書であり、最初に一切経音義を利用する利便性を目指して成立したものである。その後編纂された類聚名義抄は平安時代の音義書を集大成するものであり、130種以上の出典が明記され、多数の文献を利用したことがうかがえる。その中で引用数が最も多いのが一切経音義である。よって、この両者の共通点として、最初に注目すべき点は一切経音義の利用である。

　すでに分類した一切経音義日本古写本の各系統を類聚名義抄と照合し、異文の内容について分析した上で、各系統の独自異文が類聚名義抄に見られることがわかった。各系統と類聚名義抄との対応する項目数とその中の不一致する項目数を統計した。その結果、不一致率の順が高麗本系統＞石山寺本系統＞大治本系統である。これによって、類聚名義抄が編纂されたとき、利用された一切経音義は大治本系統に最も近いことがわかった。

　一切経音義と新撰字鏡との照合を行う場合、新撰字鏡注文の出典が明記されていないため、一切経音義の独自注文がある独自項目を取り上げて比較した。

その結果、新撰字鏡の依拠本は高麗本系統に近いことがわかった。

5-3. 『一切経音義』敦煌吐魯蕃断片群

同じ写本である一切経音義の敦煌・吐魯蕃断片群に着目し、それらについての先行研究と現存する断片群の目録をまとめた上で、研究対象を決めた。それは、断片群の中で、項目数が最も多い P.2901 と、前後の書写形式が異なる ∮ 230 である。その後、両者を別々に一切経音義日本古写本との比較を行った。それにより、敦煌・吐魯蕃断片群の独特の編纂方針が明らかになった。

6. 今後の課題

6-1. 玄応音義古写本の調査

本論で対象外とした一切経音義古写本の調査を行う必要がある。本論で検討した諸本以外、日本に所蔵されている写本は興聖寺蔵本、大東急記念文庫蔵本、名古屋市博物館蔵本、中尊寺蔵本、東禪寺蔵本である。

6-2. 日本古辞書との関連性研究

本論では、平安時代に成立した類聚名義抄と新撰字鏡とのそれぞれについて、一切経音義との関連性に関する研究を行った。いままで、院政期鎌倉初期頃に成立した世尊寺本字鏡が新撰字鏡と類聚名義抄と関係があることはすでに指摘された。この中で、一切経音義と一致する注文も存することが確かめた。これから、一切経音義と世尊寺本字鏡との照合を行う必要がある。

6-3. 一切経音義敦煌・吐魯蕃断片群の調査

各国に所蔵されている一切経音義の敦煌・吐魯蕃断片群の原本調査は、大英図書館所蔵本、フランス国立図書館蔵本を調査したのみであり、ドイツ・ロシアなどに所蔵の原本を調査する必要がある。

6-4. 慧琳音義の玄応撰部分の検討

一切経音義の祖本に近い日本古写本についての研究は本論で行ったが、それ

らを検討するとき、問題になる部分だけ慧琳音義の玄応撰部分を利用した。慧琳音義の玄応撰部分の真実性と分量がいまだに不明であるので、これから、全体的な検討を課題とする。

注
1　徐時儀『玄応「衆経音義」研究』（中華書局、2005 年）
2　池田証壽「図書寮本類聚名義抄と玄応音義との関係について」（『国語国文研究』88 号、1991 年）
3　一切経音義日本古写本はいずれも残巻なので、本論では、完本である高麗本（版本）も研究対象とする。また、『高麗大蔵経初刻本輯刊』（西南師範大学出版社・人民出版社、2012 年）を参考資料とする。
4　本論では、玄応音義からの引用に当たって、原文の字体を用いることを原則とする。論文の引用に当たって、康熙字典体で書かれた日本語論文は常用漢字体に改めることとしたが、一部は原文のままにした。中国語論文は原文のままにした。中国人名のように姓だけではわかりにくい場合は、敬称を省略し、姓名を記す。
5　義注には和訓も見られる。

参考文献
・ 古籍
（1）高麗蔵経本：『高麗大蔵經』、東国大学校、1976 年
（2）名古屋七寺蔵本・大阪金剛寺蔵本・西方寺蔵本・東京大学蔵本・京都大学蔵本：『日本古写経善本業刊第一輯「玄応撰一切経音義二十五巻」』国際佛教学大学院大学学術フロンティア實行委員會編集發行、2006 年
（3）広島大学蔵本・大治三年本・天理図書館本：『古辞書音義集成「一切経音義」』、汲古書院、1981 年
・ 著書・論文
池田証壽（1991）「図書寮本類聚名義抄と玄応音義との関係について」『国語国文研究』88 号
上田正（1981）「玄応音義諸本論考」『東洋学報』第 63 巻第 1・2 号
于亭（2007）「玄応『一切経音義』版本考」『中国典籍与文化』4 号
小林芳規（1981）「一切経音義解題」『古辞書音義集成「一切経音義（下）」』付載
佐々木勇（2014）「玄應撰『一切経音義』巻第五における本文と目録との経名不一致について」『訓点語と訓点資料』第 133 輯
徐時儀（2005）「玄応『衆経音義』研究」中華書局
徐時儀（2009）『玄應和慧琳的「一切經音義」研究』上海世紀出版集團
張娜麗（2006）「京都大学文学部国語学国文学研究室蔵玄応撰『一切経音義』について」、

『日本古写経善本業刊第一輯「玄応撰一切経音義二十五巻」』国際佛教学大学院大学学術フロンティア實行委員會

山田孝雄（1932）「一切経音義刊行の顛末」『一切経音義 二十五巻』西東書房

箕浦尚美（2006）「金剛寺・七寺・東京大学史料編纂所・西方寺蔵玄応撰『一切経音義』について」『日本古写経善本業刊第一輯「玄応撰一切経音義二十五巻」』国際佛教学大学院大学学術フロンティア實行委員會

李乃琦（2016）『図書寮本「類聚名義抄」における玄応撰「一切経音義」の依拠テキスト—「一切経音義」巻第四を中心に—』『訓点語と訓点資料』第137輯

李乃琦（2016）『玄応音義に関する研究史と課題』、『北海道大学大学院文学研究科研究論集』第16輯

李乃琦（2017）『玄応撰「一切経音義」諸本系統から見た P.2901』『汲古』第72号

李乃琦（2018）『一切経音義全文データベース構築による平安時代古辞書についての実証的研究』北海道大学大学院文学研究科博士学位論文

本稿は拙稿

「一切経音義全文データベース構築による平安時代古辞書についての実証的研究」北海道大学大学院文学研究科博士学位論文、2018年

「一切経音義全文データベースの構造化」『じんもんこん 2018 論文集』、2018年（共著：劉冠偉）

の内容を基に修正・加筆を施し一論文として統合したものである。

chapter.07

チベット語大蔵経データベースの利用
および本邦に伝存する漢語大蔵経と
その調査の重要性と可能性

1. はじめに──チベット語大蔵経および漢語大蔵経の来歴の概略

　筆者は修士課程に進学して以来、大乗経典と呼ばれる仏教文献について文献学的な研究を行ってきた。大乗経典の大半は、インドを中心とする南アジアあるいは中央アジアで編纂されたもので、もとはサンスクリット語あるいはプラークリット語などと呼ばれるインドの言語あるいは西域とよばれた中央アジアの言語で記された典籍と考えられるが、それらのかたちで残るものはごく一部に限られる。それら大乗経典を豊富に伝えるのは、本稿で主に扱う、チベット語大蔵経および漢語大蔵経であり、これらの2種の大蔵経はいずれも東アジアで伝承されてきた仏典叢書である。導入にあたる本節では、両大蔵経の来歴などについて簡単に説明したのち、本稿の概要について示したい。

　仏典の全書的叢書を意味する「大蔵経」ということば・概念が形成されたのは、中国においてであり、インドに由来を持つ言葉ではない。インドでは、紀元前後頃までの比較的早い時期に編纂されたとみられる、経（ブッダの説いた教えを中心にまとめたもの）・律（出家者の生活や集団運営の規則などをまとめたもの）・論（理論書・注釈書）をまとめて「三蔵」と呼ぶが、伝統的な諸部派で伝承されたであろう「三蔵」の範囲はかなり限定的であり、中国やチベットで編纂された「大蔵経」とは完全には対応しない。

　中国における「大蔵経」編纂の淵源を求めるとすれば、4世紀に活躍した釈

道安（314-385）による、漢訳経典の収集とそれに基づく目録の編纂に求められるだろうか。道安は、戦乱の打ちつづく五胡十六国時代において、遠くインドよりもたらされ、漢語に翻訳された貴重な仏典が散逸することをおそれ、自らそれらの収集にあたるとともに、弟子たちを各地に派遣するなどして漢訳仏典の収集を試み、その目録を残した。その頃は「大蔵経」ということばはまだ用いられておらず、収集された仏典群は「衆経」などと呼ばれていたようである。やがて、南北朝の頃には「一切経」ということばが用いられるようになり、唐代の頃からは、それらの同義語として「大蔵経」ということばが用いられるようになったとみられる[*1]。

　8世紀前半の唐代に編纂された『開元釈経録』という経録、一切経目録で示された「1076部5048巻」という数字は、長らく大蔵経の標準的な部数・巻数とされてきた。その大蔵経を構成するのは、主にインドに由来する漢訳仏典および僧侶らの伝記類、史書、仏典目録類であった。漢訳仏典には、部派が伝持した経・律・論の三蔵に加え、それらをはるかに上回る分量を誇る大乗の経典と論書（理論書）、および仏伝（ブッダの伝記）や本生譚、譬喩経（ともに前世の物語を扱う。前者がブッダのものであり、後者はブッダに限らず、ほかの人物や動物などをも含む前世の物語）なども含まれる。

　宋代のはじめ、10世紀末から11世紀初頭に、勅令により開宝蔵が開板されたことで、それまでは写本の形で伝承されてきた大蔵経がセットのかたちではじめて印刷され、版本大蔵経の歴史が幕を開けた。さらに、11世紀末ごろから、主に江南の地において、大蔵経が民間で雕造・印行されるようになったことで、中国では版本大蔵経が本格的に普及するようになったと考えられている。以降、清代に至るまで、中国では官民の双方で、大蔵経が制作・印行・維持されてきた。また、中国のみならず、華北を領有した遼（契丹）や金、および朝鮮半島でも版本大蔵経は制作された。

　大陸や朝鮮半島で制作・印行された版本大蔵経諸本は、鎌倉時代以降、日本にももたらされ、日本では奈良朝以来の伝統を持つ写本一切経とともに伝承されるようになった。近世に入って、17世紀後半の江戸時代初期には、それまでに大陸でも制作されたことがなかった史上初の木版活字による大蔵経の天海版（寛永寺版とも呼ぶ）が開板され、日本国内ではじめて版本大蔵経が刊行さ

れた。それに続いて、明代の万暦年間に制作された嘉興蔵の正蔵部（インド撰述典籍と史伝・僧伝などからなる部分）に基づく、鉄眼版（黄檗版とも呼ばれる）が開板されたことで、日本国内では版本大蔵経が広く普及し、大蔵経に関する批判的な研究もなされるようになった。

近代に入って、西洋から近代的な金属活字を用いた活版印刷の技術が導入されると、日本では、ほかの東アジア諸国に先駆けて金属活字による漢語大蔵経の刊行がはじまった。20世紀前半、大正期から昭和はじめにかけて刊行された「大正新脩大蔵経」（以下、「大正蔵」と略称）は、現在に至るまで、長らく漢語仏典研究の際の標準的なテキストとされてきた。

一方、チベット語大蔵経については、13世紀にインドではイスラム教徒によって主要な仏教寺院が破壊され、仏教がインドの歴史の表舞台から姿を消すと、チベットでも、インドから伝わった仏典が新たに訳出されることもなくなったことで、9世紀頃から翻訳されてきたインド由来の仏教文献を整理し、全書的叢書としてまとめるようとする動きが出てきたとみられる。そうした動きを受け、14世紀頃には「仏説部（カンギュル）」（ブッダが説いたとされる典籍群。主に経と律からなる）と「論疏部（テンギュル）」（ブッダ以降の仏教者が説いたり著したりした典籍群。理論書や注釈書、儀礼・儀軌のマニュアル類など）という、独自の分類による翻訳仏典叢書が編纂されたと伝わる。

本稿のタイトルなどでも用いている「チベット語大蔵経」ということばは、上記の「仏説部」と「論疏部」を総称するものであるが、チベットでは伝統的に「大蔵経」という呼称は用いられず、中国で成立したことば・概念を借用した便宜的な呼称である。チベットでは「仏説部」と「論疏部」はそれぞれ別々に伝承されてきたようである。本稿では主に「仏説部（カンギュル）」について扱うが、それらは書写することによる功徳が甚大とされてきたので、現在に至るまで、多種多様の写本形態の「仏説部」が伝存するのに対して、「論疏部」は写本や版本のかたちで伝存するものは限られる。

以下、第2節では、上述のように多種多様なものが伝存する、チベット語大蔵経の「仏説部（カンギュル）」の写本および版本資料の多くが、現在はインターネット上に構築されたデータベースで入手・参照できるさまを紹介する。すなわち、「仏説部」の諸資料を参照する上で便利なオンライン・データベース2

種の紹介を兼ねながら、現存するカンギュル資料について概観する。

　第3節では、これまでに影印版やデジタル画像のかたちで公表されている漢語大蔵経資料、および日本の寺院などで保存されてきている貴重な漢語大蔵経の写本および版本資料について概略を紹介する。さらに、個別の漢訳経典について、資料の収集と調査を行ってきた筆者の経験に照らして、大蔵経資料の画像などを用いて直接調査することの重要性およびそれに伴う可能性について、具体的な事例をもとに報告したい。

2. チベット語大蔵経の「仏説部」（カンギュル）のデータベースと　それらによって参照可能な諸本資料

　14世紀頃に成立したとされる「古ナルタン」とも呼ばれる「仏説部（カンギュル）」および「論疏部（テンギュル）」は、ともに写本形態で編纂されたものとされる。15世紀、明・永楽帝の治世に、「仏説部（カンギュル）」の版本が中国ではじめて雕造、印行された。この前後からカンギュルの伝承は、大きく、版本形態のものと写本形態のものに分かれたと考えられる。

　従来は、版本を中心とするツェルパ系と、写本を中心とするテンパンマ系の2種の系統が、カンギュルの伝承系統の「二大系統」とされ、それらが混合したカンギュルやいずれにも属さない独立系の写本カンギュルなどが知られてきた。

　さらに、後で紹介するウィーン大学のプロジェクトによって、現在はインド領に含まれるチベット文化圏を中心に、写本カンギュルの捜索と調査、撮影が精力的に行われたことで、新たな資料が見出され、参照可能になってきた。特に、インド・ヒマチャール州のタボ寺に保存されてきた写本群の資料は、同寺が創建された10世紀末ごろから集積されたものと見られる。それらはカンギュルやテンギュルとして整理・組織されるよりも以前の、チベット語訳仏典の伝承のあり様を伝える可能性がある、として注目されている。また、近年、ムスタン系と呼ばれる写本カンギュル数種がラダックで見出されたり、チベット文化の影響を受けてきたブータン国内で伝承されてきたブータン系とされる写本カンギュル数種の高精細な画像がインターネット上で公開されたりして、近年、カンギュルをめぐる資料状況は目まぐるしく変化してきている。

このように、チベット語大蔵経の参照可能な資料をめぐる研究環境に大きな変化をもたらせている要因の一つは、インターネット上での画像データベースが整備されたことであろう。本稿では、その代表的なもの2点を紹介したい。

　1点目は、1999年に米国の仏教学者 Gene Smith が中心となって立ち上げられた、Tibetan Buddhist Resource Center（TBRC; https://www.tbrc.org/）である。それまでは紙媒体の影印版、あるいはマイクロフィルムやマイクロフィッシュのようなかたちで頒布・刊行されてきた、チベット語大蔵経を含む、チベット仏教関係の文献資料を、当初は CD-ROM あるいは DVD-ROM に収録された PDF のかたちで頒布していた。やがて、インターネットの発展・普及に伴って、インターネット上で利用可能なチベット仏教文献資料のデータベースを構築し、PDF データの公開・提供をはじめた。従来、カンギュルとテンギュルあわせて、大判の書籍200冊程度あるいはそれ以上の分量にもなるチベット語大蔵経が、CD-ROM や DVD-ROM で入手、参照できるようになっただけでも、当時筆者は随分びっくりした記憶があるが、いまや、インターネット環境さえあれば、膨大なチベット仏教文献資料がスマートフォンやタブレットなどでも閲覧できる状態にある（現在はスマホおよびタブレット用のアプリも開発・公開されている）。2016年には、TBRC は Buddhist Digital Resource Center（BDRC; URL は上記のまま）と改称し、チベット仏教文献に限らないかたちでのデータベースの拡張と充実を目指しているようである【図1】。

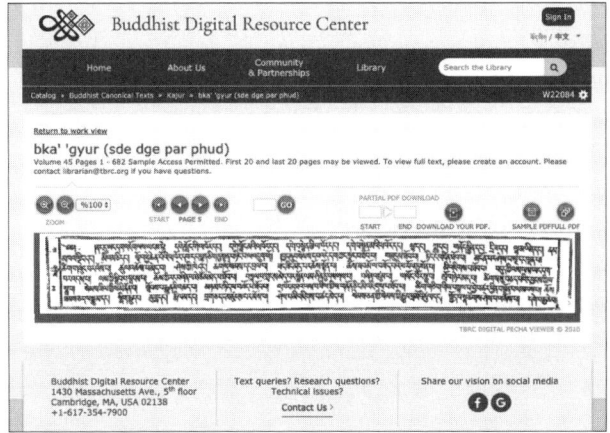

図1　「Buddhist Digital Resource Center（BDRC）」でデルゲ版カンギュルを表示している様子

もう一つ、チベット語大蔵経研究で大きな役割を果たしてきたのが、ウィーン大学の Tibetan Manuscripts Project Vienna（TMPV）が構築・維持している、Resources for Kanjur & Tanjur Studies（rKTs; https://www.istb.univie.ac.at/kanjur/rktsneu/sub/index.php）である【図2】。

　その名称の上では、カンギュル・テンギュルの双方をカバーしているが、その主体はカンギュル諸本の資料である。特に上記プロジェクトが自ら実地調査を実施し、現地で撮影してきた写本カンギュル資料が極めて重要である。そのような個別のカンギュル写本資料を紙媒体やマイクロ資料のかたちで頒布、刊行することは従来容易ではなかったが、デジタルカメラによる撮影およびインターネットを介してのデジタル画像の公開が可能になったことで、そうした資料の公表は従来よりも格段に容易になった。それにより、rKTs では、これまではアクセスすることさえ難しかった貴重なカンギュル資料が公開され、それらを研究者が用いることが可能になった。そのほか、rKTs 自身で作成・準備したものではない、写本・版本のカンギュル諸本資料についても、BDRC などで公開されているものを借用するかたちで rKTs 内でも参照できるようにされている（中には、BDRC では一般からのアクセスが制限されている資料の一部が、rKTs を経由することで閲覧できるケースも見られる）。

　上記2種のデータベースサイトをあわせれば、相当数のチベット大蔵経資料の画像をインターネット上で収集・参照することができる。これら二つのサイ

図2　「Resources for Kanjur & Tanjur Studies（rKTs）」のトップページ

トは、いまやチベット語大蔵経、特にカンギュル資料を扱う上で必要不可欠なツールと言える。

　以下では、上記両データベースサイトでの閲覧の可否やほかのツールでの参照方法を含め、現存するカンギュル諸本のうち、主要なものに関して、上記のように下線を施した系統・分類に基づいて紹介する。

» ①ツェルパ系
（a）**大谷大学所蔵北京版**（カンギュルは 1717-1720 年、テンギュルは 1724 年開板）

　　清代に北京で雕造された、チベット語大蔵経の版本諸種は「北京版」と呼び習わされている。中でも、寺本婉雅（1872-1940）が将来した大谷大学所蔵本は、チベット語大蔵経諸本の中でもいち早く影印版が刊行され（鈴木学術財団、1955–1961）、これまで長らくチベット語大蔵経の代表的な版本資料として用いられてきた。現在ではインドで保管されている北京版が BDRC で公開され、ウランバートルに保管されている北京版が DVD のかたちで頒布されている（当初は日本の Digital Preservation Society（DPS）より頒布。現在はチベット書籍専門店のカワチェンが頒布）。ただし、これまでの研究の蓄積を鑑みれば、大谷大学所蔵の北京版チベット語大蔵経の全体が Web 上で公開されることが切に俟たれる。なお、テンギュルのごく一部については、所蔵者の大谷大学で公開されている（URL: http://web.otani.ac.jp/ttpdb/web/index.html）。

（b）**ジャンサタン（リタン）版**（1608-1621 年開板）

　　北京版とは系統を異にする、ツェルパ系のカンギュル版本として最も古いものとして知られる、重要なものである。長らくベルリン国立図書館からマイクロフィルムの複製を譲ってもらうか、成田山仏教研究所で閲覧するかのいずれでしか参照できなかったが、現在は rKTs を経由するかたちで、BDRC 作成の PDF データを閲覧・参照できる。

　　ちなみに、ジャンサタン版の覆刻版として、**チョネー版**（1721-1731 年に開板）が知られる。同版は、国内では東洋文庫や大谷大学などに所蔵されている。また、米国議会図書館蔵本を複製した、チョネー版のマイク

ロフィッシュが頒布されていたことで従来より比較的参照しやすい資料であったが、現在は BDRC でも PDF データが閲覧できる。

» ②テンパンマ系

(c) **ロンドン写本**（18 世紀頃の書写）

　ロンドンの大英博物館に所蔵される写本カンギュルであり、ヒマラヤ山麓に近い、シェルカルゾンで書写されたとされる。そのマイクロフィッシュが頒布されてきたことで、比較的参照することが容易であったが、現在、rKTs ではそれをデジタル化したものが公開されている。

　同じく、シェルカルゾンで 18 世紀前半に書写されたとみられる、ラダックのシェイ宮殿で所蔵されている**シェイ写本カンギュル**が BDRC において公開されている。

(d) **トクパレス写本**（18 世紀前半の書写）

　ラダックのトク宮殿に伝存する写本カンギュルであるが、ブータンに伝わったテンパンマ系カンギュル写本の流れを受けるとされる。1980 年にインドから刊行された影印本に基づくマイクロフィッシュが頒布されてきた。現在は、その PDF データが BDRC で公開されている。

(e) **ウランバートル写本**（17 世紀の書写か？）

　モンゴルのウランバートル国立図書館に保存されている写本カンギュルである。17 世紀にダライ・ラマ 5 世（1617–1682）によって下賜されたものとされ、テンパンマ系写本カンギュルの中でも最も正統なものである可能性が指摘されている。比較的古くからその伝存が確かめられていたものの、2007 年になって、日本の Digital Preservation Society（DPS）より、デジタル撮影されたものがようやく公表・頒布され、研究者らがそれらを参照することが格段に容易になった。

(f) **東京写本**（19 世紀の書写）

　河口慧海が 1915 年にダライ・ラマ 13 世より下賜された写本カンギュルであり、現在は東京の東洋文庫に保管されている。同写本カンギュルは、19 世紀にギャンツェで書写されたものであり、書写年代は比較的新しいものの、来歴などが確かなもので、チベット文化圏外に伝来する数少ない

写本大蔵経セットの一つであり、貴重なものである。

　長らく、東洋文庫において閲覧するか、そこで撮影を依頼して複製を作成してもらうことでしか研究者は参照できなかったが、2019 年にはデジタル撮影およびその公開の準備がはじまり、その公開開始が俟たれる。

» ③ツェルパ系とテンパンマ系の混合

　従来「二大系統」として知られてきた、ツェルパ系とテンパンマ系の 2 系統が混合したものが知られる。ただし、そのレベルには相違があり、本文のレベルで混合したもの、すなわち、二つの系統のカンギュルを校合して新たな版本カンギュルの本文を編集したもの、および、典籍ごとにいずれかの系統に分かれるものの、2 種類がある。前者を代表するのがデルゲ版カンギュルとその覆刻とされる版本カンギュルであり、後者を代表するのがナルタン版カンギュルである。

（g）デルゲ版（1733 年に完成）

　版本カンギュルの系統であるツェルパ系本に基づきながら、テンパンマ系の流れを汲むとされるロゾン・カンギュルを用いて校合作業がなされて編集されたのがデルゲ版カンギュルである。現在もチベット・カム地方のデルゲ印経院において版木が保管、維持されており、それらを用いた印行も継続されている。日本には東北大学や高野山大学での所蔵が知られ、海外でも複数の機関で所蔵されている。20 世紀後半には台北より影印版が刊行されたり、1998 年には高野山所蔵本をデジタル撮影したものが CD-ROM のかたちで発行されてきたが、現在はデルゲ版カンギュル数種の PDF データが BDRC で公開されている。

　その校訂や雕造の質の高さから良本とされるデルゲ版を覆刻した版本カンギュルも複数作成された。アムドで開板された**ラギャ版カンギュル**（1814-1820 年開板）、モンゴルで開板された**ウルガ版カンギュル**（20 世紀初頭）などが知られる。いずれも BDRC で閲覧できる。

（h）**ナルタン版**（1732 年に完成）

　ナルタン版カンギュルは、ダライ・ラマ 6 世の命によって開板されたとされるが、1706 年にダライ・ラマ 6 世が遷化したためにその作業が中断

したりして、制作には比較的長い年月を要したようである。ダライ・ラマ
6 世遷化の影響からか、ナルタン版では典籍ごとにテンパンマ系の流れを
汲んだものとツェルパ系の流れを汲んだものが見られ、いずれの系統に属
するかは典籍ごとに調査をする必要がある。比較的早い時期に、インドよ
り影印版が刊行されていたが、現在は BDRC で PDF データが閲覧できる。

20 世紀初頭にダライ・ラマ 13 世の命によって、ラサにて開板された**ラ
サ版カンギュル**はナルタン本を底本としながら、デルゲ版を校合して作
成され、1934 年に完成した。日本では東京大学などに所蔵され、現在は
BDRC で PDF データが公開されている。

» ④ムスタン（ラダック）系

Eimer 氏などの研究[*2] によって、上述の二大系統に分かれることが 20 世紀
後半にかけて明らかにされたが、21 世紀に入って、ウィーン大学のチベット
語写本プロジェクト（TMPV）が精力的に現地調査を実施してきた結果、ラダッ
クに伝存されていた写本カンギュルの中に、ネパールのムスタンに伝わってい
たカンギュル目録とその構成が類似するものが見出された。これらを、従来の
二大系統と異なるものとして、rKTs に倣い、ここでは「ムスタン系」あるいは「ラ
ダック系」と呼ぶ。現時点では下記の 2 種類の存在が知られているが、上記二
大系統および後にみる独立系諸本との具体的な相互関係については現時点では
明らかにはなっていない。

(i) バスゴ（Basgo）写本
(j) ヘーミス（Hemis）写本（2 種）
上記のいずれも rKTs において画像が公開されている。

» ⑤ブータン系写本カンギュル

伝統的にチベット仏教の影響を大きく受けてきたブータンにおいて伝承され
てきた写本カンギュルについては、現在、ウィーン大プロジェクトなどの調査
によって、15 種類以上の現存が知られる。現在、大英図書館（British Library）
の協力を得るかたちで、そのうちの 8 種の高精細な画像が同図書館のサイトで
公開されている（https://eap.bl.uk/project/EAP570）。

rKTs によれば、それら8種は二大系統のツェルパ系とテンパンマ系のいずれか、あるいは両系統が混合したものに分類できるようである。一方、Shayne Clark 氏の最新の研究によれば、文献によってはブータン系諸本のいくつかで、ほかの諸本とは別の系統を形成していると見なせる場合があるようである[*3]。ブータン系写本カンギュル諸本については、今後、研究が進展することで新たな知見が得られることが期待される。

» ⑥独立系諸本

上述のいずれの系統にも属さない写本カンギュルあるいはカンギュルに類する写本資料の存在が知られている。大別して、カンギュルとして編纂されたとみられるものとカンギュル編纂以前の姿を伝えるものがある。

まず、前者のカンギュルとして編纂されたものには、次の2種が知られる。

（k）**プクタク写本**

西チベットのプクタクに保存されてきたカンギュルであるが、特定の典籍には複数種類の翻訳を伝えていることが知られ、カンギュル研究においては重要な資料である。比較的早くからマイクロフッシュが頒布されていたが、現在では、rKTs でそれらをデジタル化した画像が公開されている。

（l）**バタン（ニューアーク）写本**（ただし、カンギュルの完本ではない）

アメリカ合衆国・ニュージャージー州のニューアーク博物館で保管されている写本カンギュルであるが、カンギュル写本は通常百帙程度を数えるが、バタン写本は24帙しか伝存せず、カンギュルのセット全体を伝えるものではない。ただし、典籍によってはほかのカンギュルに伝える翻訳とはまったく異なるものを含むことが知られ、そうした異本資料はきわめて貴重である。インターライブラリーローン（ILL）サービスを利用することで、大学図書館を経由してニューアーク博物館よりマイクロフィルムの複製を譲ってもらうことは可能だが、デジタル画像を入手することは現時点では難しい。

次に、カンギュルが編纂されるより前、あるいはカンギュルが編纂されてからまもない頃の姿を伝えるカンギュルに関する資料が知られる。具体的には、

次の 2 種類の写本資料である。

（m）タボ寺写本

ラダックのスピティ渓谷に位置し、精細な密教図像が残されていること
で有名なタボ寺に伝わる、チベット語仏典の写本資料である。同寺が創建
された 10 世紀末ごろから集積されてきたものとみられ、カンギュル資料
のみならず、テンギュルに分類される資料も含む。整理されてきたもので
はないためか、大半の典籍が断片的なものであるが、書写年代が相当に古
いものや複数種類の翻訳を伝えるものもあって、カンギュル研究のみなら
ず、チベットにおける仏典の初期の伝承を探る上でも貴重な資料である。
rKTs において TMPV によって撮影された画像が公開されている。

（n）ゴーンドラ写本

14 世紀から 15 世紀頃に書写されたとみられるものを集成したものであ
り、現存のカンギュル諸本とは異なる独自の方法で整理されている。カ
ンギュルの原初的な様子を伝える可能性が考えられ、rKTs では "proto-
Kangyur" と呼ぶ。タボ寺写本同様、カンギュル研究においては貴重な資
料である。同じく、rKTs において TMPV によって撮影された画像が公開
されている。

以上みてきたように、上記の主要なカンギュル資料のほとんどが BDRC も
しくは rKTs において参照することができる。さらに rKTs では新たなカンギュ
ル写本資料数種の公開も準備しているようであり、今後もインターネット上で
利用可能なカンギュル資料は増えていくものと予想される。ただし、ここまで
参照可能な資料が増えてしまうと、それらをすべて用いての校合・校訂作業と
いうのは決して容易ではない。典籍の長さにもよるが、1 巻（bam-po）を超え
るようなものは、特定の箇所を用いてサンプリングを行うことである程度系統
の目処をつけたり、写本資料についてはその質などについて確認することで、
どの資料を典籍全体の校合・校訂に用いるかをあらかじめ判断する必要がある
だろう [4]。

いずれにしても、筆者がカンギュル資料を扱いはじめた十数年ほど前は、印

刷された影印版やマイクロ資料が主流であったのに比べて、カンギュル資料の収集に関しては時間を大幅に短縮できるようになっている。また、チベット文化圏の寺院や特定の研究機関に保管されている、貴重なカンギュル写本資料などをインターネットを介して参照できるメリットは計り知れないほど大きい。

3. 日本に伝存する写本および版本大蔵経
——それらを実際に調査することの重要性と可能性

大正期から昭和のはじめに刊行された「大正新脩大蔵経（大正蔵）」は、その刊行以来、漢語大蔵経の学術的な調査・研究を行う際の標準的なテキストとされてきた。さらに、近年、SAT および CBETA によって、大正蔵全体にわたるテキストデータベースが整備されて、それらを研究に活用することも可能になったことで、仏教学に限らず、仏教文献を扱う学術分野における大正蔵の重要性はますます高まっている【図 3】。

一方、大正蔵の刊行前後より現在に至るまで、さまざまな大蔵経諸本資料にアクセスすることが可能になってきている。具体的には、中国で再発見された版本大蔵経数種の影印版が発行されたり、日本各地の寺院や機関などで保存されてきた写本および版本大蔵経の画像が公表されたりしてきた。これらを用い

図 3 「SAT 大正新脩大蔵経テキストデータベース 2018 版（SAT 2018）」閲覧ページ

ることで、従来標準とされてきた大正蔵について批判的に研究することが可能になってきている。

　ここでは、まず一般に参照可能な影印版やデジタル画像が公表されている大蔵経資料 13 点について紹介する（大正蔵編纂の際に用いられたものは網かけを施す。現在インターネット上でも参照可能なものはアステリクを施す）。

(A) 聖語蔵経巻（しょうごぞう）：東大寺の塔頭、尊勝院に伝持されてきた仏典経巻群。8 世紀の奈良時代・天平期に、官営の写経所で書写された一切経である「五月一日経（ごがつついたちきょう）」などの約 1500 巻を中心に、隋・唐期の中国で書写された経巻、平安・鎌倉期以降に日本で書写されたもの、興福寺で雕造・印行された春日版などからなる。大正蔵編纂の際に対校本として用いられ、脚注にはその異読が示されている。丸善雄松堂より CD-ROM あるいは DVD におさめられたデジタル画像のかたちで頒布されてきたことで、研究者が調査することが比較的容易になった。

(B) 開宝蔵（宋勅版、蜀版）：10 世紀末の宋において開板された、史上はじめての版本大蔵経。世界に現存する零巻十数巻を精細に複製したものが『開宝遺珍』として刊行された。

(C) 高麗大蔵経初雕本：朝鮮半島に侵攻を繰り返す契丹（遼）の退散を願って、宋より下賜された開宝蔵に基づいて、11 世紀はじめより高麗で開板された大蔵経。京都・南禅寺に保存されていた約 1700 巻を中心に、朝鮮半島などで保存されていたものを合わせて、当初は高麗大蔵経研究所の Web ページで画像が公開されていた。2012 年には、中国から「高麗大蔵経初刻本輯刊」というかたちで影印版が出版された。

(D) 房山石経（ぼうざんせっけい）：北京郊外の房山雲居寺（うんごじ）において伝存する、隋代から明代にかけて制作された膨大な石刻経。中でも、遼・金代に制作されたものは、失われた契丹蔵を複製したものと考えられている。それ以外の時代の石刻経も当時の経文を伝えるので貴重である。中国仏教会より影印版のかたちで刊行されている。

(E) ＊福州版（東禅寺版および開元寺版）：11 世紀末ごろから福州の東禅寺と開元寺（かいげんじ）で相次いで開板された大蔵経。それらは別々の大蔵経であるが、

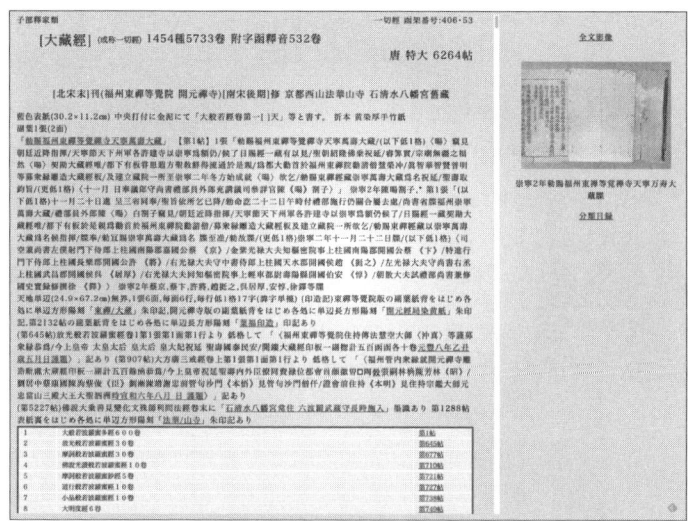

図4 「宮内庁書陵部収蔵漢籍集覧」のうち「大蔵経」（福州版大蔵経）のページ

便宜的に、まとめて「福州版」とも呼ばれる。日本国内には、複数の福州版大蔵経の所蔵が知られるが、いずれも東禅寺版と開元寺版が混合した混合蔵である。現在は、大正蔵の対校本としても用いられた宮内庁書陵部蔵本が Web 上で公開されている。URL: http://db.sido.keio.ac.jp/kanseki/T_bib_ody.php?no=007075　【図4】

（F）**思渓蔵（資福蔵）**：12 世紀前半に湖州にて開板された大蔵経。日本では複数のセットの現存が知られる。特に、増上寺蔵本は大正蔵制作の際に対校本とされた。長らく調査することが難しい版本大蔵経であったが、2019 年に中国国家図書館蔵本（もとは京都・法金剛院所蔵本であったものが清末に楊守敬によって買い取られたもの）を愛知・岩屋寺蔵本で補ったものに基づいた複製本が中国で刊行された。

（G）**金蔵（趙城金蔵）**：12 世紀半ばに、女真族が率いる金において、開宝蔵に基づいて開板された大蔵経。1933 年に趙城広勝寺にて再発見され、20 世紀後半に発行された『中華大蔵経（漢文部分）』に影印版が用いられる。

（H）**＊高麗版大蔵経再雕本**：11 世紀に作成された初雕本がモンゴルの侵攻によって失われたのち、そのモンゴルの退散を願って、13 世紀半ばに高

麗にて再度雕造されたもの。大半は初雕本に基づきながらも、契丹蔵や江南諸蔵、写本などを用いて改訂したとされる。大正蔵は増上寺蔵の高麗蔵再雕本を底本とし、本文はその再現を目指したものである。韓国・東国大学校より洋装本の影印版が刊行され（1957 〜 78 年）、近年は高麗大蔵経研究所の Web ページで画像が公開されていた（現在は公開が中断してしまっているようである）。

(I) 磧砂蔵：南宋代の 13 世紀はじめ頃から元代の 14 世紀頃にかけて、長期間にわたって雕造された。南宋滅亡時には一時中断したものの、それ以前のものは思渓蔵、元代のものは普寧寺蔵に基づくとみられる。1931 年に西安の臥龍寺と開元寺で発見され、まもなく、上海より影印版が刊行された。日本では、杏雨書屋蔵本（もとは大蔵出版所蔵本）のほとんどが磧砂蔵本として知られるほかは、他本との混合したかたちでしか伝わらない。

(J) 洪武南蔵：14 世紀後半、明・洪武帝の命によって開板され、15 世紀はじめに完成した勅版大蔵経。その全蔵を伝える版本は長らく現存が確かめられていなかったが、1934 年に四川にて発見された四川省図書館蔵本に基づく影印版が、20 世紀後半に刊行されている。

(K) ＊永楽北蔵：明・永楽帝が北京に遷都したのちに開板された勅版大蔵経。15 世紀半ばに完成。宮廷内に保管され、印行も制限されていたために、日本にはほとんど伝存しない。故宮図書館蔵本に基づく影印版が刊行されており、その PDF 版が台湾大学図書館の Web ページで公開されている。URL: http://buddhism.lib.ntu.edu.tw/sutra/chinese/index.jsp#B

(L) ＊嘉興蔵（万暦版大蔵経、径山蔵）：永楽北蔵を底本として南蔵などを校合して、正蔵部分は 16 世紀後半から 17 世紀前半にかけて、続蔵・又続蔵は 17 世紀後半にかけて民間で制作された。史上初の方冊体の大蔵経。江戸時代には 50 蔵以上が日本にもたらされたと考えられる[5]。日本で開板された鉄眼版（黄檗版）は基本的には嘉興蔵の正蔵部分に基づく。大正蔵では増上寺報恩蔵（現在は西蓮社所蔵）の嘉興蔵が対校本として用いられる。現在、東京大学総合図書館所蔵の嘉興蔵が Web 上で公開されている。URL: https://dzkimgs.l.u-tokyo.ac.jp/kkz/【図 5】

(M) ＊龍蔵（乾隆大蔵経）：18 世紀の清・雍正帝のときに北京で開板され

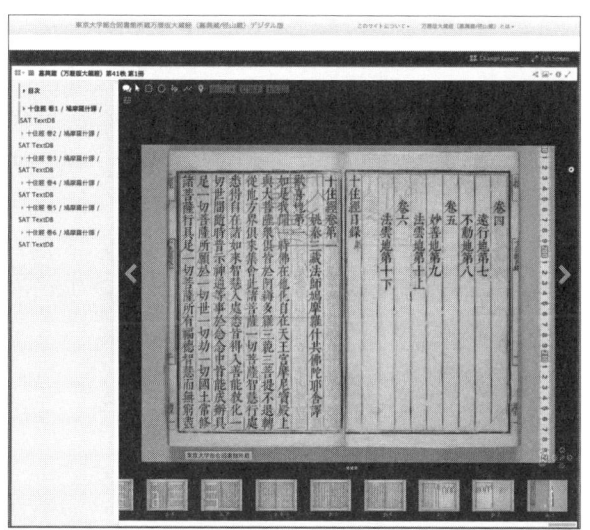

図5 「万暦版大蔵経（嘉興蔵 / 径山蔵）デジタル版」で版面画像を閲覧している様子

た勅版大蔵経。永楽北蔵同様、版木は宮廷内に保管され、印行も制限され
ていたためか、日本にはほとんど伝わっていない。その版木は現在房
山雲居寺に現存する。影印版が刊行され、台湾大学図書館の Web ページ
でその PDF 版が公開されている。URL: http://buddhism.lib.ntu.edu.tw/sutra/
chinese/dragon/html/index.htm

　以上のように、大正蔵刊行当時はアクセスが難しかった資料についても、20
世紀後半以降、大蔵経諸本資料が新たに公表されたことで、漢語大蔵経を取り
巻く研究環境は大きく変化してきている。また、上述のように、大正蔵の本文
自体は、底本とした高麗蔵再雕本の本文の再現を目指したものであり、本文批
判（テキストクリティーク、原典批判）を経たものでないことは十分に留意す
る必要がある。特に、個別の漢語仏典について探求を深めるような場合、上記
の資料も用いながら本文批判を試みる必要があるだろう。

　さらに、本邦には、貴重な写本一切経や版本大蔵経が何セットも現存し、そ
れらを調査していくことで、大蔵経研究をより一層深め、充実させることがで
きる可能性がある。特に、院政期から鎌倉前期にかけての中世初期に書写され

た写本一切経数点については、国際仏教大学院大学の落合俊典先生が率いる日本古写経研究所によって、寺院に保管されている経巻をデジタル撮影し、それを公表することが試みられている。また、いくつかの寺院では所蔵する大蔵経の調査を許可しているところもある。そうした所蔵寺院や機関の理解と協力によって、近年、漢語大蔵経研究はさらに新たな局面を迎えているように筆者は感じている。

　以下では、日本に所蔵されている写本一切経および版本大蔵経について概観する。ただし、版本大蔵経については、中国にはほとんど伝存しない、宋・元代の頃までのものを中心とする。

　まず、12 世紀の院政期から 13 世紀の鎌倉前期にかけて書写された写本一切経については、以下のようなものの現存が知られる。（ここでは版本大蔵経を底本とするものは省略する。後にみる個別典籍の調査に際して筆者が入手・調査し得た資料は下線を施す（以下同）。）

(1) <u>●高野山金剛峯寺蔵金銀交書一切経（中尊寺経）</u>：藤原清衡発願。およそ 4500 巻が現存。
(2) ◎神護寺経：鳥羽院が発願、後白河院の頃に完成。約 2300 巻が現存。
(3) <u>◎荒川経（高野山蔵）</u>：美福門院発願（夫・鳥羽院の菩提を弔うため）。約 3500 巻が現存。
　（以上の 3 種は紺紙に金字などで書写された装飾一切経。権門による発願。）
(4) ◎法隆寺一切経：法隆寺には 994 巻が伝存。巷間にも相当数が伝わる。
(5) <u>◎石山寺一切経</u>：院政期以前のものも 620 巻を含む。院政期のものは 2915 巻が現存。それ以降の写本や版経も含む。
(6) <u>◎ 七 寺一切経</u>：12 世紀後半に書写。4954 巻が現存。
(7) <u>興 聖 寺一切経</u>：12 世紀後半に丹後で書写された西楽寺一切経が母体。5261 巻が現存。
(8) <u>大門寺（西方寺）一切経</u>：2181 巻が現存。100 巻ほどが巷間に流出。
(9) <u>金剛寺一切経</u>：最も古い紀年が残る 11 世紀後半より、100 年以上かけて書写された写本一切経。約 3130 巻が現存。
(10) <u>名取新宮寺一切経</u>：13 世紀の鎌倉前期に書写されたものを主体に 2565

巻が現存。

(11) ◎妙蓮寺蔵松尾社一切経：秦氏の発願によって院政期の 12 世紀前半
に書写されたもの。およそ 3500 巻が現存。20 世紀末に妙蓮寺で再発見さ
れた。

　これらはいずれも奈良時代の天平期に書写された写本一切経の系譜に連なる
と考えられているものであり、後に見る版本大蔵経とは系統を異にする。ただ
し、上記の写本一切経中の一部の経巻には、版本大蔵経の影響を受けたと見ら
れる痕跡が確認できる場合がある。

　(1)「中尊寺経」とも呼ばれる、国宝の金銀交書一切経は、ほかに類例を見
ない、豪華な装飾写本一切経の遺例である。現在、高野山霊宝館に保管されて
おり、その全画像を撮影したポジフィルムが京都国立博物館で管理されている。
所定の手続きをとれば、その紙焼き資料を譲り受けることができるので、研究
者はそれらに基づいて調査することが可能である。(5) 石山寺一切経について
は、現在、石山寺綜合調査団による調査が進められているが、調査団が調査を
行う、夏と冬の年二回の機会を利用して閲覧・調査することが可能である。

　(6) 七寺一切経、(7) 興聖寺一切経、(9) 金剛寺一切経については、国際仏
教学大学院大学の日本古写経研究所によって調査・撮影が進められている。(9)
金剛寺一切経に関しては、すでに全巻の撮影および画像の公開が完了している
が、(6) 七寺一切経については現在、資料の調査および撮影、画像の公開が進
められている。(7) 興聖寺一切経については、調査と撮影が現在進められてい
るようであるが、画像の公開はなされていない。また、(8) 大門寺一切経のう
ち、巷間に流出した 100 巻ほどは同研究所で撮影されて、画像が公開されてい
るようである。

　ちなみに、日本古写経研究所では、従来刊行された諸寺院所蔵の一切経に関
する報告書などに基づいて、データベースを構築し、Web 上でも公開してい
る。それを利用すれば、主に院政期以降に書写・整備された写本一切経について、
どの典籍の、どの巻が現存するのかについて調べることができる。さらに、そ
れらの典籍の画像については、すでに撮影されて、整理されたものについては、
Web 上で公開されるのは巻首のみであるが、国際仏教学大学院大学図書館にて、

すでに撮影・公開されている全画像を閲覧・複写することが可能である。資料を所蔵する寺院の理解と協力を得るために、上記のような限定されたかたちでの画像公開を行っているが、各地の寺院に所蔵される一切経や諸史資料の調査・閲覧は、1年の間でも限られた時期にしかできないことがほとんどであり、制約も大きいことに比べれば、同研究所の取り組みは個人的には実にありがたいものである。

　次に、日本で所蔵される版本大蔵経について見ていくが、ここでは舶来の版本大蔵経のうち、宋代の福州版と思渓蔵、および元代の普寧寺蔵について扱う。これらの版本大蔵経は中国で制作されたものながら、その中国ではまとまった分量の現存が確かめられておらず、世界的に見ても、日本に伝存する諸本はかなり貴重である。

　まず、（I）福州版大蔵経であるが、日本に伝存するものはいずれも東禅寺版と開元寺版の混合蔵である。この両蔵は別々に制作された、2種の版本大蔵経であるが、相当に密接な関係にあったとみられる。

（Ⅰ）日本に伝存する福州版大蔵経

(1) ◎東寺：東禅寺版 6087 帖、開元寺版 639 帖。後白河院の皇女である宣陽門院寄進。

(2) ●醍醐寺：6102 帖（『大般若経』以外のほとんどが東禅寺版）；重源将来本とされる。

(3) ◎金剛峯寺：3750 帖（東禅寺版が多数）。仁和寺→天野社由来。

(4) 本源寺（愛知）：東禅寺版 1861 帖、開元寺版 225 帖。三聖寺<ruby>三聖寺<rt>さんしょうじ</rt></ruby>→覚勝寺由来。

(5) 宮内庁書陵部：6263 帖（開元寺版が多数）。法華山寺→石清水八幡宮由来。

(6) ◎知恩院（開元寺版 4940 帖、東禅寺版 978 帖）：色定法師<ruby>色定<rt>しきじょう</rt></ruby>一筆一切経の底本となった宗像社旧蔵本の可能性がある。徳川秀忠による寄進。

(7) ◎金沢文庫（開元寺版 2116 帖、東禅寺版 978 帖）：称名寺蔵本。

（5）宮内庁所蔵本はすでに見たように、大正蔵編纂の際に対校本として用いられたものであり、近年、その画像が Web 上で公開された。一方、（2）醍醐寺蔵本については、『大般若経』以外はほとんどが東禅寺版という、かなり特異な構成になっていることが知られる。同寺所蔵の宋版一切経については、毎年 8 月の調査期間には、申請して許可を得れば、閲覧・調査ができる。

　次に、（II）思渓蔵を主体とする国内所蔵本については、次のような現存が知られる。

（II）思渓蔵を主体とするもの

　（1）◎増上寺：5356 帖。もとは近江・菅山寺（かんざんじ）の蔵本を徳川家康が譲り受け、寄進。

　（2）最勝王寺（茨城）：5195 帖（福州版含む）。江戸時代初期の天海版（寛永寺版）制作の際の校本に用いられる。

　（3）◎岩屋寺（愛知）：5157 帖。高山寺由来。

　（4）◎唐招提寺：4456 帖。海龍王寺旧蔵を含む。

　（5）◎興福寺：4354 帖（磧砂蔵、祥符寺版含む）

　（6）◎長滝寺（ちょうりゅうじ）（岐阜）：3752 帖

　（7）大谷大学図書館：3374 帖。厳島神社旧蔵。

　（8）◎喜多院（埼玉）：思渓蔵 2781 帖、普寧寺版 1789 帖。天海版の底本。大内氏由来か。

　（9）◎長谷寺（奈良）：2220 帖。久米田寺（くめたじ）旧蔵。

（3）岩屋寺本に中国国家図書館蔵本を組み合わせたものをもとに、2018 年に思渓蔵の複製本が中国より発行された。ただし、折帖の形態で、精細な複製本のためか、相当に高価であり、現在のところ、国内では、その制作に協力した国際仏教学大学院大学の図書館にのみ所蔵されるようである。同大図書館での閲覧・調査が可能である。（1）増上寺本は大正蔵においては対校本として用いられた。

　（III）普寧寺蔵については、現在まで影印本も公刊されておらず、Web 上でも公開されておらず、調査することがかなり難しい版本大蔵経の一つである。

（1）◎増上寺：（普寧寺蔵）5417 帖。大内氏領蔵本由来か。

（2）◎浅草寺：（普寧寺蔵）5482 帖（和版を含む）。鶴岡八幡宮旧蔵。

（3）◎東福寺（京都）：（普寧寺蔵）4115 帖、（磧砂蔵）45 帖。

（4）◎西大寺：（普寧寺蔵）3450 帖。叡尊の弟子らが関係か。

（5）園城寺：（普寧寺蔵）2854 帖。大内氏将来本→毛利氏によって寄進か。

（6）◎南禅寺：（普寧寺蔵）2253 帖（高麗蔵初雕本）1715 帖（再雕本）25
帖。須磨・全昌寺由来。

（7）安国寺（岐阜）：（普寧寺蔵）2208 帖。

（8）般若寺（奈良）：（普寧寺蔵）826 帖。

　普寧寺蔵は元代に江南地方で制作された版本であり、東福寺蔵本については中国から直接もたらされたものとみられるが[*6]、先の喜多院蔵本に含まれる普寧寺蔵本には朝鮮の人々による施財記（大蔵経の印行に際して施財（布施）した人物やその目的について記したもの）がみられることから、朝鮮半島経由でもたらされたものもいくらかあったとみられる。

　（6）南禅寺所蔵の混合蔵に含まれる、高麗蔵初雕本は非常に貴重なものであり、それらに基づいた影印版が中国より発行されている。一方、（1）増上寺本は大正蔵においては対校本として用いられた。

　以上見てきたような日本に伝存する版本大蔵経は、中国をはじめとする諸外国には、セットとしては伝わらない貴重なものばかりである。これらのほとんどは、現在のところ、研究者が調査するのは容易ではない。しかし、将来的にこれらを調査することができるようになれば、中国で制作された版本大蔵経諸本についてより詳細な状況、例えば、伝存する諸本の印刷された順序や伝播の在り方、改訂の有無などについても明らかになることが期待される。

　これらの貴重な版本大蔵経は数百年以上の長きにわたって、各寺院において多大な労力と細心の注意をもって保存、伝承されてきたものであり、それらをにわかに公開することは難しいことを筆者は十分に理解している。一方で、印刷・刊行すれば膨大な分量になるような大蔵経資料も、近年の情報技術の発達

によって、デジタルのかたちであれば比較的容易に公表することができるようになっている。今すぐにということは難しくとも、長い年月の間、綿々と受け継がれてきた貴重な大蔵経の価値を、現代に最大限に活かすためにも、所蔵者の理解と協力を得ながら、将来的には公表されていくことを個人的には切に希望している。

　最後に、筆者がこれまでに調査してきた個別の漢訳経典における事例を通して、版本大蔵経を実際に調査することの重要性とそれがもたらす可能性について簡単に述べておきたい。

　ここで扱う個別の漢訳経典とは、3世紀後半、西晋時代に活躍した竺法護が訳出したとされる『普超三昧経』である。同経は、江南で開板された版本大蔵経諸本およびその系統に属する諸本では、4巻本構成であるのに対して、開宝蔵を受けた系統（高麗蔵初雕本および再雕本、金蔵）および日本に伝存する古写一切経などでは3巻本構成であり、巻数構成からみても系統が大きく分かれる。

　ここでは、これまで調査の報告が限られている普寧寺蔵に注目してみたい。本稿で扱う普寧寺蔵および思渓蔵は、ともに増上寺に所蔵されるものである。これら貴重な版本大蔵経を閲覧・調査することができたのは、浄土宗総合研究所の柴田泰山師にお力添えいただき、大本山増上寺より調査の許可をいただくことができたためである。ここに記して衷心より感謝申し上げる。

　普寧寺蔵は、南宋が滅んだ翌年、1277年に杭州の普寧寺にて開板されたとされる。南宋滅亡時の混乱によって、湖州で制作・印行されていた思渓蔵の版木が失われたのを受けて制作されたと考えられる。そこで問題になるのが、思渓蔵と普寧寺蔵、両蔵の具体的な関係についてである。すなわち、普寧寺蔵は版木が失われてしまった思渓蔵を（忠実に）覆刻しようとしたものであるのか、それとも、思渓蔵によりながらも何らかの編集の手が加わったものであるのか、という点は従来明確にされることはあまりなかったように思う。大正蔵の脚注に記された異読情報を見る限り、元版とも称される普寧寺蔵のみに見られる異読はかなり限られるものの、思渓蔵にはない異読が、普寧寺蔵および嘉興蔵（明版）に共有される用例もいくらか見られ、普寧寺蔵の段階で何らかの編集の手

は加わっていたことが予想される。

　このたび、『普超三昧経』に関して、増上寺蔵の思渓蔵本と普寧寺蔵本を実際に画像を利用して比較したところ、本文の読みの違い（異読）も確認できたことに加えて、両者の関係を決定づけるものの一つとして、段落の切り方、改行箇所が異なっていたことが明らかになった。具体的には、思渓蔵に比べ、普寧寺蔵では段落・改行箇所がかなり増えており、しかも、その普寧寺蔵にみられるそれらの区切り方は、管見の限り、文脈上、おおむね適切と言えるものであった。これは、普寧寺蔵の開板に際して、思渓蔵とは別の写本大蔵経などを参照して、それらの段落・改行箇所に従ったものかもしれないが、両蔵の異読の違いが限定的であることを考慮に入れれば、普寧寺蔵を開板する際に、実際に経文を読解し、適切な箇所に改行を入れるような「積極的な編集」がなされたことと見ておく方が妥当であろう。すなわち、筆者が調査しえた『普超三昧経』に限り、という制約はつくものの、普寧寺蔵は思渓蔵を忠実に覆刻しようとしたものではなく、比較的積極的な編集がなされたものと見ることができる。普寧寺蔵の制作には、普寧寺を本山とする新興仏教教団の白雲宗がかかわっていたと考えられ、ひょっとすると、その影響があったのかもしれない。

　段落・改行箇所の違いというのは、確かに本文の読みには影響を及ぼさず、大正蔵にみるように、注記しないことを通例とするが、版本大蔵経の系譜を見ていく上ではかなり重要な要素である。すなわち、版本大蔵経を比較して段落や改行箇所が異なる場合、片方がもう片方を（単に）覆刻したものではない可能性が高くなるし、さらに、普寧寺蔵本の『普超三昧経』のように、先行する版本大蔵経よりも新たな段落・改行箇所が数多くみられる場合には、積極的な編集がなされたということになる。

　ちなみに、南宋代に雕造されたものと元代以降に雕造されたものからなる磧砂蔵本の『普超三昧経』では、普寧寺蔵本とは段落・改行箇所が共有されており、同経については、磧砂蔵本は普寧寺蔵本に基づいて雕造されたことがわかる。さらに、洪武南蔵でも、普寧寺蔵および磧砂蔵と段落・改行箇所が共有される。一方、永楽北蔵では、偈文や品（章）の冒頭および末尾の箇所などを除き、原則的に段落・改行箇所は削除されてしまい、それは民間で開板された嘉興蔵にも受け継がれた。『普超三昧経』に関する思渓蔵以下の江南諸蔵の系譜

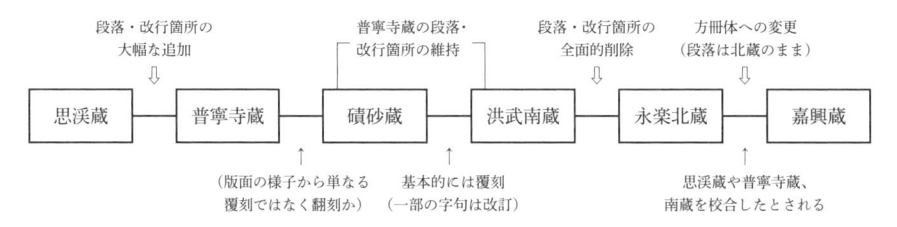

図 6 『普超三昧経』に関する江南諸蔵（思渓蔵以降）の相互関係

について、段落・改行箇所に注目して図示すると次のようになる【図 6】。

　ともかく、ここで強調しておきたいのは、版本大蔵経の相互関係を探る上でポイントの一つとなる、段落・改行箇所の異同を調査するためには、大蔵経各資料の画像を実際に確認・調査することが肝要であるという点である。

　一方で、そのような諸本資料の段落・改行箇所の異同については、これまでに刊行されてきた書籍などでは注記されることは原則なされず、実際、大正蔵でも注記されていない。けれども、そのような段落や改行箇所の情報を残すことは、上述の通り、版本大蔵経の相互関係、系譜を探る上で一定の有用性を持つので、それについてわずかばかりの提言をしておきたい。

　その手立ての一つとして、デジタルテキストにおけるマークアップを利用して、そのような情報を残していくことが有効と考える。すなわち、TEI（Text Encoding Initiative）のようなガイドラインに準拠するなどして、大蔵経諸本、特に版本大蔵経の段落・改行箇所についてデジタルテキストにマークアップするかたちでそれらの情報を残しておくことができれば、諸本資料の相互関係を実証的に検討する手がかりになりうる。もちろん、これから発行されるような刊行本でも、そうした事柄についても注記するようにすればいいのかもしれないが、現時点では、段落・改行箇所の相違を注記することは、通常の印刷媒体においてはなされないことが通例であり、また、もし印刷媒体で注記した場合には相当に煩雑なことになりうる。そうした中で、研究上有用となる可能性がある情報を極力多く残していくには、デジタルテキストにおけるマークアップを活用するのが現実的で、有効な方策の一つと思われる。これまではさまざまな制約ゆえに、従来の印刷媒体では記されずに、（やむを得ず）捨てられてきたような情報や新たに研究に有効であることが明らかになったような情報を残

していくには、デジタルテキストにおけるマークアップを用いるのが有効な手立てのひとつになるであろう。特に、国際標準化ガイドラインとして策定された TEI は、そうした情報を残して共有していくことも視野に入れて策定されているので、それを利用することは有用であろう。

4. まとめにかえて

　以上、チベット語大蔵経および漢語大蔵経について、それらの研究に用いる諸本資料の現存状況や利用状況、および、デジタルあるいはインターネット上で利用可能なものについて概観してきた。

　すでに幾度か述べたように、大蔵経をめぐる研究状況は、近年のデジタル技術の発達・発展もあって、現在、大きな変革期に差し掛かっているように筆者は感じている。大蔵経のような、膨大な分量の叢書類は、従来の印刷という形態では、公刊することはもちろん、保管や管理、運用の面でも容易ならざる面が多々あったが、デジタルのかたちであれば、印刷形態に比べて、刊行および利用の面での利点がかなり大きい。今後は、デジタル技術の発展の恩恵を受けながら、利用可能になる大蔵経資料も増え、それらによって大蔵経に関する研究も大きく様変わりしていく可能性が高い。

　なお、本稿は、大蔵経諸本の現存資料の紹介に重点を置いた記述になっており、大蔵経の歴史や移り変わり、伝承などについては体系的な記述になっていない。より体系的に大蔵経の歴史や伝承、背景などについて知りたい、あるいは、大蔵経全般についてより広く興味がある読者には、近刊の拙著『大蔵経の歴史──成り立ちと伝承』（方丈堂出版、2019 年 12 月刊行予定）を手に取っていただければ幸いに思う。

注
1　船山徹『仏典はどう漢訳されたのか──スートラが経典になるとき』（岩波書店、2012 年）pp. 11-12 参照。
2　Helmut Eimer, *Ein Jahrzehnt Studien zur Überlieferung des tibetischen Kanjur*, (Arbeitskreis für Tibetische und Buddhistische Studien, Universität Wien, 1992) など。Eimer 博士の業績で、日本語に翻訳されたものとしては、川崎信定「チベット大蔵経諸版成立史研

究序説（資料翻訳編）」（『東洋学論叢』（印度哲学科篇）26、2001 年、pp. 71–95）収録の「チベットカンジュルの歴史についての覚え書き」がある。

3　Shayne Clark, "Lost in Tibet, Found in Bhutan: The Unique Nature of the Mūlasarvāstivādin Law Code for Nuns," *Buddhism, Law & Society* Vol. 2, 2019.

4　Paul Harrison 先生との個人的な研究相談の中での助言による。実際、筆者は『阿闍世王経』という大乗経典について、16 種ほどのカンギュル資料を用いて校合作業を行ってきたが、数十葉にも及ぶ資料全体を校合するのは容易ではなく、新たな資料を用いての校合作業は躊躇してしまうのが正直なところである。ところが、新出のカンギュル資料が重要なものであるかどうかは、実際に調査してみないとわからず、試みに数葉から十数葉程度、もしくは、典型的な異読がみられる箇所について調査することで、新たに出てきた資料がどういった性質のものかを見極めた上で、全体の校合作業に用いるかどうかを見極めるのは有効である。

5　野沢佳美「江戸時代における明版嘉興蔵の輸入状況について」（『立正史学』119、2016 年、pp. 77–99）

6　梶浦晋「日本現存の宋元版『大般若経』——剛中玄柔将来本と西大寺蔵磧砂版を中心に」（『金沢文庫研究』297、1996 年、pp. 1–19）

主要参考文献

大塚紀弘『日宋貿易と仏教文化』（吉川弘文館、2017 年）

梶浦晋「日本現存宋金元版仏典リスト（暫定版）」（『東アジア出版文化の研究——学問領域として書誌・出版研究を確立するために』、2003 年、本冊 4、pp. 445–495）

野沢佳美『印刷漢文大蔵経の歴史—中国・高麗篇』（立正大学情報メディアセンター（品川図書館）、2015 年）

船山徹『仏典はどう漢訳されたのか——スートラが経典になるとき』（岩波書店、2012 年）

　そのほか、日本に現存する一切経・大蔵経に関する目録および調査報告書類など多数

引用出典検索・読解とデジタル化
——曹洞宗学におけるデジタルアーカイブの活用

石井清純

1. はじめに

　曹洞宗の教理研究において、1970年代に引用出典の検索と読解によって思想的展開を開明するという新たな流れが発生した。この研究方法は、その後の漢訳仏典のデジタル化の流れに後押しされ、飛躍的に展開し禅思想研究の主流となった。

　また、『正法眼蔵』の書誌的研究や、各地の主要寺院に残される「切紙」資料の分類整理は、日本中世の宗教儀礼研究の分野においても注目され、その画像データの保存は今後の研究に大きく資するものといえる。本報告では、これらデジタルデータの蓄積の現状と展望について論じる。

2. 道元研究とテキストデータベース

2-1. 曹洞宗学の歴史と出典研究

　曹洞宗の教理研究は、江戸時代にはじまる。当初は修行道場内の学問所において、「宗乗」と呼ばれていた。それが明治期に入り、宗教学、歴史学、哲学などの新たな学問分野の流入の影響を受け、さまざまに展開した。特に、道元の『正法眼蔵』研究は、その思想性から、哲学者に積極的に用いられるようになり、その解釈は、曹洞宗の宗典研鑽としての受容、学術的な仏教教理詩的位置づけに加え、哲学・倫理学からのアプローチという、三種に大別され、それぞれが独自に展開してきた。

近年は、さらに『正法眼蔵』の外国語訳の試みと、それにもとづく欧米における道元研究の展開を加えることができる。

　「宗乗」は、1930年代に、仏教学・歴史学と融合する形で「曹洞宗学」として展開する。本報告の中心となるのは、その展開の中から、鏡島元隆『道元禅師と引用経典語録の研究』（木耳社、1965年）にはじまる出典研究を重視した流れである。それは、道元の思想を、著述に引用されている経論の出典を探り、その用法を分析することによって明確化しようという試みであった。この引用出典関係の精査は、道元研究のみならず、柳田聖山・入矢義高の、禅籍を超えた俗語研究の流れとも合流する形で、禅籍読解にあたっての基本的な研究方法として定着している。

　なお、江戸期以降の曹洞宗学および道元研究の流れは、【表1】の通りである。

表1　曹洞宗学と道元禅師研究の流れ

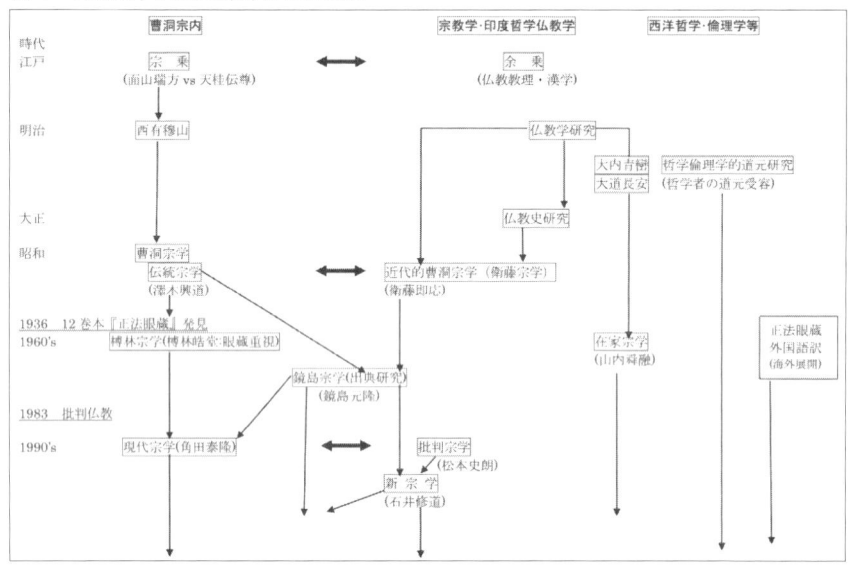

2-2. 出典研究による思想的変遷の明確化の例

　この出典研究によって道元の思想的特徴が明確化された一例として、「南嶽磨塼作鏡」の話を示しておくことにする。

この機縁について、道元禅師選述の真字『正法眼蔵』巻上・第八則は次のように記述している。

　　洪州江西馬祖大寂禅師〈嗣南嶽、諱道一〉参侍南嶽、密受心印、蓋抜同参。住伝法院、常日坐禅。南嶽知是法器、往師所問曰、「大徳、坐禅図箇什麼。」師曰、「図作仏。」師乃取一塼、於彼庵前石上磨。一曰、「師作什麼。」師曰、「磨作鏡。」一曰、「磨塼豈得成鏡耶。」師曰、「磨塼既不成鏡、坐禅豈得成仏耶。」（『道元禅師全集』巻5・128頁、春秋社〈以下『全集』〉）

　この則は、『景徳伝燈録』巻五「南嶽懐譲」章に基づいているが、その原文の冒頭部分は以下の通りとなる。

　　開元中有沙門道一、即馬祖大師也、住伝法院、常日坐禅。師知是法器、往問曰、「大徳、坐禅図什麼。」一曰、「図作仏。」（以下略）（T51.240c）

　これらを比較してみると、道元禅師は、原典には存在しない下線部八文字を追加していることがわかる。これは、そのほかの燈史や語録などにも見いだすことができない。つまり道元禅師が独自に付加したものなのであるが、この付加によって、馬祖は、すでに悟りを得た状態で坐禅をしていたことになる。この前提条件の変更によって、この機縁の主題が、「仏となるためには坐禅だけではいけない」ということから、「仏となるための坐禅はいけない」へと転換されているのである。
　そして、また、道元禅師のよって立つ、修証一等が、南嶽懐譲・馬祖道一の時代より存在していたという、正当性の強調ともなっているといえよう[1]。
　このような例は、特に『正法眼蔵』において数多くあげられる。そのいちいちの内容はここでは問題としないが、かかる引用関係の探索は、研究方法が確立された当初は、まさに直接原典の文字一つ一つにあたっていくという、地道な作業の上に成立していた。その作業が、仏典・禅籍のデジタル化によって大きく変化することになったのである。
　禅籍のデジタル化の嚆矢となったのは、管見によれば、ウルス・アップ編『Zen

Base CD 1』（花園大学国際研究所、1995 年）といえる[*2]。

　この CD には、『大正新修大蔵経』所収の禅籍を中心に、主たる禅籍が JIS コードのテキストファイルで収録されていた。特筆すべきは、編者のアップ氏が、原典参照の便宜を図りつつ、検索漏れを最小限に留めるため、『大正新修大蔵経』の一行の文字数を維持しながら、単語の途中で改行コードが入らないように、次行の句点までを行末に追加し、その文字数を行末に示すという形式を考案したことである。これは、当時「アップ形式」と呼ばれ、現在も、若干の改訂を経て多くのテキストデータベースに受け継がれている。

　その後「大正新修大蔵経テキストデータベース」（SAT 大蔵経テキストデータベース研究会、1998 年）および「CBETA Chinese Electronic Tripiṭaka Collection」（中華電子佛典協会、1998）などによる禅籍のテキストデータベース化により、各種の横断検索機能を用いた出典引用関係の検索が容易となったことだけでなく、引用環形の明示されない祖述関係についても発見されるようになってきたことは、曹洞宗学のみならず、禅籍読解全般に関して飛躍的な展開ということができるであろう。

3. 曹洞宗典および関連史料と画像データベース

　続いて、画像データベースと曹洞宗学との関連性について述べてみることにしたい。

　曹洞宗関係の史資料において、画像データベースとしての保管によって、今後の研究の展開へとつながるであろう対象は、（1）仮字『正法眼蔵』の写本および刊本、（2）中世仮名抄物、（3）切紙（中世・近世）の三点である。それは、これらがそれぞれに、曹洞宗の教義的背景を示すのみならず、思想研究の学際化・国際化や、教団組織の展開と社会的背景を探る意味で、極めて重要な存在であることによる。

3-1. 仮字『正法眼蔵』

　この資料については、①中世の古写本、②註釈書の写本、③近世の版本、の三点に分類できる。このうち、①古写本の重要性は、そのほかの禅籍と同様、

禅思想史を開明する上で重要な位置を占めている。

　②の各種註釈書についても、多くが江戸寺代以降の選述で、まさに江戸時代に発生した「宗乗」の本質的議論の跡形を示すものとして重要である。これらは、①の古写本とともに、多くが『永平正法眼蔵蒐書大成』25 冊（大修館書店、1974~82。続編刊行中）において影印版が出版されている。デジタルデータとしては、駒澤大学図書館所蔵資料については「駒澤大学電子貴重書庫」（http://repo.komazawa-u.ac.jp/opac/repository/collections/?lang=0）に保管されている。

　これらについては、そのほかの仏伝や禅籍と同様に書誌的、思想的に高い価値を有しているが、③の近世における仮字『正法眼蔵』の版本については、その資料自体が独自の性格を有し、その分析に資する画像資料の作成保管が極めて重要となっている。

　仮字『正法眼蔵』は、近世まで、宗派により刊行を禁じられていた。それを、永平寺五十世の玄透即中（げんとうそくちゅう）（1729 ～ 1807）が、寛政 7 年（1795）に道元禅師五五〇回大遠忌の記念行事として発願し、文化 13 年（1816）に板行したのである。これが仮字『正法眼蔵』本山版（九十五巻本）である。

　この編集は、道元禅師の仮名書きの著作すべてを、撰述示衆年代順に配列したものであるが[3]、すべての巻が板刻されてはおらず、永平寺が宗義上重要とした、「仏祖（ぶっそ）」「嗣書（ししょ）」「授戒（じゅかい）」「伝衣（でんえ）」「自証三昧（じしょうざんまい）」の 5 巻については巻名のみ印刷され、本文は白紙となっているのである。当時の曹洞宗侶は、その部分を書写するために永平寺に拝登する必要があった。つまり、この時期に板行された刊本は、一部が写本となっている複合的な資料となっているのである。

　無論、永平寺における謄写（とうしゃ）が基本であるゆえ、筆写時の写誤以外は、大きな相違の存在する可能性は低いが、この時期、ほかに多くの構成を持った『正法眼蔵』が刊行されており、その体系化が、新たな曹洞宗学の課題として取り上げられるようになっており[4]、書き込みと書写、そして印刷部分の併存する「本山版『正法眼蔵』」の詳細なデータ保管は必須となってきているといえよう。

3-2. 仮名抄物

　これについては、曹洞宗学、仏教学よりも、むしろ国語学の分野において注視され研究が進められている。曹洞宗としては、闇黒（あんこく）の中世と俗称されるとこ

ろでもあり、今後の研究が待たれるところである [*5]。

この資料は、寺院独自の儀礼や作法、室中秘等（ちゅうひ）を個別に記して伝承した資料である。内容は、伽藍配置（がらんはいち）や安居儀規（あんごぎき）などの叢林行事から、葬送・追善供養や祈禱法などの在家儀礼まで多岐にわたる。

具体的な内容分析は、石川力山『禅宗相伝資料の研究』（上・下、法蔵館 2001 年）およびそれに先立つ「中世曹洞宗切紙の分類試論」と題した一連の論考 [*6] に詳しいが、それは、図像と解説文とが混在した極めて

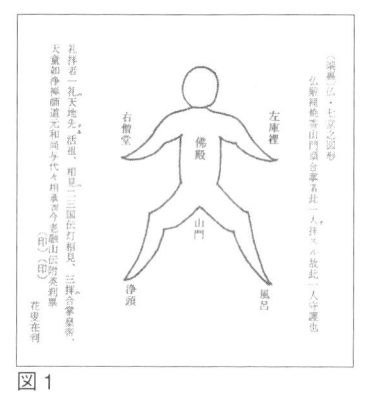

図 1

独自の形式を有している。【図1】は石川力山「中世曹洞宗切紙の分類試論― 5 ―」（駒澤大学仏教学部研究紀要 43 号、1985 年）による翻刻（ほんこく）の一例である。

このように、図像と伝授内容とが複雑に示されており、翻刻だけでは伝えることのできない情報もかなり多い。中には人権にかかわるデリケートな内容 [*7] を含むものも存在し、無条件での公開には馴染まないが、研究対象として、ひとり曹洞宗のみならず、中世から近世にかけての寺院と周囲の人々との関係を直接伝える資料として、研究者間における共有は、極めて有意義なことであるということができよう。

4. 禅学研究の学際的・国際的展開──仮字『正法眼蔵』を中心に──

最後に、本科研の次世代的展開の一要素として、禅学研究の世界的な情報交流の試みについて報告を行うこととしたい。これは、【表1】の右端に示した『正法眼蔵』外国語訳と大きく関連する。禅籍や漢籍の外国語訳は、英訳を中心に 1930 年代から行われてきているが、その中でも、日本独自の思想・哲学の代表として、仮字『正法眼蔵』の存在は大きい。

『正法眼蔵』および道元禅を紹介する書籍は、近年でも、翻訳は、棚橋一晃

訳（英語、サンフランシスコ禅センター、2010年）、ドクショウ・ヴィラルバ訳（スペイン語、editorial Kairos、2015年）、何燕生訳（中国語、宗教文化出版社、2017年〈新装版〉）、フレデリック・ジラール訳（フランス語、進行中）などが上げられる。かかる動きに対応すべく、2017年7月11日（日本時間）に、ネット会議ソフト appear.in [8] を使用し「正法眼蔵国際読書会」と名づけた読書会を立ち上げた。その後基本的に隔週で仮字『正法眼蔵』の課題巻についての討論を実施しているが、2019年8月現在の参加者の国籍は、日本、中国、フランス、ドイツ、イタリア、ロシア、スロバキアの七カ国に及んでいる。また、専門分野も、仏教学・禅学のみならず、倫理学、哲学、東洋史までも視野に入れた議論がなされているのが現状である。

　禅籍の研究、特に日本の曹洞宗禅籍については、これまで取り立てて海外との連携を必要としないとされる分野であった。しかし、かかる状況にあって、新たな視座のもとに、学術的「鎖国状態」は解放されるべき時期にきたと判断することができるであろう。

　この点に関しては、学術研究の対象として禅と向き合う研究者だけでなく、日本文化やその精神的背景に興味を持ち、その代表となるものの一つとして禅を実践する人々も増加してきており、そのような人々も視野に入れつつ、日本において積み上げられてきた研究を海外に展開してゆく活動が必要となってきているように思われる。これについては、まさにボーダレスなデータ共有を必要とするものであり、本研究の成果によって立つ展開ということになるであろう。

　以上、資料のデジタル化の必要性と、そこからの展開の可能性を指摘することをもって、本研究の報告とさせていただく。

注
1　鏡島1965、第2章第2項、「原文では修行の発足点と到達点が維持としてしまされたものが、同時として読み直されている例」p67～に詳しい。
2　花園大学国際禅学研究所のホームページ「組織概要」（http://iriz.hanazono.ac.jp/about_us/about_us00.html）を参照。
3　昭和11年に永光寺において発見された十二巻本『正法眼蔵』に収載される「一百八法明門」巻は、この当時未発見であったため輯録されていない。

4　2017 年度に駒澤大学より秋津秀彰「江戸時代における『正法眼蔵』編輯史の研究（博仏甲第 33 号）」に対し、学位が授与されている。教団史および道元思想研究の展開を探る資料として、その編集形態が検討されたものである。

5　洞門抄物を扱った研究書としては、金田弘『洞門抄物と国語研究と資料』（桜風社、1976 年）、樋渡登『洞門抄物による近世語の研究』（おうふう、2007 年）などがあげられる。

6　『駒澤大学仏教学部研究紀要』第 41 号（1983 年）に第 1 回が収録され、第 23 回が、同紀要第 52 号（1994 年）となっている。ほかに『駒澤大学仏教学部論集』第 14 号（1983 年）から 24 号（1993 年）にかけて収録されている。

7　戒名による差別や、経血を穢れとする女性蔑視などがあげられる。

8　このウェブサービスは、2019 年 8 月 15 日より "Whereby" と名称が変更されている。基本機能に変化はない。

chapter.09

中世の手書き写本のOCR翻刻テスト報告

蓑輪顕量

研究協力者：ジッリオ・エマヌエーレ・ダヴィデ、余新星、田中翔悟

1. はじめに

　文献の OCR 翻刻の技術が進歩して、多くの資料が OCR による翻刻が可能になってきているが、まだそれほど成果を上げていないものもある。それが手書きの崩し字で書かれた写本の OCR 翻刻である。この報告では、凸版印刷が開発した OCR ソフトを使用させていただき（心臓部は京都大学文学研究科の林晋教授が開発した SMART-GS と同じもの）、実際に試行してみた報告記である。取り組んでみたものは中世の資料が二つ、近世の資料が一つである。

　作業手順は、一般の OCR 翻刻と変わらず、画像データを作成、行を指定、一文字一文字を指定、読み込ませて辞書を作成、そして不明の字体があれば、別の箇所に探して、推測するというものであった。ソフト自体が似通った字体を並べてくれる機能を持っているので、とても助かるものであったが、実際にはなかなかうまく行かず、文字を正確には読んでくれない例がしばしばであった。以下、順を追って、実際の作業の順番に合わせて報告したい。

2. 最初の試行

　最初に選んだ資料は、中世後半期の 15 世紀末に成立した、山梨県身延町、身延山久遠寺の身延文庫に収蔵される『諸法実相伝抄』と呼ばれる手書き写本であった。大学院博士課程の学生であるジッリオ・エマヌエル氏とともに作業をしたのであるが、本写本は、講義を聴いた学生が備忘のために作成したと推

定される口訣の資料であり、書かれている文字は癖の多い、大小さまざまな字体で、しかも独特の崩し字が多く、走り書きのような悪筆であった。行は曲がっているし、文字の大きさも不揃い、一行の文字数も一定していない。

　このような状況で、まず困ったものは、画像データと文字との対応で、画像は一つであるが、変換される文字は複数があり得るというケースに直面したことであった。これは仏教特有の崩し字であり、また略字と呼ぶべきであると思うが、菩薩や菩提のように、草冠の連続とその下に少ない画数を用いて、一文字分のスペースで、二文字の漢字を表すケースを、どのように辞書に記憶させるか、であった（この点に関しては、一つの画像に複数の文字が対応させられるよう、後にソフトの改善が行われた。）

　また、これも仏教関連の写本にしばしば現れるのであるが、偏や旁のみで、もとの漢字を表す場合があるが、そのようなものを、どのように辞書に覚えさせ、処理するのかが問題点として浮かび上がった。

　また手書きの特徴であるが、文字が次の文字と重なったり、さらには縦の行での重なりだけではなく隣の横の行の字とも重なっていたりと、変化に富む。あるいは跳ねが異常に大きく書かれていたりするものもあり、しかも文字の大きさが不揃いであることが数多く見られた。

　このような場合の処理も今後の課題であろう。隣の文字と重なっている部分があったりすれば、文字の画像に大きな影響が及ぶ。そのような画像データをどのように処理するのかを考えざるを得ない場合も存在した。

　また、実際に人間が手書き写本を読むときには、読めない字体はとりあえず保留にして、ほかの箇所に同じ字体が出てこないか探して、文脈の中で文字の候補を探していくという方法をとるのだが、OCR 翻刻で読む場合にも、基本的には同じ考えに基づいて、作業を行っている。結局、文脈の中で候補を考えるしかないのだが、問題は、この文脈であった。

　当初、同じような候補を取り出してくれる機能は、凸版印刷の OCR ソフトに当然のごとく付いていたのだが、取り出してきてくれる前後のわずかに二文字と文字数が少ない、という難点に直面した。これは凸版印刷の開発者の方に、前後の文字の切り取り数を増やしてもらうことで解決していただいた。具体的には前後五文字前後は切り取っていただけるようにお願いした。

いずれにしても、この資料を対象にした作業のときには、ほとんど自動では読んでくれない、という事態に直面することになった。辞書を作成しても、同一の文字が同一の形で書かれているわけではない（手書きだから当然か）ので、一つの文字にたくさんの画像辞書が必要ということがよくわかった。とはいえ、読めない文字を、別の箇所の同一の形のものと比較してくれるので、作業は効率化されていることは間違いなかったが。

　しかしながら、参照してくれる範囲をあらかじめ設定しておかなければならないので、その事前作業に手間がかかることも多少の問題点であった。結局、ソフトが持っている辞書データと、読もうとしているテキストの文字の筆致が大きく異なると、まったく役に立たないことがわかった。

　ということは、逆に、それぞれのテキストで、文字データと画像データの対象辞書を、個別に作成することを積み重ねていけば、読めるようになる資料が増えるということである。

3.　第二の試行

　第二のトライアルは高峰顕日の法語として伝わる『仏国禅師法語』を対象に作業を行った。この写本【図1】は漢字の文章ではなく仮名法語で、全部が崩し字の仮名で書かれているという資料であった。それほど大部の資料ではなかったが、全部が仮名書きであるので、必然的に字と字とがつながっている例が多く、文字同士の切れ目を判断することが困難であった。しかも文字の大きさはまちまちで、どの位のスペースが一文字に費やされているのか、簡単には推定できない。しかも、隣の行の文字と重なるような書き方もされている。

　結局、OCR によって読めるようにするためには、こちらでも、一から辞書を作成しなければならず、実際に辞書を作成してみたが、思うように文字を判別してくれないことがわかったので、最終的には、人間が手作業で読むということになってしまった。ただし、読めない箇所が出てきたときには、その写本の中で、対照できる同じような字体が使われている箇所を、自動的に検索して引用し並べてくれたので、この機能は大変に助かった。とはいえ、自動で読むというレベルには到底至ってはいなかった。これは辞書に組み込む参照データ

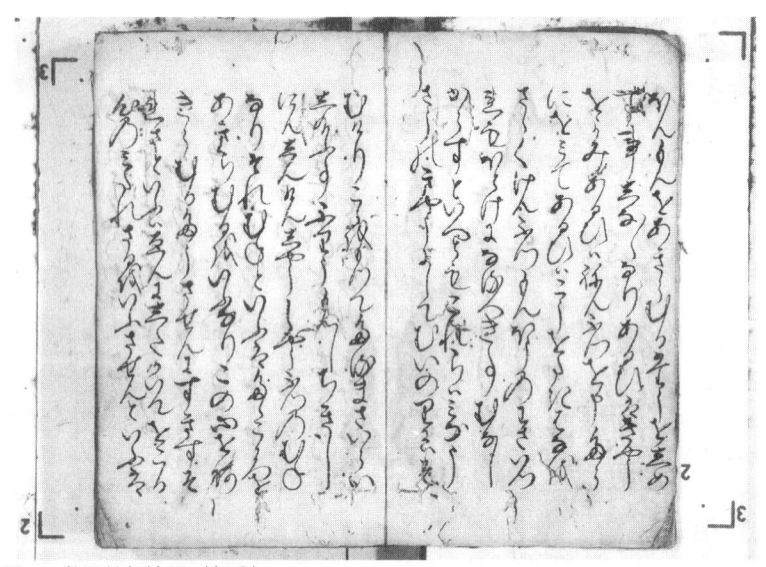

図1　仏国禅師法語（部分）

が充実していないことも一因と思われた（仏国禅師法語の例）。

　このような経験から、このソフトによって、個々のわかりにくい文字については、同じような文字が書かれている箇所を探し出してもらい、それを参照して、人間が読む、という作業になった。先の事例と同じであるが、写本データベースで検索をかけると、いくつかの候補を提示してくれるので、大変参考になり、難読の文字の解決に役に立てられることが確認できた。それに、作業対象の写本をある程度まで入力したら、今回はこの写本自体が参照データとなり、後半の内容の解読に活用できる点が見込まれたので、その点は大いに歓迎すべきであるように思われた。

　ところで、手書きの「かな書き写本」に関しては、複数の文字を連続書写するケースがよく見られる。参照となる写本のデータは、大抵一文字ずつ区切ってデータとして保存される。そのため、データベースで検索をかけるときに、現段階では、連続で書かれている部分を一つのまとまりとして指定しても、あるいは区切って一文字ずつ指定しても、対象イメージと参照イメージとは、マッチングする確率があまり高くはならなかったのが現実であった。

　結局、文字の識別の結果はよくないのが、この仮名書き写本に対する試行に

おける結果であった。なお、ソフト上の使ってみての使い勝手の点で、提言できることがあるとすれば、文字と文字との切れ目を、後から簡単に修正できるようにしてほしい点と、領域を選ぶ際に自動で判別してくれるようになるとありがたいと思われたところであった（なお、後者の点は、後に改善され、自動で領域を判別する機能を充実していただけた）。

　また、今回の試行から推定されるところは、ひらがなのような画数の少ない文字は、OCR 翻刻は、苦手なのかもしれない。その理由として考えられることは、一文字一文字の特長が少ない、文字の切れ目が判断しにくいことが原因と思われる。そして、何よりも大きな原因は、手書きであるので、同じような形で書かれていても、実際にはまったく同じものはない、ということにあるように思われた。

▎4.　第三の試行

　本書は中世の初頭、13 世紀に東大寺尊勝院に活躍した宗性（そうしょう）の残した写本である【図2】。11 世紀の半ばである天承 2 年よりはじまった、当時としては最も格式の高い法会（ほうえ）であったと考えられる法勝寺の御八講（みはこう）の問答すなわち論義の記録である。宗性自身が手写した部分と、他者に書写させた部分との双方からなる写本であるが、全部で 30 冊近くの分量に及ぶ大部のものである。

　宗性は貴族出身の僧侶であり、尊勝院の院主も務めた当時の有力な学侶であり、また交衆の代表的な人物でもあった。彼が残した手書きの資料は膨大な数にのぼり、平岡 定 海氏（じょうかい）による詳細な研究が存在する [*1]。彼の用いた書体が中世の時代の標準的なものであった可能性が高いことが指摘されているので[*2]、中世の手書きの写本を、OCR を用いて翻刻・入力する上では、最も相応しいテキストではないかと考え、本書を選んだ。実際、当時、格式の高い法会として名高い法勝寺御八講、宮 中 最 勝 講（きゅうちゅうさいしょうこう）、仙洞最勝講（せんとう）が存在したが、これらの最勝講のまとまった資料も、宗性は残している。それが『最勝講問答記』であり、同じく東大寺図書館に収蔵される。さらに彼は、華厳宗にかかわる論義資料も多く作成しており、大正蔵に収載された『華厳経香薫抄』（こうくんしょう）はその一つである。宗性には関連する写本資料が膨大に存在し、しかも翻刻も手つかずのまま

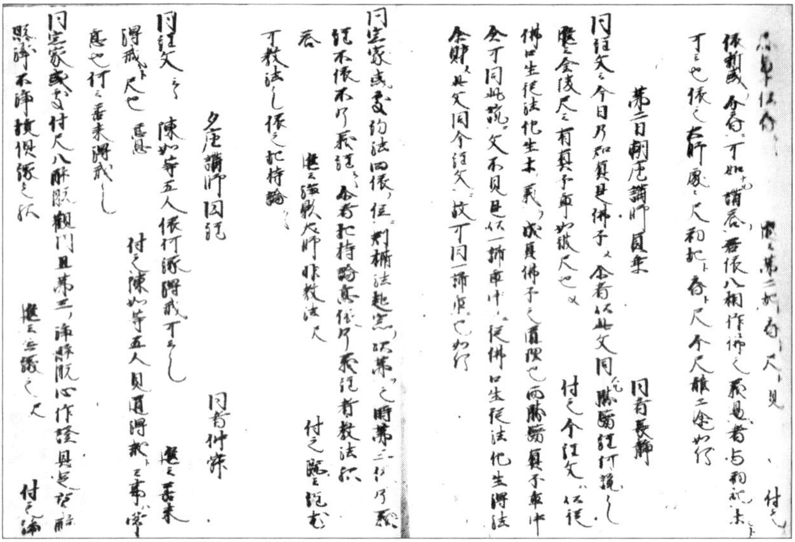

図2　法勝寺御八講問答記（部分）

のものが数多く残されているので、OCR 翻刻が可能になれば、その分野の研究を裨益（ひえき）すること、大であると考えたからでもある。

　実際、『法勝寺御八講問答記』の本文はまだ、一部分しか活字になっていないので[*3]、本文がデジタルデータで提供される意義は大きい。ましてや本書は大部であるので、その全体が活字資料になり、かつデジタルデータで提供されればなおさらである。宗性の手書き資料のデータベースが完成すれば、研究は大きく広がるであろう。

　宗性の手になる『最勝講問答記』（宮中や仙洞で行われたもの双方を含むと考えられる）も、東大寺図書館に残っている。すなわち、中世の時代で最も格式の高かった三つの法会、すなわち法勝寺御八講、宮中最勝講、仙洞最勝講の三講において行われた論義の内容の実際が、詳細に明らかになるであろうことが期待される。すでに、三つの講で行われた論義の内容に関する吟味は、若干であるが存在し、講は異なっても、基本的にその場で行われた論義には、共通の基盤があったことが推定されている。しかしながら、それをより確実な形で顕彰することはまだ行われていない。それが可能になることが期待されるのである。

さて、実際の作業は、前の二つと同じくまずテキストの画像データを作成し、それをOCRにかけるために行の指定などを行い、実際の文字の区切りをつけることが必要になった。本写本資料は、宗性の書き癖のおかげか、わりと一字一字がしっかりと区別されて書かれている。これが幸いし、文字の区切りを自動で処理しても（平成30年の12月の時点で凸版印刷のOCRソフトはかなり進化を遂げていた）、あまり間違うことはなかった。

　自動で領域を判別し、後からその領域を訂正できるようになっており、また画像データと文字データを対応させる辞書も、単字画像を複数の文字に対応させることが可能になっていた。

　この機能はとても重要である。特に仏教関係の手書き写本では、複数の文字からなる専門用語を、一つの文字で略記する場合が数多く存在するからである。典型的な例は菩薩、菩提、涅槃などであるが、これらは複数の文字が、一つの文字画像に対応している例としてあげられる。

　また、次のような点も問題点として浮上した。文章の中に、「尺して」と読める箇所が頻出するのであるが、このような文字の場合、どのように翻刻するかが問われる。というのは、字義通りには「尺」は長さの単位であるが、この意味ではまったく文意は通じない。明らかに、「尺」は解釈の「釈」の意味であり、「釈」の代わりに用いられている。

　これは、文脈から文意が明らかである場合には、偏または旁の部分のみで、あるいはその逆に、偏や旁を省略して、残りの部分のみで当該の文字を表現する例であろう。このようなことが、多く存在するのである。

　このような書き方は、仏教者の手書きの場合によく見られるもので、前後の文脈からその文字が明らかであり、漢字の一部分のみでも、間違えることはほとんどないような場合に起きている。いわば、独特の省略文字が生じているのである。

　ところがOCRで翻刻しようとすると、これが問題になった。『法勝寺御八講問答記』の中では「尺」の字が典型であるが、宗性自身は明らかに「尺」を「釈」の字の意味で使用している。とすれば、文脈から判断して、宗性自身は「尺」を「釈」の意味で使用しているのであるから、「尺」を「釈」として、画像辞書に登録する必要が出てくるであろう。

同様の例は、他書にも発見できる。例えば、時折、登場するものとして「泥洹[ない]」があげられる。これも文脈で明らかな場合に「さんずい」二つで表現されることがある。しかし、これを「さんずい」二つに起こしたのでは意味をなさない。なぜなら作者は「泥洹」と書こうとして「さんずい」二つを書いているからである。

　このことは、次のように考えるとよいであろう。現在、われわれが認識している漢字という文字は、一文字の占める領域が、ある一定の領域を持つものと考えている。それもほぼ真四角または少し長方形の領域を暗黙裏に前提しているように思う。そして「さんずい」二つは、明らかに想定されるスペースの中に、左に偏って書かれている場合が多い。

　ということは、画像データとして保存するときには、スペースを考慮して登録する必要がある文字が存在するということであろう。

　また、文字の一部分をだけを書いているのであるが、スペースを考慮せずに、堂々と普通の一文字として欠いている場合も存在する。そのような典型的な例が、戒律文献の中に登場する「羊石[こんま]」である。これは、文脈から推定して「羯磨[こん]」の略字であることは間違いないが、字体としてはまさに「羊」と「石」なのである。しかしながら、これも同様に、「羊石」と起こしのではまったく意味をなさない。

　上記の二つの事例から推定して、OCR 翻刻のときには、仏教特有の略字を考慮しなければならないということが明らかである。しかもそれは、文脈から判断するしかない例を、どのように処理するかという問題に行き着く。偏や旁のみで表す場合には、スペースを含めた画像登録で対応できるように思われるが、明らかに普通の漢字を、まったく異なった意味合いで使用している場合は、問題が大きい。この場合は、人間と同じく、文脈を考慮するという機能を、OCR ソフトに持たせる必要が出てくるであろう。例えば、「白四[びゃくし]」の後に「羊石」と出てきたときには「羯磨」と読ませる、などのような指示機能である。

　ここでまた『法勝寺御八講問答記』の翻刻の問題に戻る。われわれが使用させていただいたソフトは領域を指定して、読めない文字があったときに、指定された範囲の中で、同じような文字画像を探し出す機能があって、それは前と変わらず便利であった。しかしながら、その指定された範囲というのが、どの

くらいの範囲までであると良好に機能するのか、まだ実際の試行例が足りないように思われた。とはいえ、この『法勝寺御八講問答記』は、以外と OCR 翻刻で、読める資料であると思われた。

5. 人間による文字の読解との比較を通じて

わたしたち人間は、文字の大きさが異なっても、また字が多少、下手であっても、文字を認識できる。さらには一部分の欠けた文字（虫食いも含めて）でも、残っている部分あるいは文脈から、正しい文字を推測することができる。ところが現状の OCR 翻刻には、それができない。なぜであろうか。おそらくそれは、文字画像と文字情報が、単に結びついただけの辞書しか、持ち合わせていないことに起因するのであろう。

人間の個人的な力量に起因する文字の上手、下手に対しても、あまり苦に感じることなく、わたしたちは文字を読んでいる。しかし、OCR 翻刻では、そのようなことはなかなかに難しいことのように感じる。

わたしたち人間が写本を読んでいるとき、わたしたちの心に起きている認識の過程が、コンピューターにできるとよい。わたしたちは、文字が読めないときにどうしているかというと、その文字の形の類似性から、候補になる文字を探し出している。そして、前後の文脈に合わせて、意味が通じるかどうかを根拠に、文字を確定している。

また、虫食いによって文字が欠損している場合でも、文脈から文字の形を推定して読んでいる。このときにも、前後関係の文脈は大きな手助けとなっている。さらには、一文字分がまったく空白になっていても、その空白の文字を、前後関係の文脈から類推することができる。

また、文字の上手、下手の場合は、一定の範囲内で、多少の形のずれがあっても、ある特定の文字であるという認識を持てている。これがなぜ、可能なのかを考えておかなければならない。

人間の認識機能は基本的には次のようなものであろう。目という感覚器官を通じて視覚という感覚機能が働き、捉えられる対象としての影像が脳の中に描かれ、それを認識しているのである。時には模様として認識することもあろう

が、文字として認識することもできる。この基本は人間も機械も変わらない。しかしながら、人間は、字体にかなりの幅を持たせて、この作業を遂行することができている。

　わたしたちはすでに持っている知識と突き合わせながら、文字を読んでいるのだと思う。ということは、OCR 翻刻においても、同じような作業ができれば、効率が上がることを意味している。つまり、これは、わたしたちが普段、文字を認識するときの過程（構造と言い換えてもよいかもしれない）の解明が、必要であることを示唆してはいないだろうか。

　文字の画像イメージが、既存の文字の画像イメージと一致するという、類推のときに働いている認識の仕方が詳細に解明されることによって、OCR 翻刻は、人間の認識に、より近づくことができるのかもしれない。

　しかし、この発想そのものが問題なのかもしれない。まったく別の発想から、文字を認識するということを考えていかなければならないのかもしれない。それは、崩し字の読解において、よく言われることであるが、始筆と終筆の角度や方向性が、判断の材料にされることがある。これは多分に数学のベクトルの発想に近いような気がするが、そのような発想で、文字を考えることも必要なのかもしれない。

　なお、この文章をまとめるに際して、別の機関でも、崩し字の OCR 翻刻が話題になっていることを知った。現在、凸版印刷の OCR システムは、さまざまな機関との共同研究に使用されているようであり、試行錯誤が行われている。ジャパンナレッジの HP によれば、立命館大学文学部チームが、崩し字の OCR 翻刻で報告を行っている（https://japanknowledge.com/personal/jknews/23920190702.html）。また、国立情報学研究所も、OCR 翻刻に実際に取り組んでいる人たちの情報を共有し、その取り組みを推進させるような試みを行っている（https://www.nii.ac.jp/news/release/2019/0710.html）。このようにさまざまな取り組みが行われていること自体が、この分野がまだ発展途上であることを示しているように思われる。

6. おわりに

OCR 翻刻による自動文字起こしは、基本的には画像データと対応する文字とを結びつける辞書機能が充実することによって、その精度を上げていく。ということは、ヒット率を上げるためには辞書をどう鍛えるかにかかっているということがよく理解できたが、それだけではだめであることも知られた。そして、現状の OCR 翻刻では、手書きの写本の場合、崩し字、特につながっているものを読むことは、まだまだ難しいことが実感された。ただ、手書きの資料でも、宗性の史料のように、一文字一文字、はっきりと区別して書いているものに対しては、威力を発揮しそうであることがわかった。

このような結果に至ったことから考えてみれば、結局、教えている人間が教師であるとすれば、機械による OCR 翻刻は教え子に相当するのであろうが、いまのレベルでは、教えている教師のレベルを超えることはなかなかに難しいように思われた。

以上、雑ぱくではあるが、試行錯誤の 3 年間の報告とさせていただく。OCR 翻刻を実際に行っている方やプログラムを書いている方々の、忌憚のないご批判やご意見を賜れれば幸いである。

注
1　平岡定海『東大寺宗性上人之研究並史料』上・中・下、日本学術振興会、1958-1960 年。
2　中世に一般に流通した書体を推定することは容易いことではないと思うが、多くの資料を見てきている名古屋大学名誉教授、阿部泰郎氏の口頭の見解による。
3　一部分であるが、翻刻が『南都仏教』77 (1999 年 10 月)、拙著『日本仏教の教理形成』（大蔵出版、2009 年）などに掲載されたのみである。

chapter.10

慧琳撰『一切経音義』の符号化をめぐって

▌1. はじめに

　本稿では、SAT 大蔵経テキストデータベースプロジェクトによる『大正新脩大蔵経』デジタル化の取り組みの中で、特に慧琳撰『一切経音義』という特殊な文献と、その符号化にまつわる課題と知見を紹介する。

　慧琳撰『一切経音義』とは漢文諸仏典の用語を解説する音義書として大正新脩大蔵経に収録されている文献だが、その出自や内容、性格ともにほかの大多数の収録経典とは一線を画している。次に、符号化とは文字をコンピューターが一般に処理できるよう特定の数値データに変換、あるいは表現することであるが、これはわれわれが多くの場合何ら考えることなく文字を入力できるように、通常は文字に関する一般常識的観念があれば問題なく達成できるはずの行為である。しかし慧琳撰『一切経音義』の場合、活字本の大正新脩大蔵経にありながら膨大な異体字数と字種が集中する部分であり、歴史的文献であることもあいまって、相互によく似た字形をどう取り扱うべきか否か判断に困ることも少なくない。一方で符号化のためには文字の意味と同一性を吟味しなければならないため、ここに問題の複雑さが現出する。本稿ではまず当該文献の背景と収録に至る経緯を概観し、特筆すべき性質やその重要性について述べる。そしてこれを例にとり、古文献の符号化にあたって、紙資料側から何を取り出し、デジタル側へどのように送り込むべきかという問題を考えていく。

2. 資料としての慧琳撰『一切経音義』

2-1. 慧琳撰『一切経音義』という著作

　慧琳撰『一切経音義』は、その名の通り一切経の音義、すなわち大蔵経に収録されている仏典の語句を解説する文献である。唐・長安の西明寺において学僧慧琳により 8 世紀末から 9 世紀初にかけてあらわされたと考えられている。

　ここで「慧琳撰『一切経音義』」と呼んだのは、「一切経音義」という名で知られる文献はほかにも存在するからである。より有名な『一切経音義』は慧琳の書に先立つこと一世紀あまり前に成立した、玄奘の同時代人でもある玄応（げんのう）による著作である。玄応の書は元来『大唐衆経音義』と題されており、これを「一切経音義」と称するのは一種の俗用と考えられるが広く呼び習わされている（慧琳のものは『新収一切経音義』とも題す）。玄応の書は当時存在または新訳されたうちの 400 以上の経典についての注釈を計 25 巻にまとめたものである。これに対し慧琳は玄応を含む先人の音義書を集成しつつ、開元釈教録の順に 1200 部あまりへの注釈を 100 巻にまとめた。従って形式的には慧琳の著作は玄応などの著作に対する増補と捉えられるが、内容的にはそれらの部分も慧琳の方針に従って再編集がなされており、単純な引用ではない。

　なお、これらのほかに遼の希麟（きりん）により 10 世紀頃にあらわされた、慧琳までに未収の経典を集めた『続一切経音義』や、可洪（かこう）によって後晋の頃あらわされた『蔵経音義随函録』（ぞうきょうおんぎずいかんろく）が一般に「一切経音義」と呼ばれる。以下、これらを撰者の名を冠して玄応音義、慧琳音義などと呼ぶ。

　慧琳音義の一つの大きな特徴は、その音注（おんちゅう）の独自性である。音義書は辞書であるから、掲出語について読み方を記載しているが、玄応音義が中国語の発音に関して『切韻』（せついん）と一致度の高い体系をなしているのに対し、慧琳は玄応の体系を拒否して慧琳自身の時代に現地で話されていたと思われる長安音（秦音）を一貫して採用している。中国音韻学では『切韻』の音系が重視されるが、中国国外に広まった、日本語の漢音を含む域外漢字音は慧琳音義の体系により近しいことが明らかになっており、漢字音の研究上重要な資料に位置づけられる。加えて、西域の疏勒（現カシュガル）出身と伝えられる慧琳によって、インドのみならず西域の語彙・文物についても詳細な注釈が施されており、一級の対

音資料としても扱われる。

　慧琳音義はまた、字句の解説のために当時存在していた辞書類や古典籍（儒教・道教経典なども含む）から膨大な数の引用を行っている。これは先行する玄応音義でも同様であるが、慧琳音義の方がその内容量に比例してはるかに資料として豊富である上、玄応が利用していない系統の文献を引用している（秦音系の韻書など）。これらの引用群は、現代では逸失した多数の文献の姿を明らかにする貴重な（多くの場合唯一の）証拠として高い価値を有する。特に著名な例としては、フランスの東洋学者ペリオが、敦煌（とんこう）から持ち帰った原題不明の文献を慧琳音義との内容の一致をもとに慧超『往五天竺国伝』（えちょう おう ご てんじくこくでん）に同定したことがあげられる。現存する文献であっても、その異本や古態を知る手がかりとして文献学的に極めて有用である。特に中国国内に残存する文献は、成立が古い資料であっても後世の改訂を経た新しい版であることが多いからである。

　漢文仏典の語法には、いわゆる漢文として知られる伝統的な文語のみならず、当時使われていた口語表現が数多く含まれている。これを解説する音義書は必然的に当時の中国語に関する言語学的資料としての性質を持つ。さらに、音義書は当時主流であった韻書とは異なり、字書というよりも辞書、すなわち語句単位で注釈を加える形式のため、見出し語はほとんどが二字以上からなる語である。慧琳音義の3万項目にわたる掲出語からは現代中国語につながる複音節語の発展過程を如実に見て取ることができ、中古中国語の実態を映し出す包括的な現存資料としては類を見ないものである。

　また、これは文字の面でも同様である。伝世文献からは『干禄字書』（かんろく じ しょ）をはじめとする唐代の字様書以前の用字環境はほとんど確認できず、古写本や敦煌文献、碑文などから垣間見るほかない。しかし慧琳音義からは、本文または引用した経文を通して、当時かなり多様な異体字が通用していたことがうかがいしれる。音義書はしばしば経文の実例をあげながら規範的な字形に修正しており、そこから当時の用字意識と実態を系統的に対照することができるが、慧琳音義は宋以来の標準に基づく改版の影響をほとんど受けていないと考えられるため、より生の形の文字が豊富に残されていると考えられる。

　このようにして、慧琳音義はその時代性と網羅性とあいまって、当時の言語文化を知るためのミッシングリンクとして、大蔵経の解説書という枠を大きく

超えた現代的な価値を持つに至るのである。

2-2. 成立と伝承

慧琳音義の伝承経路は、かなり紆余曲折を経たことが知られている。

慧琳音義の成立年には諸説あるが、慧琳音義冒頭に付された景審の序によれば唐の元和2年（807）、『宋高僧伝』によれば元和5年（810）に完成し、西明寺に収められたとある。『仏祖統紀』には元和2年に慧琳が「一切経音義百三巻」を朝廷に献上し入蔵を認められ、紫衣などの褒賞を賜ったとの記事がある。ただし現行本の慧琳音義には開成5年（840）の顧斉之の序が加えられており、さらに『宋高僧伝』は大中5年（851）に入蔵して後に流行したとのみ記載している。これが単なる『宋高僧伝』『仏祖統紀』間の史料上の齟齬か、会昌の廃仏（845頃）の影響によるものかは不明だが、成立当初より評価の高い著作であり、9世紀中頃までは少なくとも西明寺のある長安で利用可能な文献であったことがうかがえる。

慧琳音義はその高い評価にもかかわらず、成書後唐末の動乱に見舞われて広く流通せず、長い間中国大陸では幻の書となっていた。その間の経緯は高田（1994）[*1] に詳しい。

> 陳垣は，廣明元年（880）黄巣が長安に侵入したとき，京師にあった慧琳音は滅んだとしている［中略］續く唐末の戰亂は慧琳音の流行を著しく阻害したに違いない。のち可洪が『隨凾録』の撰述を行ったのは十世紀半ばの河中府においてであったが，それでも慧琳を利用し得るに至らなかったのである。周の顯德年間に高麗使節が江南の地に慧琳音を求めても，得られなかったことは蓋し當然のことと言えよう。同じ頃越地において，慧琳音の傳わらないことが行瑫の音義撰述の動機になったというのも，慧琳がすでに極めて希覯の書であった證左である（『宋高僧傳』卷二十五行瑫傳）。江南に傳わらなかったばかりではない。慧琳音は敦煌遺書のうちにも見られない。
>
> 實際，後世の書にしても慧琳を引くものはほとんど皆無である。ただ契丹には燕雲十六州の歸屬とともに慧琳音が傳わったとされる。［中略］慧

琳音が今日に傳わるのは，唯一高麗藏本によってであるが，それは契丹から高麗に傳わったものと考えられている。[中略] 現在，世上に流布する慧琳音義はほとんど全てがこの本に由來する。

　高麗蔵は希麟音義も収録しており、同じく現在に伝わる唯一の祖本となっている。この高麗蔵（再雕本と呼ばれる）は木版本であり、さらに版木は廃棄されることなく現在に至るまで保存されている。後世求めに応じて重刷することが可能であったため、日本にも多数の刷本が伝来した。江戸時代に獅谷（鹿ヶ谷）法然院の忍澂上人（1645–1711）が、建仁寺所蔵の高麗蔵中に中国に伝わらない慧琳・希麟の音義があることを発見し、これを増上寺の高麗蔵とも対校しながら翻刻した。翻刻は忍澂の弟子らの手により元文3年（1738）に出版された。希麟音義も延享2年（1745）に高野山の僧尭昌によって翻刻された。両本ともに獅谷白蓮社の名を取り白蓮社本と呼ばれるが、後者は高野山北室院版との印記を持つものもある。この白蓮社本は清末光緒年間に楊守敬が中国に持ち帰り、それによって慧琳音義が再度中国に伝わったという経緯がある。
　近代になって刊行された慧琳音義は、初の活字版蔵経として明治時代に開板された大日本校訂縮刷大蔵経（縮刷蔵）に収録されたものと、民国初期に上海で開板され、縮刷蔵を底本として校訂した頻伽精舎校訂大蔵経（頻伽精舎本）のもの、大正から昭和にかけて新規の活字で刊行された大正新脩大蔵経（大正蔵）のもの、また最近中国において諸本を集成して校訂した中華大蔵経のもの、計4種類の版が存在する。このうち、大正蔵は仏教学者らによって当時最新の研究成果を盛り込んだ学術版として世界の研究者に普及し、現在に至るまで標準テキストとしての重要な地位を占めている。
　大正蔵は、当時最善本とされた高麗蔵を底本に使用したと謳っているが、実際の作業では入手が容易な頻伽精舎本から版を起こしながら、高麗蔵と対校させていたようである。大正蔵が下敷きにした頻伽精舎本は、おおむね縮刷蔵の影印に等しいのだが、こと慧琳・希麟音義のみは白蓮社本を底本にした経緯が、頻伽精舎本『一切経音義』の序文に記されている。

本精舎重印大藏即據弘教本爲式音義一部舊有六種夾注縮印毎遇繁密處手

民苦其朦混謝弗能任宗公與予謀琳麟二書別取激師刻本裁爲兩層縮以石印大小如今本用備藏經之數餘四種無單本可得即姑置之

　「本精舎は大蔵経復刻にあたり弘教本［縮刷蔵のこと］を基準とした。原本には音義書が6種入っていたが、割注の縮印で込み入った箇所になるたび、植字工が繁雑さを厭い仕事を引き受けてくれないので、宗公と私は、慧琳・希麟の両書を別に忍激師の刻本［白蓮社本のこと］から取り、裁断して二段にし、リトグラフで本書のサイズに縮小して蔵経の数に含めようと考えた。残り4種は単行本が得られなかったのでひとまず差し置いた。」（訳は筆者）

　実際に頻伽精舎本の版面を見ると、両音義の部分のみは白蓮社本の二張を1ページに並べて縮小製版したような体裁となっている。従って、大正蔵は全体として縮刷蔵系統のテキストを引き継いでいるにもかかわらず、この部分のみは白蓮社本に由来していることになる。さらに大正蔵は頻伽精舎本で取り除かれた頭注を原本である縮刷蔵によって補っているが、慧琳・希麟音義は本文が縮刷蔵に由来しないため、校訂情報と本文が対応しないという問題がある【図1】。

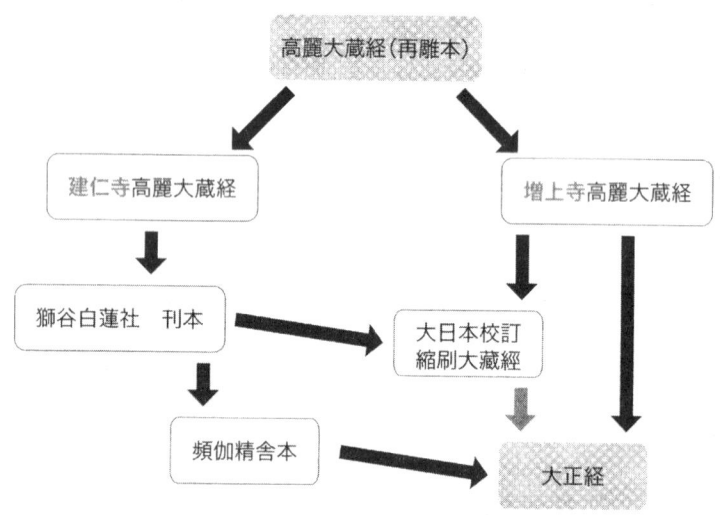

図1　大正蔵慧琳撰『一切経音義』の来歴（永﨑2016）[*2]

大正蔵は当初和紙・線装の和装本と洋紙・ハードカバー製本の洋装本という二形態で刊行され、これによって諸外国にも広く流通した。しかし、この初版本は戦災により紙型と在庫本の一切を喪失したため、資料が残っていない。戦後大正蔵を写真製版により再刊した際に、校訂の「正誤表」を作成しているという記述が垣間見られるが、その実物は管見の限り確認できない。そのため、現在利用できる大正蔵の編集資料は、若干の関係者の回想に基づくものを除いて極めて乏しい。

2-3. 諸本の形式

以上に述べた通り、現在伝わる慧琳音義の諸本には高麗蔵本・白蓮社本・縮刷蔵本・頻伽精舎本・大正蔵本・中華大蔵経本が存在するが、版式からみると頻伽精舎本は白蓮社本の影印、中華大蔵経本は高麗蔵本の影印をもとにしているため、高麗蔵本・白蓮社本・縮刷蔵本・大正蔵本の4種類に分類できる。以上の諸本はすべて整版または活版による刊本であり、確認できる限り慧琳音義に写本は残っていない。これらの本にはそれぞれ形式上特徴的な点が見受けられる。

高麗蔵には、玄応・慧苑（華厳経音義）・慧琳・希麟・可洪による音義書が収録されているが、玄応・慧苑・希麟音義はいずれも一張が横長（20〜25行）で版心のない体裁をなしているのに対し、慧琳・可洪音義は中央に版心のある版式となっており、これらの底本が巻子本ではなく冊子本であったことを推測させる。さらに、可洪音義は一張の幅が前三者と同等なのに対し、慧琳音義だけがいちじるしく短く、3分の2程度という特異な形状をしている【図2】。

高麗蔵を翻刻した白蓮社本は、版式をまったく改め、慧琳・希麟音義ともに明の万暦版（というよりもその日本における覆刻である黄檗版）に似た縦長の明朝体のような字形で、まれに頭注が付されている。黄檗版は当時普及していたとみられ、それとの統一性を念頭に置いていたと思われる。整版ではあるが、行数・字数がよく整っており、題字・注記・掲出字・割注の別もわかりやすい【図3】。

縮刷蔵は近代に導入された活版印刷を用いており、一字のサイズが従前の木版本と比べ極めて小ぶりになっているばかりではなく、行間が密に組まれてい

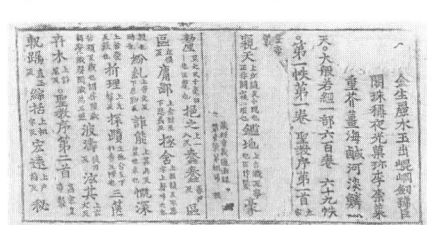

図2　高麗蔵所収の玄応・慧苑・慧琳・希麟・可洪音義の版面

るのが特徴である。この版式は意図されたものであり、発起人である島田蕃根(ばんこん)の回想によれば、活版で印刷されているキリスト教の聖書と同等の普及性と携帯性を意識したとのことである。印刷に使用した活版所は、協力者のひとりが所有していたものを借り切って使ったとのことで、活字は独特の風格を持っている。版面はすべて五号・六号相当の寸法の活字で組まれている【図4】。

　大正蔵も活版印刷であるが、全体を3段組としているのが特徴であり、これは先行する卍字蔵(まんじ)の影響かもしれない。慧琳音義部分については掲出字ごとに行を改めるなど、余裕を持った組版を行っている。使用活字の寸法は四号(題のみ)・五号(本文)・六号(割注)であり、音義書の大半を占める割注は縮刷蔵よりも判読しやすい行組になっている。字形も現代に通じるスタンダードなものであり、字のほとんどは秀英舎の活字を使用していると思しい【図5】。

一切經音義卷第二　翻經沙門慧琳撰
音大般若經從五十二盡一百一卷
大般若波羅蜜多經第五十二卷
第五十卷
第五十一卷　無可訓
一切經音義卷第一

図３　白蓮社本慧琳音義の版面

図４　縮刷蔵本慧琳音義の版面

二一二八　一切經音義卷第一
無傍。元和十二年二月三十日。絶筆於西明寺焉。審以頗好文字擇善從之。許爲不請之師。自媿未成之器。因序其卷乃告厥功。謬以微才叙之云爾
一切經音義卷第一　翻經沙門慧琳撰
音三藏聖教序幷大般若經五十一卷
大唐三藏聖教序　慧琳音
太宗文皇帝製
三三

図５　大正蔵本慧琳音義の版面

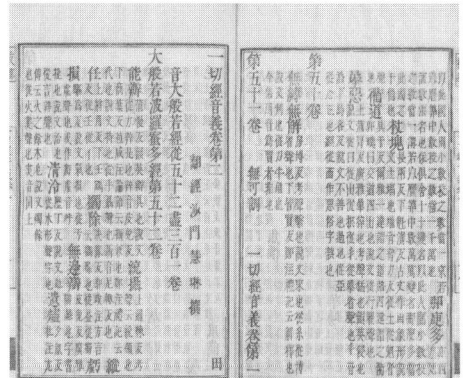

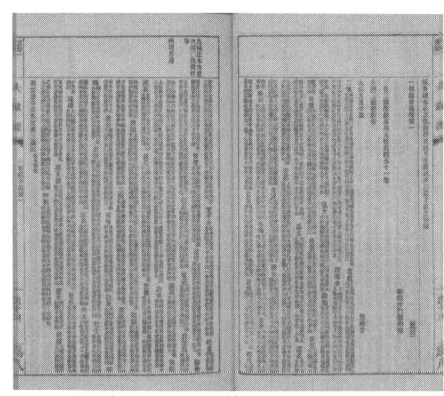

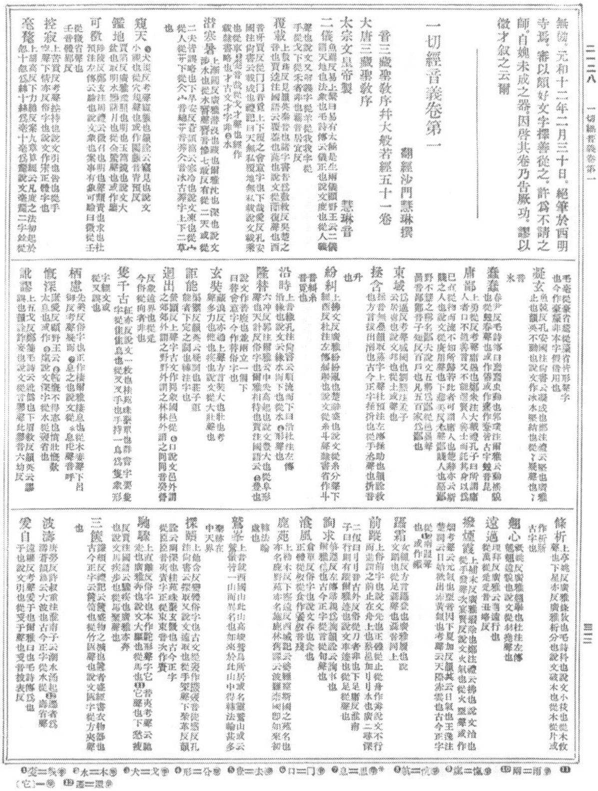

3. デジタルテキストにおける文字

　紙に書かれた文字をデジタルデータに変換するというとき、具体的には何を何に変換すべきなのだろうか。

　まず考えられるのは、文字の外形、つまり紙面に印されたインクの形を写し取ることである。計算機は色を数値に置き換えて処理できるため、色情報を持った点の配列を整列して表示させれば、その点が十分精細である限り、網点印刷と同様の原理により視覚情報を再現できる。このようにして紙面の色彩を点の集合に置き換えたデータを人間に見せて同等に見えれば、変換できたと見なせるだろう。この場合、紙媒体に残る立体構造が一切捨象されるのを除けば、極めて現物に忠実に再現することも可能であるし、手法次第では肉眼で現物を観察する以上に文字情報が判読できることもあり得るので、保全が必要な原本に代わって公開するのにも役立つだろう。デジタルデータは原媒体と比べてはるかに物理的なサイズが小さく、現代の環境であれば複製、持ち運びが容易というメリットがある。一方で、本文の読解、分析に関する利便性は当然ながら原本と同等にとどまる。このような手法はデジタル技術を利用した影印または覆刻の進化形といえる。

　一方で、文字が内容の主体である文献においては、文字の抽象的な単位をデジタルデータに変換するという手法も考えられる。われわれは字のイメージを思い浮かべながらそれを紙の上に転写する。手書きでは物理的にまったく違いのない字形はほぼ書けないが、それでも一文字ごとに違う字のつもりで書いているわけではなく、限られた種類の字を繰り返し投影しているはずである。そこで、区別する必要があるイメージの数を調べ上げ、すべてに識別可能な名前（典型的には特定の数値）を与えることで、紙の資料と同等の内容の区別が実現できると期待される。これは読者と計算機がある意味で共通の字の認識手段を得たことを意味するので、「機械可読」すなわち検索や照合、索引づけその他の処理を計算機が高速で代行できるという恩恵を受けやすい。つまりより進化した媒体への翻刻と同等である。ところでこの手法は活字印刷の原理に通じるものである。それがあくまで紙上の図形に還元する前提で、活字自体は中間段階にすぎないのに対し、デジタルデータはいうなれば活字の鋳型の状態で流

通させ、表示のたびに計算機の内部で鋳造し、画面に印字させようというものである。そのため理想的にはすべての機器に同一規格の活字棚を備え付けさせるのが望ましい。こうした背景から、デジタル世界の文字はそれを用いる各種業界、国、さらには国際的な標準によって規定されてきた部分が大きい。学術的な文字の利用と流通のためには、それらを最大限利用しながら、個別用途に応じた変更と補完を考えなければならない。

4. 紙本からみた符号化

4-1. 字形の問題

　紙の資料を符号化するとした際、前提的ではあるが無視してはならない問題は、その文書の作成者の意図が正しく紙の上に現れていると考えられるかという点である。慧琳音義に関していえば、現存する諸本がいずれも刊本の漢籍、さらには辞書に類するものであるという性質が特に問題となる。刊本であるということは、一面では転記による変異を抑えられることを意味するが、もう一方では機械的な複製によって生成されるために、作成者のあずかり知らない変異が混入しがちということである。これは具体的にいえば印刷のかすれ、にじみ、版の摩耗などがあげられる。写本であるならば必ず作成者の制御の下で生成されるので、不適切な形であることに気づけば修正や注記などの手段をとりうるが、刊本では版を介した間接的な関与となる（完成した版が関係者の死後にさえ複製される）ため、この要素の影響が顕著になる。また、欧文などの表音文字で記述された資料であれば、限られたレパートリーの制約を利用して、不完全な字形からも本来あるべき内容を復元しやすいが、漢文資料では出現する字形の制約が立てにくく、読み取った字形の真正性が担保しにくい。さらに慧琳音義はいわゆる古辞書にあたるため、登場する字は佚文ないし伝世本には存在しない記述を引用しているなど、とにかく並行する文献が得にくいことが多い。そのため単純な誤脱かどうかの判定すらままならないケースがある。

　次の表は同一項目中に出現する4箇所の字形の変遷を古い順に示している（大正蔵54巻 p. 385）。これらは現代でいう「捷」「疌」として読めるが、もとの高麗蔵においても同じはずの字が同じ項目中にもかかわらず明らかに異なる

形で現れている。これを解釈した白蓮社本や大正蔵はそれぞれ別様に異なる字形を宛てており混乱を増している。後半の「疌」は高麗蔵では全体的に不鮮明であり、白蓮社本の字形は根拠が薄弱にみえるが、現存しない古い建仁寺の刷りを参照した可能性も考えられ、本来の字形の推定を難しくしている。【表1】

表1　慧琳音義巻第十三「捷慧」項の「捷」「疌」の字形

高麗	白蓮	大正
捷	捷	捷
疌	捷	疌
疌	建	建
疌	建	建

　また、ごくまれに印刷の状態に起因して、原本とはかけはなれた字形に変化してしまうことがある。極端な例を挙げると、大正蔵54巻 p. 697 の「烏㲃反」の例がある。高麗蔵では「㲃」の字として読めたものが、白蓮社本の細長い字形に転写され、頻伽精舎本で縮小された結果、筆画の構成が不明瞭になってしまった。恐らくこの状態の字を参照したのであろう大正蔵の採字担当者は、字形を正しく解釈できず、図に見えるように上辺を「止」に統合し、「月」「凡」からなる存在しない字を作ってしまったものと推測される。この場合、高麗蔵の字形は明瞭と思われるため、対校をどの段階で行ったのかなど、編集過程の復元に関して示唆するものがある。【表2】

4-2.　字種の問題

　前節で述べた字形の認定に疑いがないような場合であっても、どの程度の字

表2　慧琳音義巻第五十八「驚悗」項の「翫」の字形

高麗	頻伽	大正

形差を「有意な」ものとして扱うかは、なお検討を要することがある。人が書き、また物理的な模様として印字される以上、個々の字（字形）は多種多様な面で異なりを見せるが、作成者にとってはあくまで少数の意図した字（字種）の実現形であるはずである。版下から起こす整版では、同一の文字を複数書こうとしても自然と微妙に異なる形にならざるを得ないのはもちろんだが、慧琳音義では字の構造が異なったり、（一つの釈文の中でも）筆画が増減したりということもしばしばである。単体の著作であっても、慧琳音義のように大部になると最初から最後まで完全に整合性がないことも考えられる上、ある変異が成立当時は無視すべき差異であったのか、後世の訛伝による偶発的な変異なのか判然としない面もある。慧琳音義の成立当初は写本によって伝わったと考えられ、また敦煌文献に現れる字体を見るに、原文献がどれだけ楷書的であったかも疑問が残る。

　これに対し、大正蔵のような活字母型（かつじぼけい）レベルでの同一性が保証できる版本を字種の区別の根拠と見なすことはできるだろうか。大正蔵の慧琳音義を調べたところ、一部の活字について意味上の違いが明白ではないにもかかわらず、活字の形状ないし字の結構が異なる場合があることが判明した。

　図では、「傳」および「並」「竝」の活字それぞれ数種の分布を示している。「傳」の場合、字の構造には違いがないが明らかに印影が異なる字形が相補的に交替しながら出現している。また「並」「竝」の二字は音義ともに同一の異体字だが、同様に使用される区間に相補的な偏りがあることがわかる。このように常用の字であっても形態が変わりうる以上、ある出現頻度の低い字形群の同一性を機械的に判断することは難しい。この字形の交替について、大正蔵本の内部比較からのみでは全体に通底する規則を見出すのが難しく、他本を含めた字形コーパスの構築を試みている【図6】。

　また、以上の議論では慧琳音義諸本に通底する字種の識別や認定ができると

いう前提に立っているが、実際にわれわれが目にすることができる慧琳音義のバージョンは、それぞれ時代（13 世紀〜 20 世紀）・地域（中国〜朝鮮〜日本）・手法（木版〜活版）・背景を異にする刊本の集合であって、しかもそれらは連続的に伝承されてきた著作の現存する一部というよりも、ごく個別的な状況で作成された独自性の高い編集版の寄せ集めである。そのため、個々の本が立脚している字種の認識のしかたの違いも無視できない要素となる。慧琳音義は大正蔵においても膨大な異体字を包含しているが、それは底本にある字形をすべて忠実に写す方針だからではなく、通常は元の高麗蔵に対して異体字は整理されており、しかも当時「普通」と思われていただろう字形に置換している。図 7 に大正蔵・白蓮社本・高麗蔵からそれぞれ同一箇所の画像を並べたが、掲出字である「胃（羂）索」をはじめ、罒（あみがしら）に部品の形状の規則的な異なりが現れているのがわかる。このように対応が綺麗に取れるものは、字種を抽出する手がかりとなる重要な情報である。【図 7】

　一方で、諸本（の編者）間の認識の衝突によると思われる意図しない現象も散見される。例えば、慧琳音義巻第三十九の「鬢藥」「蓮藥」両項目（大正蔵 54 巻 pp.563, 565）中に「䔉」の異体字が出現する。これを大正蔵では「豕」を「麥」に置換した字形（䔉）で示すが、他本ではいずれも「麦」であった。つまり「豕」が草体化したために「麦」の形に変化したものを、大正蔵の編纂当時には「麦」という形状を見て当然「麥」の略字体であろう（現代でも同じく「麥」はムギを表す「麦」の旧字体とされる）との連想が働き、「正字」に修正してしまった結果、むしろ原字とはかけはなれた形となって現れたものと考えられる。

　また、白蓮社本についても類似した例を徐（2002, p.153）[3]

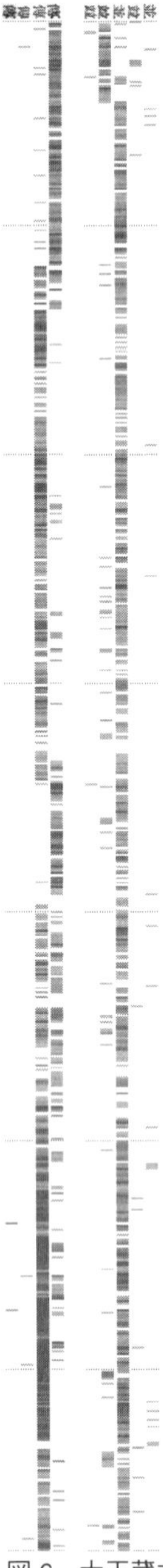

図 6　大正蔵本慧琳音義における「傳」および「並」「竝」の活字形分布

が挙げている。慧琳音義巻第九十七の「方冊」の項（大正蔵54巻p.910）の中に、高麗蔵では「象其礼」と書く箇所があり、これを白蓮社本では「象其禮」と変えている（これも現代の新字・旧字関係にあたる）。しかしこの一節は説文解字からの引用であり、本来は「象其札」としなければ意味が通らない部分だったため、字形に対する規範意識がかえって原文を遠ざけてしまったことになる。なお、大正蔵でも白蓮社本を引き継いでこの「正字」を採用している。

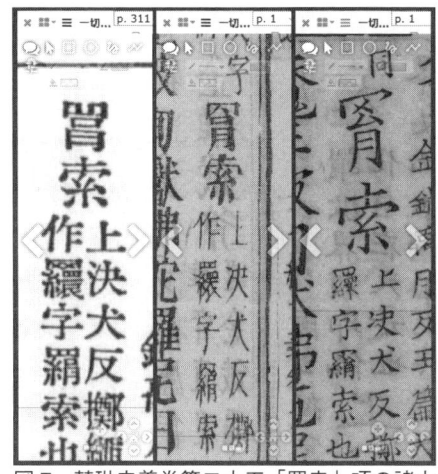

図7　慧琳音義巻第二十五「胃索」項の諸本対照

4-3. 校合の問題

　船山（2008）[4] が指摘するように、大正蔵全体では縮刷蔵の影響が大きくみられる。『一切経音義』について言えば、少なくとも管見の限りでは文献内に付してある脚注の多くが縮刷蔵の頭注の引き写しであるように見える。しかし図1.2 に示したように、縮刷蔵が行ったのは白蓮社本と増上寺蔵高麗蔵との対校である（白蓮社本の底本となった建仁寺の高麗蔵は焼失していた）。一方、頻伽精舎本は白蓮社本をもとに独自に本文の修正を行った。そのため、増上寺蔵経と頻伽精舎本を見比べても、同じく増上寺蔵経と白蓮社本を対照させた縮刷蔵の校勘記とは噛み合わないことがある。はなはだしくは本文に現れる字形と脚注に示された字形が矛盾していることもある。本文に果たして縮刷蔵の影響がどの程度見られるかはまだ判然としないが、現在までに、ごく少数の字について大正蔵の本文字形が高麗蔵や白蓮社本系統には見られず、縮刷蔵とのみ一致するという例が認められる。

　また、大正蔵『一切経音義』は本文中でも目録でも、原本が高麗蔵、対校本（甲本）が頻伽精舎本であるとしか記載されていないはずが、三カ所の脚注にのみ「乙本」の注記が見られた。この注記箇所をみると、すべて縮刷蔵の頭注と同一の内容であり、「乙本」とは縮刷蔵を指している可能性がある。「乙本」注記

は非常にまれであるが、この注記の前後にある脚注が独自の校勘であることを示唆しているかもしれない。

いずれにしても、脚注と本文に相関がなければ脚注の字形を無視することも可能だが、現状はそれほど単純ではないようにみえる。大正蔵における脚注字形と諸本との対応については、区間による傾向性がないかどうかを含め、引き続き調査していく必要がある。

5. 技術からみた符号化

5-1. 文字集合の適用

符号化した文字を取り扱うには、その文字を表す符号をほかと区別する手段と、そのリストないし対応表（集合）を設定しなければならない。漢字のように字形の組み合わせが有限ではない体系では、定められた汎用的な文字集合に存在しない文字と遭遇する可能性が常に存在し、一般に「外字」として知られている（欧文などでも歴史的文献には珍しくないことである）。

SAT プロジェクト初期の 1990 年代において、日本にはすでにいくつかの公的な規格が存在したが、それらのカバーする集合は大正蔵に出現する字種と比較するとはるかに小規模であった。それらを補うため、字典や特殊用途文字を集成した大規模文字集合として先駆的であった今昔文字鏡の符号表を用いて表現し、さらに足りないものは SAT が独自に符号を付与していた。

2000 年代に入ると、今昔文字鏡の許諾条件が改定されて従来のように自由に利用できなくなったため、外字の表現に今昔文字鏡の代わりに利用しやすい GT 書体コードを採用することとなった。このような規格の裏付けがない文字集合を用いてデータを作成することはそれ自体簡単な手段ではあるが、符号化テキストの解釈や処理に特別な設定と配慮が必要になってしまうこと、特定の環境に依存するために相互利用性を損なうこと、また外部の定めた集合に依拠するとその安定性に左右されやすいことといった問題点がある。

現在、SAT では UCS/Unicode[5] と呼ばれる符号化文字の国際規格に、直接従来の外字を追加していくことにしている。これは 1990 年代初めより存在しているが、近年普及が進み他の規格をほぼ代替しつつあること、従来の公的規格

をほぼ完全にカバーし終えてなお符号空間に余裕があり、大量の追加に懸念がないこと、そしてそれを背景として、多方面からの符号化要求を積極的に受け入れはじめていることから、SAT 外字の解決先として適していると考えている。UCS/Unicode は業界における統一規格を志向しており、収録された文字は現在利用できるコンピューターでの標準対応がほぼ保証される。したがって、上述のアプローチとは異なり、そこへの追加は「外字」の駆逐を意味することになる。SAT は 2012 年に最初の主に『一切経音義』用字以外からなる漢字集合を提出し、2,800 字余りが独立の符号を与えられて 2017 年に収録された。残る『一切経音義』用字については引き続き調査のうえ符号化を進めており、それも執筆時現在、一部が実質的な審議を終えて規格化を待っている段階である。

▍ 5-2. 制度とのかかわり

　現在 SAT は UCS/Unicode に外字を追加する方針に舵を切ったが、それは国際規格の世界に独特の動向や制度と整合しなければならないことを意味する。特に UCS/Unicode は JIS などと同様、電気通信分野の工業規格という位置づけであるがゆえに、単に「学術上必要な文字を追加する」では済まされないような異質な諸概念を勘案しなければならない。

　まず UCS/Unicode での漢字の取り扱いを説明する。各文字はそれが属する文字体系ごとに分類されて収録されるが、漢字は通常 CJK 統合漢字（CJK Unified Ideographs）[6] と呼ばれるブロックに配当される。ほかに CJK 互換漢字（CJK Compatibility Ideographs）という、各国の既存規格との技術的な整合性を取るために存在する特殊な領域がある。一般に「漢字」と呼ばれるものはほぼすべてがこれらにおさまる。執筆時時点で CJK 統合漢字の総数は 87,887 文字を数え、UCS/Unicode 全収録符号の 3 分の 2 を単独で占めているが、まもなく慧琳・希麟音義用字を含む次の約 5,000 字が追加される予定である。

表 3　UCS/Unicode における漢字の収録状況

ブロック	字数	収録時期
CJK 統合漢字	20,902	Unicode 1.0.1 (1992)
…の追補分	74	不定
CJK 統合漢字拡張 A	6,582	Unicode 3.0 (1999)

CJK 統合漢字拡張 B	42,711	Unicode 3.1 (2001)
CJK 統合漢字拡張 C	4,149	Unicode 5.2 (2009)
CJK 統合漢字拡張 D	222	Unicode 6.0 (2010)
CJK 統合漢字拡張 E	5,762	Unicode 8.0 (2015)
CJK 統合漢字拡張 F	7,473	Unicode 10.0 (2017)
CJK 統合漢字拡張 G（予定）	4,938	未定
CJK 互換漢字	472	不定
（…のうち統合漢字）	(12)	Unicode 1.0.1 (1992)
CJK 互換漢字補助	542	Unicode 3.1 (2001)

　通常、新しい文字体系が登録される際は、はじめに判明しているほぼ完全な
レパートリーが一度に入り、その後もしあれば必要に応じて小規模な追加が行
われる程度であるが、漢字は原理上無制限に字を合成できる性質があるため、
膨大な字種が存在しており、既存字の概数すら定かではない。そこで、漢字に
限っては専門部会が設けられており、定期的に募集と審議を行って、通過した
ものがその都度追加される運用となっている。特に審議が必要な理由の一つは
UCS/Unicode が採用している「包摂」と「統合」のメカニズムである。多数の
代表から提案[7]される多数の字を統一的に処理するため、国・地域を問わず
同一視する字形の差異の基準を設け、同じと見なされる字の重複登録を避ける
仕組みが整備されている。一方でこれによって地域固有の字形が損なわれると
いう問題が長らく存在し、現在では任意で字形選択子（Variation Selector）[8]を
付加して個別の表示形を指示するという手段が導入されている。この方式で特
定の漢字（字形）を表すことを特に IVS と呼び、公式に管理されたリストが
存在する[9]。IVS は現在のところ主に印刷業界や戸籍・登記などの行政用途へ
の利用が多く、これによって区別される字形を算入するならば、UCS/Unicode
の漢字総数は少なくともすでに 10 万字を超えていることになる。
　現在 UCS/Unicode に漢字を登録するためには、事実上常設の担当部会であ
る IRG（Ideographic Research Group）に参加するか、文書で要望を提出する必要
がある。IRG は本来 ISO の傘下にあるため、公式に字を提案できるのは会員
資格のある主体、多くの場合国の代表に限られる。個人などからの提案でも妥
当と判断されれば、通常は会員に準ずる米国 Unicode 委員会が代行して追加提
案を行うが、独自の名義で提案資格を得る道もある。SAT は 2016 年より上位
委員会（ISO/IEC JTC 1/SC 2/WG 2）でのリエゾン資格を承認されたため、現在

は独自主体として追加提案を行えるようになった[*10]。IRG は年 2 回会議を招集し、その場で議論と決定を行い、勧告を発する。IRG で審議される字の種類や数は各代表の持ち込み次第という面があったが、過去の教訓と改善により近年では一定数の字がコンスタントに送り出されるようになりつつある。例えば現行の規則では各提案主体は一度に 1,000 字までしか提案できないようになった。この IRG の審議は決して会期中にのみなされるものではない。毎回の会議を踏まえて、各提案主体が次回会議までに分担して提出字の精査そのほかの業務を行うことが、IRG の最も重要な機能といえる。SAT は参加機関の一つとして、提出字の審査および自身の提出分への指摘の対応、議論への参加、およびそれに付随する諸業務という形でこのワークフローにかかわっているが、一つの集合が確定するまでに平均 2 〜 3 年程度の審議が必要となり、さらにその前後の手続きを含めると、ある外字の提案から登録までは 5 年程度の長丁場を想定しなければならない。単純な時間だけではなく、議論への参加や調査に割り振るための労力も必要となる。

　IRG に漢字を提案する際、明朝体で表された字形のみならず、出典画像、文字属性、異体字情報などを定められた形式で提出しなければならない。審議ではこれらに基づいて提出された漢字が確かに存在するか、原典と齟齬がないか、部首や画数が基準に従っているかなどを検査する。これらの規定は現在までに相当程度詳細に明文化されているが、細部は都度変更が加えられるため、内容については割愛する。審議の結果、真正性に疑義がある、ほかの既存字に包摂可能であるなどの問題が認められた場合は、新規登録の候補から外されるが、追加証拠の提出などによって回復することもでき、最終的に問題がないと認められた字の集合が上位の委員会に引き渡される。提案された文字も、必ずしも原提案の通りに承認されるのではない。証拠に疑義があって却下される場合はもちろんであるが、例えば SAT の内部では別字と見なすに足る違いがあるとして提案しても、一般の情報通信目的では既存字と同等と判断され、新たな符号位置が与えられないことがある。この場合、SAT では主に前述の IVS を用いて区別を維持するよう再提案する方針である。

　IRG では公式には提案主体らが業務の負担を最も多く引き受けることになっているが、実質的には漢字符号化に関心のある一般参加者らも大きく貢献して

いる。特にプロセスの効率化に関しては、川幡太一氏による漢字構造の自動照合による重複検出や、近年の Henry Chan 氏によるレビュー入力のウェブ化といった抜本的な改善はもっぱら個人参加者によってもたらされたものである。この点は筆者も IRG の公開データの再利用性の低さが審議の正確性に及ぼす悪影響に懸念を抱いており、IRG のリポジトリをデータベース化する取り組みを行っている。

5-3. 字形の利用

　ここまで符号化は文字に番号を割り当てる作業であると説明してきたが、これは同時に文字の実体を図形的情報から切り離すことを意味する。その状態でも、データとしての機械可読性に基づくさまざまな恩恵を受けることには変わりないが、それだけでは人間がいわゆる「文字」として、すなわち目で見て利用できる状態であることを意味しない。符号化によって得られるのは符号位置、つまり仮想的な活字棚の特定の箱を予約するということにすぎず、それを使用するためには活字を入れる、つまり表示するための字形情報を与えなければならないからである。

　コンピューターでは文字符号から字形を呼び出すためのフォントファイルが用いられるが、フォントは符号化によって自動的に発生するものではなく、誰かが別に供給しなければならない。字形の表示はユーザーにとって基本的な要求のため、ほとんどのパソコン用 OS は一般ユーザーが困らないだけのフォントを標準で搭載しているが、慧琳音義を出典とするようなまれな学術用漢字はこのような対応を期待しにくい。過去に作られた今昔文字鏡や GT 漢字といった大規模文字集合は、いずれも公式の専用フォントを配布していた。このように、符号化文字を「実用的」にするためにはフォントの作成が必要[11]であるが、しばしば膨大な字数となる漢字フォントを一から作成するには多大なコストと労力が必要となり、普及の障碍となっていた。

　幸いなことに、2007 年頃に現大東文化大学准教授の上地宏一氏によって漢字字形自動生成システムを利用したウェブサービスである GlyphWiki[12] が開発され、簡便な操作で利用制約のない高品質な明朝体フォントが作成可能となった。SAT はこれを用いて UCS/Unicode 規格に掲載する例示字形を作成すると

ともに、既収録字を表示するための「SAT 大正蔵漢字フォント」[*13] を提供している。

6. まとめ

　これまで、符号化という作業が、片や紙の文献に現れる文字の解読と解釈に否応なく判断を迫る場面があること、もう片方ではデジタル技術が提供する環境に適合するための方法論の確立を求めることの一端を、慧琳音義における経験を通じて述べたつもりである。情報媒体の発達の歴史は、簡単にいえばより知識の「本質」以外を削ぎ落とし、「本質」を際立たせる手法を探る道のりととらえられる。その意味では、デジタル媒体による情報表現は離散的であるがゆえに、表現しようとするその試み自体にモデル化の必要を内包するという点で、かつてないほどわれわれが「本質」をどうとらえているかを浮き彫りにするものであり、かつそれ自体に研究性が要求されるものといえよう。同時に、新しい技術で何かを実現しようとする時、単に技術の「成果」を採用することにとどまらず、技術を支える人々との協働という側面も大切であるというのも、お伝えしたいことの一つである。拙文がこの分野でデジタル化を考える方々にとって、わずかながら参考になれば幸いである。

注
1　高田時雄（1994）「可洪隨函録と行瑫隨函音疏」高田時雄（編）『中國語史の資料と方法』京都大学人文科学研究所：109–156.
2　永﨑研宣（2016）「SAT 大蔵経データベースをめぐる漢字情報」高田智和・馬場基・横山詔一・石塚晴通（編）『字体と漢字情報』勉誠出版：265–280.
3　徐時儀（2012）「一切經音義三種校本合刊緒論」『一切經音義三種校本合刊』1．上海：上海古籍出版社.
4　船山徹（2008）「漢語仏典――その初期の成立状況をめぐって」京都大学人文科学研究所附属漢字情報研究センター（編）『漢籍はおもしろい』研文出版：71–118.
5　歴史的経緯により国際規格である UCS とそれを補完する業界規格の Unicode からなる。本稿では詳細に立ち入らず総称してこのように呼ぶこととする。
6　JIS X 0221 の訳語に従うが、直訳すると「中・日・韓（朝）統一表意文字」。この用語は現在から見るとやや不正確なきらいがあるが、制定初期から存在する術語として使われ続けている。正確にはベトナム語 Vietnamese からの寄与（チュノム）

も大きい。これらを合わせた CJKV はもっぱら東アジア言語処理の代名詞的な呼称となっている。

7　UCS/Unicode に新規字の追加や変更を要望することをこう呼ぶ。

8　訳は「異体字セレクタ」とも。

9　https://unicode.org/ivd/

10　SAT 提出字は執筆時現在、Unicode 委員会そのほかと識別名を共有しているが、取り扱いに不都合があることが判明したため、近々新しい識別名を与えられる見込みである。

11　実務的に言えば、UCS/Unicode に文字を登録する際に審査段階でフォントが必要とされるため、この文脈ではむしろ符号化を可能にするためにフォントの作成が求められることになる。

12　https://glyphwiki.org/

13　http://21dzk.l.u-tokyo.ac.jp/SAT/unicode/satunicode.html

電子テキストの有効利用に関する雑感
——文献資料のモデル構築の可能性

宮崎 泉

1. はじめに

　仏教学の分野では PC の利用が比較的早くから進んだ。文献を主たる資料とする研究分野では、多数の電子テキストの横断検索がとりわけ有用であったのが主な理由と思われる。以来、電子テキストの有無自体が利便性を極端に左右するため、とにかく無数の電子テキストが作成された。しかし実際には電子テキストの作成方法について何らかの基準や合意があったわけではない。それぞれが検索しやすい形でそれぞれに入力してきたというのが実情である。そこに入力ミスが残ることがあるのはやむを得ないとしても、逆に、入力者の「善意」でテキストが暗黙のうちに訂正（変更）されたりしたようなものも多いと思われる。その際、検索の利便性が最大の目的になってしまい、自身の入力しているテキストが一体何なのか、また、この分野の研究対象とどのような関係にあるのか、といったことはほとんど意識されてこなかったのではなかろうか。

　近年これまで蓄積されてきた電子テキストをより有効活用する可能性について議論されるようになってきた。そのため、この時点で一度研究対象と電子テキストとの関係について検討しておくことは必要なことと思われる。もしその作業を通して今後何らかの合意が得られるようなことがあれば、将来的にも有用であろう。筆者にはこれまでにも何度かそのようなことを考える機会があったが、今回自身の考えを公にできる場を得たため、これまで考えていたことを再検討しまとめておきたいと考えた次第である。もっとも筆者に現在確たる結論があるわけではない。しかしながら、「テキスト」とは何かについて、実際

の研究対象にかかわる諸問題を取り上げつつ、電子テキストを扱うときに何が問題になるのかを考える材料を提供できればというのが本章の目的である。

2. 研究対象としてのテキスト

　筆者はこれまで主にインド仏教の文献学的研究に取り組んできた。この分野では、サンスクリットなどのインド系諸語で書かれた原典が残っていれば、それが最も重要な資料になる。そのほかに、漢訳やチベット語訳が現存することもある。漢訳やチベット語訳は、ほとんどインド諸語から直接翻訳されたものであり、まとまった形で伝わっているため、インド仏教研究者にとって貴重な資料である。しかも、サンスクリット原典が失われていれば、漢訳やチベット語訳（一方しか現存しない場合も多い）だけでインド仏教を研究することになり、その意味でも不可欠の資料と言える。

　さて、ここでこの分野の研究を具体的に紹介するために、サンスクリット原典、漢訳、チベット語訳が残っている場合を考えてみよう。このような研究分野に詳しくない人は、サンスクリットで書かれたオリジナルと、その漢訳者の理解と、チベット語訳者の理解の三つを知ることができると考えるかもしれない。しかしことはそう単純ではない。というのは、どれももとの形のまま現在まで伝わっているわけではないからである。サンスクリットは写本の形で伝わるが、写本が一つあるいは複数伝わっていたとしても、そのいずれもオリジナルのままであることはない。写本が伝わる過程でさまざまな要因によってテキストが変容するからである。複数の写本が伝わる場合、それらはいくつかの系統に分類できることがある。系統の分岐や系統の中の分岐も想定できれば、系統樹に表すことができる。しかし、写本すべてが同程度の価値を持つわけではない。例えば、ある写本が別の写本のコピーであることが明らかであれば、その写本の持つ価値がいちじるしく減少するのは明らかだろう。このような状況の中で、各写本の重要性も加味しながら比較検討を行い、なるべくオリジナルに近づこうと努力するのがこの分野の研究の出発点である。

　ただし、その際、現存資料の最も古い分岐より前の情報は失われているため、オリジナルには決して到達できないことには注意しなければならない。新たに

より重要な写本が発見されれば、現在想定されている批判校訂テキストも大きく書き換わる。そのため、このオリジナルに近づこうとする文献学的研究に終わりはない、とも言えよう。サンスクリット写本以外にもオリジナルに近づくためのさまざまな手段を駆使しながら真実に接近し続ける営みが絶えることなく続くのである。ある文句が別のテキストにほぼ同じ形で現れる平行句が見つかる場合もあるし、対論者が批判のために引用することもある。翻訳もそのような情報の一つに数えることができる。思想や歴史研究の基盤として、このような永遠にオリジナルに近づき続けようとする文献研究がある。

では、漢訳やチベット語訳はそのようなサンスクリット原典とどのような関係にあるだろうか。上記のようなサンスクリット写本の伝承を考えれば、漢訳やチベット語訳がサンスクリットのオリジナルの翻訳ではあり得ないのは明らかだろう。漢訳やチベット語訳はそれぞれ、サンスクリットのある時点の一つないし複数の伝承を伝える。漢訳とチベット語訳の両方が残っていても、それは同じサンスクリットからの翻訳ではない。漢訳やチベット語訳の訳者にとって、目の前にあったはずのサンスクリット原典の状況はわれわれとまったく同じである。つまり、その時点で伝承されていたサンスクリット写本が一つないし複数あり、それをもとに翻訳が作成されたということである。もちろんその翻訳は、サンスクリット写本そのままが翻訳されたわけではない。サンスクリット写本の質が悪ければ、多くが訳者の知識によって補われ、訂正された後に翻訳されたであろう。また、関連文献の翻訳がすでにあれば、それも参照されたかもしれない。翻訳は、翻訳者の理解がサンスクリット原典の理解に資する場合も多いが、実際には翻訳の成立過程は複雑で、それに注意を払いつつ慎重に扱う必要がある[*1]。

しかも、翻訳も伝承される間に変容しながら現在に伝わっているのである[*2]。現在伝わる翻訳が、翻訳された当時のままであることはあり得ない。文献研究者は、このような状況にある資料からオリジナルのサンスクリットを再構成することを目指し批判的校訂を行う。しかし前述の通り、それでもオリジナルそのものには到達し得ないことには注意が必要である。写本に限らず、ある変容をこうむって以降の資料しか伝わっていなければ、結局確実な証拠をもってそれ以前にさかのぼることができない。以上を言い換えれば、失われたオリジナ

ルを基点に、それぞれ異なった性格を持つ多種多様のテキストが存在している といえる。これが、われわれが一つの「テキスト」と呼んでいるものの内実で ある。

　さて、ここまでは、たとえそこに到達できないとしても、オリジナルが一つ だけ存在する前提の話である。しかし、実際にはオリジナルが変化することも ある。例えば、ある経典に改変や増広が繰り返され、変容していくような場合 である。このように変容していく全体を一つの「テキスト」と見なすとすると、 オリジナルに一定の幅を許容することになるだろう。その場合テキストは文字 そのものを離れ、より抽象的なテキストが想定されていることになる。さらに、 研究をしていく上では、このようなテキストと別のテキストを一つの文献群と して扱いたい場合もあるだろう。そのときには、文献群をさらにより抽象的な テキストとして想定していると考えることもできる。つまり、どの範囲を一つ のテキストとして扱うかが必要に応じて変わるのではないかということである。

　実例としては、般若経が最適である。般若経とは大乗経典の初期から現れる 経典である。中でも『般若心経』はそのサイズの手頃さもあって、日本で最も よく知られた経典と言えよう。般若経は単一の経典ではなく、経典群であり、 いくつかの系統が想定できる。最古の系統は「小品系」と呼ばれ、『八千頌般 若経』の系統である。それに遅れるもう一つの重要な系統が「大品系」と呼ば れる『二万五千頌般若経』の系統で、八千頌より長いものである。そのほかに、 それらよりはるかに小さな『般若心経』『金剛般若経』、逆に最も大きな『十 万頌般若経』なども伝わる。それぞれの発展段階は、漢訳によく保存されてい る。例えば、「小品系」の最古のものは漢訳に『道行般若経』として伝わるほ か、複数の漢訳が伝わり、それらは現存のサンスクリットよりも古い段階の小 品系般若経の姿を伝えている。ここで一つの系統とみなしている小品系般若経 は、オリジナルが変容しながら伝わる、広い意味でのテキストと言える。そし てまた、この般若経典群全体を一体として扱うなら、それはさらに広い意味で のテキストということになるだろう。

　このように考えると、実際の研究の場では、テキストとは何かより、何を一 つのテキストとして扱うかが重要であることに気づく。その場合、いずれにせ よ、テキストはある程度抽象的なもので、ある観点から一つのテキストとして

想定されたものであると言える。逆に言えば、一つのオリジナルを想定しているような場合でも、その観点から複数の写本の背後に一つのテキストを想定しているのであって、そのこと自体は必ずしも自明ではない。研究の中では、それ自体が問われることもあり得る。写本の断片を扱っている場合などがわかりやすい例になるだろう。ともあれ、一つのテキストを区別する観点は無数に想定できるが、実際の研究の場でもそれを場合に応じて使い分けていることに自覚的になり、電子テキスト上でその観点を自在に切り替えられるようになれば、新たな地平が開けるのではなかろうか。次に、この複数の観点をもう少し噛み砕いて説明するために、いくつか別の話を紹介しよう。

3. テキストと漢字

　では、そのような「テキスト」を実際に電子化するときにはどのように扱えばよいだろうか。最も単純なところから考えれば、テキストとは文字列の集合である。しかしそれは単なる文字の羅列ではなく、全体として意味を有する。むしろ、実際には人はその意味を扱いたいにもかかわらず、意味そのものを扱うことができないため、意味を文字列の集合に託しているにすぎない。コンピューター上でテキストを扱う場合も同じことである。さて、テキストが文字列の集合という形を取り、意味という内実を持つと考えるとき、それが「漢字」に非常に似ていることに気づく。そのため、より複雑なテキストについて考える前に、漢字がコンピューター上でどのように扱われているのかを見ておくことは有用であるように思われる。そこでまず「漢字」について考えるところからはじめてみよう。

　現在のコンピューターの内部では、文字であれ、画像であれ、映像であれ、すべてが数字によって表されている。このことにいまさら説明の必要はないだろう。例えば、アルファベットであれば、アルファベット一つ一つに順に数字が割り振られている。すると、その数字の順に並べるだけで、アルファベット順に並べ替えることができるようにもなる。この数字は文字コードと呼ばれる。ラテン文字も文字の体系によってさまざまなので単純ではないが、テキストの問題について考える上では意味を有する漢字の方が参考になる点が多く、われ

われにとってより身近でもある。そこで、ここではラテン文字より複雑な漢字について取り上げよう。

漢字に文字コードを割り当てる場合にまず問題になるのは、その文字コードを割り当てる「ひとつの漢字」をどう考えるのか、ということである。文字は書かれたり、印刷されたりするもので、形を持つ。もちろん同じ形を持っている漢字が一つの漢字である。しかし、手書きされる場合には、多少はねやはらいが違っても同じ文字として通用するだろう。さらに、本来ないはずの点が打たれているようなこともよくある。そのような違いによってほかの文字と混同されない限り、同じ「ひとつの文字」として使用されているのが実際である。もう一方には、小学校ではねやはらいを厳しく注意されたように、規範的な文字の存在を想定することもできるが、漢字の現実はより緩やかで柔軟なものである。また逆に、ほぼ同じ形を持っているにもかかわらず、意味が異なる漢字もある。例えば、「干」や「于」は本書では「千」とは形が異なり、逆に書けばもちろん誤りと見なされるが、手書きであればこれらが区別のつかない形で書かれることもあるだろう。しかし、この場合は形がどれほど似ていたとしても「ひとつの漢字」と見なしてはならず、別の文字コードを割り当てる必要がある。意味が異なるからである。

文化庁の Web サイトに、平成 28 年に文化審議会国語分科会から出された『常用漢字表の字体・字形に関する指針』(以下、『指針』)と題する報告がある[*3]。『指針』は、コンピューター上での漢字の扱いに関する問題も踏まえて、手書きの字形やフォントのデザインについても詳細に解説しながら、常用漢字について説明しているが、その際漢字は「字種」「字体」「字形」のレベルに区別される。それぞれの用語の意味は「第 3 章　字体・字形についての Q&A」の中に簡単にまとめられているので、それを引用しながら紹介しよう。まず「字体」とは「文字を文字として成り立たせている骨組み」であり、「字形」は「それを実際に文字として記した時の形状」と言う（p.69, Q5）。字形は実際に目に見える多様な形なので想像しやすい。一方、字体はある文字を別な文字と区別するもので、より抽象的なものと言える。一般に字体という語は明朝体やゴシック体などの意味で使われることもあるが、『指針』ではそれは「書体」と呼ばれ区別されている。「字種」は「同じ読み方、同じ意味で使われる漢字の集まり（グルー

プ）を指す常用漢字表の用語」である（p.69, Q6）。例として「桜」と「櫻」が挙がる。いわゆる「異体字」を包摂して一つの文字と見なすレベルと考えることができるだろう。つまり、いくつかの字体の集合を別の字体の集合から区別するものであり、字体よりさらに抽象度が高いものだと言える。

　文字コードの問題に戻れば、実際問題としては字体レベルで文字コードを割り当てることが多いと思われる。字形は無数にあって、その一つ一つに文字コードを割り当てることは不可能なので、字形レベルの多様性は包摂せざるを得ない。しかし、「桜」と「櫻」を同じ文字として扱うよりも、字体レベルの差異は区別したい場面が多いのだろう。別の文字コードが割り当てられた文字を同一視するのはたやすいが、同じ文字コードを割り当ててそれを区別するのは難しい。JIS 規格で定められた文字コード（例えば、JIS X0208 など）でも、「桜」と「櫻」は別の文字コードが割り当てられている。これは「字体」レベルで一つの文字と考えているということになる。ただし、テキストの検討の中にこのような考え方を導入するときは、一つのテキストを何か一つのコードに割り当てるなどということを考える必要がないため、ここで何を一つの文字と考えるべきかを論じる必要はない。むしろ、レベルが変わると、ある二つの文字が異なる文字と見なされたり、同じ文字と見なされたりする点が重要であり、それこそがここで注目すべき点である。

　テキストに話を戻そう。いまの漢字の例をどのようにテキストに対応させるかにはもちろんいくつか可能性があるが、何よりはっきりしているのは、テキストが実際に書かれて伝わった写本が「字形」に対応するということである。文字の場合、目の前にある具象として存在するものは「字形」である。テキストの場合に、具象として存在するのは写本である。その二つを対応させることに疑問の余地はないだろう。では、そのような写本を一本ないし複数利用して批判校訂した校訂テキストは何にあたるだろうか。これは誤解されることも多いのではないかと思われるが、実際目の前にある具象という点で写本と同じであり、「字形」が対応する。現存するいくつかの「字形」を利用し、現代の学者が客観的によりよい「字形」を世に提示したものが校訂テキストであると言えばわかりやすいだろうか。そしてこのときには、暗黙のうちに複数の写本が一つのテキストであることが想定されている。そこで想定されている抽象的な

テキストが「字体」に対応すると言えよう。もっともすでに述べた通り、一つのテキストの内容にある程度幅があるときもあるが、それも大きな問題ではない。それは複数の写本を一つに考えるときにどのような観点を想定するかによる。すると、それより抽象度の高い字種に対応するのは、字体に対応させたものより抽象度の高いレベルのものとしか言えないことになるだろう。例えば、同じ写本の複数の系統を束ねるものとすることもできるだろうし、また、異本や翻訳も含めて一つにまとめたものを想定することもできる。さらに、文献群を一つの「テキスト」と考えるようなものをより上位に考えることもできるだろう。

このように考えると、テキストの場合『指針』にあげられているような三つの段階に単純に対応させることはできないことになる。目の前にあるものが字体に対応し、それが出発点であるのは明らかだが、それより上にはさまざまなレベルを想定することができるからである。もっとも文字の場合もさらに多様なレベルを想定することができるが、『指針』は常用漢字の考え方を説明するために、比較的わかりやすいモデルに落とし込み、うまく字形や字体を説明しているとも言えるだろう。

文字に対して多様なレベルを許容しそれを自由に扱うことを目指したシステムに、守岡知彦氏（京都大学・人文科学研究所）が主導してきた CHISE[4] がある。CHISE では、文字をオブジェクトとして扱い、文字コードとして符号化することのない文字処理の実現を目指した。そのモデルは Chaon モデル[5] と命名され、要するに、文字を文字コードではなく、「文字素性」（character feature）の集合として扱うものである。文字素性には、部首、画数、発音、意味のほか、ある文字集合の中のコードポイントなども含み、既存の文字コードを使用したシステムとの情報交換も可能にしている。さらに、その文字オブジェクトが継承関係を持つことも考えられており、それによって、あるレベルでは同じ文字だが、レベルが変われば別な文字になるようなものも扱えるようになっている。CHISE では理論的には無数の階層を持つことができるはずであるが、記述が複雑になりすぎたり、利用者の直観に合わないケースが多発しかねないことを怖れ、ガイドラインを設けてある程度整理している。それが「CHISE 文字オントロジーのための漢字字体・字形粒度の情報記述に関するガイドライン」[6] で

ある。そこでは包摂粒度の観点から「抽象文字粒度」「統合文字粒度」「抽象字体粒度」「詳細字体粒度」「抽象字形粒度」「例示字形粒度」を設定し、常用漢字表の『指針』と比較するとはるかに詳細になっている。その際、守岡氏は前掲常用漢字表で用いられる「字種」―「字体」―「字形」という概念と、UCSなどで用いられている『抽象文字』―『グリフ』―『グリフイメージ』という概念が、おおまかに「字種」―「抽象文字」―「字体」≒「グリフ」―「字形」≒「グリフイメージ」という四階層の包摂粒度に整理することができると述べた上で、実際にはその四階層に整理できない場合が出ることを踏まえ、上記の階層を提案している [7]。

ここではその詳細は省略するが、筆者が複数の階層を持つ抽象的なテキストのモデルを考えるとき、実はこの CHISE のモデルから多大な影響を受け、それが出発点になっている。つまり漢字の場合と同じように、テキストは文字からなるが、文字の集合そのものがテキストではなく、抽象的なテキストを想定し、文字の集合をその属性と考えることができないかということである。もちろん抽象的なテキストは、複数の文字の集合（文字としてのテキスト）を属性として持つこともできるだろう。また、抽象度を変えれば、いわゆる文献群も一つのテキストとして扱えるようにできるのではないだろうか。

4. テキストと書誌情報

ところで、図書館では具象としてのテキストを扱うが、書誌情報を考える場合には抽象的なレベルを想定することも必要になるようである。筆者はまったくの門外漢であるが、ここでの議論に参考になるところもあるため、2017年に改訂された IFLA LRM [8] を取り上げ、われわれの分野における問題点を考えてみよう。IFLA LRM とは、国際図書館連盟（IFLA）[9] が発表した書誌情報扱うための概念モデル（Library Reference Model）である。そこではテキストにいくつかのレベルが想定され、Work, Expression, Manifestation, Item の四つが定義される。Work が最上位概念であり、Item が一つ一つの書籍にあたる。Expression は特定の版や翻訳など表現によって区別されるものであり、Manifestation はその Expression がある出版社から刊行されたりしたもので、幾

分具体的なものである。Manifestation の例に ISBN が付いたものが挙がっていると言えば、わかりやすいだろうか。

このモデルに沿ってわれわれの分野を考えてみると、一つの経典あるいは論書が Work である。サンスクリット原典、漢訳、チベット語訳などが Expression にあたる。Expression はそれぞれのテキストにあたるが、一つに固定したものではない。それが写本や版本になったときに、Manifestation になる。版本の版の違いや写本の一つ一つはそれぞれ Manifestation である。写本の場合は Item は Manifestation そのものであるが、版本の場合は、一つの Manifestation の Item が複数の場所に存在することもあるだろう。また、それらの資料を利用して作成された批判校訂本の一つ一つは Manifestation である。それが改訂され版が異なれば、また別の Manifestation になる。

この中では Work が特に興味深い。Work は純粋に抽象的な概念であり、複数の Expression を束ねるものである。そして、それ自体いかなる具体的な存在とも同一視することが許されない。この考え方は、われわれが上に考えてきた中でも最も抽象的なテキストということになり、抽象的なテキストをどう考えるべきか、示唆を与えてくれる。もう少し要点を示せば[10]、Work は、最初の Expression が完成したときに同時に生じる。一方で、すでに存在しているテキストから Work が考えられることももちろんある。その際、何が一つの Work かの判断は利用者のニーズが基盤となり、多くの利用者が一般的に一つの Work と考えるものが一つの Work である、と言う。多様な文化を背景にさまざまな形で成立した Work を厳密に定義することは不可能なので、運用で工夫する余地を残しているものと考えられる。この点もわれわれにとって非常に示唆的であるが、同時に、利用者に考慮の余地を残すと多様性を許容することになり、書誌情報を扱う場合には頭痛の種になるかもしれない。

さて、われわれの研究分野でも Work を狭い範囲で考えることができる場合は、LRM のモデルを適用することができそうである。具体的には、ある論師が著した論書を扱う場合などである。一方で、経典が発展しつつ伝承されるような場合は、その経典群は一つの Work と考えられるだろうか。また、般若経典などのように、内容的には密接に関係しつつ長さが異なる経典群を一括して考えたいような場合はどうすればよいだろうか。IFLA LRM では、Expression は、

別の Expression の aggregate とすることもできるため、それを利用することができるかもしれない。一方で、そのほかにも多くの relationship が定義されており、例えば、Work と Expression の関係は、is realized through によって表現される。また、Work 同士の関係は、has part, precedes などのほか、is inspired by, is a transformation of のような関係も想定されており、多様な記述が可能のようである。しかし、Expression 同士の関係を記述することはあまり考えられていないように見える。書誌情報を扱うという点からは当たり前のことだが、Work 中心のモデルが考えられている。けれども、われわれの研究分野のように、一つの Work の中の文献の状況が問題になる場合は、むしろ前述の Expression 同士の関係が問題になる。IFLA LRM でも Work を介して Expression 同士の関係を示すことは不可能ではないが、われわれの用途に利用するには少々改変する必要がありそうである。さらにその際、文献群のような、広い意味での Work を扱う仕組みも考えておいた方がよいように思われる。

　われわれの分野と同じように、漢籍でもさまざまな問題が起こるらしい。図書館情報学を専門とする木村麻衣子氏（慶應義塾大）が「東洋学へのコンピュータ利用第 30 回研究セミナー」（2019 年 3 月 8 日、京都大学人文科学研究所）の中で、特に Work と Aggregate を取り上げ、漢籍の中で利用者がおおむね合意できる「著作」（Work）を決めることの難しさを指摘したことがある [*11]。ここでは詳細を紹介することはできないが、一つには曖昧な「著作」を想定せざるを得ない場合があるからだという。これは、IFLA LRM が Work に検討の余地を残しているからこそ生じる問題ではなかろうか。実際には利用者の中でも何が Work か一致しない場合もあるだろうし、研究者の場合はなおさらである。とすれば、われわれの分野でも IFLA LRM のモデルをそのまま用いるのは難しいように思われる。

　このように、書誌情報を扱う IFLA LRM でも、抽象的な上位概念を想定した上で、一つの作品をいくつかの階層に分解してモデル化しており、われわれが文献研究に用いるモデルを考える上でも参考になることが多い。一方で、Work に曖昧さを認めながら、使用するときにはやはりそれを決定しておく必要があることなど、それ自体を問題としたい研究者にとっては、そのまま流用することのできないこともある。そのような問題点を精査した上で、われわれ

の実際の研究状況に合わせて、柔軟に抽象度を変更して扱えるようなモデルを考える必要があるだろう。

5. おわりに

　このように、われわれこの分野の研究者は手に取ったり目にしたりできるテキストを扱いながら、実際には意識的にであれ無意識にであれ、より抽象的なテキストを背後に想定しつつ研究している。校訂テキストは、一度抽象的なテキストを経由し、それがより合理的な具象として改めて現れ出た具体的な成果と言える。だとすれば、具体的なテキストといくつかの階層を持った抽象的なテキストを考えて、それをモデル化すればよいように思われるかもしれない。しかし、研究者にとっては、何を一つのテキストと考えるか自体が研究対象であり、議論の対象である。また、研究の過程では、さまざまな形で想定した階層を行き来しながら研究を進めることもある。そのため、固定的なモデルを作ってしまうと、結局研究者は誰も使えないものになりかねない。とすると、どのようなモデルを考えるとしても具体的な一つ一つのテキストが出発点となるのは間違いないが、抽象的な階層は柔軟に変更できるようにしておき、それらの間の関係を記述できるようなことを考えるのが最も効率的なのではないだろうか。研究に使うためのテキストのモデルは完全なものである必要はなく、作業用の仮説的なモデルで十分のはずである。

　最後に、冒頭にあげた電子テキストの問題にもう一度触れておこう。もしある電子テキストが既存の校訂や写本をそのまま入力したものであれば、それは既存の校訂や写本と同じ具体的なテキストである。しかし、誰かが誤りも含むテキストを作成したらどうだろう。その場合はもちろんその人が新たに別な具体的なテキストを作り出したことになってしまう。あるいは、誰かが何か校訂や写本の誤りを見つけたと考えて入力時に訂正したらどうだろう。訂正しておいた方が検索のためを考えても好ましく、多くの人がそうするかもしれない。しかし、その場合もやはりその人は新たに別な具体的なテキストを作り出したことになるのである。そのことを意識して行うのならまだよいが、実際には無自覚に行われることが多いのではなかろうか。

もっともこれはまさに写本の伝承の中で常に起こってきたことである。そう考えると、人間の営みとして自然で避けがたいことなのかもしれない。あるいは、校訂テキストでも新たな具体的テキストを作り出しているのではないかと言うならば、その通りである。しかし校訂テキストの場合は、校訂の方針を明示した上で使用した写本の異読も示し自覚的に新たな具体的テキストを作成しているため、現代の研究者にとっては問題ないのである。続く研究者がそのようなものとして意識的に扱うことができるからである。電子テキストの場合も、XML などを使えば、複数の写本の情報や入力者の訂正情報を示すことができるようにすでになっている。この時代に単純なテキストファイルを使って信頼度不明の具体的テキストをさらに作り出す必要はまったくない。テキストファイル形式で情報が欲しければ、そのような形の XML から切り出すこともできる。これからは、これまで蓄積されてきた大量の電子テキストをより信頼できる形に変えていくことが、今後電子テキストをより有効利用するための出発点となるだろう。上のようなモデルを意識しつつ、写本や版本の情報を正確に再現し、校訂や訂正はそれとは別に取り出せるような形の電子テキストを実現できれば、よりよいテキストに近づいていくための基盤となるはずである。

注
1　例えば、漢訳の成立と関連する諸問題については、船山徹『仏典はどう漢訳されたのか──スートラが経典になるとき──』（岩波書店 , 2013）を参照されたい。
2　チベット語訳では、伝承の過程で校正の際に改めてサンスクリット写本が使用されたことが奥付に明示されていることがよくある。次にあげるのは極端な例で、サンスクリット写本三本と校合したというものである。これは著名なナーガールジュナ（龍樹）の著作『宝行王正論』（Ratnāvalī, D.4158, P.5658）チベット語訳の奥付であり、ここで引用したのはデルゲ版チベット大蔵経による。「……再びインドの学者カナカヴァルマンとチベットの翻訳官パツァブ・ニマタクがインドの写本三本と校合して修正した。」（rgya gar gyi mkhan po dzñā na garbha daṅ / bod kyi lo tsā ba dge sloṅ klu'i rgyal mtshan gyis bsgyur ciṅ źus te gtan la phab pa'o // slad kyis rgya gar gyi mkhan po ka na ka wa rma daṅ / bod kyi lo tsā ba pa tshab ñi ma grags kyis rgya dpe gsum la gtugs nas legs par bcos pa'o //）。このような場合、現存のチベット語訳テキストから複数のサンスクリット写本の情報を復元するのは不可能である。
3　文化審議会国語分科会『常用漢字表の字体・字形に関する指針』、平成 28 年 2 月 29 日。http://www.bunka.go.jp/seisaku/bunkashingikai/kokugo/hokoku/pdf/jitai_jikei_shishin.pdf

4　CHISE の Web サイト「文字情報サービス環境 CHISE」（http://www.chise.org/）に関連情報がまとまっているので、参照されたい。

5　Chaon モデルについては、守岡知彦「CHISE のデータ形式 Ver.0.1」（2017 年 8 月 21 日）参照。http://git.chise.org/~tomo/character/chise-format.pdf

6　守岡知彦「CHISE 文字オントロジーのための漢字字体・字形粒度の情報記述に関するガイドライン Ver.0.9.1」（2016 年 3 月 11 日）による。http://www.chise.org/specs/ggg_v0.9.1.pdf

7　前掲「ガイドライン」p.1.

8　Pat Riva, Patrick Le Bœuf, and Maja Žumer, "IFLA Library Reference Model A Conceptual Model for Bibliographic Information," 2017. https://www.ifla.org/files/assets/cataloguing/frbr-lrm/ifla-lrm-august-2017_rev201712.pdf

9　国際図書館連盟（IFLA）The International Federation of Library Associations and Institutions. https://www.ifla.org/

10　詳しくは、Work の scope notes を参照（前掲書、p. 21）。

11　木村麻衣子「IFLA LRM の漢籍への適用—— work と aggregate を中心に——」

chapter.12
サンスクリット文献電子データについての雑想

苫米地等流

1. はじめに

　はじめに筆者のデジタルリソースに対する基本的なスタンスを明らかにしておくと、まったくもって身も蓋もない言い方ではあるが、テキスト校訂などの作業補助ツールとして便利であれば、手に入るものは精々ありがたく使わせてもらうまでのことであり、それ以上でもそれ以下でもない。よって本稿においても、これといって人文情報学 /Digital Humanities 的に目新しいことを述べるつもりはさらさらないし、その用意もない。また、サンスクリット文献のデジタルリソースについて筆者の観測範囲内にある程度の事柄は、昨今のサンスクリット文献学者であれば誰でも知っていると思われるので、いまさらここに書き記すことにさしたる意味があるとも考えてはいない。

　とはいえ、エンドユーザー目線でデジタルリソースの現状についての雑感を書きとどめておくことにまったく意味がないわけでもあるまい。そこで、あくまで筆者自身の心覚え以上に出るものではない（*kevalam* ātmasmṛtaye）ことを一応お断りした上で、サンスクリット文献資料を取り巻くデジタルデータの状況についてとりとめのない雑文をものして形ばかり紙幅を費やすこととする。なお以下では、（いちいち面倒なので）リソースの URL などの情報は一切割愛するがよろしく了とされたい。そもそも、ウェブ検索で大抵の参照先を発見可能なのがデジタルのメリットでもあろうから。

2. 電子テキストデータベースかリポジトリか

　漢訳大蔵経やチベット大蔵経・蔵外文献のようなある程度まとまった分量と体系を持つコーパスの場合とは異なり、現在利用可能なインド文献の電子テキストは、SAT や ACIP、BDRC に代表されるような大規模プロジェクトによるものではなく、個々の研究者が自己の関心に応じて入力したものや比較的小規模な研究プロジェクトの成果物として作成したものが中心となっている。従って、それら電子テキストには、フォーマットや品質においてばらつきが生じるのは避けがたい。また、このようなばらつきを解消して、統一的な様式を持つまとまったデータベースに構成しようという動きもあまり見られない。そもそも、現在みられるインド文献の各種デジタルリソースは、検索インターフェースを備えた高度なデータベースというよりも、雑多な電子テキストをまとめて保管しておくリポジトリとしての性格が強いものが多い。この種のいわばプリミティヴなリポジトリは DH 的には面白味に欠けるかもしれないが、別に DH 的関心を優先させねばならないという法もない。ユーザーの視点からすれば、ややもすればリソース提供者の自己満足の域を出ない「気の利いた」機能を持つデータベースよりも、ローカルのストレージにダウンロードした上で自身のやりたい方法で好きなように利用できるデータの方がはるかに有用である場合も少なくないだろう。実際、筆者の周囲のサンスクリット研究者の多くは、リポジトリあるいは個人的なルートを通して入手した複数のデータファイルを、パソコンのターミナルエミュレータ上で grep などのコマンドラインツールを使って一斉サーチするというかたちで利用している。文献研究を行う上では、このような利用法でも取り立てて不都合はないし、データさえ手元にあれば別にウェブ上のデータベースで検索できなくてもまったく困ることはない。データ品質のばらつきについてもあらかじめ織り込み済みで、わかった上で利用すればよいことである。

3. 還元梵文によるデータのコンタミネーション

　研究リソースとしての電子テキストに重要なのは、データの質やインター

フェースよりも、まずは物量である。多種・多分野のテキストがデータとして大量利用できるようになることの恩恵は大きい。しかし、その一方でまったくのゴミとしか言いようのないデータがかなりの量流通しているのも事実である。これはデータの質うんぬん以前の問題で、そもそもサンスクリット原典の現存が確認されていない文献が「サンスクリット」電子テキストとしてリポジトリに保管され、データのコンタミネーションを起こしている現状があるのである。現在最も広く利用されているであろうインド文献電子リポジトリであるゲッティンゲン大学の Göttingen Register of Electronic Texts in Indian Languages（GRETIL）は、ヴェーダから仏教文献にいたるまで広範なジャンルのデータを網羅的に収集しているが、それらのうち仏教文献のかなりのものがいわゆる「還元梵文」のデータなのである。インド仏教研究のコンテクストで蔵漢訳仏典を読む際に背後にあるサンスクリットを想定する必要があるのは当然である一方、文献全体を蔵漢訳から還梵するという行為は、註釈など関連文献から十分な量のサンスクリット断片を得られる場合を除いて学術的にはほぼ無価値である。欧米では還元梵文の出版はほぼ行われなくなったが、残念ながらインドなどでは——サンスクリットに対する国粋主義的プライドの所為でもあろうが——現在でも還元梵文が学術成果として出版され続けており、これらが電子データ化されてウェブ上に流通、GRETIL のようなリポジトリに収録（混入？）される事態が発生しているわけである。GRETIL に収録されている仏教関連の電子データの中には、University of the West の Digital Sanskrit Buddhist Canon（DSBC）プロジェクト由来のものが多く含まれるが、この DSBC こそがデータ汚染の最大の発生源と言ってよいだろう。例えば、GRETIL には、DSBC 由来のデータとしてアティシャ／ディーパンカラシュリージュニャーナ著作の「サンスクリットテキスト」が 11 点収録されているが、アティシャ著作のサンスクリット原典はまだ一点も確認されていないことはインド仏教研究者であれば誰もが知るところである。ほかにも、ディグナーガの『観所縁縁論』の「サンスクリットテキスト」などというびっくりするようなデータも含まれていたりするが、これらの大半が DSBC 由来のものなのである。もちろん、DSBC も素性の正しいサンスクリットテキストの電子化に大きく貢献してはいるが、プロジェクトの性格が純粋に学術的というよりは、宗教的ミッションを動機とし

ている部分が大きいためか、電子化すべき資料の取捨が甘くなっていると考えられる。一度ウェブ上に掲載されたデータは、検索エンジンによってインデックス化され、その後の検索結果に影響を及ぼす。結果、オーセンティックなテキストも、還元梵文も区別されることなく検索結果として表示され混乱をもたらすことになる。また、grep などでサーチを行う場合も、検索結果の信頼度を下げることとなる。現在 GRETIL では、収録されている電子テキストを zip ファイルとして一括ダウンロードできるようになっている（以前は wget などのツールを使って再帰ダウンロードする必要があった）が、これを学術研究に利用する際には、まず還元梵文データの草むしりをするなど、ひと手間かける必要がある。ただし、GRETIL のファイル命名規則（MS-DOS 時代の 8+3 文字制限が残っている）からはファイルの内容を直感的に知ることは困難であり、いちいちファイルを開いて判断しなければならない。今後は、GRETIL から素性の怪しいデータは削除あるいは分離し、信頼できるデータのみを一括でダウンロードできるよう改善してもらえればありがたい。

4. 最後に、テキストの構造化について

　データベースでなくても簡単なリポジトリで実用上はとりあえず十分だとは思うものの、今後作成される電子データはやはり体系的なデータベースへの収録を見据えた構造化データであることが望ましいには違いない。GRETIL もデータの TEI 準拠した構造化を順次進めていく方向のようである。より本格的なインド文献のデータ構造化プロジェクトとしては、SARIT がよく知られており、SARIT の関係者が中心となって TEI ガイドラインへインド古典文献学のニーズを反映させるための分科会 SIG Indic も立ち上げられている。とはいえ、サンスクリットは、連声や複合語形成、音節構造と語の関係などの言語的特徴から、ネスト構造を基本とする XML によるマークアップに対する障壁が大きく、SARIT や SIG Indic の試みがどの程度状況を改善するかはいまのところ未知数というべきであろう。筆者も、テキスト校訂の基礎データには TEI 準拠の XML を採用してはいるが、上記の問題には基本的に頬かむりして、とりあえず紙媒体（PDF 含む）への出力へ変換できればよしと割り切って使っ

ている。また、タグによって構造化されたデータは、従来電子テキストが使われてきたやり方、すなわち grep などのツールによるサーチとは相性の悪い部分がある。タグでテキストが分断されることで、検索の精度が大きく下がるわけである。これを解消するには、eXist や BaseX などの XML データベースを運用するといった方法があるが、多くの研究者にとってこれは、いまのところ敷居の高い選択肢と言わざるを得まい。結局のところ、一番使い勝手のよいデータはプレーンテキストという身も蓋もない話になってしまうが、筆者はこれはあながち無視できないことだと考えている。研究者がプレーンテキストを必要としているのなら、そのニーズを大切にするのがリソース提供者として必要なスタンスであろう。もちろん、DH 的に高度な設計がなされたデータベースを提供することも必要であるが、それが利用者に対して使い方や方法論を押しつけるようなことになっては本末転倒である。研究基盤のデジタル化が仏教学・インド古典学を含む人文学を真の意味でドラスティックに変容させるか否かは筆者にはわからない（と、一応韜晦しておく）が、いずれにせよ、DH に携わる人々にはあくまで謙虚に、利用者ファーストでリソース開発してほしいものである。

chapter.13

蘇州西園寺蔵『大正新脩大蔵経既刊分一覧』
（昭和五年四月現在）に見られる刊行予定書目
付 "大正蔵刊行予定書目" と現行『大正蔵』の比較

落合俊典

1. 蘇州西園寺と「藏經樓」

　蘇州市の中央部（楓橋路／留園路）に位置する西園寺は五百羅漢の寺院として知られる蘇州の名刹である。その寺域は広大（7万㎡）であり、現在の東京の芝増上寺を優に超えるであろうと思われる。創建は元代。寺名を戒幢律寺とも称するが、戒律の研究所が設置され、また一般向けにも図書館が開館している。

　ここには明清の版経を中心に収蔵されている「藏經樓」がある。一般には公開されていないが、特別許可を得て 2018 年 4 月、および 2019 年 6 月 9 日の二回にわたって「藏經樓」に上がることができた。1 回目には楊守敬請来の『松坂図書館受入目録』の閲覧であった。

　2 回目もその確認ではあったが、あわせてほかの貴重な目録などを見せてもらえた。その一つに『大正新脩大蔵経既刊分一覧』（昭和五年四月現在）があった。これは筆耕の手になる丁寧かつ典雅な書体で綴られた近代の写本である。『松坂図書館受入目録』も図書館人による実に丁寧な書であり、期せずして眼福に浴したのであった。

2. 『大正新脩大蔵経既刊分一覧』（昭和五年四月現在）に見られる刊行予定書目

　『大正新脩大蔵経』（以下『大正蔵』）は大正 13 年（1924）5 月より毎月 1 冊ずつ刊行され、昭和 3 年（1928）には正編 55 冊が完結、その後続編が 30 冊、図像部 12 巻、『昭和法宝総目録』3 巻が増加して昭和 9 年（1934）に全 100 巻が完結したと言われている。

　『大正新脩大蔵経既刊分一覧』（昭和五年四月現在）に記載されている昭和 5 年は西暦 1930 年であるが、この年の 4 月までは『大正蔵』の刊行が 56 巻まで進んでいた時期になる。当然であるが、第 1 巻から第 56 巻までは現在の大正蔵と一致する。その後に付されている書目も『大正蔵』と一致しなければならない。しかし、第 57 巻の冒頭が「二二〇一 大般若経音義三巻　日本信行撰」となっている。現行の大正蔵では「2201『金剛般若波羅蜜經開題』（一巻）日本空海撰」であるのでいささか驚いた次第である。

　『大正新脩大蔵経既刊分一覧』は 2201 から 3098 まで番号が付され書目が列挙されている。一方『大正蔵』は 57 巻の 2201 から大正蔵 85 巻の最終番号は2920 である。その差は 179 書目となる。最後の番号まで付したというのはほぼ刊行できる体制が整っていたに違いない。それではこれら 179 書目はどこに消えたのであろうか。

　考察する時間的余裕がなかったので今回は全体のまとめを作成できる段階に達していないが、とりあえず粗々の概要は見えたと思われるので『大正新脩大蔵経既刊分一覧』の後半に見られる刊行予定書目についていくつか指摘しておきたい。

図 1 ★ 2201　大般若經音義（三巻）　日本 信行 撰　古寫本
　　＊『大正蔵』に信行の『大般若音義』は掲載されていない。現行大正藏
　　　2201 は『金剛般若波羅蜜經開題』（一巻）日本空海撰である。

図 2 ★二八九一　注涅槃經（三十巻）　唐　韋諗 撰　古寫本
　　＊『大正蔵』に韋諗撰『注涅槃経』は収録されていないが、西教寺・西来寺・
　　　西方寺・毘沙門堂・聖聚来迎寺など六巻が現蔵する。近時巻二十二が発見

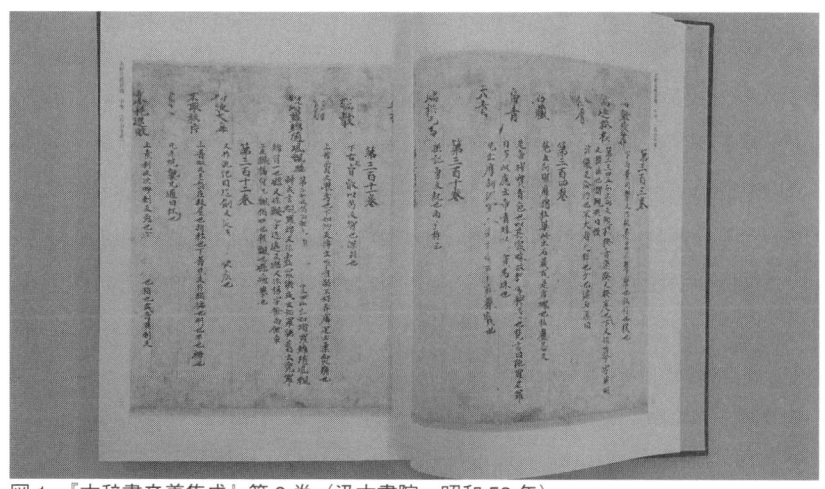

図1 『古辞書音義集成』第3巻（汲古書院、昭和53年）

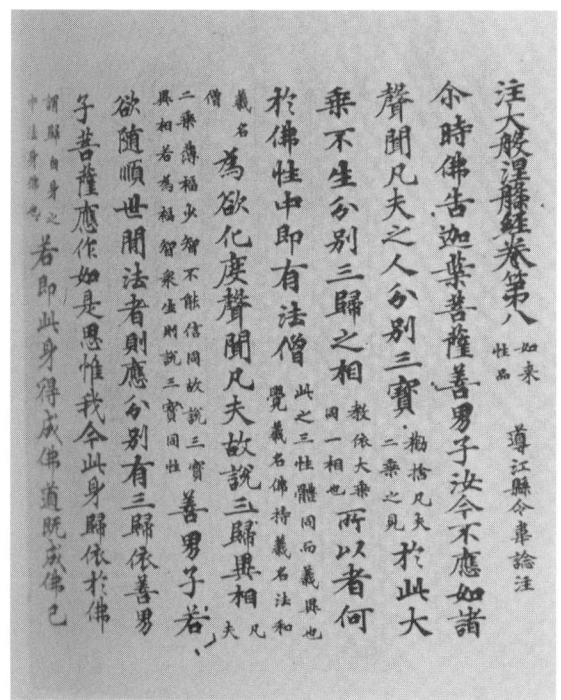

図2 西教寺蔵『注大般涅槃経』巻第八（毎日新聞社刊『重
要文化財 20』掲載写真）

されたので計7巻となる。ちなみに現行『大正蔵』2891は『山海慧菩薩經』である。

図3 ★二九〇二　注楞伽經（七巻）　唐　智嚴 撰

　＊智嚴は華厳の智儼ではない。現行の『大正蔵』2902は法句 経 疏（一巻）である。『続蔵経』に収録されているが、錯誤が多いテキストとなっている。知恩院・白鶴美術館・根津美術館・東京国立博物館などに所蔵されている。

図4 ★二九四四　　佛地經論疏（六巻）　唐　靖邁撰

　＊現行『大正蔵』にこの番号はない。石山寺に三巻所蔵されている。

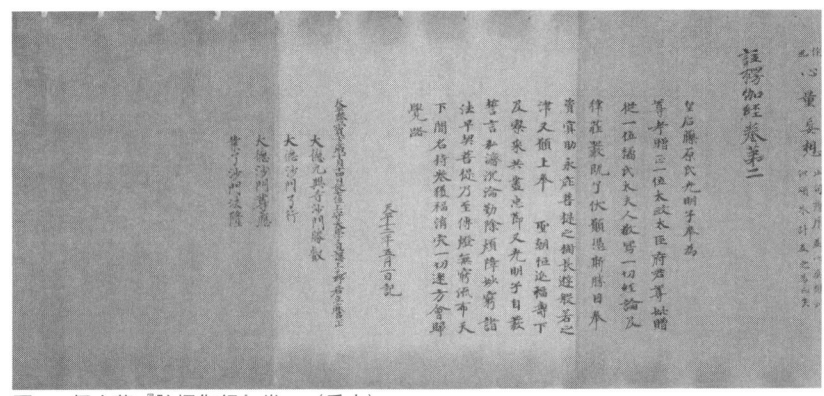

図3　個人蔵『註楞伽経』巻二（重文）

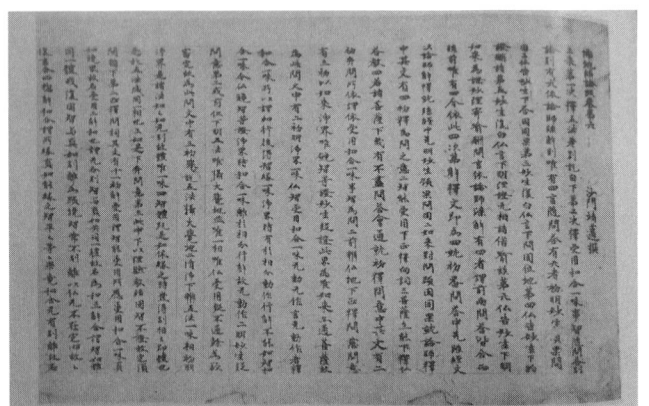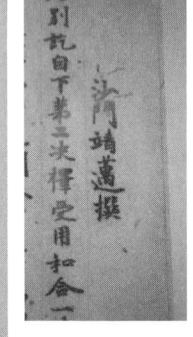

図4　石山寺蔵『仏地経論疏』巻六（『石山寺古経聚英』より）

3. 大正蔵の全体像を知ろうとした人物

西園寺の戒幢佛學研究所図書館の樓曉尉研究員によれば範成法師（1884 〜 1958）がかかわったのではないかと指摘している。範成法師は蘇州市仏教協会の会長を務めた僧侶であるが、昭和5年（1930）前後の法師の活躍は瞠目するものであった。1930年代のはじめに上海の学僧・居士が集まり「影印宋版蔵経会」が結成されている。これは磧砂版がぞくぞくと発見されて機運が満ちてきたからである。範成法師は中国各地を探訪して磧砂版を求めた。ところが1933年春山西省趙城県広勝寺で金蔵 4,757 巻を発見するに至った。趙城金蔵と称される開宝蔵の復刻本には孤本・稀覯本四十九種が含まれていた。

範成法師は、やがて十四点を選び『宋蔵遺珍』（1934）を上梓する。

『大乗僧伽吒法義経』

『清浄毘奈耶最上大乗経』

『双峰山曹侯渓宝林伝』

『伝灯玉英集』

『成唯識論述記科文』

『因明論理門十四過類疏』

『因明正理門論疏』

『瑜伽師地論義演』

『大唐開元釈教広品歴章』

『大中祥符法宝録』

『天聖釈教総録』

『景祐新修法宝録』

『観弥勒新修法宝録』

『上生経疏会古通今新鈔』

蘇州西園寺に所蔵される宋版思渓蔵（楊守敬請来）の『松坡図書館受入目録』と『大正新脩大蔵経既刊分一覧』を求めた人物は同一人と見なしてよいとすればまさしくこの範成法師その人となる。

そして蘇州西園寺蔵『大正新脩大蔵経既刊分一覧』（昭和五年四月現在）の中、大正蔵の 57 巻から以降の書目はいわゆる「刊行予定書目」である。前述したように 179 書目が現行『大正蔵』に収録されなかったが、その中には『続蔵経』などに収載されたものもあり、より幅広い考察が必要である。

　またこの『大正新脩大蔵経既刊分一覧』（昭和五年四月現在）は日本で書写されたものであろうからどこかに存在している可能性が十分あると思われる。この方面からの調査研究も行わなければならない。研究者のご教示とご協力を切にお願いするところである。

参考文献
蒋唯心「金蔵雕印始末考」（『国風』第五巻十二号、1934 年 12 月）
横超慧日「新出金版蔵経を見て」（『東方学報東京第 5 冊続篇北支満鮮調査旅行報告』）
孔勤「範成法師行状」（『法音』2011 年第 2 期総第 318 期）
李富華・何梅『漢文仏教大蔵経研究』（宗教文化出版社。2003 年 12 月）
李富華『金蔵：目録還原及研究』（上海文芸出版、2012 年 2 月）

"大正蔵刊行予定書目"と現行『大正蔵』の比較

凡例

- 蘇州 西園寺蔵『大正新脩大蔵経既刊分一覧』中第 57 巻以降の目録を"大正蔵刊行予定書目"（2201 ～ 3098）と仮称し、現行『大正蔵』（No.2201 ～ No.2920）と比較した。ただし"大正蔵刊行予定書目"の、2326 から 2838 まで 513 書目は省略した。
  - 2201~2325…125 書目：比較
  - 2326~2838…513 書目：省略
  - 2839~3098…260 書目：比較
- "大正蔵刊行予定書目"を太字で示し、その下段にアステリスク（＊）を付し、現行『大正蔵』該当箇所の書名・巻数、撰者名を注記した。
- 『大正蔵』については基本的に番号を中心に比較したものである。

第五十七巻 釋經疏部二

二二〇一　大般若經音義（三巻）　　　　　　　　日本 信行 撰　　　古寫本
＊現行大正藏 2201『金剛般若波羅蜜經開題』（一巻）日本空海撰
二二〇二　般若心經述義（一巻）　　　　　　　　日本 智光 撰
＊現行大正藏 2202 同上
二二〇三　般若心經祕鍵（一巻）　　　　　　　　日本 空海 撰
＊現行大正藏 2203A 同上／ 2203B 般若心經祕鍵略註（一巻）日本覚鑁記
二二〇四　般若心經祕鍵開門訣（三巻）　　　　　日本 濟暹 撰　　　古寫本
＊現行大正藏 2204 同上
二二〇五　華嚴經玄談纂釋（三十八巻）　　　　　日本 湛叡 撰　　　古寫本
＊現行大正藏 2205 華嚴演義鈔纂釋（三十八巻）同上
二二〇六　新譯華嚴經音義（二巻）　　　　　　　日本 喜海 撰　　　古寫本
＊現行大正藏 2206A 新譯華嚴經音義（一巻）日本喜海撰
＊現行大正藏 2206B 貞元華嚴經音義（一巻）日本喜海撰
二二〇七　淨土三部經音義集（＊巻）　　　　　　日本 信瑞 撰　　　寫本
＊現行大正藏 2207 淨土三部經音義集（四巻）日本信瑞撰
＊写本に巻数記入ナシ
二二〇八　觀經四貼疏解門義抄（二十巻）　　　　日本 證空 撰
＊現行大正藏 2208A 淨土疑瑞（四巻）日本顕意述撰
＊現行大正藏 2208B 觀經義賢問愚答鈔（一巻）日本證忍撰
＊現行大正藏 2208C 觀經義拙疑巧答研●鈔（一巻）日本顕意撰

二二〇九　觀經四帖疏傳通記（十五卷）　　　　　　　日本 良忠 撰
　＊現行大正藏 2209 觀經疏傳通記（十五卷）日本良忠撰
二二一〇　阿彌陀經略記（一卷）　　　　　　　　　　日本 源信 撰
　＊現行大正藏 2210 阿彌陀經略記（一卷）日本源信撰

第五十八卷 續經疏部三
二二一一　大日經開題（一卷）　　　　　　　　　　　日本 空海 撰
　＊現行大正藏 2211 大日經開題（一卷）日本空海撰
　＊現行大正藏本は異本六種を列挙
二二一二　大日經旨歸（一卷）　　　　　　　　　　　日本 圓珍 撰
　＊現行大正藏 2212 大毘盧遮那經指歸（一卷）日本圓珍撰
　＊現行大正藏本は大毘盧遮那成道經心目（一卷）を付加す
二二一三　大日經疏私記（十六卷）　　　　　　　　　日本 濟暹 撰　　　古寫本
　＊現行大正藏 2213 大日經妙印鈔（八十卷）日本宥範撰
　＊大日經疏私記は大正藏未収録
二二一四　大日經疏妙印抄（八十卷）　　　　　　　　日本 宥範 撰　　　古寫本
　＊現行大正藏 2214 大日經疏妙印鈔口傳（十卷）日本宥範撰
二二一五　大日經疏妙印抄口傳（十卷）　　　　　　　日本 宥範 撰　　　古寫本
　＊現行大正藏 2215 大日經疏住心疏私記（十六卷）日本濟暹撰

第五十九卷 續經疏部四
二二一六　大日經疏演奥抄（六十卷）　　　　　　　　日本 杲寶 撰　　　一
　＊現行大正藏 2216 同上
二二一七　大日經疏指心抄（十六卷）　　　　　　　　日本 賴瑜 撰　　　五七一
　＊現行大正藏 2217 同上

第六十卷 續經疏部五
二二一八　大日經疏鈔（八十五卷）　　　　　　　　　日本 宥快 撰　　　一
　＊現行大正藏 2218 同上
二二一九　大日經住心品疏私記（二十卷）　　　　　　日本 曇寂 撰　　　三五九
　＊現行大正藏 2219 同上
二二二〇　大日經供養次第法疏私記（八卷）　　　　　日本 宥範 撰　　　七一九
　＊現行大正藏 2220 同上

第六十一卷 續經疏部六
二二二一　金剛頂經開題（一卷）　　　　　　　　　　日本 空海 撰
　＊現行大正藏 2221 同上
二二二二　金剛頂大教王經疏（七卷）　　　　　　　　日本 圓仁 撰
　＊現行大正藏 2222 教王經開題（一卷）日本空海撰
二二二三　金剛頂大教王經私記（十九卷）　　　　　　日本 曇寂 撰　　　寫本
　＊現行大正藏 2223 金剛頂大教王經疏（七卷）日本圓仁撰
二二二四　金剛頂經偈釋（一卷）　　　　　　　　　　日本 賴尊 撰　　　古寫本

＊現行大正藏 2224 同上
二二二五　三十卷教王經文次第（二卷）　　　　　　　日本　杲寶　撰　　　　古寫本
　＊現行大正藏 2225 金剛頂大教王經私記（十九卷）日本曇寂撰
二二二六　蘇悉地羯羅經疏（七卷）　　　　　　　　　日本　圓仁　撰
　＊現行大正藏 2226 三十卷經文次第（二卷）日本晃寶撰
二二二七　瑜祇經疏（三卷）　　　　　　　　　　　　日本　安然　撰
　＊現行大正藏 2227 蘇悉地羯羅經略疏（七卷）日本圓仁撰
二二二八　瑜祇經拾古抄（三卷）　　　　　　　　　　日本　賴瑜　撰
　＊現行大正藏 2228 金剛峰樓閣一切瑜伽瑜祇經修行法（三卷）日本安然撰
二二二九　菩提場經義釋（五卷）　　　　　　　　　　日本　圓珍　撰　　　　古寫本
　＊現行大正藏 2229 瑜祇總行私記（一卷）日本眞寂撰
二二三〇　毗盧遮那別行經鈔（二卷）　　　　　　　　日本　慈圓　撰
＊現行大正藏 2230 菩提場經略義釋（五卷）日本圓珍撰
二二三一　金剛頂蓮華部心念誦儀軌私記（一卷）　　　日本　真興　撰
　＊現行大正藏 2231 同上
二二三二　蓮華胎藏儀軌解釋（三卷）　　　　　　　　日本　真興　撰
　＊現行大正藏 2232 梵嚩日羅馱覩私記（一卷）日本眞興撰
二二三三　大佛頂經開題（一卷）　　　　　　　　　　日本　空海　撰
　＊現行大正藏 2233 同上
二二三四　注大佛頂真言（一卷）　　　　　　　　　　日本　南忠　撰　　　　古寫本
　＊現行大正藏 2234 同上
二二三五　大佛頂如來悉怛他鉢怛羅陀羅尼勘注（一卷）　日本　明覺　撰　　　古寫本
　＊現行大正藏 2235 同上
二二三六　孔雀經音義（三卷）　　　　　　　　　　　　　　　　　　　　　　古寫本
　＊現行大正藏 2236 理趣經開題（一卷）日本空海撰／異本二種追加
二二三七　理趣經開題（一卷）　　　　　　　　　　　日本　空海　撰
　＊現行大正藏 2237 眞實經文句（一卷）日本空海撰
二二三八　理趣經祕決鈔（六卷）　　　　　　　　　　日本　道寶　撰
　＊現行大正藏 2238 理趣經種子釈（一卷）日本覚鑁撰
二二三九　理趣釋重釋記（一卷）　　　　　　　　　　　　　　　　　　　　　古寫本
　＊現行大正藏 2239 大樂經顯義抄（三卷）日本濟暹撰
二二四〇　般若理趣釋祕要鈔（十二卷）　　　　　　　日本　杲寶　撰
　＊現行大正藏 2240 理趣釋重釋記（一卷）
二二四一　大隨求陀羅尼經註（一卷）　　　　　　　　日本　明覺　撰　　　　古寫本
　＊現行大正藏 2241 理趣釋秘要鈔（十二卷）
二二四二　十一面經開題（一卷）
　＊現行大正藏 2242 大隨求陀羅尼勘註（一卷）
二二四三　千手經二十八部衆釋（一卷）　　　　　　　日本　定深　撰　　　　古寫本
　＊現行大正藏 2243 同上
二二四四　千手經述祕鈔（三卷）　　　　　　　　　　日本　高辨　撰
　＊現行大正藏 2244 孔雀經音義（三卷）日本觀靜撰
二二四五　光明真言句義釋（一卷）　　　　　　　　　日本　高辨　撰

＊現行大正藏 2245 同上

第六十二巻 續律疏部全
二二四六　梵網經開題（一巻）　　　　　　　　　日本 空海 撰
　＊現行大正藏 2246 同上
二二四七　梵網經疏日珠鈔（五十一巻）　　　　　日本 凝然 撰　　　古寫本
　＊現行大正藏 2247 同上（梵網戒本疏日珠鈔五十巻）
二二四八　行事鈔資行鈔（二十八巻）　　　　　　日本 照遠 撰　　　古寫本
　＊現行大正藏 2248 同上（資行鈔）

六十三巻 續論疏部一
二二四九　倶舍論本義鈔（四十八巻）　　　　　　日本 宗性 撰　　　一
　＊現行大正藏 2249 同上
二二五〇　倶舍論指要鈔（三十巻）　　　　　　　日本 湛慧 撰　　　八〇七
　＊現行大正藏 2250 同上（阿毘達磨倶舍論指要鈔）

第六十四巻 續論疏部二
二二五一　阿毘達摩倶舍論法義（三十巻）　　　　日本 快道 撰　　　一
　＊現行大正藏 2251 同上
二二五二　阿毘達摩倶舍論稽古（二巻）　　　　　日本 法幢 撰　　　四四〇
　　＊現行大正藏 2252 同上
二二五三　倶舍論頌疏正文（一巻）　　　　　　　日本 源信 撰　　　四六七
　＊現行大正藏 2253 同上
二二五四　倶舍論頌疏抄（二十九巻）　　　　　　日本 英憲 撰　　　四七七
　＊現行大正藏 2254 同上

第六十五巻 續論疏部三
二二五五　中論疏記（八巻）　　　　　　　　　　日本 安澄 撰　　　一
　＊現行大正藏 2255 同上
二二五六　中觀論二十七品別釋（一巻）　　　　　日本 快憲 撰　　　二四八
　＊現行大正藏 2256 同上
二二五七　十二門論疏聞思記（一巻）　　　　　　日本 藏海 撰　　　二五七
　＊現行大正藏 2257 同上
二二五八　掌珍量道（一巻）　　　　　　　　　　日本 秀法師 撰　　二六六
　＊現行大正藏 2258 同上
　＊書名「道」、大正藏「導」に作る
二二五九　瑜伽論問答（一巻）　　　　　　　　　日本 増賀 撰　　　二六九
　＊現行大正藏 2259 同上
二二六〇　成唯識論述記序釋（一巻）　　　　　　日本 善珠 撰　　　三一八
　＊現行大正藏 2260 同上
二二六一　唯識義燈増明記（四巻）　　　　　　　日本 善珠 撰　　　三二七
　＊現行大正藏 2261 同上

二二六二　成唯識論本文抄（四十五卷）　　　　　　　　　　四〇三
　＊現行大正藏 2262 同上

┃ **第六十六卷 續論疏部四**
二二六三　成唯識論尋思鈔（十七卷）　　　　日本 貞慶 撰　　寫本
　＊現行大正藏ナシ
二二六四　唯識論同學鈔（六十二卷）　　　　日本 良算 撰　　古寫本
　＊現行大正藏 2264 唯識論聞書（二十七卷）日本光胤記
二二六五　唯識論聞書（二十八卷）　　　　　日本 光胤 撰　　古寫本
　＊現行大正藏 2265 唯識論訓論日記（一卷）日本光胤草

┃ **第六十七卷 續論疏部五**
二二六六　成唯識論述記集成編（四十五卷）　日本 湛慧 撰　　一
　＊現行大正藏 2266 同上

┃ **第六十八卷 續論疏部六**
二二六七　成唯識論略疏（六卷）　　　　　　日本 普寂 撰　　一
　＊現行大正藏 2267 同上
二二六八　注三十頌（一卷）　　　　　　　　日本 貞慶 撰　　一一四
　＊現行大正藏 2268 同上
二二六九　攝大乘論釋略疏（五卷）　　　　　日本 普寂 撰　　一二〇
　＊現行大正藏 2269 同上
二二七〇　因明論疏明燈抄（十二卷）　　　　日本 善珠 撰　　二〇一
　＊現行大正藏 2270 同上
二二七一　因明大疏抄（四十一卷）　　　　　日本 藏俊 撰　　四三七
　＊現行大正藏 2271 同上

┃ **第六十九卷 續論疏部七**
二二七二　因明大疏融貫鈔（九卷）　　　　　日本 基辨 撰　　自筆本
　＊現行大正藏 2272 同上
二二七三　因明大疏導（三卷）　　　　　　　日本 明詮 撰　　寫本
　＊現行大正藏 2273 同上
　＊書名「道」、大正藏「導」に作る
二二七四　因明大裏書（六卷）　　　　　　　日本 明詮 撰
　＊現行大正藏 2274 同上
二二七五　因明四相違私記（三卷）　　　　　日本 觀理 撰　　古寫本
　＊現行大正藏 2275 同上「因明四種相違私記」
二二七六　因明論疏四相違略註釋（三卷）　　日本 源信 撰
　＊現行大正藏 2276 同上
二二七七　因明四相違私記（二卷）　　　　　日本 真興 撰
　＊現行大正藏 2273 同上「因明四種相違略私記」
二二七八　四相違斷略記（一卷）　　　　　　日本 真興 撰　　古寫本

＊現行大正藏 2278 同上
二二七九　因明纂要略記（一卷）　　　　　　　　　　　　日本 真興 撰　　　　古寫本
　＊現行大正藏 2279 同上
二二八〇　明本鈔（十三卷）　　　　　　　　　　　　　　日本 貞慶 撰
　＊現行大正藏 2280 因明大疏四種相違抄（一卷）日本珍海記
二二八一　明要鈔（五卷）　　　　　　　　　　　　　　　日本 貞慶 撰
　＊現行大正藏 2281 明本抄（十三卷）日本貞慶撰
二二八二　起信論抄（二卷）　　　　　　　　　　　　　　日本 尊辨 撰　　　　古寫本
　＊現行大正藏 2282 明要抄（五卷）貞慶撰
二二八三　起信論義記幻虎錄（一卷）　　　　　　　　　　日本 鳳潭 撰
　＊現行大正藏 2283 起信論抄出（二卷）日本尊辨撰
二二八四　起信論義記要決（三卷）　　　　　　　　　　　日本 普寂 撰
　＊現行大正藏 2274 釋摩訶衍論指事（二卷）日本空海撰
二二八五　起信論義成（六卷）　　　　　　　　　　　　　日本 因靜 撰
　＊現行大正藏 2285 釋摩訶衍論指事（二卷）日本空海撰
二二八六　釋摩訶衍論指事（二卷）　　　　　　　　　　　日本 空海 撰
　＊現行大正藏 2286 釋摩訶衍論決疑破難會釋抄（一卷）日本濟暹撰
二二八七　釋摩訶衍論指事（一卷）　　　　　　　　　　　日本 覺鑁 撰
　＊現行大正藏 2287 釋摩訶衍論立義分略釋（一卷）日本濟暹撰
二二八八　釋摩訶衍論決疑破難會釋抄（一卷）　　　　　　日本 濟暹 撰　　　　古寫本
　＊現行大正藏 2288 釋摩訶衍論應教鈔（一卷）日本道範撰
二二八九　釋摩訶衍論應教鈔（三卷）　　　　　　　　　　日本 道範 撰
　＊現行大正藏 2289 釋摩訶衍論私記（一卷）日本信堅記
二二九〇　釋摩訶衍論私記（二卷）　　　　　　　　　　　日本 信堅 撰
　＊現行大正藏 2290 釋摩訶衍論勘注（二十四卷）日本賴寶撰
二二九一　釋摩訶衍論應勘註（二十四卷）　　　　　　　　日本 賴寶 撰
＊現行大正藏 2291 金剛頂瑜伽中阿耨多羅三藐三菩提心論秘釋（一卷）日本覚鑁撰
二二九二　發菩提心論祕釋（一卷）　　　　　　　　　　　日本 覺鑁 撰
　＊現行大正藏 2292 金剛頂發菩提心論私抄（四卷）日本濟暹撰
二二九三　真言淨菩提心私記（一卷）　　　　　　　　　　日本 覺鑁 撰
　＊現行大正藏 2293 金剛頂宗菩提心論口決（一卷）日本榮西記
二二九四　金剛頂宗菩提心論口決（一卷）　　　　　　　　日本 榮西 撰
　＊現行大正藏 2294 菩提心論見聞（四卷）
二二九五　菩提心論見聞（二卷）　　　　　　　　　　　　　　　　　　　　　　寫本
　＊現行大正藏 2295 菩提心論異本（一卷）日本尊通撰

第七十卷 續諸宗部一
二二九六　大乘三論大義鈔（四卷）　　　　　　　　　　　日本 玄叡 撰
　＊現行大正藏 2296 大乘三論大義鈔（四卷）日本玄叡集
二二九七　一乘佛性慧日鈔（一卷）　　　　　　　　　　　日本 宗法師 撰
　＊現行大正藏 2297 同上
二二九八　佛智常住記（一卷）　　　　　　　　　　　　　日本 隆海 撰

＊現行大正藏 2298 大乘正觀略私記（一卷）日本珍海記
二二九九　三論名教鈔（十五卷）　　　　　　　　　日本　珍海　撰　　　　古寫本
　＊現行大正藏 2299 三論玄疏文義要（十卷）日本珍海撰
　＊大正藏 2306
二三〇〇　大乘正觀略私記（一卷）　　　　　　　　日本　珍海　撰　　　　古寫本
　＊現行大正藏 2300 三論玄義檢幽集（七卷）日本證禪撰
二三〇一　三論宗初心初學鈔（一卷）　　　　　　　日本　成慶　撰　　　　寫本
　＊現行大正藏 2301 三論玄義鈔（三卷）日本貞海撰
二三〇二　三論玄疏文義要（十卷）　　　　　　　　日本　珍海　撰
　＊現行大正藏 2302 三論玄義誘蒙（三卷）日本聞證撰
二三〇三　三論玄義撿幽集（七卷）　　　　　　　　日本　澄禪　撰
　＊現行大正藏 2303 大乘玄問答（十二卷）日本珍海撰
二三〇四　三論玄義鈔（三卷）　　　　　　　　　　日本　貞海　撰　　　　寫本
　＊現行大正藏 2304 一乘義私記（一卷）日本珍海撰
二三〇五　三論玄義誘蒙（三卷）　　　　　　　　　日本　聞證　撰
　＊現行大正藏 2305 八識義章研習抄（三卷）日本珍海記
二三〇六　大乘玄問答（十二卷）　　　　　　　　　日本　珍海　撰　　　　古寫本
　＊現行大正藏 2306 三論名教鈔（十五卷）日本珍海撰
二三〇七　一乘義私記（一卷）　　　　　　　　　　日本　珍海　撰
　＊現行大正藏 2307A 三論興緣（一卷）日本聖守撰
　　2308B 三論宗濫觴（一卷）
二三〇八　八識義章研習鈔（二卷）　　　　　　　　日本　珍海　撰
　＊現行大正藏 2308 三論宗初心初學鈔（一卷）日本實慶撰

第七十一卷 續諸宗部二

二三〇九　大乘法相研神章（五卷）　　　　　　　　日本　護命　撰
　＊現行大正藏 2309 同上
二三一〇　法相燈明記（一卷）　　　　　　　　　　日本　慚安　集
　＊現行大正藏 2310 同上
二三一一　心要抄（一卷）　　　　　　　　　　　　日本　貞慶　撰
　＊現行大正藏 2311 同上
二三一二　觀心與夢鈔（三卷）　　　　　　　　　　日本　良遍　撰
　＊現行大正藏 2312 同上（觀心覺夢鈔）
二三一三　真心要決（三卷）　　　　　　　　　　　日本　良遍　撰
　＊現行大正藏 2313 同上
二三一四　二卷抄（二卷）　　　　　　　　　　　　日本　良遍　撰
　＊現行大正藏 2314 同上
二三一五　略述法相義（三 卷）　　　　　　　　　　日本　聞證　撰
　＊現行大正藏 2315 同上
二三一六　大乘一切法相宗玄義（二卷）　　　　　　日本　基辨　撰
　＊現行大正藏 2316 同上
二三一七　法苑義鏡（六卷）　　　　　　　　　　　日本　善珠　撰

＊現行大正藏 2317 同上
二三一八　五心章私記（二巻）　　　　　　　　　　日本 清範 撰　　　　自筆本
　＊現行大正藏 2310 同上（五心義略記二巻日本清範抄）
二三一九　唯識義私記（十二巻）　　　　　　　　　日本 真興 撰
　＊現行大正藏 2319 同上
二三二〇　賢聖義問答（第四・一巻）　　　　　　　日本 仲算 撰
　＊現行大正藏 2320 同上（法相宗賢聖義略問答巻第四）
二三二一　唯識分量決（一巻）　　　　　　　　　　日本 善珠 撰
　＊現行大正藏 2321 同上
二三二二　四分義極略私記（二巻）　　　　　　　　日本 仲算 撰
　＊現行大正藏 2322 同上
二三二三　大乘法苑義林章師子吼鈔（二十二巻）　　日本 基辨 撰　　　　寫本
　＊現行大正藏 2323 同上
二三二四　七十五法名目（一巻）
　＊現行大正藏 2324 同上
二三二五　有宗七十五法記（三巻）　　　　　　　　日本 宗禎 撰
　＊現行大正藏 2325 同上

▍第七十三巻至八十三巻

二三二六　華嚴宗一乘開心論（六巻）　　　　　　　日本 普機 撰
二三二七　華嚴宗立教義（一巻）　　　　　　　　　日本 義聖 撰　　　古寫本
二三二八　華嚴一乘義私記（一巻）　　　　　　　　日本 增春 撰　　　古寫本
二三二九　華嚴宗種性義抄（一巻）　　　　　　　　日本 親圓 撰
二三三〇　華嚴論草（一巻）　　　　　　　　　　　日本 景雅 撰　　　古寫本
二三三一　華嚴宗香薰抄（五巻）　　　　　　　　　日本 宗性 撰　　　古寫本
二三三二　華嚴宗大要鈔（一巻）　　　　　　　　　日本 實弘 撰　　　古寫本
二三三三　華嚴法界義鏡（二巻）　　　　　　　　　日本 凝然 撰
二三三四　華嚴十種唯識瓊鑑章（一巻）　　　　　　日本 凝然 撰
二三三五　華嚴十種唯識圓鑑記（二巻）　　　　　　日本 凝然 撰
二三三六　華嚴十重唯識瑒鑑記（七巻）　　　　　　日本 凝然 撰
二三三七　華嚴二種生死義（三十巻）　　　　　　　日本 凝然 撰　　　古寫本
二三三八　華嚴修禪觀照入解脱門（二巻）　　　　　日本 高辨 撰
二三三九　華嚴佛光三昧觀祕寶藏（二巻）　　　　　日本 高辨 撰
二三四〇　華嚴一乘十信位中開廓心境佛佛道同佛光觀門（一巻）
　　　　　　　　　　　　　　　　　　　　　　　日本 高辨 撰
二三四一　華嚴信種義（一巻）　　　　　　　　　　日本 高辨 撰
二三四二　善財知識章（一巻）　　　　　　　　　　日本 高辨 撰　　　古寫本
二三四三　三生成道料簡（一巻）　　　　　　　　　日本 喜海 撰
二三四四　華嚴唯心義短冊（一巻）　　　　　　　　日本 喜海 撰
二三四五　華嚴宗所立五教十宗大意略抄（一巻）　　　　　　　　　　古寫本
二三四六　初發心時（一巻）　　　　　　　　　　　日本 禪爾 撰
二三四七　華嚴手鑑（一巻）　　　　　　　　　　　日本 盛譽 撰

二三四八	華嚴二圓宗鳳髓（二巻）	日本 鳳潭 撰	
二三四九	華嚴五教指事（六巻）	日本 壽靈 撰	
二三五〇	華嚴五教章通路記（五十二巻）	日本 凝然 撰	
二三五一	華嚴五教章問答鈔（十五巻）	日本 審乘 撰	古寫本
二三五二	華嚴五教章纂釋（三十九巻）	日本 湛叡 撰	古寫本
二三五三	華嚴五教章見聞鈔（八巻）	日本 靈波 撰	古寫本
二三五四	華嚴五教章不審（二十二巻）	日本 實英 撰	古寫本
二三五五	五教章類聚記（三十巻）	日本 順高 撰	古寫本
二三五六	五教章名目（三巻）	日本 喜海 撰	古寫本
二三五七	五教章匡真鈔（十巻）	日本 鳳潭 撰	
二三五八	五教章衍祕鈔（五巻）	日本 普寂 撰	
二三五九	五教章帳祕錄（一巻）	日本 戒定 撰	寫本
二三六〇	華嚴孔目章發悟記（二十三巻）	日本 凝然 撰	
二三六一	金師子章勘文（一巻）	日本 景雅 撰	古寫本
二三六二	金師子章光顯鈔（二巻）	日本 高辨 撰	
二三六三	妄盡還源觀纂釋（五巻）	日本 湛叡 撰	古寫本

○

二三六四	戒律傳來記（三巻）	日本 豐安 撰	
二三六五	戒律興行願書（一巻）	日本 貞慶 撰	
二三六六	菩薩戒要抄（十巻）	日本 觀圓 撰	古寫本
二三六七	律宗綱要（二巻）	日本 凝然 撰	
二三六八	東大寺受戒方軌	日本 法進 撰	
二三六九	東大寺戒壇院受戒式（一巻）	日本 實範 撰	
二三七〇	別受戒壇式（一巻）	日本 惠晃 撰	
二三七一	菩薩戒通受遣疑鈔（一巻）	日本 覺盛 撰	
二三七二	菩薩戒通別二受抄（一巻）	日本 覺盛 撰	
二三七三	菩薩戒通別二受抄（一巻）	日本 良遍 撰	
二三七四	苾芻略要鈔（五巻）	日本 良遍 撰	寫本
二三七五	通受比丘懺悔兩寺不同記（一巻）	日本 凝然 撰	
二三七六	應理宗戒圖（一巻）	日本 叡尊 撰	
二三七七	應理宗戒圖釋文鈔（二巻）	日本 叡尊 撰	
二三七八	菩薩戒羯磨釋文鈔（一巻）	日本 叡尊 撰	
二三七九	菩薩戒問答洞義抄（一巻）	日本 英心 撰	
二三八〇	律家圓宗料簡（一巻）	日本 俊芿 撰	
二三八一	徹底章（一巻）	日本 元休 撰	
二三八二	三宗綱義（一巻）	日本 清算 撰	
二三八三	大乘圓戒顯正論（一巻）	日本 宗覺 撰	
二三八四	菩薩戒本宗要雜文集（一巻）	日本 覺盛 撰	
二三八五	菩薩戒本總要輔行文集（一巻）	日本 叡尊 撰	

○		
二三八六	守護國界章（十卷）	日本 最澄 撰
二三八七	法華秀句（五卷）	日本 最澄 撰
二三八八	天台宗義集（一卷）	日本 義真 撰
二三八九	授決集（二集）	日本 圓珍 撰
二三九〇	一乘要決（三卷）	日本 源信 撰
二三九一	天台小部集（十種・十卷）	
二三九二	漢光類聚（四卷）	日本 忠尋 撰
二三九三	天台名匠口決抄（七卷）	
二三九四	栢原案立（六卷）	日本 貞舜 撰
二三九五	天台圓宗四教五時西谷名目（二卷）	
二三九六	顯戒論（三卷・附縁起一卷）	日本 最澄 撰
二三九七	出家學生式（一卷）	日本 最澄 撰
二三九八	授菩薩戒儀（一卷）	日本 最澄圓珍 撰
二三九九	傳述一心戒文（三卷）	日本 光定 撰
二四〇〇	顯揚大戒論（八卷）	日本 圓仁 撰
二四〇一	普通授菩薩戒廣釋（三卷）	日本 安然 撰
二四〇二	圓戒指掌（三卷）	日本 敬光 撰
二四〇三	極樂淨土九品往生義（一卷）	日本 良源 撰
二四〇四	往生要集（六卷）	日本 源信 撰
二四〇五	觀心往生論（一卷）	日本 忍空 撰
二四〇六	奏進法語（一卷）	日本 真盛 撰
二四〇七	念佛三昧法語（一卷）	日本 真盛 撰
二四〇八	自贊回向偈（一卷）	日本 真盛 撰
二四〇九	真超上人法語（一卷）	
二四一〇	真荷上人法語（一卷）	
二四一一	真朗上人法語（一卷）	
二四一二	宗略（一卷）	日本 法道 撰
二四一三	長講法華經先分發願文（一卷）	日本 最澄 撰
二四一四	長講金光明經會式（一卷）	日本 最澄 撰
二四一五	長講仁王般若經會式（一卷）	日本 最澄 撰
二四一六	法華懺法（一卷）	日本 圓仁 撰
二四一七	例時作法（一卷）	日本 圓仁 撰
二四一八	胎藏界虚心記（一卷）	日本 圓仁 撰
二四一九	金剛界淨地記（一卷）	日本 圓仁 撰
二四二〇	蘇悉地妙心太（一卷）	日本 圓仁 撰
二四二一	妙成就記（一卷）	日本 圓仁 撰
二四二二	真言所立三身問答（一卷）	日本 圓仁 撰
二四二三	胎藏界大法對受記（七卷）	日本 安然 撰
二四二四	金剛界大法對受記（八卷）	日本 安然 撰
二四二五	蘇悉地大法對受記（一卷）	日本 安然 撰
二四二六	觀中院撰定事業灌頂具支分（十卷）	日本 安然 撰

二四二七	大日經供養持誦不同（七卷）	日本 安然 撰	
二四二八	教時諍（一卷）	日本 安然 撰	寫本
二四二九	真言宗教時問答（四卷）	日本 安然 撰	
二四三〇	胎藏金剛菩提心義略問答鈔（十卷）	日本 安然 撰	
二四三一	五相成身私記（一卷）	日本 覺超 撰	古寫本
二四三二	胎藏三密鈔（五卷同別一卷）	日本 覺超 撰	古寫本
二四三三	胎三密鈔料簡（二卷）	日本 覺超 撰	古寫本
二四三四	金三密鈔（五卷）	日本 覺超 撰	古寫本
二四三五	胎藏界生起（一卷）	日本 覺超 撰	
二四三六	金剛界生起（一卷）	日本 覺超 撰	
二四三七	四十帖決（二十卷）	日本 長宴 撰	古寫本
二四三八	息心抄（十七卷）	日本 相實 撰	寫本
二四三九	行林抄（八十二卷）	日本 靜然 撰	寫本
二四四〇	總持抄（十卷）	日本 澄豪 撰	寫本
二四四一	胎金灌頂隨要記（二卷）	日本 皇慶 撰	寫本
二四四二	灌頂見聞集（一卷）		寫本
二四四三	灌頂私見聞（一卷）	日本 了翁 撰	寫本
二四四四	遮那業案立（四卷）		
二四四五	台密問要集（八卷）		寫本
二四四六	溪嵐拾葉集（百二卷）	日本 光宗 撰	寫本
二四四七	成菩提集（五卷）	日本 永範 撰	寫本
二四四八	了因決（六卷）		寫本
二四四九	自在金剛集（九卷）	日本 亮雄覺千 口集	
二四五〇	密門雜抄（一卷）	日本 慧澄 撰	
二四五一	教苑摘要（二卷）	日本 真流 撰	
二四五二	台宗綱要（一卷）	日本 光謙 撰	
二四五三	山家正統學則（二卷）	日本 敬光 撰	

▎○

二四五四	祕密曼荼羅十住心論（十卷）	日本 空海 撰	
二四五五	祕藏寶鑰（三卷）	日本 空海 撰	
二四五六	祕藏寶鑰顯實鈔（四卷）	日本 濟邏 撰	古寫本
二四五七	顯密二教論（二卷）	日本 空海 撰	
二四五八	顯密不同頌（一卷）	日本 覺鍐 撰	
二四五九	顯密二教論懸鏡鈔（六卷）	日本 濟邏 撰	古寫本
二四六〇	顯密差別問答（二卷）	日本 濟邏 撰	古寫本
二四六一	即身成佛義（一卷）	日本 空海 撰	
二四六二	即身成佛義章（一卷）	日本 覺鍐 撰	
二四六三	聲字實相義（一卷）	日本 空海 撰	
二四六四	吽字義（一卷）	日本 空海 撰	
二四六五	阿字義釋（一卷）	日本 覺鍐 撰	
二四六六	鍐字義（一卷）	日本 覺鍐 撰	

二四六七	五輪九字祕釋（一卷）	日本 覺鑁 撰	
二四六八	密嚴淨土略觀（一卷）	日本 覺鑁 撰	
二四六九	祕宗教相鈔（十卷）	日本 重譽 撰	
二四七〇	體大東聞記（一卷）	日本 賴寶 撰	
二四七一	真言名目（一卷）	日本 賴寶 撰	
二四七二	開心鈔（三卷）	日本 杲寶 撰	
二四七三	寶冊鈔（五卷）	日本 賢寶 撰	
二四七四	宗義決釋集（二十三卷）	日本 宥快 撰	
二四七五	大疏第三重論草（十一卷）	日本 聖憲 撰	
二四七六	大日經本地恒説義（七卷）	日本 妙瑞 撰	
二四七七	大疏百條談義（二卷）	日本 運敞 撰	
二四七八	毗盧遮那教主義（一卷）	日本 慧光 撰	
二四七九	管絃相承義（二卷）	日本 法住 撰	
二四八〇	傳法灌頂私記（三卷）	日本 勝覺 撰	古寫本
二四八一	祕密莊嚴灌頂一異義（一卷）	日本 覺鑁 撰	
二四八二	誐遮祕要（八卷）	日本 弘融 撰	
二四八三	傳法灌頂理記（二卷）	日本 曇寂 撰	寫本
二四八四	十八道念誦次第（一卷）	日本 空海 撰	
二四八五	聖如意輪觀自在菩薩念誦次第（一卷）	日本 元杲 撰	寫本
二四八六	十八道沙汰（一卷）	日本 覺鑁 撰	
二四八七	十八道口決（一卷）	日本 賴瑜 撰	古寫本
二四八八	金剛頂蓮華部心念誦次第（一卷）	日本 宇多法皇 撰	寫本
二四八九	金剛界念誦次第私記（一卷）	日本 貞慶 撰	古寫本
二四九〇	金剛界私記（一卷）	日本 元杲 撰	古寫本
二四九一	金剛界念誦次第（一卷）	日本 成賢 撰	古寫本
二四九二	金剛界供養念誦法要（二卷）	日本 淨嚴 撰	寫本
二四九三	金剛界沙汰（一卷）	日本 覺鑁 撰	
二四九四	金剛界發惠鈔（一卷）	日本 賴瑜 撰	古寫本
二四九五	胎藏界梵字次第（一卷）	日本 空海 撰	
二四九六	胎藏界念誦私記（一卷）	日本 元杲 撰	寫本
二四九七	胎藏界念誦次第（一卷）	日本 成賢 撰	寫本
二四九八	胎藏界念誦次第（二卷）	日本 淨嚴 撰	寫本
二四九九	胎藏界沙汰（一卷）	日本 覺鑁 撰	
二五〇〇	胎藏入理鈔（三卷）	日本 賴瑜 撰	古寫本
二五〇一	護摩次第（一卷）	日本 淳祐 撰	寫本
二五〇二	不動法息災（一卷）	日本 成賢 撰	寫本
二五〇三	不動法護摩私記息災（一卷）	日本 成賢 撰	古寫本
二五〇四	大悲胎藏護摩支分鈔（三卷）	日本 真寂親王 撰	古寫本
二五〇五	四度口決（五卷）	日本 興雅宥快 說記	古寫本
二五〇六	諸尊道場觀集（二卷）	日本 淳祐 撰	古寫本
二五〇七	厚草紙（一卷）	日本 元海 撰	古寫本
二五〇八	薄草紙（百十七卷）	日本 成賢 撰	古寫本

二五〇九	薄草紙口決（二十卷）	日本 賴瑜 撰	古寫本
二五一〇	別尊鈔（七卷）	日本 寬助 撰	古寫本
二五一一	祕鈔（十八卷）	日本 守覺親王 撰	古寫本
二五一二	祕鈔問答鈔（十八卷）	日本 賴瑜 撰	古寫本
二五一三	小野六帖（一卷）	日本 仁海 撰	古寫本
二五一四	馱都祕決（一卷）	日本 憲深 撰	古寫本
二五一五	西大寺流口決（一卷）	日本 叡尊 撰	古寫本
二五一六	金胎梵漢和鏡（十八卷）	日本 叡尊 撰	古寫本
二五一七	心目鏡（三卷）	日本 心覺 撰	古寫本
二五一八	鵝珠鈔（三卷）	日本 心覺 撰	古寫本
二五一九	諸流祕藏鈔（四卷）	日本 政祝 撰	
二五二〇	祕藏記（二卷）	日本 空海 撰	
二五二一	阿字觀用心口決（一卷）	日本 實惠 撰	
二五二二	高雄口決（一卷）	日本 真濟 撰	
二五二三	三部祕釋（一卷）	日本 元杲 撰	古寫本
二五二四	九會密記（一卷）	日本 元杲 撰	古寫本
二五二五	五相成身問答鈔（一卷）	日本 濟邏 撰	古寫本
二五二六	心月輪祕釋（一卷）	日本 覺鑁 撰	
二五二七	真言淨菩提心私記（一卷）	日本 覺鑁 撰	
二五二八	阿彌陀祕釋（一卷）	日本 覺鑁 撰	
二五二九	真言宗義（一卷）	日本 覺鑁 撰	
二五三〇	祕密莊嚴心不二章（一卷）	日本 覺鑁 撰	
二五三一	真言三密修目問答（一卷）	日本 覺鑁 撰	
二五三二	勸發頌（一卷）	日本 覺鑁 撰	
二五三三	密嚴院發露懺悔文（二卷）	日本 覺鑁 撰	
二五三四	真言付法鑽要鈔（一卷）	日本 成尊 撰	
二五三五	寶鏡鈔（一卷）	日本 宥快 撰	
二五三六	祕密法訓（一卷）	日本 妙瑞 撰	
二五三七	諸儀軌傳授目錄（一卷）	日本 淨嚴 撰	
二五三八	諸儀軌隨聞記（二十一卷）	日本 性寂 撰	寫本
二五三九	真言律辨（一卷）	日本 淨嚴 撰	
二五四〇	造壇問決（一卷）	日本 惠曦 撰	
二五四一	祕密瑜伽學習捷圖並或問（一卷）	日本 惠光 撰	寫本
二五四二	十善法談（一卷）	日本 慈雲 撰	
二五四三	讀書二十二則	日本 戒定 撰	

○

二五四四	聖一國師語錄（一卷）	日本 圓爾辨圓 撰
二五四五	寶覺禪師語錄（一卷）	日本 東山湛照 撰
二五四六	佛照禪師語錄（二卷）	日本 白雲慧曉 撰
二五四七	大覺禪師語錄（三卷）	日本 闌溪道隆 撰
二五四八	圓通大應國師語錄（三卷）	日本 南浦紹明 撰

二五四九	佛光圓滿長照國師語録（十卷）	日本 子元祖元 撰	
二五五〇	勅諡圓鑑國師藏山和尚語録（一卷）	日本 藏山順空 撰	
二五五一	佛國應供廣濟國師語録（二卷）	日本 高峰顯日 撰	
二五五二	南院國師語録（二卷）	日本 規庵祖圓 撰	
二五五三	一山國師妙慈弘濟大師語録（二卷）	日本 一山一寧 撰	
二五五四	梵竺仙禪師語録（九卷）	日本 竺仙梵仙 撰	
二五五五	夢窗國師語録（三卷）	日本 梦窗疎石 撰	
二五五六	義堂和尚語録（四卷）	日本 義堂周信 撰	
二五五七	鐵舟和尚閻浮集（一卷）	日本 鐵舟德濟 撰	
二五五八	鹽山拔隊和尚語録（八卷）	日本 拔隊得勝 撰	
二五五九	智覺普明國師語録（八卷）	日本 春屋妙葩 撰	
二五六〇	絶海和尚語録（二卷）	日本 絶海中津 撰	
二五六一	佛日覺光國師語録（二卷）	日本 空谷明應 撰	
二五六二	大通禪師語録（六卷）	日本 愚中周及 撰	
二五六三	永源寂室和尚語録（二卷）	日本 寂室玄光 撰	
二五六四	大燈國師語録（三卷）	日本 宗峰妙超 撰	
二五六五	徹翁和尚語録（二卷）	日本 徹翁義享 撰	
二五六六	佛日真照禪師雪江和尚語録（一卷）	日本 雪江宗深 撰	
二五六七	大妙實性禪師景川和尚語録（二卷）	日本 景川宗隆 撰	
二五六八	大興心宗佛德廣通禪師虎穴録（二卷）	日本 悟溪宗頓 撰	
二五六九	東陽和尚少林無孔笛（六卷）	日本 東陽英朝 撰	
二五七〇	圓滿本光國師見桃録（四卷）	日本 大休宗林 撰	
二五七一	西源德芳和尚玉語録（三卷）	日本 德芳禪傑 撰	
二五七二	槐安國語（七卷）	日本 白隱慧鶴 撰	
二五七三	興禪護國論（三卷）	日本 榮西 撰	
二五七四	宗門十勝論（一卷）	日本 虎關師煉 撰	
二五七五	五門無盡燈論（二卷）	日本 東嶺圓慈 撰	
二五七六	五家參祥要路門（一卷）	日本 東嶺圓慈 撰	
二五七七	大鑑清規（一卷）	日本 清拙正澄 撰	
二五七八	諸國向清規（五卷）	日本 天倫楓隱 撰	
二五七九	小叢林清規（三卷）	日本 無著道忠 撰	
二五八〇	大施惡鬼集類分解（一卷）	日本 原古 撰	寫本

○			
二五八一	普勸坐禪儀（一卷・附坐禪箴）	日本 道元 撰	
二五八二	學道用心集（一卷）	日本 道元 撰	
二五八三	正法眼藏（九十五卷）	日本 道元 撰	
二五八四	永平元和尚頌古（一卷）	日本 道元 撰	
二五八五	永平清規（二卷）	日本 道元 撰	
二五八六	傳光録（二卷）	日本 瑩山紹瑾 撰	
二五八七	坐禪用心記（一卷）	日本 瑩山紹瑾 撰	
二五八八	信心銘拈提（一卷）	日本 瑩山紹瑾 撰	

二五八九	十種勅問奏對集（一卷）	日本 瑩山紹瑾 撰
二五九〇	瑩山清規（一卷）	日本 瑩山紹瑾 撰
二五九一	光明藏三昧（一卷）	日本 孤雲懷奘 撰
二五九二	三義雲和尚語錄（二卷）	日本 義雲 撰
二五九三	通幻靈禪師語錄（一卷）	日本 通幻寂靈 撰
二五九四	寶峰良秀禪師語錄（一卷）	日本 寶峰良秀 撰
二五九五	良堂禪師語錄（三卷）	日本 了堂直覺 撰
二五九六	普濟和尚語錄（三卷）	日本 普濟善救 撰
二五九七	月波禪師語錄（十卷）	日本 月波道印 撰
二五九八	月舟和尚遺錄（二卷）	日本 月舟宗胡 撰
二五九九	獨庵獨語（一卷）	日本 獨庵玄光 撰
二六〇〇	鷹峰卍山和尚語錄（八卷）	日本 卍山道白 撰
二六〇一	天柱老人報恩編（三卷）	日本 天桂傳尊 撰
二六〇二	佛祖正傳禪戒鈔（一卷）	日本 夢�道坦 撰
二六〇三	心學典論（二卷）	日本 無隱道費 撰
二六〇四	荒田隨筆（二卷）	日本 慧月指印 撰
二六〇五	建康普說（一卷）	日本 面山瑞芳 撰

○

二六〇六	普照國師廣錄（三十卷）	日本 隱元隆琦 撰
二六〇七	弘法戒儀（一卷）	日本 隱元隆琦 撰
二六〇八	黃檗清規（一卷）	日本 隱元隆琦 撰

○

二六〇九	選擇本願念佛集（二卷）	日本 源空 撰
二六一〇	徹選擇本願念佛集（二卷）	日本 辨長 撰
二六一一	選擇傳弘決疑抄（五卷）	日本 良忠 撰
二六一二	黑谷上人漢語燈錄（十卷・拾遺一卷）	日本 源空 撰　丁惠 輯
二六一三	黑谷上人和語燈錄（十卷・拾遺二卷）	日本 源空 撰　丁惠 輯
二六一四	末代念佛授手印（一卷）	日本 辨長 撰
二六一五	釋淨土二藏頌義（三十卷）	日本 聖問 撰
二六一六	往生至要抄（二卷）	日本 尊園親王 撰
二六一七	歸命本願鈔（三卷）	日本 證賢 撰
二六一八	西要鈔（二卷）	日本 證賢 撰
二六一九	父子相迎鈔（二卷）	日本 證賢 撰
二六二〇	往生至要決（一卷）	日本 證賢 撰
二六二一	述懷抄（一卷）	日本 舜昌 撰
二六二二	念佛安心大要鈔（一卷）	日本 隆堯 撰
二六二三	稱名念佛奇特集（二卷）	日本 隆堯 撰
二六二四	和風安心鈔（二卷）	日本 道殘 撰
二六二五	本願念佛感光章（二卷）	日本 貞極 撰
二六二六	本願念佛感化本義（一卷）	日本 關通 撰

二六二七	願生淨土義（二巻）	日本 普寂 撰
二六二八	大源談義聞書鈔（一巻）	
二六二九	蓮門學則（一巻）	日本 大玄 撰

○

二六三〇	選擇密要決（五巻）	日本 證空 撰	
二六三一	祖安澤集祕抄（五巻）	日本 行觀 撰	
二六三二	修業要決（一巻）	日本 證空 撰	
二六三三	當麻曼陀羅供式（一巻）	日本 證空 撰	
二六三四	當麻曼陀羅八講論義鈔（一巻）	日本 證空 撰	
二六三五	流祖上人箇條名目（一巻）	日本 證空 撰	寫本
二六三六	女院御書（二巻）	日本 證空 撰	
二六三七	鎮勸用心（一巻）	日本 證空 撰	
二六三八	觀經名名目證據十七文條（一巻）	日本 淨音 撰	寫本
二六三九	西山口決傳祕鈔（一巻）	日本 淨音 撰	寫本
二六四〇	淨土宗要集（三巻）	日本 顯意 撰	
二六四一	淨土竹林鈔（二巻）	日本 顯意 撰	
二六四二	淨土疑端（四巻）	日本 顯意 撰	
二六四三	觀經義拙疑巧答研覆鈔（一巻）	日本 顯意 撰	寫本
二六四四	一乘海義要決（一巻）	日本 顯意 撰	
二六四五	二道血脈圖譜（一巻）	日本 顯意 撰	
二六四六	華山院四十八問答（一巻）	日本 顯意 撰	
二六四七	觀經四品知識義（一巻）	日本 顯意 撰	
二六四八	仙洞三心義問答記（一巻）	日本 顯意 撰	
二六四九	淨土宗建立私記（一巻）	日本 顯意 撰	
二六五〇	淨土童蒙旨歸名目（一巻）	日本 行觀 撰	寫本
二六五一	淨土宗法門大圖（一巻）	日本 行觀 撰	寫本
二六五二	淨土宗法門大圖名目（一巻）	日本 行觀 撰	寫本
二六五三	淨土口決鈔（一巻）	日本 行觀 撰	寫本
二六五四	淨土希聞鈔（五巻）	日本 惠仁 撰	
二六五五	座右鈔（一巻）	日本 惠仁 撰	
二六五六	初心行護鈔（一巻）	日本 惠仁 撰	
二六五七	講院學道通規（一巻）	日本 惠仁 撰	
二六五八	論義鈔（八巻）	日本 惠仁 撰	
二六五九	淨土愚要鈔（三巻）	日本 明秀 撰	
二六六〇	西山復古編（一巻）	日本 俊峰妙瑞 撰	寫本
二六六一	蓮門小清規（二巻）	日本 慈空 撰	

○

二六六二	觀經義賢問愚答鈔（一巻）	日本 證忍 撰	寫本
二六六三	選擇本願念佛集名體決並念佛本願義（一巻）	日本 覺明 撰	
二六六四	自力他力事（一巻）	日本 隆寬 撰	

二六六五	閑亭後世物語（二卷）	日本 龍寬 撰
二六六六	捨子問答（二卷）	
二六六七	安心決定鈔（二卷）	
二六六八	一言芳談鈔（二卷）	

○

二六六九	教行信證（六卷）	日本 親鸞 撰
二六七〇	淨土文類聚鈔（一卷）	日本 親鸞 撰
二六七一	淨土三經往生文類（一卷）	日本 親鸞 撰
二六七二	往還迴向文類（一卷）	日本 親鸞 撰
二六七三	愚禿鈔（一卷）	日本 親鸞 撰
二六七四	入出門偈（一卷）	日本 親鸞 撰
二六七五	淨土和讚（一卷）	日本 親鸞 撰
二六七六	高僧和讚（一卷）	日本 親鸞 撰
二六七七	正像末和讚（一卷）	日本 親鸞 撰
二六七八	皇太子聖德奉讚（一卷）	日本 親鸞 撰
二六七九	尊像真象銘文（一卷）	日本 親鸞 撰
二六八〇	一念多念文意（一卷）	日本 親鸞 撰
二六八一	唯信鈔文意（一卷）	日本 親鸞 撰
二六八二	末燈鈔（一卷）	日本 親鸞 撰
二六八三	消息集（一卷）	日本 親鸞 撰
二六八四	西方指南鈔（三卷）	日本 源空 撰
二六八五	唯信鈔（一卷）	日本 聖覺 撰
二六八六	一念多年分別事（一卷）	日本 隆寬 撰
二六八七	歡異鈔（一卷）	日本 如信 撰
二六八八	口傳鈔（一卷）	日本 覺如宗昭 撰
二六八九	御傳鈔（一卷）	日本 覺如宗昭 撰
二六九〇	報恩講式（二卷）	日本 覺如宗昭 撰
二六九一	淨土真要鈔（二卷）	日本 存覺光玄 撰
二六九二	歡德文（一卷）	日本 存覺光玄 撰
二六九三	兩師講式（一卷）	日本 存覺光玄 撰
二六九四	知恩講式（一卷）	日本 存覺光玄 撰
二六九五	御文（五卷）	日本 蓮如兼壽 撰
二六九六	帖外御文（五卷）	日本 蓮如兼壽 撰
二六九七	御俗姓御文（一卷）	日本 蓮如兼壽 撰

○

二六九八	融通圓門章（一卷）	日本 融觀 撰
二六九九	融通念佛信解章（二卷）	日本 融觀 撰
二七〇〇	融通本母集（十卷）	日本 觀山 撰

| ○

二七○一　一邊上人語録（二卷）　　　　　　　　日本 知真 撰
二七○二　他阿上人法語（八卷）　　　　　　　　日本 真教 撰
二七○三　三大祖師法語（二卷）　　　　　　　　日本 親鸞 撰
二七○四　器朴論（三卷）　　　　　　　　　　　日本 託何 撰

| ○

二七○五　往生拾因（一卷）　　　　　　　　　　日本 水觀 撰
二七○六　安養知足相對鈔（一卷）　　　　　　　日本 珍海 撰　　　古寫本
二七○七　決定往生集（二卷）　　　　　　　　　日本 珍海 撰
二七○八　菩提心集（二卷）　　　　　　　　　　日本 珍海 撰
二七○九　安養抄（八卷）　　　　　　　　　　　　　　　　　　　　古寫本
二七一○　十念極樂易往生集（第六・一卷）　　　日本 佛嚴 撰　　　古寫本
二七一一　摧邪輪（三卷）　　　　　　　　　　　日本 高辨 撰
二七一二　摧邪輪莊嚴記（一卷）　　　　　　　　日本 高辨 撰
二七一三　明義進行集（三卷）　　　　　　　　　日本 信瑞 撰
二七一四　廣義瑞決集（五卷）　　　　　　　　　日本 信瑞 撰
二七一五　續選擇文義要鈔（一卷）　　　　　　　日本 靜遍 撰
二七一六　明遍僧都一紙法語（一卷）
二七一七　念佛往生決心記（一卷）　　　　　　　日本 良遍 撰
二七一八　善導大意（一卷）　　　　　　　　　　日本 良遍 撰
二七一九　祕密念佛鈔（二卷）　　　　　　　　　日本 道範 撰
二七二○　重釋安養顯正記（二卷）　　　　　　　日本 性心 撰　　　古寫本
二七二一　念佛無上醍醐編（三卷）　　　　　　　日本 諦忍 撰
二七二二　淨土源流章（一卷）　　　　　　　　　日本 凝然 撰
二七二三　唐招提寺釋迦念佛願文（一卷）　　　　日本 貞慶 撰

| ○

二七二四　立正安國論（一卷）　　　　　　　　　日本 日蓮 撰
二七二五　開目鈔（二卷）　　　　　　　　　　　日本 日蓮 撰
二七二六　觀心本尊鈔（一卷）　　　　　　　　　日本 日蓮 撰
二七二七　撰時抄（二卷）　　　　　　　　　　　日本 日蓮 撰
二七二八　報恩鈔（二卷）　　　　　　　　　　　日本 日蓮 撰
二七二九　法華取要鈔（一卷）　　　　　　　　　日本 日蓮 撰
二七三○　立正觀鈔（一卷）　　　　　　　　　　日本 日蓮 撰
二七三一　十法界鈔（一卷）　　　　　　　　　　日本 日蓮 撰
二七三二　四信五品鈔（一卷）　　　　　　　　　日本 日蓮 撰
二七三三　佐渡御書（一卷）　　　　　　　　　　日本 日蓮 撰
二七三四　種種御振舞御書（一卷）　　　　　　　日本 日蓮 撰
二七三五　如說修行鈔（一卷）　　　　　　　　　日本 日蓮 撰
二七三六　御義口傳（一卷）　　　　　　　　　　日本 日興 撰
二七三七　御講書聞書（一卷）　　　　　　　　　日本 日向 撰

二七三八	祖書綱要刪略（七卷）	日本 日導 撰	
二七三九	三千論（六卷）	日本 日輝 撰	
二七四〇	首題要義（一卷）	日本 日輝 撰	
二七四一	弘經要義（一卷）	日本 日輝 撰	
二七四二	本尊辨（一卷）	日本 日輝 撰	
二七四三	同略辨（一卷）	日本 日輝 撰	
二七四四	宗義錄（一卷）	日本 日輝 撰	
二七四五	用心鈔（一卷）	日本 日順 撰	
二七四六	本門心底抄（一卷）	日本 日順 撰	
二七四七	從開衫傳日順法門（一卷）	日本 日順 撰	
二七四八	六卷鈔（六卷）	日本 日寬 撰	
二七四九	開迹顯本法華一論義得意鈔（十一卷）	日本 日辰 撰	
二七五〇	炫耀略記（一卷）	日本 日陣 撰	
二七五一	本迹同異決（一卷）	日本 日陣 撰	
二七五二	童蒙懷覽（一卷）	日本 日求 撰	
二七五三	諷誦文（一卷）	日本 日什 撰	
二七五四	本迹自鏡編（五卷）	日本 日受 撰	
二七五五	如實自觀錄（二卷）	日本 日受 撰	
二七五六	私新鈔（十二卷）	日本 日隆 撰	
二七五七	真流正傳抄（六卷）	日本 日修 撰	
二七五八	宗要活奪集（一卷）	日本 日修 撰	
二七五九	萬代龜鏡錄（十卷）	日本 日興日講 撰	
二七六〇	守正護國章（一卷）	日本 日講 撰	

○

二七六一	東大寺六宗未決（一卷）		
二七六二	八宗綱要（二卷）	日本 凝然 撰	
二七六三	顯揚正法復古集（二卷）	日本 普寂 撰	

○

二七六四	梵字悉曇字母並釋義（一卷）	日本 空海 撰	
二七六五	悉曇藏（八卷）	日本 安然 撰	
二七六六	悉曇略記（一卷）	日本 玄昭 撰	古寫本
二七六七	悉曇集記（三卷）	日本 淳祐 撰	古寫本
二七六八	悉曇要決（三卷）	日本 明覺 撰	
二七六九	多羅葉記（三卷）	日本 心覺 撰	古寫本
二七七〇	悉曇創學鈔（十三卷）	日本 杲寶 撰	古寫本
二七七一	悉曇三密鈔（七卷）	日本 淨嚴 撰	

○

二七七二	高雄曼荼羅圖（仁和寺版）		
二七七三	胎藏舊圖樣（一卷）		古寫本

二七七四	胎藏圖像（二卷）		古寫本
二七七五	大悲胎藏三昧耶曼荼羅（一卷）		古寫本
二七七六	諸說不同記（十卷）	日本 真寂親王撰	
二七七七	石山七集（五卷・金二・胎三）	日本 淳祐 撰	
二七七八	兩部曼荼羅對辨抄（二卷）	日本 濟邏 撰	古寫本
二七七九	東西曼荼羅抄（同別記共六卷）	日本 覺超 撰	古寫本
二七八〇	胎藏界曼荼羅尊位（一卷）	日本 明覺 撰	古寫本
二七八一	兩部曼荼羅尊位現圖抄（十卷）	日本 亮賢 撰	
二七八二	曼荼羅私抄（二卷）	日本 印融 撰	
二七八三	兩部曼荼羅隨聞記（二卷）	日本　飮光華提華 撰記	
二七八四	五部心觀（一卷）		古寫本
二七八五	四種護摩鑪樣（一卷）		古寫本
二七八六	曼荼羅集（三卷）	日本 興然 撰	古寫本
二七八七	五十卷抄（五十卷）	日本 興然 撰	古寫本
二七八八	十卷抄（十卷）	日本 永嚴 撰	古寫本
二七八九	別尊雜記（五十七卷）	日本 心覺 撰	古寫本
二七九〇	覺禪抄（百二十卷卷）	日本 覺禪 撰	
二七九一	白寶口抄（三十三卷）	日本 亮尊 撰	古寫本
二七九二	阿娑縛抄（二百二十八卷）	日本 承澄 撰	
二七九三	佛像圖彙（五卷）	日本 紀秀信 撰	
二七九四	圖印集（五卷）		
二七九五	當麻曼陀羅註（十卷）	日本 證空 撰	
二七九六	當麻曼陀羅科節（三卷）	日本 昌道 撰	
二七九七	當麻曼陀羅搜玄疏（八卷）	日本 大順 撰	
二七九八	智光曼陀羅合讚（一卷）	日本 觀徹 撰	
二七九九	清海曼陀羅合讚（一卷）	日本 觀徹 撰	
二八〇〇	迎接曼陀羅拾穗抄（三卷）	日本 貞極 撰	
二八〇一	三十二相顯要抄（三卷）	日本 貞極 撰	
二八〇二	涅槃像隨文略贊（三卷）	日本 貞極 撰	
二八〇三	羅漢圖贊集（一卷）	日本 徹定 撰	
二八〇四	醍醐三寶院竝遍智院灌頂道具繪樣等三摩耶戒道具事（一卷）		古寫本
二八〇五	方服圖儀（二卷）	日本 飮光 撰	
二八〇六	大乘比丘十八物圖（一卷）	日本 敬光 撰	
二八〇七	二十五三昧式（一卷）	日本 源信 撰	
二八〇八	二十五三昧起請（一卷）	日本 源信 撰	
二八〇九	往生講式（一卷）	日本 永觀 撰	
二八一〇	順次往生講式（一卷）	日本 信玄 撰	
二八一一	悉彌勒講式（一卷）	日本 貞慶 撰	
二八一二	地藏講式（一卷）	日本 貞慶 撰	
二八一三	四座講式（四卷）	日本 高辨 撰	
二八一四	華嚴唯心觀行式（一卷）	日本 高辨 撰	
二八一五	聖德太子講式（一卷）		古寫經

二八一六　表白集（三卷）　　　　　　　　　日本　貞慶　撰
二八一七　願文集（一卷）
二八一八　聲明集（一卷）
二八一九　魚山蠆芥集（三卷）
二八二〇　法則集（二卷）
二八二一　諸尊表白集（八卷）　　　　　　　日本　印融　撰
二八二二　聲明源流記（一卷）　　　　　　　日本　凝然　撰

| 〇

二八二三　上宮皇太子菩薩像（一卷）　　　　日本　思託　撰
二八二四　南天竺婆羅門僧正碑（一卷）　　　日本　條榮　撰
二八二五　唐大和上東征傳（一卷）　　　　　日本　元開　撰
二八二六　叡山大師傳（一卷）　　　　　　　日本　仁忠　撰
二八二七　空海僧都傳（一卷）　　　　　　　日本　真濟　撰
二八二八　天台宗延曆寺座主圓珍傳（一卷）　日本　三善清行　撰
二八二九　惠心僧都傳記（一卷）
二八三〇　本朝祖師傳記繪詞（一卷）　　　　日本　耽空　撰
二八三一　洛城東山建任禪寺始祖明庵西公禪師塔銘（一卷）
　　　　　　　　　　　　　　　　　　　　日本　如蘭　撰
二八三二　明惠上人傳（二卷）　　　　　　　日本　喜海　撰
二八三三　永平道元禪師建撕記（一卷）
二八三四　本願寺聖人親鸞傳繪（二卷）　　　日本　覺如宗昭　撰
二八三五　日蓮聖人註畫讚（一卷）　　　　　日本　日澄　撰
二八三六　入唐五家傳（五卷）
二八三七　元亨釋書（三十卷）　　　　　　　日本　虎關師煉　撰
二八三八　本朝高僧傳（七十五卷）　　　　　日本　卍元師蠻　撰

| 〇

二八三九　天請問經註（一卷）　　　　　　　唐　文軌　撰　　　　燉煌本
　＊現行大正藏 2839 讚禪門詩（一卷）
　＊大正藏 2786 天請問經疏（一卷）
二八四〇　法句經疏（一卷）　　　　　　　　　　　　　　　　　燉煌本
　＊現行大正藏 2840 三界圖（一卷）
　＊大正藏 2902 法句經疏（一卷）
二八四一　大品經義疏（十卷）　　　　　　　隋　吉藏　撰
　＊現行大正藏 2841 大佛略懺（一卷）
　＊續藏所収 CBETA0451
二八四二　金剛經註（二卷）　　　　　　　　唐　僧肇　撰
　＊現行大正藏 2842 印沙佛文（一卷）
　＊續藏所収 CBETA0454
二八四三　金剛經註疏（三卷）　　　　　　　唐　慧淨　撰
　＊現行大正藏 2843 大悲啓請（一卷）

＊續藏所収 CBETA0456

二八四四　金剛經略疏（一卷）　　　　　　　　　　　　唐　智儼 撰
　＊現行大正藏 2844 文殊師利菩薩無相十體（一卷）
　＊大正・續藏未収録

二八四五　梁朝傅大士頌金剛經（一卷）　　　　　　　　　　　　　　　燉煌本
　＊現行大正藏 2845 押座文類（一卷）
　＊大正藏 2733

二八四六　開元皇帝讚金剛經（一卷）
　＊現行大正藏 2846 祈願文（一卷）
　＊大正藏 2743 持誦金剛經霊驗功德記（一卷）に収録歟

二八四七　御註金剛波羅密經宣演（六卷）　　　　　　　　唐　道氤 撰　　燉煌本
　＊現行大正藏 2847 祈願文（一卷）
　＊大正藏 2733 御註金剛波羅密經宣演（二卷）唐道氤撰

二八四八　金剛般若經宣演（一卷）　　　　　　　　　　　唐　義琳 撰　　燉煌本
　＊現行大正藏 2848 回向文（一卷）
　＊義琳は道氤撰『宣演』の書寫者

二八四九　金剛暎（二卷）　　　　　　　　　　　　　　　唐　寶達 撰　　燉煌本
　＊現行大正藏 2849 大乘四齋日（一卷）
　＊大正藏 2734 金剛暎卷上（一卷）唐寶達集

二八五〇　金剛經旨贊（二卷）　　　　　　　　　　　　　唐　曇曠 撰　　燉煌本
　＊現行大正藏 2850 地藏菩薩十齋日（一卷）
　＊大正藏 2735

二八五一　金剛般若經做天親論贊釋秦本義記（一卷）　　　唐　知恩 撰　　燉煌本
　＊現行大正藏 2851 和菩薩戒文（一卷）
　＊大正藏 2736

二八五二　金剛般若經設誼（二卷）　　　　　　　　　　朝鮮　得通 撰　　朝鮮本
　＊現行大正藏 2852 入布薩堂説偈文等（一卷）
　＊大正藏未収録

二八五三　仁王般若實相論（一卷）　　　　　　　　　　　　　　　　　燉煌本
　＊現行大正藏 2853 布薩文等（一卷）
　＊大正藏 2744 仁王般若實相論卷第二（一卷）

二八五四　仁王經疏（一卷）　　　　　　　　　　　　　　　　　　　　燉煌本
　＊現行大正藏 2854 禮懺文（一卷）
　＊大正藏 2745

二八五五　般若心經疏（一卷）　　　　　　　　　　　　　唐　慧淨 撰
　＊現行大正藏 2855 禮懺文（一卷）
　＊續藏 CBETA0521

二八五六　般若心經疏（一卷）　　　　　　　　　　　　　唐　靖邁 撰
　＊現行大正藏 2856 禮懺文（一卷）
　＊續藏 CBETA0522

二八五七　般若心經略贊（一卷）　　　　　　　　　　　　唐　窺基 撰　　古寫本

＊現行大正藏 2857 索法號義譽諷誦文（一卷）

＊大正藏・續藏未收錄

二八五八　般若心經疏（一卷）　　　　　　　　唐　明曠 撰

＊現行大正藏 2858 大目乾連冥間救母變文幷圖（一卷）

＊續藏 CBETA0528

二八五九　大乘理趣六波羅密經疏（十卷）　　　唐　超悟 撰　　　古寫本

＊現行大正藏 2859 惠遠外傳（一卷）

＊大正藏・續藏未收錄

二八六〇　法華經疏（二卷）　　　　　　　　　劉宋 道生 撰

＊現行大正藏 2860 府君存惠傳（一卷）

＊續藏 CBETA0577

二八六一　法華經疏（二卷）　　　　　　　　　　　　　　　　　燉煌本

＊現行大正藏 2861 泉州千佛新著諸祖師頌（一卷）

＊大正藏 2749 ～ 2752（？）

二八六二　法華經疏（十卷）　　　　　　　　　　　　　　　　　古寫本

　＊現行大正藏 2862 大蕃沙州釋門教法和尚洪譽修功德記…未詳

二八六三　法華經疏略（六卷）　　　　　　　　隋　吉藏 撰

＊現行大正藏 2863 王梵志詩集

＊續藏 CBETA0582 法華經統略（六卷）隋吉藏撰

二八六四　法華經賛述（十卷）　　　　　　　　唐　慧靜 撰　　　朝鮮本

＊現行大正藏 2864 進旨

＊大正藏・續藏未收錄

二八六五　法華玄贊攝釋（四卷）　　　　　　　唐　智周 撰

＊現行大正藏 2865 護身命經（一卷）

＊大正藏未收錄→續藏 CBETA0636

二八六六　法華玄讚要集（三十五卷）　　　　　唐　栖復 撰

＊現行大正藏 2866 護身命經（一卷）

＊大正藏未收錄→續藏 CBETA0636（卷 22,23,30,32 闕）

二八六七　法華經大意（一卷）　　　　　　　　唐　湛然 撰

＊現行大正藏 2867 慈仁問八十種好經（一卷）

＊大正藏未收錄→續藏 CBETA0583

二八六八　妙法蓮華經解（十卷）　　　　　　　宋　慧周 撰

＊現行大正藏 2868 決罪福經（二卷）

＊大正藏・續藏未收錄

二八六九　法華三宗相對鈔（五十卷）　　　　　日本 千觀 撰

＊現行大正藏 2869 妙好寶車經（一卷）

＊大正藏・續藏未收錄→寫本（叡山文庫）

二八七〇　法華三大部私記（三十卷）　　　　　日本 證真 撰

＊現行大正藏 2870 像法決疑經（一卷）

＊大正藏・續藏未收錄→大日本佛教全書 21-23

二八七一　華嚴經論（一卷）　　　　　　　　　後魏 靈辨 撰

＊現行大正藏 2871 大通方廣懺悔滅罪莊嚴成佛經（三卷）

＊大正藏未収録→續藏 CBETA0208 華嚴經論卷十（一巻）

二八七二　華嚴經光明覺品疏（一巻）　　　　　　　　後魏　慧光 撰　　　古寫本
＊現行大正藏 2872 妙法蓮華經廣量天地品第二十九（一巻）
＊大正藏・續藏未収録

二八七三　華嚴文義記（卷第六・一巻）　　　　　　　北齊　靈裕 撰
＊現行大正藏 2873 首羅比丘經（一巻）
＊大正藏未収録→續藏 CBETA0211

二八七四　華嚴經疏（三巻）　　　　　　　　　　　　　　　　　　　燉煌本
＊現行大正藏 2874 小法滅盡經（一巻）
＊大正藏 2755 華嚴經疏（一巻）歟

二八七五　華嚴經光明覺品疏（一巻）　　　　　　　　新疆　元曉 撰　　　古寫本
＊現行大正藏 2875 涅槃經疏（一巻）
＊大正藏 2757 華嚴經疏卷第三（一巻）歟

二八七六　續華嚴經略疏刊定記（二十巻）　　　　　　唐　慧苑 撰
＊現行大正藏 2876 天公經（一巻）
＊大正藏未収録→續經 CBETA0221

二八七七　貞元新譯華嚴經疏（十巻）　　　　　　　　唐　澄觀 撰
＊現行大正藏 2877 如來在金棺囑累清淨莊嚴敬福經（一巻）
＊大正藏未収録→續藏 CBETA0227 華嚴經行願品疏（十巻）

二八七八　大方廣佛華嚴經普賢行願品別行疏鈔（六巻）　唐　宗密 撰
＊現行大正藏 2878 救疾經（一巻）
＊大正藏未収録→續藏 CBETA0229 華嚴經行願品疏鈔（六巻）

二八七九　華嚴經觀音品別行疏（二巻）　　　　　　　高麗　體元 撰　　　朝鮮本
＊現行大正藏 2879 普賢菩薩説證明經（一巻）
＊大正藏・續藏未収録

二八八〇　大寶積經述（一巻）　　　　　　　　　　　唐　徐鍔 撰　　　燉煌本
＊現行大正藏 2880 究竟大悲經卷第二、三、四（三巻）
＊大正藏未収録→續藏 CBETA0264

二八八一　勝鬘經義記（一巻）　　　　　　　　　　　　　　　　　　燉煌本
＊現行大正藏 2881 善惡因果經（一巻）
＊大正藏 2761/2762 歟

二八八二　勝鬘經義記（二巻）　　　　　　　　　　　隋　慧遠 撰
＊現行大正藏 2882 呪魅經（一巻）
＊大正藏未収録→續藏 BETA 勝鬘經義記上卷欠下卷（一巻）隋慧遠撰

二八八三　勝鬘經述記（二巻）　　　　　　　　　　　隋　窺基 撰
＊現行大正藏 2883 法王經（一巻）
＊大正藏未収録→續藏 CBETA0352

二八八四　無量壽經義記（二種）　　　　　　　　　　　　　　　　　燉煌本
＊現行大正藏 2884 大威儀請問（一巻）
＊大正藏 2759 無量壽經義記卷下、2760 無量壽觀經義記を指すか

二八八五　無量壽經疏（一巻）　　　　　　　　　　　唐　玄一 撰
＊現行大正藏 2885 佛性海藏智慧解脱破心相經（二巻）

＊大正藏未収録→續藏 CBETA0397 無量壽經記上卷殘缺下卷遺失→善本叢刊 5

二八八六　観無量壽經疏（二卷）　　　　　　　　　　　　燉煌本

　＊現行大正藏 2886 佛爲心王菩薩説投陀經卷上

　＊大正藏未収録

二八八七　観無量壽佛經記（一卷）　　　　　　唐　法聰 撰

　＊現行大正藏 2887 父母恩重經（一卷）

　＊大正藏未収録→續藏 CBETA0405 釋観無量壽佛經記

二八八八　涅槃經義記（一卷）　　　　　　　　　　　　　燉煌本

　＊現行大正藏 2888 延壽命經（一卷）

　＊大正藏 2764A 涅槃經義記（一卷）-2764B 大涅槃經義記卷第四（一卷）

二八八九　涅槃經義記圓旨鈔（十四卷）　　　　唐　晉空 撰　　　朝鮮本

　＊現行大正藏 2889 續命經（一卷）

　＊大正藏・續藏未収録

二八九〇　涅槃經疏（二十卷）　　　　　　　　唐　法寶 撰　　　朝鮮本

　＊現行大正藏 2890 如來成道經（一卷）

　＊大正藏・續藏未収録

二八九一　注涅槃經（三十卷）　　　　　　　　唐　韋諗 撰　　　古寫本

　＊現行大正藏 2891 山海慧菩薩經

＊大正藏・續藏未収録→西教寺・西来寺・西方寺・毘沙門堂・聖聚来迎寺等六卷所藏

二八九二　大集大虚空藏菩薩所問經疏（四卷）　唐　潛真 撰　　　古寫本

　＊現行大正藏 2892 現報當受經（一卷）

　＊大正藏・續藏未収録

二八九三　藥師經疏（二種）　　　　　　　　　　　　　　燉煌本

　＊現行大正藏 2893 大辯邪正經（一卷）

　＊大正藏 2767/2768

二八九四　維摩經義記（二種）　　　　　　　　　　　　　燉煌本

　＊現行大正藏 2894 三厨經（一卷）

　＊大正藏 2768/2769

二八九五　淨名經集解關中疏（四卷）　　　　　唐　道掖 撰　　　燉煌本

　＊現行大正藏 2895 要行捨身經（一卷）

　＊大正藏 2777/2778

二八九六　淨名玄論略述（八卷）　　　　　　　日本　智光 撰

　＊現行大正藏 2896 示所犯者瑜伽法鏡經（一卷）

　＊大正藏・續藏未収録→日本大藏經方等章疏第 5

二八九七　釋肇序略分（一卷）　　　　　　　　唐　體清 撰　　　燉煌本

　＊現行大正藏 2897 天地八陽神呪經（一卷）

　＊大正藏 2776 釋肇序（一卷）

二八九八　合部金光明經疏（三卷）　　　　　　唐　玄暢 撰　　　古寫本

　＊現行大正藏 2898 高王観世音經（一卷）

　＊大正藏・續藏未収録→寶菩提院藏（一卷）

二八九九　最勝王經略纂（五卷）　　　　　　　新羅　憬興 撰　　古寫本

　＊現行大正藏 2899 妙法蓮華經馬明菩薩品第三十一（一卷）

＊大正藏・續藏未收録→佛解に「存」とあるも所藏者名ナシ

二九〇〇　金光明最勝王經註（十卷）　　　　　　　　日本　常騰　撰
＊現行大正藏 2900 齋法清淨經（一卷）
＊大正藏・續藏未收録→日本大藏経方等部章疏第 1

二九〇一　最勝王經略釋（十卷）　　　　　　　　　　日本　聖禪　撰　　　古寫本
＊現行大正藏 2901 法句經（一卷）
＊大正藏・續藏未收録→仁和寺

二九〇二　注楞伽經（七卷）　　　　　　　　　　　　唐　智儼　撰
＊現行大正藏 2902 法句經疏（一卷）
＊一部續藏經に收録／知恩院・白鶴美術館・根津美術館・東京国立博物館等所藏

二九〇三　楞伽經疏（卷第一・一卷）　　　　　　　　　　　　　　　　　　燉煌本
＊現行大正藏 2903 無量大慈教經（一卷）
＊大正藏・續藏未收録→未詳

二九〇四　佛語心論（十八卷）　　　　　　　　　　　日本　師煉　撰
＊現行大正藏 2904 七千佛神符經（一卷）
＊大正藏・續藏未收録→日本大藏経方等部章疏第三

二九〇五　大乘密嚴經疏（四卷）　　　　　　　　　　唐　法藏　撰
＊現行大正藏 2905 現在十方千五百佛名並雜佛同號（一卷）
＊大正藏未收録→續藏 CBETA0368 第一卷闕（三卷）

二九〇六　解深密經疏（十卷）　　　　　　　　　　　唐　圓測　撰　　　　燉煌本
＊現行大正藏 2906 三萬佛同根本神秘之印並法龍種上尊王佛法（一卷）
＊大正藏未收録→續藏 CBETA0369 解深密經疏十卷之内自一至七卷

二九〇七　溫室經疏（一卷）　　　　　　　　　　　　唐　慧淨　撰　　　　燉煌本
＊現行大正藏 2907 普賢菩薩行願王經（一卷）
＊大正藏 2780 溫室經疏（一卷）唐慧淨撰

二九〇八　盂蘭盆經讚述（一卷）　　　　　　　　　　唐　慧淨　撰　　　　燉煌本
＊現行大正藏 2908 大方廣佛華嚴經普賢菩薩行願王品（一卷）
＊大正藏 2781 盂蘭盆經讚述（一卷）唐慧淨撰

二九〇九　盂蘭盆經疏（二卷）　　　　　　　　　　　唐　宗密　撰
＊現行大正藏 2909 地藏菩薩經（一卷）
＊大正藏 1792 佛説盂蘭盆經疏（二卷）唐宗密撰
＊大正藏既刊分一覧の 1792 と一致。重複歟

二九一〇　大乘稻竿經疏隨聽疏（一卷）　　　　　　　唐　法成　撰　　　　燉煌本
＊現行大正藏 2910 金有陀羅尼經（一卷）
＊大正藏 2782 大乘稻竿經隨聽疏（一卷）唐法成撰

二九一一　大乘四法經論及廣釋開決記（一卷）　　　　　　　　　　　　　　燉煌本
＊現行大正藏 2911 讚僧功德經（一卷）
＊大正藏 2785 大乘四法經論廣釋開決記（一卷）

二九一二　大日經義釋（十四卷）　　　　　　　　　　唐　一行　撰
＊現行大正藏 2912 無常三啓經（一卷）
＊大正藏未收録→續藏 CBETA0438 大日經義釋十四卷唐一行記

二九一三　大日經義釋演密鈔（十卷）　　　　　　　　遼　覺苑　撰

＊現行大正藏 2913 七女觀經（一卷）
＊大正藏未收録→續藏 CBETA0439 大日經義釋演密鈔十卷遼覺苑撰
二九一四　大日經義釋問答（二卷）　　　　　　　日本　喜慶 撰　　　古寫本
＊現行大正藏 2914 觀經（一卷）
＊大正藏・續藏未收録
二九一五　大日經見聞（十二卷）　　　　　　　日本　辨圓 撰
＊現行大正藏 2915 救諸衆生一切苦難經（一卷）
＊大正藏・續藏未收録→日本大蔵経密教部章疏卷上一（圓爾辨圓説十二卷）
二九一六　大日經義釋搜決鈔（十二卷）　　　　日本　忍空 撰
＊現行大正藏 2916 勸善經（一卷）
＊大正藏・續藏未收録→文政八年刊
二九一七　大日經疏抄（四卷）　　　　　　　　日本　觀賢 撰
＊現行大正藏 2917A 新菩薩經（一卷）2917B 新菩薩經（一卷）
＊大正藏・續藏未收録→日本大蔵経密教部章疏卷上二／大日本佛教全書第 42
二九一八　大日經義述（三十卷）　　　　　　　日本　宥祥 撰
＊現行大正藏 1918 釋家觀化還愚經（一卷）
＊大正藏・續藏未收録
二九一九　楞嚴經禪門悉曇章（一卷）　　　　　　　　　　　　　　　燉煌本
＊現行大正藏 2919 佛母經（一卷）
＊大正藏 2779 佛説楞伽経禪門悉談章（一卷）
二九二〇　四分律疏（二十卷）　　　　　　　　唐　法勵 撰
＊現行大正藏 2920 僧伽和尚欲入涅槃説六度經（一卷）
＊大正藏未收録→續藏 CBETA0731 四分律疏（二十卷）唐法礪撰述
⋯⋯⋯⋯⋯⋯⋯⋯⋯⋯⋯⋯⋯⋯⋯⋯⋯⋯⋯⋯⋯⋯⋯⋯⋯⋯⋯⋯⋯⋯⋯⋯⋯⋯⋯⋯⋯
二九二一　四分律疏飾宗義記（二十卷）　　　　唐　定賓 撰
＊現行大正藏番号ナシ
＊大正藏未收録→續藏 CBETA0733 四分律疏飾宗義記（闕卷一本末・卷九本末）
二九二二　四分律開宗記（二十卷）　　　　　　唐　懷素 撰
＊現行大正藏番号ナシ
＊大正藏未收録→續藏 CBETA0732 四分律開宗記（二十卷）唐懷素
二九二三　開四分律宗記義鏡鈔（二十卷）　　　唐　行滿 撰　　　朝鮮本
＊現行大正藏番号ナシ
＊大正藏・續藏未收録→佛解には「存」とある
二九二四　四分律疏（二十卷）　　　　　　　　唐　智首 撰
＊現行大正藏番号ナシ
＊大正藏未收録→續藏 CBETA0734 四分律疏卷九（一卷）
二九二五　四分律含注戒本疏（八卷）　　　　　唐　道宣 撰
＊現行大正藏番号ナシ
＊大正藏未收録→續藏 CBETA0714
二九二六　四分律含注戒本疏行宗記（十卷）　　唐　元照 撰
＊現行大正藏番号ナシ
＊大正藏未收録→續藏 CBETA0714

二九二七　行宗記警意鈔（十七巻）　　　　　　　日本　照遠　撰
　　＊現行大正藏番号ナシ
　　＊大正藏・續藏未収録→寫本（五巻現存）（谷大）
二九二八　四分律行事鈔評集記（十四巻）　　　　宋　澄淵　撰　　　朝鮮本
　　＊現行大正藏番号ナシ
　　＊大正藏・續藏未収録→大正新脩大藏經續刊予定書目
二九二九　四分律隨機羯磨疏（四巻）　　　　　　唐　道宣　撰
　　＊現行大正藏番号ナシ
　　＊大正藏未収録→續藏 CBETA0728
二九三〇　四分律隨機羯磨疏濟緣記（八巻）　　　宋　元照　撰
　　＊現行大正藏番号ナシ
　　＊大正藏未収録→續藏 CBETA0728
二九三一　濟緣記顯緣鈔（二十巻）　　　　　　　日本　照遠　撰
　　＊現行大正藏番号ナシ
　　＊大正藏・續藏未収録
二九三二　四分律隨機羯磨疏正源記（八巻）　　　宋　允堪　撰
　　＊現行大正藏番号ナシ
　　＊大正藏未収録→續藏 CBETA0726
二九三三　梵網菩薩戒本私記（二巻）　　　　　　新羅　元曉　撰
　　＊現行大正藏番号ナシ
　　＊大正藏未収録→續藏 CBETA0683
二九三四　梵網經記（二巻）　　　　　　　　　　唐　傳奧　撰
　　＊現行大正藏番号ナシ
　　＊大正藏未収録→續藏 CBETA0682
二九三五　梵網菩薩戒本疏（五巻）　　　　　　　唐　知周　撰
　　＊現行大正藏番号ナシ
　　＊大正藏未収録→續藏 CBETA0687
二九三六　梵網菩薩戒經疏（四巻）　　　　　　　唐　法銑　撰
　　＊現行大正藏番号ナシ
　　＊大正藏未収録→續藏 CBETA0690
二九三七　梵網菩薩戒注（三巻）　　　　　　　　宋　慧因　撰
　　＊現行大正藏番号ナシ
　　＊大正藏未収録→續藏 CBETA 0691
二九三八　本業瓔珞經疏（一巻）　　　　　　　　新羅　元曉　撰
　　＊現行大正藏番号ナシ
　　＊大正藏未収録…参照：大正 85 巻所収敦煌本本業瓔珞經疏 2798
二九三九　大智度論疏（二十四巻）　　　　　　　後周　慧影　撰　　古寫本
　　＊現行大正藏番号ナシ
　　＊大正藏未収録→續藏 CBETA 0791
二九四〇　法華論述記（二巻）　　　　　　　　　唐　義寂　撰
　　＊現行大正藏番号ナシ
　　＊大正藏・續藏未収録

二九四一　法華論記（十卷）　　　　　　　　　　　　日本　圓珍 撰
　　＊現行大正藏番号ナシ
＊大正藏・續藏未収録→日本大藏経第 25 諸大乗論章疏第一／大日本佛教全書第 25
二九四二　十地經論義記（十四卷）　　　　　　　　　　隋　慧遠 撰
　　＊現行大正藏番号ナシ
　　＊大正藏未収録→續藏 CBETA 0753
二九四三　十地義記（一卷）　　　　　　　　　　　　　　　　　燉煌本
　　＊現行大正藏番号ナシ
　　＊大正藏 2799 十地論義疏卷第一・第二（二卷）歟
二九四四　佛地經論疏（六卷）　　　　　　　　　　　　唐　靖邁 撰
　　＊現行大正藏番号ナシ
　　＊大正藏・續藏等未収録／石山寺古寫本→ 2019/07/29-30 調査予定
二九四五　俱舍論法宗原（一卷）　　　　　　　　　　　唐　普光 撰
　　＊現行大正藏番号ナシ
　　＊大正藏未収録→續藏 CBETA0837
二九四六　俱舍論疏（三十卷）　　　　　　　　　　　　唐　神泰 撰
　　＊現行大正藏番号ナシ
　　＊大正藏未収録→續藏 CBETA0836（現存卷 1,2,4,5,6,7,17）
二九四七　俱舍論頌疏義鈔（六卷）　　　　　　　　　　唐　慧暉 撰
　　＊現行大正藏番号ナシ
　　＊大正藏未収録→續藏 CBETA 0839
二九四八　俱舍論頌疏記（二十九卷）　　　　　　　　　唐　遁麟 撰
　　＊現行大正藏番号ナシ
　　＊大正藏未収録→續藏 CBETA 0841
二九四九　俱舍論頌疏鈔（八卷）　　　　　　　　　　　唐　常真 撰　　　朝鮮本
　　＊現行大正藏番号ナシ
　　＊大正藏・續藏等未収録…佛解には「存」とあり
二九五〇　大乘對俱舍鈔（十四卷）　　　　　　　　　　日本　源信 撰
　　＊現行大正藏番号ナシ
　　＊大正藏・續藏未収録→大日本佛教全書第 85
二九五一　俱舍論明眼鈔（六卷）　　　　　　　　　　　日本　珍海 撰
　　＊現行大正藏番号ナシ
　　＊大正藏・續藏未収録→大日本佛教全書第 86
二九五二　俱舍論鈔（二十九卷）　　　　　　　　　　　日本　尊契 撰
　　＊現行大正藏番号ナシ
　　＊大正藏・續藏未収録→？
二九五三　俱舍論要解（十卷）　　　　　　　　　　　　日本　普寂 撰
　　＊現行大正藏番号ナシ
　　＊廣百論疏大日本佛教全書第 89
二九五四　廣百論疏（十卷）　　　　　　　　　　　　　唐　文軌 撰
　　＊現行大正藏番号ナシ
　　＊大正藏・續藏未収録→大正藏 2800 は廣百論疏第一（敦煌本）

二九五五　瑜伽論劫章頌（一卷）　　　　　　　　　唐　窺基 撰
　　＊現行大正藏番号ナシ
　　＊大正藏未収録→續藏 CBETA 0794
二九五六　瑜伽論分門記（十卷）　　　　　　　　　唐　法成 撰　　　燉煌本
　　＊現行大正藏番号ナシ
　　＊大正藏 2801 瑜伽師地論分門記（六卷）
二九五七　瑜伽論疏（四十卷）　　　　　　　　　　唐　知周 撰　　　朝鮮本
　　＊現行大正藏番号ナシ
　　＊大正藏・續藏未収録→？
二九五八　地持論義記（十卷）　　　　　　　　　　隋　慧遠 撰
　　＊現行大正藏番号ナシ
　　＊大正藏未収録→續藏 CBETA 0704
二九五九　成唯識論料簡（二卷）　　　　　　　　　唐　窺基 撰
　　＊現行大正藏番号ナシ
　　＊大正藏未収録→續藏 CBETA 0806
二九六〇　成唯識論掌中樞要記（二卷）　　　　　　唐　智周 撰
　　＊現行大正藏番号ナシ
　　＊大正藏未収録→續藏 CBETA 0810（下卷闕）
二九六一　成唯識論了義燈記（二卷）　　　　　　　唐　智周 撰
　　＊現行大正藏番号ナシ
　　＊大正藏未収録→續藏 CBETA 0812（一卷）
二九六二　成唯識論了義燈鈔（七卷）　　　　　　　日本　常騰 撰
　　＊現行大正藏番号ナシ
　　＊大正藏・續藏未収録→日本大藏經唯識論章疏第二（第三卷存）
二九六三　成唯識論了義燈鈔（四卷）　　　　　　　日本　信叡 撰
　　＊現行大正藏番号ナシ
　　＊大正藏・續藏未収録→日本大藏經唯識論章疏第二（卷三、卷四存）
二九六四　成唯識論義蘊（五卷）　　　　　　　　　唐　道邑 撰
　　＊現行大正藏番号ナシ
　　＊大正藏未収録→續藏 CBETA0814
二九六五　成唯識論義演（二十六卷）　　　　　　　唐　如理 撰
　　＊現行大正藏番号ナシ
　　＊大正藏未収録→續藏 CBETA0815
二九六六　成唯識論學記（八卷）　　　　　　　　　新羅　太賢 撰
　　＊現行大正藏番号ナシ
　　＊大正藏未収録→續藏 CBETA0818
二九六七　註成唯識論（十卷）　　　　　　　　　　唐　崇俊 撰
　　＊現行大正藏番号ナシ
　　＊大正藏・續藏未収録→佛解に「存」とあり
二九六八　成唯識論玄塵章（十卷）　　　　　　　　日本　凝然 撰　　　寫本
　　＊現行大正藏番号ナシ
　　＊大正藏・續藏未収録→佛解に寫本（寶壽院藏）をあげる

二九六九　成唯識論述記纂解（十四卷）　　　　　　　日本　普寂　撰　　　寫本
　＊現行大正藏番号ナシ
　＊大正藏・續藏未収録→佛解に寫本（谷大・龍大・東洋大）本をあげる
二九七〇　唯識三十論要釋（一卷）　　　　　　　　　　　　　　　　　　燉煌本
　＊現行大正藏番号ナシ
　＊大正藏 2804
二九七一　二十唯識論述記權衡鈔（十卷）　　　　　　　唐　戒道　撰
　＊現行大正藏番号ナシ
　＊大正藏・續藏未収録→佛解に「存」とあり、文政 10 年刊本をあげる
二九七二　二十唯識論述記述考（六卷）　　　　　　　　唐　戒如　撰
　＊現行大正藏番号ナシ
＊大正藏・續藏未収録→佛解に「存」とあり、参考として「大正新脩大藏經續刊豫定書目」
をあげる
二九七三　攝大乘論疏（三種）　　　　　　　　　　　　　　　　　　　燉煌本
　＊現行大正藏番号ナシ
　＊大正藏 2805/2806/2807 歟
二九七四　攝大乘論略章（四卷）　　　　　　　　　　　唐　法常　撰　　　古寫本
　＊現行大正藏番号ナシ
　＊大正藏・續藏未収録
二九七五　中邊分別論疏（四卷）　　　　　　　　　　　新羅　元曉　撰
　＊現行大正藏番号ナシ
　＊大正藏・續藏未収録
二九七六　大乘阿毗達磨雜集論述記（十卷）　　　　　　唐　窺基　撰
　＊現行大正藏番号ナシ
　＊大正藏未収録→續藏 CBETA0796
二九七七　大乘阿毗達磨雜集論疏（十六卷）　　　　　　唐　玄範　撰　　　朝鮮本
　＊現行大正藏番号ナシ
　＊大正藏・續藏未収録
二九七八　阿毗達磨雜集論述記貫練編（二十八卷）　　　日本 堪慧 撰　　　寫本
　＊現行大正藏番号ナシ
　＊大正藏・續藏未収録→近世寫本（薬師寺藏）
二九七九　百法論顯幽抄（十卷）　　　　　　　　　　　唐　從芳　撰
　＊現行大正藏番号ナシ
　＊大正藏未収録→續藏 CBETA0799
二九八〇　因明入正理論疏（三卷）　　　　　　　　　　唐　文範　撰
　＊現行大正藏番号ナシ
　＊大正藏未収録→續藏 CBETA0848…唐文軌撰…闕卷あり
二九八一　因明入正理論續疏（二卷）　　　　　　　　　唐　慧沼　撰
　＊現行大正藏番号ナシ
　＊大正藏未収録→續藏 CBETA0852…闕卷あり
二九八二　因明入正理論疏前記（三卷）　　　　　　　　唐　智周　撰
　＊現行大正藏番号ナシ

＊大正藏未収録→續藏 CBETA0853

二九八三　因明入正理論疏後記（三巻）　　　　　唐　智周 撰
　＊現行大正藏番号ナシ
　＊大正藏未収録→續藏 CBETA0854…下巻不完

二九八四　起信論廣釋（五巻）　　　　　　　　　唐　曇曠 撰　　　燉煌本
　＊現行大正藏番号ナシ
　＊大正藏 2814 大乗起信論廣釋卷第三、四、五（三巻）

二九八五　起信論略述（二巻）　　　　　　　　　唐　曇曠 撰　　　燉煌本
　＊現行大正藏番号ナシ
　＊大正藏 2813

二九八六　釋摩訶衍論疏（六巻）　　　　　　　　唐　法敏 撰
　＊現行大正藏番号ナシ
　＊大正藏未収録→續藏 0771…欠中卷本末

二九八七　釋摩訶衍論記（一巻）　　　　　　　　唐　聖法 撰
　＊現行大正藏番号ナシ
　＊大正藏未収録→續藏 CBETA0770

二九八八　釋摩訶衍論贊玄疏（五巻）　　　　　　遼　法悟 撰
　＊現行大正藏番号ナシ
　＊大正藏未収録→續藏 0772

二九八九　釋摩訶衍論記（六巻）　　　　　　　　宋　普觀 撰
　＊現行大正藏番号ナシ
　＊大正藏未収録→續藏 0774

二九九〇　釋摩訶衍論通玄鈔（四巻）　　　　　　遼　志福 撰
　＊現行大正藏番号ナシ
　＊大正藏未収録→續藏 0775

二九九一　肇論疏（二巻）　　　　　　　　　　　晉　惠達 撰
　＊現行大正藏番号ナシ
　＊大正藏・續藏未収録

二九九二　肇論疏（三巻）　　　　　　　　　　　唐　惠澄 撰　　　古寫本
　＊現行大正藏番号ナシ
　＊大正藏・續藏未収録

二九九三　大乗四論玄義（十巻）　　　　　　　　唐　均正 撰
　＊現行大正藏番号ナシ
　＊續藏 CBETA0784

二九九四　一乗佛性究竟論（六巻）　　　　　　　唐　法寶 撰　　　古寫本
　＊現行大正藏番号ナシ
　＊續藏 CBETA0902 一乗佛性究竟論卷三（一巻）

二九九五　大乗義林章補闕（八巻）　　　　　　　唐　慧沼 撰
　＊現行大正藏番号ナシ
＊大正藏未収録→續藏 CBETA0882 大乗法苑義林章補闕卷四、七及八（三巻）唐慧沼

二九九六　大乗義林章抉擇記（四巻）　　　　　　唐　智周 撰
　＊現行大正藏番号ナシ

＊大正藏未収録→續藏 CBETA0883
二九九七　大乘法苑意林章纂註（七卷）　　　　　　　日本 普寂 撰　　　寫本
　＊現行大正藏番号ナシ
　＊大正藏・續藏未収録
二九九八　大乘法苑義林章黑甜記（五卷）　　　　　　日本 榮天 撰　　　寫本
　＊現行大正藏番号ナシ
　＊大正藏・續藏未収録
二九九九　唯識章私記（十五卷）　　　　　　　　　　日本 觀理 撰　　　古寫本
　＊現行大正藏番号ナシ
　＊大正藏・續藏未収録
三〇〇〇　大乘入道次第開決（一卷）　　　　　　　　唐　曇曠 撰　　　燉煌本
　＊現行大正藏番号ナシ
　＊大正藏 2823
三〇〇一　百法手記（一卷）　　　　　　　　　　　　　　　　　　　　燉煌本
　＊現行大正藏番号ナシ
　＊大正藏・續藏未収録
三〇〇二　百法纂要（一卷）　　　　　　　　　　　　　　　　　　　　燉煌本
　＊現行大正藏番号ナシ
　＊大正藏・續藏未収録
三〇〇三　釋華嚴教分記圓通鈔（十卷）　　　　　　　高麗 均如 撰　　　朝鮮本
　＊現行大正藏番号ナシ
　＊大正藏・續藏未収録
三〇〇四　華嚴一乘教義分齊章義苑疏（十卷）　　　　宋　道亭 撰
　＊現行大正藏番号ナシ
　＊大正藏未収録→續藏 CBETA0995
三〇〇五　華嚴一乘教義分齊章焚薪（二卷）　　　　　宋　師會 撰
　＊現行大正藏番号ナシ
　＊大正藏未収録→續藏 CBETA0996
三〇〇六　華嚴一乘教義分齊章復古記（六卷）　　　　宋　師會 撰
　＊現行大正藏番号ナシ
　＊大正藏未収録→續藏 CBETA0998
三〇〇七　華嚴一乘教義分齊章折薪（五卷）　　　　　宋　觀復 撰
　＊現行大正藏番号ナシ
　＊大正藏・續藏未収録
三〇〇八　五教章集成記（六卷）　　　　　　　　　　宋　希週 撰
　＊現行大正藏番号ナシ
＊大正藏未収録→續藏 CBETA 0999 華嚴一乘教義分齊章集成記（一卷）希迪録
三〇〇九　化語言旨歸圓通鈔（二卷）　　　　　　　　高麗 均如 撰　　　朝鮮本
　＊現行大正藏番号ナシ
　＊大正藏・續藏未収録
三〇一〇　三寶章圓通鈔（二卷）　　　　　　　　　　高麗 均如 撰　　　朝鮮本
　＊現行大正藏番号ナシ

＊大正藏・續藏未収録→三寶章記との関係？

三〇一一　發心文（一卷）　　　　　　　　　　　　　　新羅 元曉 撰　　　朝鮮本
　＊現行大正藏番号ナシ
　　＊大正藏・續藏未収録

三〇一二　白花道場發願文（一卷）　　　　　　　　　　新羅 義湘 撰　　　朝鮮本
　＊現行大正藏番号ナシ
＊大正藏・續藏未収録→木村清孝論文参照（「『白花道場発願文』考」）261 字

三〇一三　勸發菩提心文（一卷）　　　　　　　　　　　唐 斐休 撰
　＊現行大正藏番号ナシ
　＊大正藏未収録→續藏 CBETA1010 ／中世禅籍叢刊第 9 巻

三〇一四　圓宗文類（二十二卷）　　　　　　　　　　　高麗 義天 撰　　　朝鮮本
　＊現行大正藏番号ナシ
　＊大正藏未収録→續藏 CBETA1015 圓宗文類卷十四與卷二十二高麗義天

三〇一五　止觀義例隨釋（六卷）　　　　　　　　　　　宋 處元 撰
　＊現行大正藏番号ナシ
　＊大正藏未収録→續藏 CBETA0923

三〇一六　止觀義例纂要（六卷）　　　　　　　　　　　宋 從義 撰
　＊現行大正藏番号ナシ
　＊大正藏未収録→續藏 CBETA0921

三〇一七　北峰教義（一卷）　　　　　　　　　　　　　宋 宗印 撰　　　　古寫本
　＊現行大正藏番号ナシ
　＊大正藏未収録→續藏 CBETA0963

三〇一八　淨土慈悲集（三卷）　　　　　　　　　　　　唐 慧日 撰　　　　朝鮮本
　＊現行大正藏番号ナシ
　＊大正藏・續藏未収録→上卷断簡（海印寺・桐華寺）

三〇一九　淨土五會念佛誦經觀行儀（三卷）　　　　　　唐 法照 撰　　　　燉煌本
　＊現行大正藏番号ナシ
　＊大正藏 2827 淨土五會念佛誦經觀行儀卷中・下（二卷）唐法照撰

三〇二〇　真言要決（第一第四・二卷）　　　　　　　　　　　　　　　　燉煌本
　＊現行大正藏番号ナシ
　＊大正藏 2825

三〇二一　禪門拈頌集（三十卷）　　　　　　　　　　　高麗 慧港 撰　　　朝鮮本
　＊現行大正藏番号ナシ
＊大正藏・續藏未収録→高麗大藏經 46 巻／韓国仏教全書 5 ／禪學典籍叢刊 7
　＊撰者慧諶

三〇二二　禪門拈頌集說話（三十卷）　　　　　　　　　高麗 龜谷覺雲撰　朝鮮本
　＊現行大正藏番号ナシ
　＊大正藏・續藏未収録

三〇二三　看話決疑論（一卷）　　　　　　　　　　　　高麗 知訥 撰　　　高麗本
　＊現行大正藏番号ナシ
　＊大正藏・續藏未収録→韓国仏教全書 4

三〇二四　圓頓成佛論（一卷）　　　　　　　　　　　　高麗 知訥 撰　　　朝鮮本

＊現行大正藏番号ナシ
＊大正藏・續藏未収録→松廣寺刊本（1607）・五臺山月精寺藏本

三〇二五　定慧結社文（一巻）　　　　　　　　　高麗 知訥 撰　　　朝鮮本
＊現行大正藏番号ナシ
＊大正藏・續藏未収録

三〇二六　法集別行録節要並入私記（一巻）　　　高麗 知訥 撰　　　朝鮮本
＊現行大正藏番号ナシ
＊大正藏・續藏未収録

三〇二七　三階佛法（四巻）　　　　　　　　　　隋 信行 撰　　　　古寫本
＊現行大正藏番号ナシ
＊大正藏・續藏未収録

三〇二八　三階佛法密記（三巻）　　　　　　　　　　　　　　　　　燉煌本
＊現行大正藏番号ナシ
＊大正藏・續藏未収録

三〇二九　對根起行法（一巻）　　　　　　　　　隋 信行 撰　　　　燉煌本
＊現行大正藏番号ナシ
＊大正藏・續藏未収録

三〇三〇　無盡藏法略説（一巻）　　　　　　　　　　　　　　　　　燉煌本
＊現行大正藏番号ナシ
＊大正藏・續藏未収録

三〇三一　大乘法界無盡藏法釋（一巻）　　　　　　　　　　　　　　燉煌本
＊現行大正藏番号ナシ
＊大正藏・續藏未収録

三〇三二　七階佛名經（一巻）　　　　　　　　　　　　　　　　　　燉煌本
＊現行大正藏番号ナシ
＊大正藏・續藏未収録

三〇三三　信行口集真如寶觀起序（一巻）　　　　　　　　　　　　　燉煌本
＊現行大正藏番号ナシ
＊大正藏・續藏未収録

三〇三四　普法四佛（一巻）　　　　　　　　　　　　　　　　　　　燉煌本
＊現行大正藏番号ナシ
＊大正藏・續藏未収録

三〇三五　如來身藏論（一巻）　　　　　　　　　　　　　　　　　　燉煌本
＊現行大正藏番号ナシ
＊大正藏・續藏未収録

三〇三六　人集部都目（一巻）　　　　　　　　　　　　　　　　　　燉煌本
＊現行大正藏番号ナシ
＊大正藏・續藏未収録

三〇三七　龍録内無名經論律（一巻）　　　　　　　　　　　　　　　燉煌本
＊現行大正藏番号ナシ
＊大正藏・續藏未収録／ P.3202

| ○

三〇三八　長壽滅羅護諸童子陀羅尼經（一卷）　　　　　唐　佛陀波利譯
　＊現行大正藏番号ナシ
　＊續藏 CBETA0017 佛説長壽滅罪護諸童子陀羅尼經
三〇三九　天地八陽神咒經（一卷）　　　　　　　　　唐　義淨　譯
　＊現行大正藏番号ナシ
　＊大正藏 2897・續藏 CBETA
三〇四〇　十往生阿彌陀佛國經（一卷）　　　　　　　　　　　　　燉煌本
　＊現行大正藏番号ナシ
　＊續藏 CBETA0014
三〇四一　阿彌陀佛覺諸大衆觀身經（一卷）
　＊現行大正藏番号ナシ
　＊大正藏 2891 山海慧菩薩經
三〇四二　念佛超脱輪迴捷徑經（一卷）
　＊現行大正藏番号ナシ
　＊續藏 CBETA0013
三〇四三　觀世音菩薩往生淨土本縁經（一卷）
　＊現行大正藏番号ナシ
　＊續藏 CBETA0012
三〇四四　高王觀世音經（一卷）
　＊現行大正藏番号ナシ
　＊大正藏 2898
三〇四五　觀世音菩薩救苦經（一卷）
　＊現行大正藏番号ナシ
　＊續藏 CBETA0034
三〇四六　觀世音經（一卷）　　　　　　　　　　　　　　　　　燉煌本
　＊現行大正藏番号ナシ
　＊大正藏未収録
三〇四七　觀世音菩薩祕密元部障如意心陀羅尼藏義經（一卷）　　燉煌本
　＊現行大正藏番号ナシ
　＊大正藏未収録
三〇四八　佛頂心觀世音菩薩救難神驗經（一卷）　　　　　　　　燉煌本
　＊現行大正藏番号ナシ
　＊大正藏未収録
三〇四九　觀世音符印（一卷）　　　　　　　　　　　　　　　　燉煌本
　＊現行大正藏番号ナシ
　＊大正藏未収録
三〇五〇　彌勒戒經（一卷）　　　　　　　　　　　　　　　　　燉煌本
　＊現行大正藏番号ナシ
　＊大正藏未収録
三〇五一　普賢菩薩證明經（一卷）　　　　　　　　　　　　　　燉煌本
　＊現行大正藏番号ナシ

＊大正藏 2879 普賢菩薩説證明經（一卷）
三〇五二　地藏菩薩經（一卷）
　　＊現行大正藏番号ナシ
　　＊大正藏 2909
三〇五三　地藏菩薩發心因緣十王經（一卷）　　　　　　　宋　藏川 譯
　　＊現行大正藏番号ナシ
　　＊續藏 CBETA0020
三〇五四　豫修十王七生經（一卷）　　　　　　　　　　　宋　藏川 譯
　　＊現行大正藏番号ナシ
　　＊續藏 CBETA0021
三〇五五　大梵天王問佛決疑經（二卷）
　　＊現行大正藏番号ナシ
　　＊大正藏 CBETA0026
三〇五六　大梵天王問佛決疑經（一卷）　　　　　　　　　　　　　燉煌本
　　＊現行大正藏番号ナシ
　　＊大正藏 CBETA0027
三〇五七　首羅比丘經（一卷）
　　＊現行大正藏番号ナシ
　　＊大正藏 2873
三〇五八　大通方廣懺悔滅罪莊嚴成佛經（三卷）　　　　　　　　古寫本
　　＊現行大正藏番号ナシ
　　＊大正藏 2871
三〇五九　像法決疑經（一卷）
　　＊現行大正藏番号ナシ
　　＊大正藏 2870
三〇六〇　淨度三昧經（一卷）
　　＊現行大正藏番号ナシ
　　＊續藏 CBETA0015 ／藏外 Z0063（三卷）
三〇六一　禪要經（一卷）　　　　　　　　　　　　　　　　　　燉煌本
　　＊現行大正藏番号ナシ
　　＊大正藏 609 同名書あるもほかに疑經と想定したか。俟後考
三〇六二　壽生經（一卷）
　　＊現行大正藏番号ナシ
　　＊大正藏未収録→續藏經 CBETA0024
三〇六三　續命經（一卷）　　　　　　　　　　　　　　　　　　燉煌本
　　＊現行大正藏番号ナシ
　　＊大正藏 2889
三〇六四　延壽命經（一卷）　　　　　　　　　　　　　　　　　燉煌本
　　＊現行大正藏番号ナシ
　　＊大正藏 2888
三〇六五　救疾經（一卷）　　　　　　　　　　　　　　　　　　燉煌本
　　＊現行大正藏番号ナシ

＊大正藏 2878 救疾經（一卷）
三〇六六　救諸衆生救護經（一卷）　　　　　　　　燉煌本
　＊現行大正藏番号ナシ
　＊大正藏 2915 救諸衆生救一切苦難經（一卷）闕
三〇六七　算經（一卷）　　　　　　　　　　　　燉煌本
　＊現行大正藏番号ナシ
　＊大正藏未収録
三〇六八　益算經（一卷）　　　　　　　　　　　燉煌本
　＊現行大正藏番号ナシ
　＊大正藏未収録
三〇六九　救護身命經（一卷）　　　　　　　　　燉煌本
　＊現行大正藏番号ナシ
　＊大正藏 2865-2866
三〇七〇　齋法清淨經（一卷）　　　　　　　　　燉煌本
　＊現行大正藏番号ナシ
　＊大正藏 2900
三〇七一　淨土盂蘭盆經（一卷）　　　　　　　　燉煌本
　＊現行大正藏番号ナシ
　＊大正藏未収録
三〇七二　斷溫經（一卷）
　＊現行大正藏番号ナシ
　＊大正藏未収録→續藏 CBETA0019
三〇七三　大藏正教血盆經（一卷）
　＊現行大正藏番号ナシ
　＊大正藏未収録→續藏 CBETA0023
三〇七四　現報當受經（一卷）　　　　　　　　　燉煌本
　＊現行大正藏番号ナシ
　＊大正藏 2891
三〇七五　大辨邪正經（一卷）　　　　　　　　　燉煌本
　＊現行大正藏番号ナシ
　＊大正藏 2893
三〇七六　妙法蓮華經馬明菩薩品（一卷）　　　　燉煌本
　＊現行大正藏番号ナシ
　＊大正藏 2899 妙法蓮華經馬明菩薩品第三十（一卷）
三〇七七　如來成道經（一卷）　　　　　　　　　燉煌本
　＊現行大正藏番号ナシ
　＊大正藏 2890
三〇七八　大威儀請問經（一卷）　　　　　　　　燉煌本
　＊現行大正藏番号ナシ
　＊大正藏 2884「大威儀請問」
三〇七九　法王經（一卷）　　　　　　　　　　　燉煌本
　＊現行大正藏番号ナシ

＊大正藏 2883
三〇八〇　究竟大悲經（一巻）　　　　　　　　　　　　　　　　燉煌本
＊現行大正藏番号ナシ
＊大正藏 2880（三巻）
三〇八一　無量大慈教經（一巻）　　　　　　　　　　　　　　　燉煌本
＊現行大正藏番号ナシ
＊大正藏 2903
三〇八二　勸善經（一巻）　　　　　　　　　　　　　　　　　　燉煌本
＊現行大正藏番号ナシ
＊大正藏 2916
三〇八三　證香火本因經（一巻）　　　　　　　　　　　　　　　燉煌本
＊現行大正藏番号ナシ
＊大正藏 2879「普賢菩薩説證明經」の後半に該當
三〇八四　三廚經（一巻）　　　　　　　　　　　　　　　　　　燉煌本
＊現行大正藏番号ナシ
＊大正藏 2894
三〇八五　停廚經（一巻）　　　　　　　　　　　　　　　　　　燉煌本
＊現行大正藏番号ナシ
＊大正藏未収録
三〇八六　佛為心王菩薩說投陀經（一巻）　　　　　　　　　　　燉煌本
＊現行大正藏番号ナシ
＊大正藏 28863
三〇八七　解百生怨家陀罪尼經（一巻）　　　　　　　　　　　　燉煌本
＊現行大正藏番号ナシ
＊大正藏未収録
三〇八八　七千佛神咒經（一巻）　　　　　　　　　　　　　　　燉煌本
＊現行大正藏番号ナシ
＊大正藏 2904「七千佛神符經」歟
三〇八九　江南禪師智融經（一巻）　　　　　　　　　　　　　　燉煌本
＊現行大正藏番号ナシ
＊現行大正藏未収録
三〇九〇　僧伽和尚欲入涅槃說六度經（一巻）　　　　　　　　　燉煌本
＊現行大正藏番号ナシ
＊大正藏 85 巻所収（2920）
三〇九一　大明仁孝皇后夢感佛說第一希有功德經（一巻）
＊現行大正藏番号ナシ
＊大正藏 85 巻未収録
三〇九二　示所犯者瑜伽法鏡經（一巻）　　　　　　　　　　　　燉煌本
＊現行大正藏番号ナシ
＊大正藏 85 巻所収（2896）

| ○

三〇九三　新編隋唐釋文集
　＊現行大正藏番号ナシ
　＊大正藏未収録
三〇九四　新編佛教金石文集
　＊現行大正藏番号ナシ
　＊大正藏未収録
三〇九五　釋苑詞林（巻第百九十一已下・五巻）　　　高麗 義天 撰
　＊現行大正藏番号ナシ
　＊大正藏未収録
三〇九六　大覺國師文集（二十三巻・附外集十餘巻）　高麗 義天 撰　　朝鮮本
　＊現行大正藏番号ナシ
　＊大正藏未収録
三〇九七　文鏡祕符論（十八巻）　　　　　　　　　日本 維寶 撰　　寫本
　＊現行大正藏番号ナシ
　＊大正藏未収録
三〇九八　龍龕手鑒（八巻）　　　　　　　　　　　遼 行均 撰　　朝鮮本
　＊現行大正藏番号ナシ
　＊大正藏未収録

chapter.14
研究者による情報発信としての
「学術ウェブサイト」の評価の行方

髙橋晃一

1. 研究者による情報発信はもっと積極的にされてよい

　インターネットが普及し、研究環境は大きく様変わりした。かつては、本を探すならカードの図書目録を調べていたが、いまでは大学のオンライン蔵書目録を使う。キーワードを入れるだけで、蔵書に関するさまざまな情報が簡単に手に入る。さらに CiNii Books で検索すれば、全国の図書館の所蔵状況が瞬時にわかる。また、書籍だけでなく論文も CiNii Articles で簡単に見つけることができるようになった。さらに出版形態そのものも変化しはじめている。従来は印刷物として刊行されていた学術雑誌が電子ジャーナルになり、PDF で公開されるようになってきた。これに伴ってオープンアクセスが推奨されるようになり、大学や研究所の機関リポジトリも充実し、いまでは図書館に行かなくとも、論文の PDF が手に入る。また学協会で発行している雑誌論文も、多くは J-Stage で入手できるようになってきた。情報の利用者、受け取り手という立場でみれば、環境は十分すぎるほどに整備されている。しかし一方で、個々の研究者からの情報発信が有効になされているのかどうかはわからない。電子ジャーナルの普及とオープンアクセスの提唱によって、研究成果が広く知られるようになったのは事実だろう。ただし、これは従来、紙に印刷し製本していたものを、PDF で出版するようになっただけで、単なる媒体の変化にすぎない。多くの場合、研究者個人が情報発信のための技術や知識を身に付けているわけではない。しかし、誰でも容易にウェブサイトを開設できる状況を鑑みれ

ば、研究者による情報発信がもっと積極的になされてもよいのではないだろうか。

2. 2001年の研究者自身による「オープンアクセス」

そのような、研究者が研究成果を公開するためのウェブサイトを仮に「学術ウェブサイト」と呼ぶことにする。そのような試みはすでになされている。次に紹介するのは、「担保する」という言葉の使い方について、Google検索したところ、偶然見つけたものである。

ウェブブラウザのアドレスバーに「担保する」と入力すると、Googleの検索結果では、最上位に「インターネットを利用して「担保する」を解く」という論文が表示されている。検索結果の表示から、著者は野浪正隆氏、その所属は大阪教育大学、などおよその情報がわかる。クリックすると情報のソースになっているウェブサイトに切り替わる[*1]【図1】。

表示された野浪氏の論文はPDFではなくHTMLで作成されている。操作用のインターフェースなどはなく、上から順にスクロールして読み進めるようになっている。論文を読んでみると、「担保する」という表現について、インター

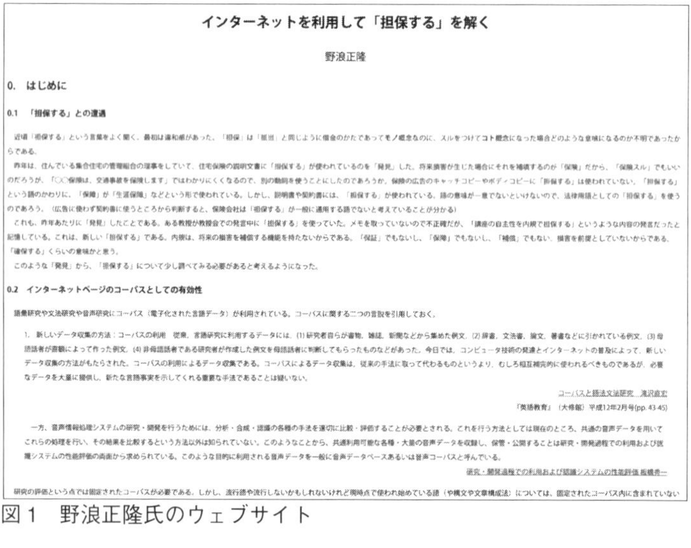

インターネットを利用して「担保する」を解く

野浪正隆

0. はじめに

0.1 「担保する」との遭遇

近頃「担保する」という言葉をよく聞く。最初は違和感があった。「担保」は「抵当」と同じように借金のかたであってモノ概念なのに、スルをつけてコト概念になった場合どのような意味になるのか不明であったからである。

昨年は、住んでいる集合住宅の管理組合の理事をしていて、住宅保険の説明文書に「担保する」が使われているのを「発見」した。将来損害が生じた場合にそれを補填するのが「保険」だから、「保険スル」でもいいのだろうが、「○○保険は、交通事故を保険します」ではわかりにくくなるので、別の動詞を使うことにしたのであろうか。保険の広告のキャッチコピーやボディコピーに「担保する」は使われていない。「担保する」という語のかわりに、「保障」が「生涯保障」などという形で使われている。しかし、説明書や契約書には、「担保する」が使われている。語の意味が一意でないといけないので、法律用語としての「担保する」を使うのであろう。（広告に使わず契約書に使うところから判断すると、保険会社は「担保する」が一般に通用する語でないと考えていることが分かる）

これも、昨年あたりに「発見」したことである。ある教授が教授会での発言中に「担保する」を使っていた。メモを取っていないので不正確だが、「講座の自主性を内規で担保する」というような内容の発言だったと記憶している。これは、新しい「担保する」である。内規は、将来の損害を補償する機能を持たないからである。「保証」でもないし、「保障」でもないし、「補償」でもない。損害を前提としていないからである。「確保する」くらいの意味かと思う。

このような「発見」から、「担保する」について少し調べてみる必要があると考えるようになった。

0.2 インターネットページのコーパスとしての有効性

語彙研究や文法研究や音声研究にコーパス（電子化された言語データ）が利用されている。コーパスに関する二つの言説を引用しておく。

1. 新しいデータ収集の方法：コーパスの利用　従来、言語研究に利用するデータには、(1) 研究者自らが書物、雑誌、新聞などから集めた例文、(2) 辞書、文法書、論文、著書などに引かれている例文、(3) 母語話者が直観によって作った例文、(4) 非母語話者である研究者が作成した例文を母語話者に判断してもらったものなどがあった。今日では、コンピュータ技術の発達とインターネットの普及によって、新しいデータ収集の方法がもたらされた。コーパスの利用によるデータ収集である。コーパスによるデータ収集は、従来の手法に取って代わるものというより、むしろ相互補完的に使われるべきものであるが、必要なデータを大量に提供し、新たな言語事実を示してくれる重要な手法であることは疑いない。

コーパスと語法文法研究　滝沢直宏

『英語教育』（大修館）平成12年2月号(pp. 43-45)

一方、音声情報処理システムの研究・開発を行うためには、分析・合成・認識の各種の手法を適切に比較・評価することが必要とされる。これを行う方法としては現在のところ、共通の音声データを用いてこれらの処理を行い、その結果を比較するという方法以外は知られていない。このようなことから、共通利用可能な各種・大量の音声データを収録し、保管・公開することは研究・開発過程での利用および認識システムの性能評価の両面から求められている。このような目的に利用される音声データを一般に音声データベースあるいは音声コーパスと呼んでいる。

研究・開発過程での利用および認識システムの性能評価 板橋秀一

研究の評価という点では固定されたコーパスが必要である。しかし、流行語や流行しないかもしれないけれど現時点で使われ始めている語（や構文や文章構成法）については、固定されたコーパス内に含まれていない

図1　野浪正隆氏のウェブサイト

ネットのサーチエンジンをコーパスとして利用し、調査した結果をまとめたものであった。野波氏が調査した時期は、論文中の記述では 2001 年 11 月 18 日となっているが、ウェブ上の論稿には公開年次が明記されていない。論稿末尾の欄外に「この論文は「学大国文」45 号（大阪教育大学　国語教育講座・日本アジア言語文化講座）に掲載したものを HTML 化したものである」と記されているので、大阪教育大学で発刊している『学大国文』という雑誌が出典だということはわかる。大阪教育大学附属図書館のホームページ（https://www.lib.osaka-kyoiku.ac.jp/）にアクセスし、「蔵書検索」で探すと、当該の雑誌は 2002 年 3 月に出版されていることがわかった。

　実はこの年はオープンアクセスの歴史にとって記念すべき年で、Budapest Open Access Initiative（BOAI）がオープンアクセスに関する宣言を発表したのが 2002 年 2 月 14 日であった。大阪教育大学リポジトリの運営指針は 2008 年 11 月 5 日付になっているので、おそらくリポジトリの開設に先んじて、著者の野浪氏がウェブサイトで自分の論文を全文公開していたのであろう [*2]。野波氏がオープンアクセスを意識していたかどうかはわからないが、自分の論文をウェブ上で公開しようとする試みは当時の時流に合致しているだけでなく、研究機関の動向に先んじていたことになる。ちなみに現在では大阪教育大学のリポジトリで、野浪氏の論文の PDF も閲覧できる。これはオープンアクセスという世界的な動向の過渡期に起こった逆転現象であり、研究者個人のアーカイブスによるオープンアクセスの努力の跡とも言えるが、いまとなってはリポジトリにある PDF と個人のウェブサイトの HTML は、一見すると原本と写しの関係になってしまっている。

　ついでながら、Google をコーパスとして利用する試みに関して言えば、昨今では国立国語研究所でウェブを利用したコーパスの構築が大規模に行われているので、2001 年当時とは状況がだいぶ変化してしまっている。野浪氏は結論の中で、「研究のための資料をいかに集めるか整理するかが、研究時間の大部分を占めていた時代から、資料そのものがすでに用意・整理されていて、それをいかに分析するかに時間を使う時代に変わりつつある」と述べているが、資料の用意・整理の仕方自体も組織的な活動が中心になり、状況は大きく変化している。加えて、野波氏の論稿では参照した資料にハイパーリンクが張って

あるが、現在ではほとんどのウェブサイトがリンク切れになってしまっている。これは著者の責任ではないが、ウェブ上の情報の維持管理も非常に大きな問題だということがわかる。

3. 個人運営のデータベース Digital Dictionary of Buddhism

しかし、ウェブサイトはその特性を活かせば、有効な研究成果の発信手段になり得る。特にコーパスや電子辞書のように情報を追加していく可能性がある場合、ウェブのように随時更新可能な媒体を用いる方が都合がいい。仏教学の分野では、チャールズ・ミュラー博士の Digital Dictionary of Buddhism がその先駆けで、おそらく個人で運営する学術ウェブサイトとしては最大規模のものの一つであろう *3。筆者自身も「仏教用語用例集」（通称バウッダコーシャ）というウェブサイトを設計した経験がある。これは仏教の専門用語に特化した資料集である *4【図2】。

ところで、これらは電子ジャーナルやリポジトリでの論文 PDF と異なり、単にブラウザ上に表示されている見かけの部分だけでなく、データの構築状況やその処理方法が非常に重要な意味を持っている。例えば、ウェブ上で単

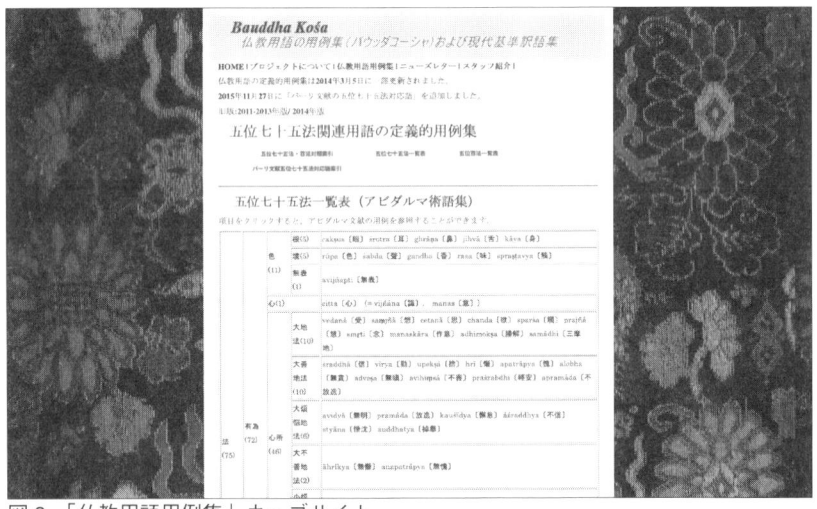

図2 「仏教用語用例集」ウェブサイト

に文章を表現するだけなら、見出しと段落の構造を整理すれば十分であろう。HTML のタグは <h1> や <p> だけでも十分表現できる。そのほか、リンクを張るための <a> や強調のための <b> などを使えば、見栄えはともかく最低限の内容は表現できるだろう。さらに PDF ならそうしたウェブサイト構築の知識も必要なく、ワードなどで作成したドキュメントを PDF に出力すればよい。この場合は、文章の構造をタグを使って表現する必要もない。

　しかし、電子辞書やテキストデータベースの場合、表示結果の見かけだけを表現しても意味がない。例えば電子辞書なら、「登録語彙」「品詞の分類」「意味」「用例」などを区別して整理しなければ、電子データとしては使い勝手が悪い。また研究者が扱うテキストであれば、異読の情報が電子データとして整理されていることは非常に重要であり、また、一般名詞と専門用語、固有名の区別などがされてないと、場合によっては膨大な数の検索結果が与えられ、それに目を通すことに無駄な労力を割くことになるだろう。また、研究者がデータを作成する場合、自身の研究成果をデータに反映させる方法があれば、ありがたい。例えば、あるプロジェクトで文献の電子データを作成しているとする。入力している過程で、多くの引用があり、調べた結果、いくつかの引用文の出典が明らかになったとする。従来なら脚注を施すことになるが、電子データであれば、出典の情報などをテキストとは別なレベルで記述することができる。そのように電子データとして整理しておけば、用途に応じて引用であることを強調表示したり、出典の表示・非表示を選択することもできる。さらには引用の情報だけを抽出して整理することもできる。また検索の際に引用文だけに検索をかけたり、逆に引用でない箇所だけに検索をかけることもできる。人名や地名、専門用語などについても同様で、電子データはそれらをあらかじめ区別して記述しておくことができる。一昔前にはカードを取るという作業をしていたことが、電子データの中にメタレベルの情報を記述しておくことで、一つのファイルとして管理することができる。また複数の人との情報共有も容易になる。

4.　XML、TEI

　こうしたことを可能にするために XML が有効だということは次第に認識さ

れつつある。特に人文学の分野で、XML を用いて情報を整理するための統一規格として TEI のガイドラインが浸透しつつある[*5]。先に紹介した「バウッダコーシャ」もソースファイルは TEI のガイドライン（P5）に準拠し、XML で作成してある。ところで、テキストデータにタグを付す作業は、単純に表面的な体裁を再現するだけなら、テキストの内容に関する知識がなくてもできるだろう。例えば、章に <chapter>、段落に <p>、引用文に <quote> と付けていけばいい。しかし、実際に文献研究者が求めているものは、単なる体裁の再現ではなく、内容の分析に資するデータであろう。また研究者が電子データの製作者であるなら、テキストの構造を細かく分析し、その結果を電子データに反映させたいと考えるだろう。その結果としてタグ付けは複雑化するかもしれないが、そこには研究者独自の見解が反映されてくることになる。この段階になると、単なる電子テキストというよりは、校訂テキストや翻訳のように、個別の研究成果と言うべきものになってくる。つまり、XML でテキストを構築することは、従来人文学者が試みてきたことと、本質的には何ら変わりがない。よりよく構築されたデータもあれば、役に立たないような構造を持ったデータもあるだろう。つまり、ブラウザ上の表示結果ではなく、XML の構造自体が人文学者の知見を反映しているのであり、それに対して適切な評価がなされなければならない時代になりつつある。

5. 電子データをどう提供するか

　そうした観点で電子データを評価する試みとして、NINES の peer review の制度がある[*6]。そこでは三つの基準があげられている。一つは、電子データの理論的根拠と内容であり、ウェブサイトの内容と質を印刷物と同じ既存の評価基準で判定する。二つ目はインターフェースのデザインと使いやすさで、ほかのデジタル資料との相互運用性、開発者の自発性、斬新さ、独創性を評価対象としている。最後に持続可能性を重視し、独自のフォーマットを極力避けるように勧めている。NINES の基準で示されているように、まず何より研究の質は電子化という行為によって決まるのではなく、その内容によっている。これは電子データであっても、紙の印刷物であっても変わらない。人文学の研究成

果に対する評価は、この点で従来通りの価値基準を保つべきであり、電子化という一点だけで評価されてはならない。それに加えて、電子データの利用方法を的確に理解し、電子データならでは情報提供の仕方が評価される必要がある。直観的に利用できるデザインや、外部の情報との適切なリンクなどは評価されるべきであり、さらに何らかの新しい知見を与える試みがあればそれも評価に値する。最後の基準は電子データを作成する際の約束事を逸脱していないことを求めている。データの構築法が独自のものだと持続的な管理や情報共有に多大な支障をきたす可能性がある。電子テキストの構築は既存の安定した技術に基づいてなされるべきである。そのために NINES は TEI のガイドラインを使用することを推奨している。

日本でも TEI の活動は知られはじめている。しかし、TEI を利用した電子テキストを積極的に評価する動きはまだない。テキストの電子化は今後、ますます進んでいくことは間違いないであろう。そうした成果をどのように評価すべきか考える時期に来ている。

注

1 URL は http://www.osaka-kyoiku.ac.jp/~kokugo/nonami/ronbun/tanporon.html （2019 年 7 月 30 日閲覧）

2 BOAI 宣言文：https://www.budapestopenaccessinitiative.org/read （2019 年 7 月 31 日閲覧）

大阪教育大学リポジトリ運用指針：http://goose.bur.osaka-kyoiku.ac.jp/doc/public/rule/579.html （2019 年 7 月 31 日閲覧）

ちなみに東京大学学術機関リポジトリ （UTokyoRepository）は 2006 年 4 月 1 日に公開されている。

3 http://www.buddhism-dict.net/ddb/ （2019 年 8 月 31 日閲覧）

4 http://www.l.u-tokyo.ac.jp/~b_kosha/start_index.html

5 https://tei-c.org/guidelines/ （2019 年 8 月 31 日閲覧）

6 https://nines.org/about/scholarship/peer-review/ （2019 年 8 月 31 日閲覧）

デジタル学術空間の未来に向けて
───縦割りではなく協働的な体制へ

大向一輝

1. はじめに

　筆者の専門は情報学である。情報学とはその名の通り情報を対象とする学問であるが、あらゆる学問分野が何らかの情報を扱っていることを考えると、情報学特有の課題は存在しないのではないかと疑問に思われる方もおられるかもしれない。実際、多くの学問分野にとって情報技術は単なる研究の手段として捉えられているだろう。例えば人文学分野では、史資料のデジタル化やネットワーク化、そしてコンピューターの高性能化によって手元で扱うことのできる情報量は飛躍的に増大したが、基本的な研究手法は従来と大きく変わるものではない。一方で、情報学、あるいは情報科学や情報工学においても、その成果を利用する側の個別の事情には深く踏み込まず、誰もが等しく恩恵を受けられるように汎用化された技術を高く評価するという文化がある。その結果、今日まで各専門分野と情報学はつかず離れずの相互に独立した関係性が保たれてきた。

　筆者のもう一つの活動の場である学術情報流通の分野においても同様の構造が存在する。学術情報流通とは、論文や書籍などの文献情報を通じた研究者同士のコミュニケーション環境を指す。各々の文献は内容こそ違えど、その様式や形態に大きな差はない。そのために学協会や出版社、そして図書館は一連の業務プロセスを整備することで、どのような専門分野の文献であっても同じように取り扱い、出版流通の枠組みの中で情報を循環させることを可能にしてきた。研究者もこの体制の存在を前提として、最終稿の作成までが研究活動であ

ると認識している。こうして研究者と学術情報流通機関の担当者は分業されており、たがいに干渉することは極めて少ない。

このような専門分野と情報学、研究活動と学術情報流通の「ほどよい」距離感は長期にわたって続いてきたが、この関係性が大きく変化する可能性が見えてきた。社会からの期待、そして研究活動のプロセスに直接介入するような情報技術を通じて科学の在り方を変革する動きが徐々に広まりつつある。「E サイエンス」や「オープンサイエンス」と呼ばれるこの潮流は、近い将来人文学分野にも何らかの影響を及ぼすことになるだろう。本稿ではこれらの潮流の一端について紹介したい。

2. デジタル情報の固定化

学術情報流通のデジタル化は 1990 年代から進められており、電子ジャーナルに代表されるデジタル出版物に完全に占められている専門分野も数多い。電子ジャーナルについては市場の寡占化や価格の高騰などの課題はあるが、データベースや検索エンジンの整備、契約に基づく柔軟なアクセス制御技術の導入によって情報の入手性が飛躍的に高まったことは確かである。また、大規模な文献データベース自体を分析の対象として研究者個人や機関のパフォーマンス評価に用いられるなど、情報の 2 次的な利用も進められている。

これらの仕組みは、文献が出版というプロセスを経て固定化されていることを前提として機能している。その意味ではデジタル化以前の学術情報流通の体制をそのままの形でコンピューターネットワーク上に移植したものであると言えよう。一方、ここで用いられている情報技術自体は固定化を必須としない。デジタル情報は容易にコピーでき、常に編集が可能である。現にインターネット上では断片的かつ即興的な言説が飛び交い、時には炎上のような事態を招くが、議論が深まることでより質の高い結論に至ることもある。このような特性を持つ情報技術において、固定化とは人為的に設計されたルールの一つにすぎない。そのルールの存在が科学の発展に有益であるような局面においては残す、あるいは強化し、そうでない局面では捨て去るといった制御を精密に行えることがデジタル化の本質であると言える。

さて、このように自由度が極めて高いデジタル空間において、複数の研究者が同一の史資料を対象として議論できるような状況を実現するためには、その史資料にグローバルで一意な識別子が付与されていなければならない。インターネット上での情報共有を実現してきたウェブ（World Wide Web）において、識別子は URI（Uniform Resource Identifier、通俗的には URL と称する）と呼ばれる標準規格によって定められている。しかしながら、ウェブ自体が持つ技術的な柔軟性に起因して、同一の情報が複数の URI によって呼び出すことができる状態になっている。例えば http://www.l.u-tokyo.ac.jp と http://www.l.u-tokyo.ac.jp/#123 という 2 種類の URI にそれぞれアクセスすると同じようなページが表示される。両者を仔細に比較すれば、完全に同じ情報であることが明らかになるが、これは情報の提供側が同じ結果を送信するように設定しているからにすぎず、あらゆるウェブサイトで同様の結果になるとは限らない。

　似て非なる URI が複数存在し、各研究者がそれぞれ異なる URI を引用して議論を行った場合に、それらが同一の史資料を指しているかを第三者が検証するには多大なコストを要する。この問題を回避するために、一つのデジタル情報には代表的な URI を明示的に一つ与えるという運用方針が提案されている。この URI を「永続的（permanent）なリンク」を意味するパーマリンクと呼ぶ。史資料を扱う大規模データベースではすべての情報にパーマリンクを設けることが強く推奨されており、近年では国内外の多くのウェブサイトが対応している。

　学術論文においては、被引用数による評価を行うためにも、あらゆる論文に一意な識別子を与え、この識別子を用いて引用を行うことが求められてきた。そのために、各出版社が自助努力でパーマリンクを維持管理するのではなく、標準的な識別子である DOI（Digital Object Identifier）を定め、DOI と実際の論文の提供サイトとをリンクさせるという戦略が採用された。海外では学術出版社が寡占状態であったことから急速に普及し、今日では目にすることのできる英語論文の大半に DOI が付与されている。国内では、主に日本語の文献を対象として DOI を発行するジャパンリンクセンターが 2012 年に立ち上がり、徐々に普及が進んでいる。史資料データベースにおいても DOI は注目されており、国立国会図書館デジタルコレクションや国文学研究資料館が運営する新日本古

典籍総合データベースにおいて画像情報に DOI が与えられている。

　DOI による情報の固定化は、文献や冊子といったひとまとまりの情報に限定されるものではない。原理的には文献中の章や節など、より細分化された単位で付与することが可能であり、また個々の図表に DOI が与えられている例もある。また、頻繁に内容が変化する情報のあらゆる版に対して逐一 DOI を与えるような仕組みも整備されつつある。ソフトウエアのように常時改訂が行われるものは、厳密なバージョン管理とそれに伴う DOI 付与が必要な分野である。人文学に必要な史資料や文献においても、このような固定化の技術を駆使することで新たな議論や研究を生み出す土壌となるだろう。

3. オープンサイエンスと研究データ

　固定化の方向とは反対に、デジタル空間の柔軟性を活かして従来の分業の構造を解体する試みも進められている。その代表例であるオープンサイエンスは、字義としては「科学を開く」ための活動一般を意味するが、その中でも研究データの共有および公開についての議論が先行している。ここで、研究データとは、学術論文や書籍などにまとめられた研究成果の証拠となるような情報から、研究の過程で収集あるいは作成される情報を含む幅広い概念である。またその形態も数値情報や画像、音声、映像など多種多様である。研究データの共有と公開によって、研究活動の透明性の向上や新たな共同研究の可能性が開かれることが強く期待されている。

　一方、最終成果物だけでなくいわば中間生成物にあたる情報をも共有し、公開するためには数多くの課題がある。情報はネットワーク上にアップロードするだけで自然に利用されるものではない。まず、情報が他者に発見されるためにはその内容を簡易的に理解するためのメタデータを付加するとともに、研究者が日常的に情報収集を行っている場に対してその存在を示す必要がある。文献の場合には、これらの作業はもっぱら出版社や図書館などの機関によって担われてきたが、研究プロセスの中間段階において、研究データを対象とした作業を誰が行うのかは明確でない。また、文献とは異なり研究データの形態や種別は多様であることから、統一的なメタデータの記述ツールを定めることも現

実的ではない。このような混沌とした状況の中で、研究者自身がこういった作業に時間を費やすことは、研究の進展を遅らせる原因にもなり得る。

このように、オープンサイエンスの恩恵を十全に享受するためには、研究方法や体制を見直し、最適化する必要がある。その際に、いまも発展を続ける情報技術や、新たな職能を持つ支援者と一体となって進めることが肝要である。各国において、オープンサイエンスにおける実務を支えるための情報システムが開発されている。例えば、複数の組織にまたがる共同研究者間でデータを安全かつ効率的に保管するためのオンラインストレージや、情報の保存日時を記録して改ざんが行われていないことを証明するためのタイムスタンプ発行システム、文献の公開と同時に証拠となる研究データのメタデータ付加と公開を行うための機関リポジトリシステムなどがあげられる。また、公開された研究データを発見、入手するための検索エンジンも整備されつつある。今後は、外部公開されているデータを取り込み、処理や解析までを自動的に実行するような研究支援システムなど、さまざまな展開が考えられる。

情報システムの開発だけでなく、これらを自在に扱うことのできる人材の育成も重要である。研究データの公開に際しては、データの内容を理解し、適切な形態での公開を選択すること、さらには利活用を促進するための対外的活動までが求められることから、専門知識と情報技術に関する知識、そしてコミュニケーション能力を兼ね備えたデータキュレーターと呼ばれる職種が注目されている。大学や研究機関においては、リサーチアドミニストレータや図書館員などの研究支援職がこういった能力を身に着けるための教材やカリキュラムの開発が求められる。

4. 人文学におけるデジタル学術空間

最後に、人文学ならではのデジタル学術空間の可能性について議論してみたい。筆者は情報学の観点から人文学分野の各研究を眺めている立場だが、多くの研究に共通する問題意識として、史資料群に内在する差異と同一性の検討があげられるのではないかと考えている。特に、この課題は史資料のデジタル化を行う際に重要な論点となっている。例えば異体字が多数存在するような史資

料群においては、それらを明確に区別して記述し、データベースに格納することが何よりも重要である。一方、検索時に個々の異体字を間違いなく入力しなければヒットしないようなデータベースは、利用者の専門知識の多寡によって使い勝手が大きく変わる。ことに初学者にとっての利用が困難なデータベースのみが存在するような分野は後継者育成が危ぶまれる。記録時には差異をできるだけ明確にし、利用時には少々の差異は同一のものとして捉えたいという相異なる要求のどちらを満たすべきかは常に議論の種となってきた。

　しかしながら、現在はコンピューターの性能と記憶容量が大幅に向上していることから、記録のためのデータベースと利用のためのデータベースを分離するとともに、記録された異体字を検索時にどのように扱うべきかを明示化した辞書を整備することで、両者の課題を同時に満たすことは実現可能である。また辞書を複数用意することで多様な利用者の要求に応えることもできる。このような辞書、言い換えれば知識の整備こそが今後の課題であるが、人文学としてこれらの知識を通じたデジタル情報の利活用の体制を構築することができれば、他分野に対しても大きな影響を与えられるのではないかと期待する。

　ここまで、デジタル学術空間の展望について述べてきた。いずれの方向性においても、研究者だけではなく、関連する機関や支援者の存在が必要不可欠であり、今後はそれらの支援者をどのように評価し遇するかという課題が生じるだろう。すでに、大規模な実験装置が必要な研究分野では、データの取得者がその情報の内容について執筆するデータ論文やその雑誌であるデータジャーナルが発刊されており、また研究論文においてデータの DOI やデータ論文の引用を義務化する動きもある。人文学は他分野と比較してひとりまたは少人数で研究が行われているという特徴があるが、今後はプロセスごとの縦割りではない、協働的な体制によって実施されることが増えるものと予想される。

人文学の将来

下田正弘

1. ある仏教思想研究者の批判から

今から 7 年前（2012 年）、日本印度学仏教学会の学術大会において、「仏教学はなにをめざすのか」というテーマのパネルディスカッションが催されたことがあった。パネリストのひとりとして参加した筆者は、SAT 大蔵経テキストデータベースの現状と意義について発表をした。それに対して、仏教思想研究者を自負する 70 歳代半ば（当時）のひとりのパネリストが、「膨大なテキストデータベースをつくって安易にことばを検索できるような事業に精力をかけるなどもってのほか。皮相的な思想ばかりがはびこってしまう。私たちはただ一つのテキストに向きあい、ただ一本のペンによって思想を書きあげてゆくべきだ」と、強い口調で批判された。「いや、ただ一つのテキストの解釈に携わり、ただ一本のペンによっても、皮相的な思想はこれまでいくらも書かれてきました。研究が皮相的になるとすれば、それはデータベースの問題ではなく、個人の姿勢や資質の問題です」と、即座に反論をしたくなったものの、ことばを呑みこんだ。というのも、この批判は、あらたな媒体に対する無理解、むしろ拒否感から生まれていて、その意識の起源を明らかにしなければ意味がない。それには、持ち時間がとても足りなかったからである。

表現と認識とを成立させるあらたな媒体空間が現れるとき、新旧二つの空間の理解をめぐって、人類はこれまで立ち往生してきた。もっとも顕著な例は、声の空間 orality に密接に関係をしながら、しかしそこから独立して文字の空間 literacy が出現したできごとである。声が文字に先んずるという、現象の素朴なレベルの観察にもとづく強いおもいなしが、プラトン以降、西洋形而上学

の閉域を構成し、意識に現前する真なる実在という哲学の中心理念を支えてきた。これに対する反省的批判が、19世紀後半、ポストモダニズムの流れにおいてなされるまでに、膨大な時間がかかっている。この事態を踏まえるなら、紙をはじめとするモノのもつ物理的制約を超え、文字や画像が自由に遊動するデジタル空間について、人類がその性状を十分に分析して理解し、自家薬籠中のものとするまでには、かなりの時間が必要になるだろう。

　文字の空間は声の空間を締め出したわけではない。両者は独立した表現と認識の媒体空間として、現に共存している。同様に、デジタル媒体への研究基盤の移行は、紙やモノという媒体において進められてきた人文学との決別を意味するのではない。二つの異なる媒体空間に出現する知がたがいに照合されることによって、媒体の相違を超えて実現される人文学の知の、より深い次元におけるはたらきが見えてくる。グラマトロジーが声の媒体空間に潜む問題を顕在化させると同時にその意義をも鮮明にしたように、デジタルの学知は紙やモノの媒体に潜む問題を明らかにするとともに、その固有の意義を明確にする。それを通し、これら二つの空間は、より明瞭な関係のもとに置かれ、共存し始めるにちがいない。

2. 人文学の使命

　デジタル学術空間の形成は、日本の人文学の一部の領域において、ようやく始まったばかりである。この現状にあって、人文学の多くの研究者は、いまになにが起こっているのかよくわからないというのが正直なところだろう。むしろ上に述べた「仏教思想研究者」の例のように、デジタル化への動きが人文学ほんらいの意義を損なうものであるかのような想念に囚われている場合も少なくないように見える。けれども、あらたな媒体空間の出現は、人間の認識の歴史的深化の結果として起きており、それ自身が、認識行為の一環であり、プロセスでもある。つまり、あらたに出現しつつあるデジタル媒体空間を否定することは、人間の知の、歴史における運動を否定するにひとしい。

　対象についてのいかなる認識も、認識と対象とを同時に成立させる媒体において形成されている。現実においてこの媒体は、身体を代替する技術を通して

現れてくる。デジタル学術空間において、この技術は、情報工学の影響下にある言語によって構成されているため、これまでの人文学にはなじみがない。けれども、その技術に習熟することは、声の文化に育ったものが文字に習熟することと質的になんら違いはなく、究極的には「慣れ」の問題として解決されるべきものである。いま人類は、3、4歳から文字を習得する。第二の文字となるだろう情報技術の習得も、同様に低年齢化するだろう。その勢いと速度とは、予想を超えているかもしれない。

とはいえ、生きてゆくためにことばを使えるようにすることは、社会における教育一般のもつ役割であって、人文学に求められる固有の役割ではない。人文学の使命は、無意識にことばが使われることによって無反省に世界が構成されてゆく、その過程を反省的に照らし出し、そこに潜む問題を明らかにするところにある。同様に、デジタル媒体空間における次世代の人文学は、デジタル技術を使い、あらたな世界を生きる力をつけさせることに終始するのではない。やがて無意識化するだろう、その活動を外から反省的に分析し、問い返すところにまで進まなければならない。

ことばが構成する概念や事態を分析する力を発揮し世界を解明してきた人文学には、今後、情報通信技術が構成する概念や事態を分析する学問へと、あらたに成長を遂げることが期待されている。言語活動を批判するためには言語が習得されなければならないように、技術を批判するためには、技術を習得する段階を経なければならない。しかるに、声から文字へ、文字からデジタルへ、という歴史における展開は、言語が自身のより遠くの外へと向かい、そこから自身へと還帰する運動である。それは、振幅に相違があるものの、人文学が長い歴史のなかで寄り添ってきた運動にほかならない。

本書は、科研費基盤研究（S）「仏教学新知識基盤の構築──次世代人文学の先進的モデルの提示（研究代表者：下田正弘　課題番号：15H05725）」（2015─2018年）の成果報告として企図されたものである。

本書を生み出す母胎となったSAT-DBは、SAT研究会のメンバーと300人近い協力者のほかに、じつに多くのひとびとの献身的な力によって、研究、財政、制度、さまざまな側面から支えられてきた。ご支援をいただいた組織として、

一般財団法人仏教学術振興会とその内部組織である大蔵経データベース化支援募金会、一般財団法人人文情報学研究所、公益財団法人全日本仏教会、公益財団法人仏教伝道協会、大蔵経研究推進会議とそのメンバーである日本印度学仏教学会および日本仏教学会、さらに文部科学省、日本学術振興会がある。これに加え、SAT-DB が大正新脩大蔵経や嘉興蔵をはじめとする多くの貴重な資料を活用しえているのは、株式会社大蔵出版、東京大学附属図書館、京都大学附属図書館等、文化保存に関わる企業や大学によるご理解のゆえである。

こうした組織を通して現れてきた力は、その組織を導き支える、ひとり一人の力の賜物である。その数はあまりに多く、ここに個人名を尽くすことはとうていできない[1]。ただ、そのなかで、三人のお名前のみは、ここに特に記しておきたい。それは、SAT 研究会の設立者であり初代代表であった江島恵教先生（東大名誉教授）、一般財団法人仏教学術振興会の理事長を務められた高崎直道先生（東大名誉教授）、そして大蔵経データベース化支援募金会事務局長を務められた奈良康明先生（駒澤大学名誉教授）である。いずれもすでに鬼籍に入られた三人の先生のお力がなければ、SAT-DB はいまのかたちで存在していなかったか、そもそもその存在そのものがなかっただろう。

最後に、本書は、文学通信の社長岡田圭介氏の深いご理解によって、デジタル学術空間の形成にとってきわめて重要な要件となる、オープンアクセスのPDF としても配布されることになった。出版社にこのあたらしい理解が生まれることは、次世代の人文学の発展にとって欠かせない力である。同出版社編集部の西内友美氏には、出版間際まで手の加わるゲラにていねいに対応いただいた。SAT-DB の活動を、日本における初めの著書として出版しえたのは、お二人の力によるところが大きい。ここに記して謝意を表したい。

注
1　SAT-DB 作成の協力者のお名前は、SAT 大蔵経テキストデータベースのウェブサイト（http://21dzk.l.u-tokyo.ac.jp/SAT/members.html）に、SAT への寄付者のお名前は、大蔵経データベース化支援募金会のウェブサイト（http://butsugakushin.org/sat-shienbokin_2/meibo.html）に、それぞれ一覧として掲載している。

執筆者一覧

編著者

▌下田正弘　→奥付参照
▌永﨑研宣　→奥付参照

執筆者（掲載順）

▌小野 基（おのもとい）
▌筑波大学教授
1. *KWIC Index to the Sanskrit texts of Dharmakīrti.* 東京外国語大学アジア・アフリカ言語文化研究所 , 1996.（共著）
2. *Prajñākaraguptas Erklärung der Definition gültiger Erkenntnis (Pramāṇavārttikālaṃkāra zu Pramāṇavārttika II 1-7) Teil I. Sanskrit-Text und Materialien.* Wien 2000.
3. 「第 5 章　真理論―プラマーナとは何か」、桂紹隆ほか編『シリーズ大乗仏教 9　認識論・論理学』春秋社、2012 年

▌船山 徹（ふなやまとおる）
▌京都大学教授
1. 『仏典はどう漢訳されたのか―スートラが経典となるとき』岩波書店、2013 年
2. 『東アジア仏教の生活規則 梵網経―最古の形と発展の歴史』臨川書店、2017 年
3. 『六朝隋唐仏教展開史』法藏館、2019 年

▌八尾 史（やおふみ）
▌早稲田大学高等研究所講師
1. 『根本説一切有部律薬事』連合出版、2013 年
2. "The Story of Dharmadinnā: Ordination by Messenger in the Mūlasarvāstivāda *Vinaya,*" *Indo-Iranian Journal* 58(3):216–253. 2015.
3. "Traces of Incorporation: Some Examples of the *Saṃyuktāgama Sūtras* in the Mūlasarvāstivāda *Vinaya,*" in Dhammadinnā, *Research on the Saṃyuktāgama*, Dharma Drum Publishing Corporation.（近刊）

▌青野道彦（あおのみちひこ）
▌東京大学助教
1. 「仏教文献における注釈構造の可視化に関する予備的研究―パーリ語仏教文献を事例として」『研究報告人文科学とコンピュータ』vol. 2017- CH-114, no. 2、1-5 頁
2. 「Vinayapiṭaka における "ropeti" の意味」『韓国仏教学研究』vol. 87, 2018, pp. 211-243.

▌李乃琦（りないき）

国際仏教学大学院大学、JSPS 外国人研究員

1.「図書寮本『類聚名義抄』における玄応撰『一切経音義』の依拠テキスト―『一切経音義』巻第四を中心に―」『訓点語と訓点資料』137、115-132 頁、2016 年

2.「玄応撰『一切経音義』諸本系統から見た P.2901」『汲古』72、汲古書院、13-19 頁、2017 年

▌宮崎展昌（みやざきてんしょう）

鶴見大学仏教文化研究所准教授

1.『阿闍世王経の研究―その編纂過程の解明を中心として』山喜房佛書林、2012 年

2.『大蔵経の歴史―成り立ちと伝承』方丈堂出版、2019 年 12 月刊行予定

3.「竺法護訳『普超三昧経』の日本古写経三種と版本大蔵経諸本の関係について」『日本古写経研究所研究紀要』4、37-67 頁、2019 年

▌石井清純（いしいきよずみ）

駒澤大学教授

1.『構築された仏教思想 道元 ―仏であるがゆえに坐す―』佼成出版社、2016 年

2. "New Trend in Dōgen Studies in Japan." *Dōgen: Textual and Historical Studies*, Oxford University Press, 2012, pp223-235

3.『禅問答入門（角川選書）』角川学芸出版、2010 年

▌蓑輪顕量（みのわけんりょう）

東京大学大学院教授

1.『仏教瞑想論』春秋社、2008 年

2.『日本仏教の教理形成―法会における唱導と論義の研究―』大蔵出版、2009 年

3.『日本仏教史』春秋社、2015 年

▌王一凡（おういふぁん）

東京大学大学院教育学研究科／人文情報学研究所

1. "Development of Glyph Image Corpus for Studies of Writing System." In *Proceedings of the 6th Conference of Japanese Association for Digital Humanities*, 2016, pp. 49–50.

2. 王一凡・永﨑研宣・下田正弘「グラフデータベースによる文書リポジトリ統合管理システムの設計」『情報処理学会研究報告』vol. 2018-CH-117, no. 8, 1-6 頁

3. "What Are We Calling 'Latin Script'?: Name and Reality in the Grammatological Terminology." In *Graphemics in the 21st Century*. （近刊）

▌宮崎 泉（みやざきいずみ）

京都大学大学院教授

1.「『『中観優波提舎開宝篋』テキスト・訳注」『京都大学文学部研究紀要』46、1-126 頁、

2007 年

2.「大乗仏教における空性と慈悲―その関係、機能と実践の一断面―」『哲学研究』587、1-22 頁、2009 年

3.「Atiśa の如来蔵思想 ―その典拠と大中―」『印度学佛教学研究』65-2、174-181 頁、2017 年

苫米地等流（とまべちとうる）
一般財団法人人文情報学研究所主席研究員

1. *Adhyardhaśatikā Prajñāpāramitā : Sanskrit and Tibetan texts*, Sanskrit Texts from the Tibetan Autonomous Region, no. 5, China Tibetology Publishing House, Austrian Academy of Sciences Press, 2009.

2. *Candrakīrti's Vajrasattvaniṣpādanasūtra (Vajrasattvasādhana) : Sanskrit and Tibetan texts*, Sanskrit Texts from the Tibetan Autonomous Region, no. 6, China Tibetology Publishing House, Austrian Academy of Sciences Press, 2009.（共編）

3. *Dharmakīrti's Pramāṇaviniścaya, Chapter 3*, Sanskrit Texts from the Tibetan Autonomous Region, no. 8, China Tibetology Publishing House, Austrian Academy of Sciences Press, 2011.（共編）

落合俊典（おちあいとしのり）
国際仏教学大学院大学教授

1.『禅林寺蔵新羅元暁撰両巻無量寿経宗要』民族社（韓国）、1989 年（影印解題）

2.『七寺古逸経典研究叢書』全六巻、大東出版社、1994 年〜 2000 年（編著）

3.「平成 15 〜 18 年度科学研究費補助金基盤研究報告書」『金剛寺一切経の総合的研究と金剛寺聖教の基礎的研究』Vol. I, Vol. II, 2007 年（編著）

髙橋晃一（たかはしこういち）
東京大学大学院准教授

1.「TEI P5 を利用した仏教用語集作成に関する諸問題」『人文工学の可能性〜異分野融合による「実質化」の方法〜』（人文科学とコンピュータシンポジウム論文集）125-130 頁、2010 年

2.「論理構造と物理構造が混在するテキストの XML によるマークアップに関する考察」『情報処理学会研究報告』Vol.2013-CH-98, No.6、1-5 頁、2013 年

大向一輝（おおむかいいっき）
東京大学大学院准教授

1.『ウェブがわかる本』岩波書店、2007 年

2.『ウェブらしさを考える本』丸善出版、2012 年（共著）

3.「オープンサイエンスと研究データ共有」『心理学評論』61-1、13-21 頁、2018 年

［編著者］

下田正弘（しもだまさひろ）

1957 年生まれ。東京大学教授（人文情報学拠点長）。東京大学文学部印度哲学印度文学専修課程卒業。東京大学大学院人文科学研究科博士課程単位取得退学。博士（文学）。この間に、ロンドン大学（SOAS）、スタンフォード大学、ウィーン大学で客員教授を務める。著書に、『蔵文和訳『大乗涅槃経』(1)』（山喜房仏書林、1993 年）、『涅槃経の研究　大乗経典の研究方法試論』（春秋社、1997 年。新装版、2019 年）、編著に『宗教学文献事典』（弘文堂、2007 年）、『新アジア仏教史』全 15 巻（佼成出版、2010 ～ 2011 年）、『シリーズ大乗仏教』全 10 巻（春秋社、2011 ～ 2014 年）など。仏教聖典形成史、仏教思想研究を専門としつつ、大蔵経のテキストデータベース化事業を担い、日本における人文情報学の普及に取り組んできた。日本デジタルヒューマニティーズ学会議長、会長を務め、現在、日本印度学仏教学会理事長。

永﨑研宣（ながさきけよのり）

1971 年生まれ。一般財団法人人文情報学研究所主席研究員。筑波大学大学院博士課程哲学・思想研究科単位取得退学。博士（関西大学・文化交渉学）。東京外国語大学アジア・アフリカ言語文化研究所 COE 研究員、山口県立大学国際文化学部助教授等を経て一般財団法人人文情報学研究所の設立に参画。これまで各地の大学研究機関で文化資料のデジタル化と応用についての研究開発と教育に携わってきた。学会関連活動としては、情報処理学会論文誌編集委員、日本印度学仏教学会常務委員情報担当、日本デジタル・ヒューマニティーズ学会議長、TEI Consortium 理事等がある。著書に『文科系のための情報発信リテラシー』（東京電機大学出版局、2004 年）、『日本の文化をデジタル世界に伝える』（樹村房、2019 年）など。

デジタル学術空間の作り方
仏教学から提起する次世代人文学のモデル

2019（令和1）年 11 月 29 日　第 1 版第 1 刷発行

ISBN978-4-909658-19-7　C0020　著作権は各執筆者にあります

発行所　株式会社 文学通信
　〒 170-0002　東京都豊島区巣鴨 1-35-6-201
　電話 03-5939-9027　Fax 03-5939-9094
　メール info@bungaku-report.com　ウェブ http://bungaku-report.com
発行人　岡田圭介
印刷・製本　モリモト印刷

ご意見・ご感想はこちらからも送れます。上記のQRコードを読み取ってください。